BIBLIOTHÈQUE MORALE

DE

LA JEUNESSE

—

SÉRIE IN-4º

LANGUEDOC

ET

PROVENCE

DEPUIS LES TEMPS LES PLUS RECULÉS JUSQU'A NOS JOURS

Par E. DUBOIS

AUTEUR DE PLUSIEURS OUVRAGES HISTORIQUES

ROUEN

MÉGARD ET Cⁱᵉ, LIBRAIRES-ÉDITEURS

1874

Propriété des Éditeurs,

AVIS DES ÉDITEURS.

Les Éditeurs de la **Bibliothèque morale de la Jeunesse** ont pris tout à fait au sérieux le titre qu'ils ont choisi pour le donner à cette collection de bons livres. Ils regardent comme une obligation rigoureuse de ne rien négliger pour le justifier dans toute sa signification et toute son étendue.

Aucun livre ne sortira de leurs presses, pour entrer dans cette collection, qu'il n'ait été au préalable lu et examiné attentivement, non-seulement par les Éditeurs, mais encore par les personnes les plus compétentes et les plus éclairées. Pour cet examen, ils auront recours particulièrement à des Ecclésiastiques. C'est à eux, avant tout, qu'est confié le salut de l'Enfance, et, plus que qui que ce soit, ils sont capables de découvrir ce qui, le moins du monde, pourrait offrir quelque danger dans les publications destinées spécialement à la Jeunesse chrétienne.

LANGUEDOC.

CHAPITRE Ier.

Temps primitifs. — La Narbonnaise.

Les Gaulois, après s'être emparés de la contrée à laquelle ils donnèrent leur nom, la divisèrent en trois parties : la Celtique propre, la Belgique et l'Aquitaine. Ces trois divisions formèrent ce que les Romains appelaient la Gaule Transalpine, pour la distinguer de la Gaule Cisalpine, fondée au delà des Alpes par Bellovèse. La partie de la Celtique qui s'étendait le long de la Méditerranée, depuis la Garonne jusqu'au Rhône, fut appelée *Gallia braccata*, du nom de *bracca*, sorte de vêtement que portaient ses habitants. Elle était occupée par les Volces, divisés en Volces Tectosages et en Volces Arécomiques. C'est cette partie de la Gaule Transalpine qui a reçu plus tard le nom de *Languedoc*.

Lorsque les Romains se furent établis, en 121 avant Jésus-Christ, dans la

Gaule Cisalpine, où ils fondèrent Aix, ils convoitèrent la Gaule Transalpine, et épièrent une occasion favorable pour pénétrer dans cette contrée. Elle ne tarda pas à se présenter. Les Allobroges, habitants du Dauphiné, avaient accordé un asile à Teutomal, roi des Saliens, qui avaient opposé une vive résistance aux Romains pour les empêcher de s'établir dans la Gaule Cisalpine. Les Allobroges, ne supportant qu'avec impatience le voisinage des Romains, se disposaient à mettre Teutomal à leur tête pour chasser les envahisseurs. Bituit, roi des Auvergnats, s'était aussi associé à l'expédition.

C'était un prétexte suffisant aux Romains pour s'avancer dans la Gaule. Une rencontre sanglante eut lieu entre les deux partis ; la victoire resta aux Romains, qui déclarèrent les Allobroges sujets de la république ; puis, poursuivant leur conquête, ils firent de cette partie de la Gaule Transalpine une province romaine, qui subit les lois de ses vainqueurs.

Rome envoya pour la gouverner le consul Marcius Rex, avec une armée capable de contenir ce peuple, qui ne se soumettait qu'avec peine à la domination étrangère, et se montrait sans cesse disposé à secouer le joug. Le sénat jugea aussi que le seul moyen de maintenir son autorité dans la nouvelle conquête était d'établir une colonie romaine dans Narbonne, la ville la plus importante et la plus peuplée du pays. Lucius Crassus fut chargé, en l'année 118, de conduire cette colonie, et de faire le partage des terres entre les nouveaux habitants et les anciens.

Bientôt même Béziers, Toulouse et toutes les villes conquises devinrent des colonies romaines, qui furent désignées sous le nom de Narbonnaise.

Pour se concilier l'affection de ces peuples, et s'assurer de leur soumission, les Romains leur accordèrent de grands priviléges. Bien que la province fût gouvernée par un proconsul ou préteur, qui présidait aux assemblées appelées *conventus*, chaque colonie avait ses magistrats et était censée s'administrer elle-même. Narbonne, qui donna son nom à la province conquise, était une des plus anciennes villes des Gaules, et était déjà célèbre plus de deux cents ans avant l'ère chrétienne. Elle devint le séjour ordinaire des proconsuls de la république, et prit alors une grande importance. Les Romains l'enrichirent des mêmes édifices que l'on voyait à Rome ; ils firent bâtir des temples, un Capitole, un théâtre, des thermes ou bains publics ; ils y établirent une monnaie, une école célèbre et une teinturerie, dont l'intendance était une dignité romaine.

Le grand nombre d'inscriptions romaines que l'on trouve à Narbonne rappellent son ancienne splendeur. L'étendue de son commerce avait une grande réputation, qu'elle devait à la commodité de son port : c'était le plus considérable de la Narbonnaise.

Parmi les Volces Tectosages, les Toulousains étaient les plus célèbres. Toulouse était leur capitale. Sa situation sur la Garonne, au milieu d'un pays très-fertile, était des plus avantageuses pour le commerce et l'agriculture. Il est difficile de fixer l'époque de la fondation de Toulouse ; mais il paraît certain qu'elle subsistait déjà au ve siècle de la fondation de Rome. Elle était célèbre par deux temples d'Apollon et de Minerve. C'est sans doute ce dernier qui lui a valu le nom de *Palladia, Palladienne*. Lorsque les Romains se furent emparés de la Narbonnaise, ils établirent à Toulouse une colonie, qui devint bientôt riche et puissante. Ils l'embellirent d'un Capitole, d'un palais, d'un amphithéâtre, et de plusieurs autres édifices publics. On voit encore les vestiges de cet amphithéâtre du côté du château Saint-Michel. L'étendue de la ville était si considérable au temps d'Auguste, qu'elle formait comme cinq cités. Après Narbonne, c'était la ville la plus importante de la Narbonnaise.

Chez les Volces Arécomiques, on remarquait Nîmes (*Nemausus*). Elle était située à cent stades du Rhône, et à sept cent vingt de Narbonne, près d'une fontaine du même nom. La fondation de cette ville est si ancienne, qu'on n'en peut rien dire de certain. Quelques auteurs lui donnent pour fondateur un des enfants d'Hercule, qu'ils appellent *Nemausus* ; mais il est plus probable que cette ville dut ses commencements aux Phocéens, qui, après avoir fondé Marseille, vinrent former une colonie qui fut Nîmes.

Telle était la Narbonnaise lorsque les Romains en firent la conquête. Le consul Marcius, gouverneur de la province, eut à combattre les Liguriens des Alpes, qui inquiétaient sans cesse le pays par leurs brigandages. Ce consul marcha contre eux à la tête de ses troupes, et, malgré leur situation avantageuse, il les assiégea de toutes parts dans leurs montagnes, les serra de près, et les réduisit à un tel excès de désespoir, qu'ils aimèrent mieux s'entre-tuer les uns les autres, que de tomber entre les mains des Romains. Cette victoire mérita à Marcius les honneurs du triomphe et assura le repos de la province.

Cette paix fut bientôt troublée par une invasion des Cimbres et des Teutons, barbares sortis du Jutland. Ces farouches envahisseurs, avides de sang et de carnage, en voulaient surtout à Rome, qu'ils jugeaient seule digne de leurs coups terribles. Il semblait qu'ils se donnassent la mission de venger tous les peuples vaincus par la puissante république. Aucune invasion n'avait paru encore aussi menaçante. Après avoir vaincu plusieurs généraux envoyés par le sénat pour les arrêter, les Cimbres se jetèrent sur la Narbonnaise et y défirent le consul Cassius, qui périt dans le combat. Après cette défaite, les Romains, se trouvant hors d'état de soutenir la campagne, abandonnèrent aux vainqueurs presque toute la province, et se renfermèrent dans les villes fortes pour tâcher de les conserver. Toulouse, quoique seulement alliée des Romains, reçut dans son enceinte des troupes romaines, autant pour sa propre défense que pour celle de la province.

Les Cimbres, prévoyant que les Toulousains, soutenus par les Romains, arrêteraient leur marche, s'efforcèrent de les gagner à leur cause. Ils leur firent comprendre qu'ils seraient vaincus comme les Romains l'avaient été jusque-là, et qu'ils paieraient cher l'alliance qu'ils avaient contractée avec la république; que leur intérêt était de s'unir à eux pour éloigner des Gaules une nation dont l'ambition était de soumettre tout le pays; qu'enfin, l'occasion de recouvrer leur liberté était des plus favorables, et que s'ils la laissaient s'échapper, ils s'exposaient à devenir tôt ou tard les esclaves des Romains, ou à ressentir bientôt toute la colère des Cimbres. Ces menaces firent impression sur les Toulousains ; soit qu'ils craignissent ces barbares, soit qu'ils crussent les Romains hors d'état de se relever et de punir leur infidélité, ils firent prisonnière toute la garnison romaine qui était dans leur ville.

Une partie des Toulousains, craignant cependant, et avec raison, le juste ressentiment des Romains, s'ils venaient à reprendre leur supériorité, demeurèrent fidèles à l'alliance qu'ils avaient contractée avec la république, et désapprouvèrent la défection de leurs concitoyens. Mais comme ils n'étaient pas les plus forts, ils n'osèrent pas se déclarer ouvertement, et se contentèrent de faire connaître leurs dispositions au consul Cornélius Cépion, que la république avait envoyé depuis deux ans dans la province. Ils lui firent offrir d'introduire des troupes romaines dans la ville, et de l'aider à délivrer les prisonniers. L'occasion de reprendre une des places les plus importantes de la province parut trop favorable à Cépion pour qu'il la laissât échapper. Il s'approcha de Toulouse, à la faveur de la nuit, s'en empara sans coup férir au moment où les factieux s'y attendaient le moins.

Ce consul, moins occupé de la gloire de sa conquête que du désir de satisfaire son avarice, prit le prétexte de se venger de la trahison des Toulousains pour abandonner la ville au pillage des soldats, qui n'épargnèrent même pas les temples les plus vénérés; pour lui, il s'adjugea tous les trésors du temple d'Apollon. Il fut maintenu dans le gouvernement de la province; mais un autre consul, Mallius, lui fut adjoint. La mésintelligence éclata entre ces deux chefs. Ne pouvant s'entendre sur le gouvernement principal, ils convinrent de se partager l'administration. Mallius vint camper sur la rive gauche du Rhône et Cépion resta sur la rive droite.

Les barbares surent profiter de cette mésintelligence, et décidèrent une attaque générale, après avoir prononcé un terrible serment. Ils jurèrent de ne rien conserver de ce que la victoire ferait tomber entre leurs mains, et d'offrir toutes les dépouilles aux dieux. Ils fondirent en même temps, et avec la même fureur, sur les deux armées romaines, les défirent complétement, et demeurèrent maîtres des deux champs de bataille. Leur victoire fut si complète, et les pertes de l'armée romaine si considérables, qu'il resta à peine dix soldats pour porter à Rome la nouvelle de ce désastre, qui eut lieu près d'Orange, l'an 105 avant Jésus-Christ. On fait monter le nombre des morts à quatre-vingt mille soldats et à quarante mille valets, ou gens qui suivaient l'armée. Mallius y périt probablement; car il n'est plus parlé de lui; ses deux fils furent trouvés parmi les morts. Cépion et le jeune Sertorius, dont le nom devait plus tard devenir célèbre, échappèrent au massacre. Les barbares, pour accomplir leur vœu, pendirent leurs prisonniers à des arbres, et jetèrent dans le Rhône les armes, les chevaux, l'argent et tout le bagage des vaincus, témoignant par là qu'ils avaient combattu pour la gloire et non pour le butin.

Se croyant alors assez forts pour porter plus loin leurs armes victorieuses, ils s'avancèrent sans opposition dans toute la province romaine comprise entre le Rhône et les Pyrénées, et la ravagèrent entièrement. Puis, se partageant, les Cimbres passèrent en Espagne dans le dessein de s'y établir, tandis que les autres barbares restèrent cantonnés dans les Gaules, préparant leur descente en Italie.

Lorsqu'on apprit à Rome la victoire des barbares et la perte totale des deux armées romaines, la terreur se répandit parmi les citoyens les plus intrépides : ce fut un deuil général. Le sénat ordonna de marquer au nombre des jours néfastes le sixième jour d'octobre, qui était celui de cette funeste bataille. Il ôta à Cépion le gouvernement de la province, confisqua tous ses biens, le fit emprisonner, et prononça contre lui la peine de mort. Elle ne fut pas exécutée, parce que Cépion trouva le moyen de se sauver. Il se réfugia à Smyrne, où il mourut misérablement. Les Romains attribuèrent les malheurs de Cépion et ceux de la république à l'impiété que ce consul avait commise en dépouillant les temples de Toulouse.

Jamais Rome ne s'était laissé abattre par des revers ; aussi songea-t-elle bientôt aux moyens de réparer les maux passés et de prévenir ceux dont elle était menacée. Elle jeta les yeux sur Marius, qui, d'une commune voix, était le seul homme capable de sauver la patrie : on lui confia les destinées de la république.

Une grande gloire était déjà attachée au nom de Marius. Ce consul venait de remporter sur Jugurtha, roi de Numidie, une victoire complète. Il fut rappelé d'Afrique; on l'élut consul pour la deuxième fois, et on le nomma gouverneur des deux Gaules De retour à Rome, Marius reçut les honneurs du triomphe, et partit pour la Narbonnaise. Pendant deux ans, il passa alternativement de cette province à Rome, et s'occupa activement des moyens de se mettre en état de résister aux attaques des ennemis. Il établit une discipline sévère, organisa l'administration, les lois, les finances, fit construire des camps retranchés sur des hauteurs faciles à défendre, traça des routes, bâtit des villages, défricha des terres, éleva plusieurs monuments, dont les débris subsistent encore aujourd'hui comme les témoins de sa prodigieuse activité. Il donnait à ses soldats l'exemple du travail et des privations ; il était sévère et dur pour lui-même comme pour les autres ; il s'appliquait à tous les détails de l'administration ; mais son âme, comme son génie, était indomptable.

Tout à coup on apprit à Rome que les Cimbres, chassés d'Espagne par les Celtibériens, avaient repassé les Pyrénées et rejoint les Teutons dans la Gaule Transalpine, avec l'intention d'entrer en Italie. Pour diviser les forces des Romains et jeter parmi eux plus d'épouvante, ils se séparèrent de nouveau. Les Cimbres marchèrent lentement vers les Alpes Grecques, aujourd'hui le petit Saint-Bernard, et les Teutons, réunis aux Ambrons, prirent la route des Alpes Maritimes. Le rendez-vous général fut fixé sur les bords du Pô.

Marius se rendit en toute hâte à Aix, et concentra toutes ses forces aux environs de cette ville. Bientôt il se trouva en face de ces terribles barbares, dont le nombre était immense et l'aspect hideux; ils faisaient retentir l'air de leurs cris effrayants, et disaient avec raillerie aux soldats romains : « N'avez-vous rien à mander à vos frères? Nous nous en chargerons, car nous allons à Rome, et nous y serons bientôt. » Ils n'y allèrent pas. Marius était là ; il tomba sur eux, et en fit un épouvantable carnage. La rivière se grossit de leur sang et la plaine fut couverte de cadavres. Les femmes, dans leur désespoir, égorgèrent leurs enfants et se pendirent à leurs chariots. Leurs cadavres trouvèrent des défenseurs dans les chiens qui les accompagnaient, et qui se firent tuer sur les corps de leurs maîtres.

Cette victoire d'Aix fut suivie de celle de Verceil, qui anéantit les Teutons et délivra Rome de ces barbares, dont l'approche avait causé tant d'effroi. Aussi Marius, de retour à Rome, y fut-il accueilli comme un libérateur et y reçut-il les honneurs d'un triomphe.

CHAPITRE II.

Jules César.

Après la destruction de ces terribles barbares, la Provence ne tarda pas à se repentir des divisions auxquelles l'Italie était en proie. La rivalité de Marius et de Sylla, impitoyables proscripteurs, fit éclater une longue guerre civile, que la mort de Marius ne fit pas cesser. Sylla vit tous ses ennemis à ses pieds, et prit le gouvernement absolu, avec le titre de dictateur. Cependant Sertorius, habile et vaillant capitaine, qui gouvernait en Espagne, s'efforçait d'y relever le parti des vainqueurs des Cimbres. Mis au nombre des proscrits par Sylla, il n'en continua pas moins à susciter des ennemis au dictateur. Deux consuls, envoyés pour le soumettre, échouèrent dans leur tentative. Une partie du peuple de la Narbonnaise embrassa le parti de Sertorius, qui fit reconnaître dans la province l'autorité d'un sénat composé par lui de sénateurs proscrits. Il nomma un gouverneur et des magistrats, mit des garnisons dans les places, et ne négligea aucune des branches de l'administration publique.

Pour étouffer cette insurrection, le sénat de Rome nomma Manius Fontéius au gouvernement de la province, et chargea Pompée, qui devait conduire une armée en Espagne contre Sertorius, de réduire en passant les Narbonnais rebelles. Pompée n'avait pas trente ans; mais il s'était déjà distingué par sa valeur dans les campagnes qu'il avait faites en Afrique, en Italie et dans la Gaule Cisalpine. Le sénat lui conféra autant de pouvoirs que s'il eût été consul. Il prit la route des Alpes, l'an 77 avant Jésus-Christ. Le passage de ces montagnes lui fut disputé par les partisans de Sertorius, et ce ne fut que par la force des armes qu'il put se frayer un chemin. Arrivé dans la Narbonnaise, il battit les insurgés et s'empara des villes qui tenaient pour Sertorius.

Pompée épouvanta les populations par des actes d'inflexible sévérité et de vengeance implacable; il mit tout à feu et à sang, gagna Narbonne à travers des monceaux de cadavres, et rétablit partout l'autorité romaine. Ne trouvant plus d'obstacles dans la Provence, il laissa à Fontéius le soin d'exécuter le décret qu'il avait rendu pour la confiscation des terres des rebelles, et partit pour l'Espagne, où il arriva malgré la résistance des troupes de Sertorius, qu'il défit au passage des Pyrénées.

La révolte semblait comprimée dans la Narbonnaise; mais la vengeance couvait dans tous les cœurs, et le délire du désespoir faisait rêver l'affranchissement national. Fontéius ajoutait aux rigueurs de sa mission, en exécutant avec la plus grande dureté les ordres qu'il avait reçus. Il parcourait, à la tête des soldats, les territoires frappés par le décret, et marchait au milieu des exécutions et des supplices. Les peuples, qui ne souffraient qu'impatiemment le joug de ce consul devenu odieux, se soulevèrent en masse au premier échec éprouvé par Pompée, et firent le siége de Narbonne. Fontéius s'avança au secours de sa capitale, et la délivra. Dès lors il ne mit plus de bornes à ses vexations impitoyables, et fit exécuter le décret de Pompée à la pointe de l'épée. Des confiscations plus étendues eurent lieu au profit des légionnaires, et les priviléges dont jouissaient plusieurs des districts de la province furent abolis. Fontéius courba le pays sous son sceptre de fer, étouffa dans son âme tous les sentiments de justice et de pitié, et ne suivit d'autres règles que celles de sa volonté arbitraire. Il fit passer en Espagne, à Métellus et à Pompée, des secours considérables en hommes, en argent et en vivres. Une stérilité de deux années étant venue se joindre aux exigences du gouvernement, la misère publique fut à son comble. La mort de Sertorius, qui fut assassiné par Perpenna, l'an 73 avant Jésus-Christ, mit fin à cette guerre cruelle, qui durait depuis près de dix ans.

Pompée fut rappelé à Rome. Au passage des Pyrénées, il voulut laisser un monument qui perpétuât le souvenir de ses victoires. Sur le sommet d'une des montagnes qui séparent la Gaule de l'Espagne, au col des Pertus, entre le Roussillon et la Catalogne, il fit élever un trophée qui porte aujourd'hui son nom.

La Narbonnaise, après avoir gémi trois ans sous la dure administration de Fontéius, en fut enfin délivrée; mais, indignée de la tyrannie que ce gouverneur avait exercée sur elle, elle porta ses plaintes au sénat. Les Allobroges se chargèrent d'exposer les griefs du pays, d'en soutenir les intérêts, et ils envoyèrent à cet effet des députés en Italie. Fontéius, effrayé du nombre et de la gravité des faits qui lui étaient imputés, confia sa défense à Cicéron. Cet orateur si éloquent, mais peu scrupuleux sur le choix des arguments, n'épargna rien pour assurer le succès de la cause qu'il défendait. Avec sa fierté romaine, il jeta le sarcasme et le mépris sur les représentants de la Narbonnaise, qui ne demandaient cependant pas *faveur*, mais *justice*. « Le dernier des citoyens romains, s'écria Cicéron, est au-dessus du premier chef de ce peuple barbare, et son témoignage ne pourra être détruit par l'accusation du plus recommandable des Allobroges. » Il les représenta comme des imposteurs dont il fallait faire courber la tête. Il leur reprocha leurs mœurs singulières, leurs vêtements grossiers, qui les faisaient remarquer au milieu de Rome corrompue par le luxe.

On ignore quel fut au juste le résultat de cette affaire; mais si Fontéius ne fut pas complétement justifié, il ne fut pas puni.

La Narbonnaise n'éprouva aucun soulagement : l'administration des successeurs de Fontéius fut aussi despotique que l'avait été la sienne; des charges énormes pesaient sur ces peuples malheureux; aussi les débiteurs, réduits à l'impossibilité de satisfaire à des exactions si arbitraires, étaient à la veille de voir vendre comme esclaves leurs femmes et leurs enfants. Les Allobroges, agissant toujours au nom de la province, envoyèrent encore des députés à Rome, pour demander au sénat une diminution d'impôts; on n'écouta aucune de leurs réclamations.

Pendant que les Allobroges étaient à Rome, Catilina ourdissait sa célèbre conspiration. Lentulus, son principal complice, voulut mettre à profit le mécontentement de la Narbonnaise, et se flatta d'en tirer de puissants secours. Dans cet espoir, un des conjurés, qui avait des liaisons avec les députés, se chargea de négocier leur participation à l'entreprise, leur promettant l'abolition de toutes leurs dettes. Les Allobroges, irrésolus, hésitaient. Cicéron, alors consul, instruit de ce qui se passait, vit les Allobroges, leur fit des promesses plus brillantes que celles de Lentulus, et s'assura de leur dévouement. Ils feignirent alors d'accueillir les offres des conjurés, et manifestèrent le désir de traiter avec les chefs. Ils eurent une entrevue secrète avec Lentulus ; on fit un traité, dont les Allobroges eurent une copie ; puis ils se préparèrent à partir la nuit suivante, pour rentrer dans leur pays, en passant par le camp de Catilina. Cicéron, averti à temps, envoya sur la route deux préteurs et des gardes qui reçurent des Allobroges les preuves de la trahison. Ils arrêtèrent Lentulus et ses complices, qui furent mis à mort. Catilina, forcé de tenter le hasard d'une bataille, mourut les armes à la main, avec un courage digne d'une meilleure cause. Les Allobroges ne reçurent pas la récompense promise au service important qu'ils venaient de rendre à la république, et la Narbonnaise continua à être opprimée.

Un grand nom vint, à cette époque, remplir la Gaule du bruit de ses exploits. César, alors consul, obtint le gouvernement de la Narbonnaise, de la Gaule Cisalpine et de l'Illyrie. Il arriva dans la province l'an 60 avant Jésus-Christ, la trouva tranquille et soumise, s'occupa avec soin de l'administration, et ne changea rien à l'ordre des choses établies. Mais des honneurs vulgaires ne pouvaient satisfaire l'ambition de César ; il voulait porter au loin le nom romain. Avide de gloire, il voulait reculer les limites de la domination romaine ; bientôt la Gaule Narbonnaise, qui était depuis soixante ans la frontière, allait devenir le centre des provinces de l'Occident.

On connaît la fortune et les conquêtes de cet homme, doué d'un vrai génie militaire ; aussi ne le suivrons-nous pas dans la guerre qu'il soutint pour soumettre la Gaule : ce sujet n'appartient pas au plan de cette histoire. Nous dirons seulement qu'en moins de dix ans, César triompha des Helvétiens, passa le Rhin, défit Arioviste, roi de Germanie, soumit la Belgique, vainquit Ambiorix, Vercingétorix, et tous les chefs qui tentèrent de lui opposer quelque résistance. Il subjugua enfin toute la Gaule, et alla, en conquérant audacieux, planter ses aigles victorieuses dans la Grande-Bretagne, séparée du monde connu par la mer.

César trouva de vaillants et fidèles auxiliaires dans les peuples de la province. Narbonne et Toulouse se signalèrent par leur zèle pour le service de la république, et fournirent à César de puissants secours. Le consul récompensa largement leur fidélité, par des priviléges et des honneurs accordés aux chefs qui avaient le plus coopéré à ses succès.

2

La Gaule conquise, César la divisa en deux provinces. L'une fut formée des pays qu'il avait soumis, c'est-à-dire de la Belgique, de la Celtique et de l'Aquitaine; l'autre, de la Narbonnaise, ancienne province romaine. Cette division des Gaules subsista jusqu'à ce qu'Auguste en fit quatre nouvelles parties. César s'occupa ensuite de l'administration; il tint exactement les assemblées qu'on appelait *conventus*, y décida les affaires publiques, et termina les différends des particuliers. Il témoigna son affection et sa reconnaissance à la province, en la gouvernant avec douceur. Il évita de la charger d'impôts, et l'embellit de plusieurs édifices publics.

Mais tandis que César pacifiait et organisait la Gaule, un orage terrible se formait contre lui à Rome. Pompée, jaloux de ses succès et de son pouvoir, voulait le dépouiller du commandement des troupes. César, sentant que sa présence était nécessaire en Italie, mit ses légions en quartier d'hiver, pourvut à la sûreté des Gaules, qu'il laissa fort paisibles, et partit.

A peine arrivé à Rome, ses rivalités avec Pompée amenèrent une guerre civile, qui divisa le peuple romain en deux factions. Ces deux illustres compétiteurs s'étaient acquis dans le sénat une égale autorité, qui devint la source de leur jalousie et des troubles qu'elle entraîna. Pompée, soutenu par un parti puissant, voulait qu'on obligeât César à licencier ses troupes, et qu'on lui ôtât son gouvernement des Gaules, à cause de la trop grande influence qu'il s'était acquise, et dont il pouvait abuser. César, qui, de son côté, entrevoyait et craignait les desseins ambitieux de son rival, refusait de céder sous divers prétextes.

Le conseil de Pompée ayant prévalu, le sénat ordonna à César de licencier son armée dans un temps marqué par le décret, et le menaça de l'y contraindre, s'il n'obéissait pas. César se crut alors obligé de prendre les armes; il força Pompée et ses partisans à abandonner l'Italie et à se retirer en Grèce. Devenu maître absolu de Rome, il disposa à son gré de la république, et se maintint, malgré le sénat, dans le gouvernement des Gaules. Résolu à pousser à bout la faction de Pompée, il la réduisit d'abord en Espagne, puis revint terminer enfin cette longue querelle en Italie, par la bataille célèbre de Pharsale. La gloire de César fut alors à son comble, et le pouvoir lui échut sans partage (48 avant Jésus-Christ).

César, pour reconnaître d'une manière éclatante la constante fidélité et l'attachement inviolable de la province romaine à sa personne et à la république, accorda à un grand nombre de ses habitants le titre de citoyens romains, et en fit admettre plusieurs dans le sénat, lorsqu'il l'augmenta de neuf cents membres. Les citoyens romains, jaloux de cette marque de distinction accordée à des étrangers, disaient en raillant que ce dictateur avait changé les *braies* des Gaulois contre le *latus clavus*, ou les robes sénatoriales, et que tantôt il attachait ces peuples à son char de triomphe comme captifs, tantôt il les mettait au rang des sénateurs. Les Pompéiens surtout, partisans chaleureux des vieilles institutions romaines, manifestèrent leur mécontentement. A les entendre, tout était perdu, les arts comme le pouvoir, l'éloquence comme la liberté. Cicéron lui-même fit à César une guerre de *puriste*, et laissa échapper ces plaintes : « Adieu l'urbanité ! Adieu la fine et élégante plaisanterie ! La braie transalpine a envahi nos tribunes ! »

Les Gaulois auxquels on déféra ces honneurs firent voir cependant, par leur probité et par leur sagesse, qu'ils n'étaient pas indignes des charges distinguées auxquelles on les élevait. Les relations établies entre les Romains et les anciens habitants de la Narbonnaise firent naître chez ces derniers l'amour des belles-lettres. Parmi les hommes qui se distinguèrent à cette époque, nous devons citer Terentius Varro, qui contribua beaucoup au perfectionnement de la versification latine.

Le dictateur, après avoir reçu à Rome les honneurs du triomphe, se disposait à venir reprendre en personne le gouvernement de la Gaule, lorsque, le 15 mars de l'an 44 avant Jésus-Christ, il tomba au milieu du sénat, sous vingt coups de poignard. Son génie et sa clémence ne l'empêchèrent pas d'être immolé par les partisans fanatiques des priviléges patriciens.

Cet événement était favorable à l'avancement de Lépide, qu'on nomma grand pontife, et qui se rendit à la fin de l'année à Narbonne, où il établit sa résidence ordinaire. Pendant ce temps, Antoine et le jeune Octave, maîtres du pouvoir, déchiraient Rome par les luttes de leur ambition. Bientôt après, le gouverneur des Gaules, Plancus, reçut du sénat l'ordre de bâtir la ville de Lyon, pour donner asile à quelques habitants de Vienne chassés par les Allobroges.

Antoine, Lépide et César, dans une entrevue près de Modène, formèrent le second triumvirat, qui détruisit la république et renouvela toutes les proscriptions de Sylla. Ils se firent le sacrifice mutuel de leurs proches et de leurs amis. Par un article de ce mémorable traité, Cicéron fut une des victimes. Les nouveaux triumvirs se partagèrent entre eux les provinces : Lépide conserva le gouvernement de la Narbonnaise et de l'Espagne ; Antoine eut celui des Gaules conquises par César ; Octave obtint la Sicile, la Sardaigne et les autres îles ; puis l'Afrique, qu'il céda plus tard à Lépide pour l'Espagne.

A ce premier partage en succéda un second par lequel le gouvernement de l'Occident échut à Octave, celui de l'Orient à Antoine, et l'Afrique à Lépide.

Mais bientôt Octave travailla sourdement à soustraire la Gaule à l'obéissance de ses collègues. Il y parvint et resta seul maître de l'Occident. Cette conquête magnifique ne satisfit cependant pas son ambition, qui rêvait le pouvoir absolu et universel. La ruine de Lépide ne lui coûta pas de grands efforts : quelques intrigues lui suffirent pour arriver à son but. Il se tourna ensuite contre Antoine, qui était maître de toutes les forces de l'Egypte et de l'Orient. C'est sur mer que les deux rivaux vidèrent leur querelle; la bataille d'Actium, livrée l'an 31 avant Jésus-Christ, décida du sort de l'empire du monde.

Octave triomphant réduisit Antoine à se tuer de sa propre main. Il conserva les anciennes magistratures, et cacha son pouvoir absolu sous des formes trompeuses de liberté; car il savait que le nom seul de république était environné de tant de prestige, qu'il conservait encore le privilége d'émouvoir fortement les cœurs et de charmer la multitude. Octave se fit cependant décerner le nom d'Auguste avec le titre d'empereur. La puissance impériale n'était autre chose que la réunion du pouvoir, des dignités et des emplois de l'ancienne république, sur une seule tête.

Un des premiers soins d'Auguste fut de se partager les provinces avec le peuple romain. Il se réserva celles où la guerre pouvait se rallumer, et nomma pour les gouverner des propréteurs. Les provinces dont la tranquillité n'était point menacée furent cédées au peuple, qui les fit administrer par des proconsuls. Ceux-ci, magistrats purement civils, n'exerçaient aucune autorité sur la milice. Auguste fixa la durée des gouvernements à une année, et mit la Narbonnaise au nombre des provinces cédées.

CHAPITRE III.

La Narbonnaise sous les Empereurs.

Auguste passa dans les Gaules, l'an 27 avant Jésus-Christ. Il se rendit à Narbonne, où il convoqua sous sa présidence l'assemblée générale des Gaules Transalpines, pour y régler la division, l'administration et la police du pays. Jules César avait divisé ces contrées en trois parties : la Belgique, l'Aquitaine et la Celtique, qui ne formaient néanmoins qu'une seule province. Auguste, sans changer cette division, érigea en province séparée chacune de ces trois parties. La Belgique et l'Aquitaine conservèrent leurs noms; la Celtique prit celui de Lyonnaise, de Lyon, sa métropole.

L'empereur changea les limites de cette dernière province; il en détacha une partie, qu'il réunit à l'Aquitaine, et lui adjoignit plusieurs peuples qui habitaient entre la Garonne et la Loire. La province romaine conserva ses anciennes limites, continua de former une province séparée, et retint le nom de Narbonnaise. Auguste plaça des gouverneurs particuliers dans chacune de ces provinces. Agrippa, favori de l'empereur, fut établi dans la Narbonnaise, où il exerça une autorité supérieure à celle des proconsuls. Il dota la province de magnifiques chemins militaires, qui étaient de véritables monuments.

Ce fut alors qu'Auguste, désireux de connaître tout ce qui se passait dans les villes de son vaste empire, choisit des jeunes gens légers à la course, pour porter ses ordres de station en station, jusqu'aux lieux où l'on devait les exécuter. Le nombre de ces coureurs était considérable ; ils se renouvelaient souvent, en se remettant les uns aux autres les dépêches du prince. Ce système eut tant de succès et parut si nécessaire au service public, qu'on établit peu de temps après des chariots et des chevaux de poste à la place des coureurs, pour que les ordres de l'empereur reçussent leur exécution avec plus de célérité.

Auguste était aimé et honoré dans les Gaules. Mais la flatterie franchit bientôt les bornes de la raison, et les peuples, ou pour mieux dire, les magistrats serviles qui les faisaient parler, lui décernèrent des honneurs presque divins. Pour accepter ces hommages insensés, il fallait qu'il méprisât bien ceux qui les lui prodiguaient. Auguste devint l'objet d'un culte solennel ; on lui érigea le fameux autel de Lyon, consacré dans la suite aux autres empereurs. Soixante peuples vinrent lui offrir chacun une statue, et y laissèrent chacun un aruspice. La Narbonnaise, regardée comme un corps séparé des provinces gauloises, ne prit aucune part à la cérémonie de cette dédicace ; mais cependant, ne voulant pas rester en arrière de cette exagération d'adulation, elle éleva à Auguste un temple au milieu de sa capitale. Elle frappa aussi des médailles à la gloire de ce prince, et institua, pour l'honorer, des fêtes, des sacrifices, et des prêtres appelés sévirs ou flamines augustales.

Quelque soin que prit Auguste pour faire régner la paix et la justice, il ne put empêcher divers mouvements dans les provinces. Celle des Gaules n'en fut pas exempte. Il paraît que ce sont ces insurrections qui donnèrent à Auguste l'idée de faire de Nîmes une colonie romaine. Agrippa fut chargé de la fonder. L'ancienne *Nemausus* prit le nom de *Colonia Augusta*. Les habitants élevèrent, dans l'enceinte de la ville, un temple à l'empereur, et le vénérèrent tantôt sous le nom de Jupiter, tantôt sous celui de Mars, et quelquefois sous celui de Minerve. Cette colonie devint très-célèbre ; et par les inscriptions qu'elle renferme, on peut juger qu'elle fut en petit ce que Rome était en grand.

Un grand nombre d'illustres Romains, attirés par la beauté du climat de Nîmes et la fertilité de son territoire, vinrent s'y établir. On vit alors s'élever des édifices somptueux et des temples magnifiques. Elle avait un amphithéâtre, un

Capitole, un Champ de Mars, des ponts, des bains, des colonnes, des statues, des théâtres, des aqueducs, et dans ses environs, des chemins publics et militaires. On prétend que l'enceinte de cette ville, dont les murs étaient très-forts, fut, sous les Romains, onze fois plus grande et plus étendue qu'elle ne l'est aujourd'hui, et que ses murs étaient fortifiés de quatre-vingt-dix tours, avec dix portes. Cette ville subsista ainsi jusqu'au temps de Charles-Martel. De ce grand nombre de tours, il ne reste plus aujourd'hui qu'une partie de celle qu'on appelle tour Magne, et qui excite la curiosité des voyageurs.

Parmi les monuments remarquables que renfermait Nîmes, on doit citer un temple de Diane, dont la structure était très-belle. C'était sans doute un Panthéon ; il n'en reste plus que quelques niches ; mais un ancien édifice, appelé la Maison-Carrée, est entièrement conservé. Les historiens ne sont pas d'accord sur la destination de ce monument ; il est cependant probable que c'était un temple. Il est orné au dehors de trente colonnes cannelées, d'ordre corinthien ; la sculpture des chapiteaux et les frises font encore l'admiration des habiles connaisseurs. Louis XIV fit réparer, en 1689, cet édifice, qui sert aujourd'hui de musée d'antiquités. L'amphithéâtre, qui est encore debout, est un des plus précieux monuments qui nous restent de l'antiquité romaine. Vingt mille personnes pouvaient s'y placer commodément. Ce monument, qui a longtemps servi de forteresse, a reçu le nom d'Arènes.

Après avoir fondé l'importante colonie de Nîmes, Auguste en établit encore plusieurs autres à Orange, à Carpentras, à Cavaillon. Toutes représentaient la majesté et l'opulence de Rome. On y retrouvait la même forme de gouvernement, les mêmes magistrats, les mêmes institutions.

La domination romaine dans la Narbonnaise n'apporta aucun changement dans la position des esclaves. Les maîtres conservèrent sur eux droit de vie et de mort. Peu à peu les vaincus s'habituèrent aux usages, à la police, aux lois des vainqueurs. La religion des Gaulois fit insensiblement place à celle des Romains. Le culte druidique ne disparut cependant pas complétement ; il ne fut entièrement détruit que sous l'empereur Claude. L'usage de la langue grecque se propagea dans la Narbonnaise. Cette langue y devint familière, et Narbonne, en donnant aux belles-lettres des encouragements utiles et des honneurs mérités, produisit une foule d'hommes distingués dans tous les genres.

Sur la fin de son règne, Auguste fit deux voyages dans les Gaules.

Tibère lui succéda. A son avénement, la paix régnait dans tout l'empire. Cette paix était comme un heureux présage de celle que Notre-Seigneur Jésus-Christ allait apporter à l'univers entier, en en renouvelant la face.

La Narbonnaise jouissait d'une tranquillité parfaite. Le port de Narbonne était le plus important du pays, et cette ville, métropole de la province, surpassait par son commerce toutes les autres cités gauloises. Nîmes n'était pas aussi considérable que Narbonne; mais son commerce n'était guère moins étendu. Les habitants de Toulouse, plus pacifiques que leurs ancêtres, donnaient alors tous leurs soins au règlement de la police, à l'agriculture et au commerce, que la situation de leur ville favorisait beaucoup. Béziers tenait enfin le quatrième rang parmi les villes de cette partie de la Narbonnaise, en deçà du Rhône.

Les mines d'argent qui existaient dans le Gévaudan et le Rouergue auraient pu contribuer à enrichir les deux provinces; mais Rome, de plus en plus insatiable, dévorait toutes ces immenses richesses. Elle tirait de ces mines de quoi satisfaire les caprices de quelques citoyens opulents, et les besoins sans cesse renaissants de leur luxe effréné. Aussi les gouverneurs exigeaient-ils la levée des impôts avec une rigueur excessive, qui souleva souvent des révoltes et des murmures contre les désordres de Tibère; mais l'empereur, qui ne voulait point s'entendre reprocher ses dérèglements, punissait sévèrement tous ceux qui osaient élever la voix pour condamner ces actes publics ou privés.

Les Gaulois ne sentirent jamais plus la perte d'Auguste que sous le règne du cruel Caïus-Caligula, qui en fit mourir un grand nombre, ne pouvant leur imputer d'autre crime que celui d'être riches, mais voulant s'emparer de leurs biens. Un assassinat délivra la Gaule de cet indigne empereur.

Claude, son oncle et son successeur, fit autant de bien aux provinces des Gaules que son prédécesseur leur avait fait de mal. Ce nouvel empereur était né à Lyon. Pour témoigner son estime et son affection aux Gaulois des trois provinces conquises par Jules César, il les fit admettre au sénat, où ils n'avaient jamais pu jusqu'alors obtenir leur entrée; la Narbonnaise seule jouissait de cet honneur.

Cette province devenait de plus en plus florissante ; on y voyait de riches Romains, qui étaient venus y chercher, par un exil volontaire, un asile où ils fussent plus à l'abri de la tyrannie impériale. Ces personnages, habitués à toutes les douceurs de la vie, à toutes les jouissances du luxe, contribuèrent à la prospérité du pays, et firent construire de magnifiques habitations. Les champs se couvrirent d'innombrables et somptueuses villas, ou maisons de plaisance, qui unissaient l'agrément à l'utilité, et où l'on exécutait de grands travaux agricoles. On y voyait des aqueducs, des bains du plus beau marbre, des pavés en mosaïque, des statues, des tableaux, enfin les plus merveilleux produits des arts, et tout ce que peut étaler une prodigalité magnifique. Nulle contrée, au rapport de Pline l'Ancien, n'était préférable à la Narbonnaise pour la culture des terres, la police des peuples et l'abondance des richesses. C'était moins une province qu'une partie de l'Italie.

Les premières années du règne de Néron, successeur de Claude, firent concevoir sur son gouvernement de grandes espérances, qui ne tardèrent pas à s'évanouir. Bientôt il épouvanta le monde par l'horreur de ses crimes; mais la patience des peuples se lassa, et un cri d'affranchissement se fit entendre. Ce cri formidable retentit dans toutes les Gaules. Les rapines, les cruautés et les débauches de Néron avaient indigné les peuples qui n'étaient point façonnés, comme le peuple romain, au joug du despotisme.

Julius Vindex, gouverneur de la province lyonnaise, fut le premier qui donna le signal de la révolte. Le sang des anciens rois aquitains qui coulait dans ses veines lui inspirait une fierté légitime. S'annonçant comme le libérateur des nations, il convoqua les députés des provinces gauloises, et les engagea avec énergie à briser de si honteuses chaînes. Il déclama contre Néron, assassin de sa mère, violateur des plus saintes lois, opprobre du genre humain. Il le représenta comme un joueur de flûte, comme un misérable histrion, souillant sur le théâtre la pourpre impériale. Ensuite l'orateur engagea l'assemblée à rendre la paix au monde, et à venir en aide au peuple romain. Il finit en proclamant Galba, gouverneur de l'Espagne intérieure, l'an 68 après Jésus-Christ. A sa voix, une armée se leva, enflammée de colère et de vengeance. Vindex se trouva bientôt à la tête de cent mille hommes, qui le joignirent sous les ordres d'Asiaticus, de Flavius et de Rufinus, qui commandaient les troupes romaines dans ces provinces. Quelques divisions restèrent fidèles à Néron ; Lyon lui témoigna un attachement qui alla jusqu'à l'obstination. La Narbonnaise, au contraire, se laissa entraîner dans la révolte; car Néron lui était odieux. Galba fut proclamé empereur par sa légion; le sénat et le peuple romain confirmèrent ce choix, malgré une défaite qu'essuyait Vindex sous les murs de Besançon, contre les partisans de Néron.

Ce monstre couronné restait tranquille à Naples, tandis que tout s'agitait au nord des Alpes. Absorbé par les fêtes et les combats d'athlètes, il reçut sans émotion la nouvelle du soulèvement de Vindex. On dit même qu'il s'en réjouit, comme d'une bonne occasion pour piller les provinces gauloises. L'extension que prit la révolte le tira pourtant de sa léthargie. Chargé du poids de la malédiction publique, condamné par le sénat, il se tua lui-même.

Galba était encore en Espagne lorsqu'il apprit la mort de Néron. Il se rendit à Narbonne, pour y recevoir les députés du sénat qui venaient le reconnaître empereur et le prier de combler les vœux du peuple en faisant son entrée dans la capitale. Galba prit le titre de César, reçut le serment de fidélité des officiers romains, et les soumissions des populations gauloises accourues de toutes parts. Il partit ensuite de Narbonne, traversa la province, et s'avança vers Rome.

Galba ne tarda pas à se faire beaucoup d'ennemis par sa grande sévérité; aussi ne conserva-t-il pas longtemps le pouvoir. Les troupes de la Germanie, qui avaient été les dernières à le reconnaître, furent les premières à l'abandonner. Elles proclamèrent à sa place Vitellius, leur général. En même temps, une sédition éclatait à Rome, et les prétoriens, après avoir massacré Galba (69), donnaient la pourpre à Othon. Une lutte s'engagea entre Vitellius et Othon. Les armées de ces deux compétiteurs marchèrent l'une contre l'autre, et, après avoir combattu avec fureur, celle des Othoniens fut complétement défaite. Othon, poussé par la honte et le désespoir, se plongea un poignard dans le sein, après un règne de trois mois, et assura ainsi l'empire à son rival.

Vitellius était alors dans les Gaules. Il partit pour l'Italie, et ne rencontra aucune résistance; mais lui aussi devait bientôt perdre le trône et la vie. Il se rendit si exécrable par ses vices, si odieux par ses cruautés, qu'il souleva contre lui l'indignation publique. Les légions d'Orient rendirent au monde un grand service en proclamant empereur Vespasien, alors occupé à faire le siége de Jérusalem, et qui était véritablement digne de l'empire. Quoiqu'il méritât cet honneur par ses vertus et les services qu'il avait rendus, il fut obligé de recourir à la voie des armes pour prendre possession du trône. Valérius Paulinus, gouverneur de la Narbonnaise, et zélé partisan de Vespasien, employa toute son influence pour soutenir les intérêts du nouveau César, dont la cause triompha enfin. Vitellius, traîné sur la place publique, demi-nu et les mains liées derrière le dos, essuya les plus cruelles insultes. La population, naguère prosternée à ses pieds, le mit en pièces et jeta ses restes dans le Tibre.

Vespasien fit régner la justice et la paix. La Narbonnaise, rassurée, put se reposer de ses secousses si réitérées. Elle fut paisible sous Titus, surnommé les

Délices du genre humain. La tyrannie et la persécution reparurent avec Domitien ; mais la sagesse et la modération de Nerva firent oublier à la province les rigueurs de son prédécesseur. Trajan, né en Espagne, fut revêtu, après Nerva, de la pourpre impériale. Ses qualités éminentes firent le bonheur des peuples.

Son successeur Adrien visita la province, l'an 121, et y laissa des monuments de sa puissance. Il se plut surtout à embellir Nîmes, cité importante, qui exerçait sa juridiction sur vingt-quatre bourgades. C'est à Adrien qu'on attribue la construction du pont du Gard, qui passe pour une des plus hardies et des plus superbes constructions de l'antiquité. Sous le règne d'Antonin, successeur d'Adrien, Narbonne ayant été presque entièrement détruite par un incendie, cet empereur la fit rebâtir ; il fit aussi relever à ses frais les thermes, les temples, les portiques, et tous les édifices qui avaient été dévorés par les flammes.

Marc-Aurèle, qui est présenté comme le modèle des bons princes, effaça presque le bien qu'il fit dans les Gaules par une sanglante persécution contre les chrétiens, qui commençaient à se propager dans les provinces romaines. L'indigne Commode passa sur le trône, et après lui Pertinax, qui mourut victime de ses bonnes intentions pour le rétablissement de la discipline. L'empire, mis à l'encan, fut acheté par Didius Julianus, qui ne tarda pas à tomber devant Septime-Sévère. Ce nouveau maître du monde avait été gouverneur de la Lyonnaise ; par la sagesse de sa conduite, il avait gagné l'affection des peuples de cette province ; aussi eut-il la satisfaction de voir les Gaules se déclarer les premières pour lui (192). Dans la lutte que Sévère eut à soutenir contre Niger et Albin, qui lui disputèrent le trône, la Narbonnaise lui demeura toujours fidèle ; mais Lyon embrassa le parti d'Albin. Elle en fut punie. Après la mort de ce compétiteur, cette malheureuse ville fut livrée au pillage et aux flammes, et tous ses habitants furent passés au fil de l'épée.

Caracalla, assassin de son frère Géta, succéda à Septime-Sévère. Cet empereur accabla d'impôts tous ses peuples, et les fit gémir sous la dureté de son gouvernement. Il accorda cependant, en 212, le droit de bourgeoisie à tous les hommes libres. Par cette concession, le droit romain devint le droit de tous les pays conquis ; il n'y eut plus de différence dans les priviléges des colonies ou villes de la province. Mais quoique les distinctions fussent effacées par les lois civiles et politiques, elles laissèrent encore des traces dans les habitudes populaires ; les mœurs anciennes ne pouvaient changer tout d'un coup. D'ailleurs, le nom de citoyen romain avait encore tant de puissance et de prestige, que ceux qui croyaient avoir le droit de le porter, à l'exclusion de tous les autres, formèrent, pendant plus d'un siècle, une classe regardée comme supérieure à celle des Latins.

Caracalla tomba sous les coups de Macrin, qui lui succéda. La modération de cet empereur aurait pu rétablir la tranquillité dans la province, s'il n'y eût constamment envoyé de mauvais gouverneurs. Son successeur, Héliogabale, prince insensé et immoral, était encore moins capable d'en choisir de bons. Cette tâche était réservée à Alexandre Sévère, qui eut la sagesse de ne confier le gouvernement des provinces qu'à des magistrats d'une probité éprouvée. Aussi sa mort affligea sensiblement la Gaule.

La Narbonnaise fut la première à tenter de secouer le joug du barbare Maximin. Elle soutint l'élévation des Gordiens, qui ne firent que passer sur le trône, puis elle fut obligée d'accepter Philippe, l'assassin du jeune Gordien.

Pendant une longue suite d'années, de 244 à 276, la Narbonnaise ne fut le théâtre d'aucun événement important. Dix empereurs se succédèrent sur le trône des Césars. Plusieurs ne firent qu'y passer; presque tous moururent assassinés; trois d'entre eux persécutèrent les chrétiens.

Sous le règne de Probus, en 278, eut lieu une nouvelle division des Gaules. Le pays des Allobroges et quelques districts contigus furent détachés de la Narbonnaise, et formèrent, sous le nom de Viennaise, une province particulière, qui eut pour capitale la colonie de Vienne, alors rivale de Lyon.

Carus, qui succéda à Probus, avait vu le jour à Narbonne, où ses ancêtres, originaires de Rome, étaient venus s'établir. Il associa à son pouvoir Carin et Numérien, ses deux fils, nés aussi à Narbonne. Ils lui succédèrent. Numérien fut tué par son frère, qui tomba à son tour sous les coups de Dioclétien.

Dioclétien, parvenu à l'empire, partagea le pouvoir avec Maximien-Hercule, qui vint dans les Gaules pour y apaiser plusieurs rivalités, et arrêta les Germains, qui y faisaient sans cesse des incursions. Les barbares envahissant l'empire de toutes parts, les deux empereurs sentirent la nécessité de s'adjoindre deux Césars pour leur résister. Galérius et Constance-Chlore obtinrent cette dignité. Le partage de domination amena le partage des provinces, qui furent divisées en quatre préfectures. Les Gaules échurent à Constance-Chlore, qui les gouverna avec sagesse et humanité.

Dioclétien et Maximien-Hercule ayant déposé la pourpre impériale, Galérius et Constance-Chlore devinrent Augustes, et choisirent pour Césars Sévère et

Maximin (304). Les Gaules continuèrent à être gouvernées par Constance-Chlore ; mais il mourut deux ans après dans la Grande-Bretagne. Il laissa de vifs regrets dans les provinces qu'il avait administrées. Aussitôt après sa mort, les légions proclamèrent Auguste son fils Constantin, qui possédait des vertus dignes du trône. Galérius fut obligé de joindre son suffrage à celui du peuple ; mais il était très-jaloux du jeune prince, et le détestait profondément. Il redoutait la présence de Constantin dans des provinces qui l'affectionnaient, tandis que lui n'avait pu y recueillir que haine et aversion, conséquence nécessaire de ses violences et de ses exactions.

Constantin, paisible possesseur des Gaules, de l'Espagne et de la Bretagne, s'attacha de plus en plus l'affection des peuples par la douceur de son gouvernement. Il visita en détail toutes les provinces, et arrêta les courses des Francs du côté du Rhin. Pour être plus à même de s'opposer aux entreprises de cette tribu conquérante, Constantin fixa sa principale résidence à Trèves ; ce qui rendit cette ville célèbre, et la fit regarder pendant longtemps comme la métropole des Gaules. Maximien-Hercule ayant tenté, avec le secours de son fils Maxence, de ressaisir le pouvoir qu'il avait abdiqué, l'empire se trouva déchiré par six chefs, qui périrent tous dans des luttes sanglantes. Constantin seul resta victorieux, et devint l'unique possesseur de l'empire. Son premier acte fut de donner la paix à l'Eglise et d'embrasser le christianisme.

CHAPITRE IV.

Le Christianisme.

La puissance de Rome grandissait; mais sa société ne laissait voir de plus en plus que des vices, des misères et des chaînes; elle s'était toujours montrée égoïste et brutale; elle abandonnait l'homme à lui-même et ne compatissait point à ses infirmités. Jamais on ne vit à Rome d'établissements philanthropiques pour soutenir la faiblesse, soulager la douleur, calmer le désespoir.

Les philosophes, dans leurs travaux stériles et dans leurs fastueuses leçons, ne surent rien produire pour l'amélioration de la nature humaine, pour les progrès de l'intelligence, et leurs entrailles ne s'émurent jamais devant les maux qui ont de tout temps affligé l'humanité. Ils parlaient de sagesse, mais ils ne protestèrent jamais contre l'esclavage, ni contre les combats de l'amphithéâtre, ni contre les abus de la force, ni contre le mépris que les riches et les puissants faisaient tomber sur les pauvres et les faibles.

La tyrannie siégeait dans la famille, et s'offrait partout sous toutes les formes. Cette société d'oppresseurs et d'opprimés présentait un bien triste spectacle au moment de la décadence romaine. Comme les anciennes croyances allaient tous les jours s'éteignant dans les âmes, comme les vieilles idoles croulaient de toutes parts, au milieu de l'indifférence et de la moquerie, on ne savait plus où placer la règle des devoirs et la source des affections. L'humanité avait besoin d'être régénérée par des doctrines plus fécondes, par des dogmes plus consolants.

Cette sublime mission était réservée au christianisme. Restituant à l'homme des titres effacés et sa valeur méconnue, la religion de l'Evangile épurait ses passions, sanctifiait ses souffrances, élevait son cœur au-dessus des choses terrestres, enseignait l'égalité devant celui aux yeux duquel il n'y a ni premier ni dernier; elle le poussait dans une carrière d'affranchissement et de concorde, ouvrait enfin pour lui toutes les voies du progrès moral. Assurée de ses destinées immortelles, cette sublime religion grandissait dans la persécution; elle s'emparait de l'avenir, et rien n'arrêtait plus ses conquêtes pacifiques.

Les apôtres de Jésus-Christ et leurs disciples avaient déjà porté les lumières de la foi dans diverses contrées : elles brillaient en Asie, en Afrique, en Europe. Saint Pierre et saint Paul avaient planté la croix dans la capitale du monde païen; le martyre avait été la récompense de ce glorieux succès; mais leur sang avait enfanté des milliers de chrétiens. Le cruel Néron et le farouche Domitien, alarmés des progrès d'une doctrine qui condamnait leurs crimes, avaient essayé de l'étouffer dans les tortures de la persécution; mais ce fut en vain; l'Evangile se répandit partout.

On ne sait pas au juste en quelle année le christianisme pénétra dans les Gaules; les preuves manquent pour attester qu'il y fut introduit dans le Ier siècle. Mais ce qui est certain, c'est qu'au milieu du IIe siècle, il y avait des chrétiens dans plusieurs villes gauloises, principalement à Lyon et à Vienne. Saint Pothin, Grec de naissance, disciple de saint Polycarpe, évêque de Smyrne, vint s'établir à Lyon avec quelques missionnaires, dont une partie se fixa à Vienne. Ces hommes, puissants par la conviction, animés d'un zèle infatigable, travaillèrent avec ardeur à la propagation de l'Evangile. Pothin, premier évêque de Lyon, avait atteint sa quatre-vingt-dixième année, lorsque éclata la persécution suscitée par Marc-Aurèle. Il fut l'un des premiers martyrs de l'Eglise gallicane; quarante-sept chrétiens moururent avec lui, l'an 177, après avoir souffert tout ce que la rage d'un peuple furieux peut inventer de plus cruel. Parmi eux on doit citer sainte Blandine, saint Sanctus et saint Attale. Le sang de ces victimes féconda le germe du culte naissant, et l'Evangile se répandit de plus en plus. L'Eglise de Lyon plaça sur le trône épiscopal Irénée, qui se montra le digne successeur de Pothin. Oracle vivant des croyances chrétiennes, il s'attira l'admiration générale par sa science profonde, et le respect par sa sainteté éprouvée. Châlon-sur-Saône, Langres, Autun, Dijon, reçurent dans leur sein des ouvriers apostoliques, qui tombèrent aussi sous les coups des bourreaux. Saint Symphorien fut du nombre de ces martyrs.

Bientôt s'éleva une nouvelle persécution contre les chrétiens. L'empereur Sévère, qui avait d'abord paru leur être favorable, les poursuivit par les édits les plus sévères, l'an 202. Saint Irénée fut immolé le premier dans Lyon ; et après lui, presque tout son peuple. Une ancienne inscription, que l'on voit encore dans cette ville, marque que, sans compter les femmes et les enfants, le nombre des martyrs alla à dix-neuf mille. Grégoire de Tours rapporte qu'il y eut une si grande multitude de chrétiens égorgés pour la foi, que leur sang coulait par ruisseaux dans les places publiques. En Bourgogne, saint Bénigne ; à Besançon, saint Ferréol et saint Fergeux expirèrent aussi dans les supplices. A Narbonne, saint Andéol fut, à ce que l'on croit, le premier qui arrosa de son sang cette province.

Après quelques années d'un calme apparent, Maximin publia, l'an 235, de nouveaux édits contre les chrétiens, qui commençaient à bâtir publiquement des églises. Cette persécution s'étendit dans les Gaules, et y frappa principalement les ministres des autels. L'empereur ordonnait de faire surtout mourir ceux qui enseignaient et gouvernaient les églises ; il pensait que les populations, privées de l'appui de leurs pasteurs, seraient facilement vaincues. D'ailleurs, il craignait, en étendant la persécution sur la masse des fidèles, de dépeupler l'empire ; car les villes et les campagnes, les armées et la magistrature, comptaient un grand nombre de chrétiens. Le fort de la persécution tomba donc sur les évêques et les prêtres ; tous ceux dont on put se saisir furent condamnés au dernier supplice.

La persécution s'étant renouvelée sous Dèce et sous Valérien, le pape saint Fabien envoya dans les Gaules, vers l'an 250, des évêques pour prêcher l'Evangile à ceux qui ne l'avaient pas encore reçu, et pour soutenir et fortifier ceux qui avaient déjà été éclairés. Ces hommes apostoliques se dispersèrent. Paul s'arrêta à Narbonne (1). Ses prédications furent couronnées d'heureux succès ; il

---

(1) La venue de ces missionnaires dans les Gaules, placée par Grégoire de Tours l'an 250, est placée par d'autres historiens au Ier siècle. Il serait alors probable qu'ils furent envoyés dans ces provinces par saint Pierre, en même temps que cet apôtre envoyait Trophème à Arles.

fonda aussi l'Eglise de Béziers, celle d'Avignon, et mourut en paix avec la gloire et le mérite du martyre.

Pendant que saint Paul évangélisait Narbonne, saint Saturnin portait le flambeau de la foi à Toulouse. A sa parole, le nombre des fidèles s'accrut tellement, qu'il se vit obligé d'accepter le titre d'évêque. Saturnin fit bâtir à Toulouse une petite église, qui fut la principale cause de sa détention et de sa mort. Pour se rendre dans ce lieu de prières, il était obligé de passer par le Capitole, où il y avait un temple consacré aux idoles. Sa présence rendit les démons muets, et fit cesser leurs oracles. Les prêtres païens, irrités de ce silence, en attribuèrent la cause aux chrétiens et aux passages fréquents de Saturnin. Ils résolurent donc de l'arrêter; ce qu'ils exécutèrent au moment où le saint évêque passait pour se rendre à son église. Il fut traîné au Capitole; on le pressa d'offrir des sacrifices à Jupiter et à Diane; mais Saturnin répondit qu'il n'avait garde d'honorer des idoles, qu'il regardait comme des démons, et qu'il ne reconnaissait qu'un seul vrai Dieu. Le peuple, irrité d'une réponse si injurieuse pour ses dieux, entra en fureur, et l'accabla de mauvais traitements; on l'attacha ensuite par les pieds, avec une corde, à la queue d'un taureau indompté, qu'on avait destiné au sacrifice; on piqua cet animal, qui, devenu furieux, se précipita sur les degrés du Capitole, et brisa la tête du saint martyr. Ainsi fut consommé le sacrifice. Le taureau, entraînant avec lui le corps du saint, le mit en pièces, et n'en abandonna les restes que lorsque la corde qui le liait se fut rompue. Deux femmes chrétiennes recueillirent avec respect les membres dispersés du martyr, les enfermèrent dans un cercueil, et les enterrèrent dans une fosse très-profonde, pour les dérober à la connaissance des païens, qui quelquefois déterraient les restes des chrétiens. On croit que ces deux femmes pieuses sont celles qu'on honore à Toulouse et dans tout le diocèse sous le nom de saintes *Puelles*, nom que porte encore aujourd'hui une petite ville où elles furent enterrées.

Au commencement du IVe siècle, saint Hilaire, troisième évêque de Toulouse, n'osant, par respect, toucher aux ossements du saint martyr, les laissa dans le premier tombeau qui les avait reçus; mais il fit élever au-dessus une voûte, et y joignit un petit oratoire. Vers la fin du IVe siècle, saint Sylvius fit commencer une église magnifique, que saint Exupère acheva, et dans laquelle il transféra les reliques du saint. A l'endroit où l'on a recueilli les lambeaux du corps de Saturnin, on a bâti une église qui a reçu le nom de *Tauro*. Le culte de saint Saturnin se répandit par toute la terre; ses reliques ont été partagées et transférées dans bien des lieux, et partout Dieu a opéré des miracles pour honorer la mémoire de son serviteur.

Aurélien, Dioclétien et Galérius renouvelèrent, en 275, en 302 et en 311, les persécutions; elles furent des plus violentes et firent un grand nombre de martyrs. Néanmoins, les successeurs des apôtres marchaient d'un pas ferme à la conquête du monde, méprisant les grandeurs, les richesses, la gloire même, qui se dissipe avec tout le reste; ils ne les estimaient que ce qu'elles valent, et s'avançaient, pauvres, souvent même ignorés, avec une simple croix de bois à la main. Et cependant, en peu de temps ils subjuguèrent des provinces que Rome n'avait pu soumettre qu'en plusieurs siècles. Mais à défaut de richesses, de science et d'armes, ils avaient une charité inépuisable, une patience à toute épreuve, une foi ardente, un zèle sans bornes, une volonté inébranlable, une ferme confiance dans l'avenir, et par-dessus tout, la main de Dieu pour les guider et les fortifier. Malgré les persécutions, les églises s'élevaient, les chrétiens se multipliaient avec une étonnante rapidité. Ces adorateurs du Christ continuaient de donner au monde étonné les leçons d'une morale admirable et inconnue au milieu de la corruption universelle; ils offraient le spectacle d'une fermeté sublime et d'un courage qui ne furent jamais surpassés par l'héroïsme républicain et l'amour de la patrie.

Le moment était enfin venu où les persécutions allaient cesser. Constance-Chlore en prépara le terme par la protection qu'il accorda aux chrétiens. Mais c'était à son fils Constantin qu'était réservée la gloire de donner la paix à l'Eglise. Vainqueur de Maxence, par l'invocation du signe de la croix, il embrassa le christianisme, l'an 312, et le fit asseoir avec lui sur le trône des Césars. Alors s'écroulèrent les superstitions ridicules, et la morale impure du paganisme fut effacée; sur leurs débris s'éleva un culte saint, qui propagea les maximes de l'Evangile.

Constantin, devenu chrétien, abandonna Rome, où les temples des idoles étaient toujours debout, et établit le siége de son empire à Byzance, qu'il nomma Constantinople. Il divisa l'empire en quatre préfectures : l'Orient, l'Illyrie, l'Italie et les Gaules. La dignité de préfet, qui auparavant était militaire, eût paru trop redoutable avec le commandement des troupes; elle devint dès lors purement civile, et ne conserva que l'administration supérieure de la justice, de la police et des finances. Chaque préfecture était divisée en diocèses; chacun d'eux comprenait plusieurs provinces, et avait pour gouverneur un vicaire ou préfet particulier. Chaque province obéissait à un gouverneur spécial.

La préfecture des Gaules comprenait l'Espagne (avec le Portugal), l'île de Bretagne, les Gaules proprement dites, et les cinq provinces des Gaules. Ces cinq provinces étaient : la Narbonnaise, la Viennaise, l'Aquitaine, les Alpes Maritimes et la Novempopulanie. Le vicaire qui eut l'administration des Gaules proprement dites, résidait ordinairement à Lyon, et celui des cinq provinces, à Vienne; ce qui donna une grande importance à cette dernière métropole.

Le partage que Constantin fit de l'empire entre ses trois fils, Constantin, Constance et Constant, et deux de ses neveux, fut, après sa mort, la source de troubles, de querelles sanglantes et d'assassinats. Les Gaules, l'Espagne et la Grande-Bretagne échurent à Constantin, l'aîné, qui les posséda peu de temps. Il périt dans une guerre qu'il fit à son frère Constant. Celui-ci succomba bientôt à son tour sous les coups de son frère Constance, qui resta seul maître absolu de l'empire. Ce prince se prononça en faveur d'Arius, dont l'hérésie troublait déjà l'Eglise depuis quelques années. Plusieurs conciles furent assemblés pour la combattre. Le plus important, dans l'Occident, fut celui d'Arles. Nous en parlerons dans la Provence.

Toulouse se fit remarquer par l'attachement inviolable qu'elle montra pour sa foi et pour la personne de son saint évêque, Rhodanius. Ce fut en vain que Constance et ses émissaires employèrent toutes sortes de violences, et allèrent jusqu'à se servir de bâtons et de fouets armés de plomb, pour obliger les prêtres à élire un évêque arien à la place de leur pasteur légitime. Le clergé et les fidèles résistèrent, et conservèrent la foi orthodoxe. Julien, à qui Constance confia le gouvernement des Gaules, y fit régner la paix et la justice, et contribua même à rétablir l'union catholique. Mais, parvenu à l'empire, il s'abandonna aux erreurs d'Arius. Son apostasie ne put faire revivre dans la Narbonnaise l'hérésie éteinte ; cette province resta toute chrétienne. L'avénement de Jovien lui promettait paix et protection ; mais le règne de ce prince fut trop court pour le bonheur de ses sujets.

Ce fut sous le règne de Valentinien Ier, successeur de Jovien, qu'il fut question pour la première fois des dénominations de seconde Narbonnaise et de seconde Aquitaine. Celle-ci eut pour métropole Bordeaux, et Aix fut la capitale de la seconde Narbonnaise. Par l'érection de cette dernière province, la partie de l'ancienne Narbonnaise, ou Gaule Braccata, située en deçà du Rhône, prit le nom de Narbonnaise première. La Narbonnaise seconde et l'Aquitaine seconde furent ajoutées aux cinq provinces déjà nommées, et formèrent ce qu'on appela les sept provinces, et ensuite l'Aquitaine. C'est aussi à Valentinien qu'on attribue l'érection de la troisième et de la quatrième Lyonnaise.

Les provinces des Gaules furent portées jusqu'à dix-sept, sous l'empereur Honorius. Ainsi augmentées, elles se virent livrées à un plus grand nombre de gouverneurs, dont l'avidité, jointe à la sévérité de Valentinien Ier, fit peser sur elles un joug de fer. Elles furent mieux traitées sous le règne de Gratien, fils et successeur de Valentinien. Maxime, quoique assassin et usurpateur, protégea la religion, qui trouva des protecteurs et des défenseurs dans Valentinien II et dans le grand Théodose. Celui-ci mourut en 395, regretté de tous les peuples, qu'il avait gouvernés avec sagesse et modération.

Avant de mourir, Théodose avait partagé l'empire entre ses deux fils, Arcadius et Honorius. Le premier eut l'Orient et le second l'Occident. Honorius, animé du même zèle que son père, ne négligea rien pour étendre le christianisme sur les ruines du paganisme, dont les temples étaient encore debout, malgré les ordonnances de Constantin et de ses successeurs. Honorius en publia de nouvelles pour la destruction entière de l'idolâtrie et l'abolition des sacrifices. Le zèle des chrétiens pour seconder l'empereur alla si loin, qu'ils n'épargnèrent pas même les statues, et tout ce qui servait d'ornements dans les amphithéâtres, les bains et les lieux publics. Honorius se crut obligé de modérer cette ardeur par une loi, adressée à Proclien, préfet des cinq provinces, laquelle défendait aux chrétiens de toucher à ces restes précieux de l'art romain. Bientôt après, Honorius révoqua cet arrêt, et ordonna d'enlever des lieux publics les anciens monuments que la superstition païenne y avait élevés. On peut donc penser que c'est à cette époque qu'eut lieu l'extinction totale du culte des idoles, et l'abolition définitive du paganisme dans la Narbonnaise.

Autant Honorius montra de zèle pour les progrès du christianisme, autant il montra de faiblesse et de négligence dans le gouvernement de l'empire, dont la décadence ne tarda pas à se faire sentir. Le peu de soin qu'il apporta à mettre les provinces en état de se défendre contre les barbares fut cause qu'ils ne tardèrent pas à y pénétrer, pour y porter le ravage et la désolation.

Avant de parler de leur invasion, donnons quelques lignes aux hommes dont les noms et la sainteté ont passé à la postérité.

Parmi eux nous devons citer Ausone. Fils d'un sénateur, il était né, vers l'an 309, à Bordeaux, où il professa la rhétorique. Il se distingua ensuite comme poëte. Valentinien Ier lui confia l'éducation de son fils aîné Gratien. Lorsque celui-ci parvint à l'empire, il témoigna sa reconnaissance à son précepteur en le comblant d'honneurs et en lui conférant la dignité de préfet du prétoire, qu'il exerça d'abord en Italie, puis dans les Gaules. La mort de Gratien et l'usurpation de Maxime éloignèrent Ausone de la cour, et il ne put se décider à y reparaître, alors même que l'empire jouissait de la paix sous Valentinien II. Il se retira dans ses terres en Aquitaine, et y passa une vie tranquille, consacrée à l'étude des lettres. C'est là qu'il composa la plupart de ses ouvrages. Il mourut en 394. Il avait donné tous ses soins à l'éducation de saint Paulin, qui fut évêque et poëte.

Paulin, né à Bordeaux, avait été fait consul en 378; mais en 393 il fut ordonné prêtre, et devint évêque de Nole. Il s'acquit une grande réputation de sainteté. On lui attribue l'invention des cloches. Il a laissé des poésies pieuses, des lettres, des discours, une histoire du martyre de saint Genès d'Arles.

Une étroite amitié unissait saint Paulin à saint Sulpice-Sévère, illustre historien sacré. Sulpice naquit en Aquitaine, vers l'an 363. Il suivit d'abord la carrière de la magistrature; très-jeune encore, il se fit remarquer par son éloquence. La mort de sa femme, peu de temps après son mariage, le décida à abandonner ses richesses, et à se détacher du monde pour ne plus occuper ses pensées que du ciel. Il choisit pour retraite un lieu situé près de Toulouse, nommé *Primuliac*. C'est là qu'associé à plusieurs disciples qui l'avaient suivi, il travailla à se sanctifier par les pratiques et les austérités de la vie monastique, et qu'il se rendit célèbre autant par sa pénitence que par ses pieux et savants ouvrages. Son principal travail est une *Histoire sacrée*, qui s'étend de la création à l'an 410. Son style élégant et concis lui a mérité le nom de Salluste chrétien. Il mourut en 429.

On voit, par ce qui précède, que les monastères existaient à cette époque dans la Narbonnaise. L'état monastique fut soutenu dès sa naissance dans la province par la protection des évêques, surtout de saint Exupère, qui occupait le siége de Toulouse en 406. Ce saint prélat fit continuer l'œuvre commencée par son prédécesseur, saint Sylvius. C'était une magnifique église destinée à recevoir les restes de saint Saturnin, auquel saint Exupère était comparé pour ses vertus. Son ardente charité pour les pauvres était telle, que, pour suffire à ses aumônes, il vendait tout ce qu'il possédait. En le voyant ainsi distribuer tous ses biens, on aurait pu dire qu'il prévoyait l'irruption prochaine des barbares dans sa patrie, et qu'il se hâtait de mettre ses richesses en sûreté dans les mains des pauvres, pour les dérober à l'avidité de ces terribles envahisseurs. Les événements justifièrent la prévoyance du saint.

CHAPITRE V.

Les Wisigoths. — Septimanie.

Dès le commencement du ve siècle, les peuples du nord de l'Europe et de l'Asie se jetèrent sur les provinces de l'empire. Goths, Gépides, Vandales, Suèves, Allemands, Bourguignons, commencèrent leurs incursions dévastatrices, qui devaient se terminer par la chute de l'empire romain. Le dernier jour de l'année 406, ces barbares franchirent le Rhin, pénétrèrent dans les Gaules, et se frayèrent partout, avec le fer et le feu, un passage qu'ils couvrirent de sang et de ruines.

Les Vandales, sous la conduite de leur chef Chrocus, se répandirent d'abord dans la Lyonnaise ; Chrocus ruina la ville de Langres, et fit souffrir le martyre à Didier, qui en était évêque. Beaucoup de barbares étaient chrétiens, mais ils professaient l'arianisme; et comme tels, ils étaient aussi ennemis des catholiques que les païens l'avaient été. Les Vandales s'avancèrent jusqu'à Vienne, et se tournèrent du côté de l'Auvergne. Ils s'étendirent ensuite sur les deux rives du Rhône, et ravagèrent toutes les villes voisines, Saint-Paul-Trois-Châteaux, Valence, Orange, Voison, Carpentras, Apt, Avignon, Uzès, Nîmes. Partout on voyait des hommes, des femmes, des enfants égorgés ou traînés en captivité; des temples réduits en cendres, les objets du culte chrétien exposés à toutes les profanations; les prêtres déchirés à coups de fouet et précipités dans les flammes. Chrocus, prince orgueilleux et barbare, était persuadé qu'il ne pourrait rendre son nom célèbre que par des cruautés, des ravages, et par la destruction de tout ce qui pouvait rappeler le souvenir de la gloire des Romains. Ses troupes, animées du même esprit, n'épargnaient aucun des anciens édifices qu'elles rencontraient sur leur chemin; la malheureuse province n'offrit bientôt plus que des ruines et le spectacle affligeant de la plus affreuse misère.

L'empereur, trop faible pour expulser ces barbares, leur permit de demeurer dans les Gaules. Ils s'établirent près des Pyrénées, avec le dessein de passer en Espagne. Repoussés avec force dans cette tentative, ils errèrent pendant trois ans dans les Gaules; mais en 409, les Suèves et les Alains s'étant joints à eux, ils parvinrent à franchir les Pyrénées. Ils se répandirent dans l'Espagne, et y renouvelèrent les ravages qu'ils avaient exercés dans les Gaules. La Narbonnaise était à peine délivrée, qu'elle devint la proie de nouveaux envahisseurs. Mais ceux-ci devaient s'y établir en maîtres, et mettre un terme à la puissance romaine dans ces provinces.

Le terrible Alaric, roi des Wisigoths, s'étant emparé de Rome, le 24 août 410, l'avait livrée au pillage et abandonnée à la fureur de ses hordes triomphantes. Il méditait de nouvelles conquêtes lorsqu'il mourut à Cosenza, dans la Calabre. Sa mission n'était pas terminée. Après avoir planté ses enseignes sur les remparts du Capitole, et s'être assis vainqueur devant le Panthéon, il n'avait plus besoin de vivre pour que son nom passât à la postérité. Les Wisigoths le remplacèrent par Ataulphe, son beau-frère. C'était un homme aussi brave qu'habile et expérimenté. Anéantir l'empire romain, établir à sa place un royaume de Gothie, et se poser comme fondateur de cet État, étaient des projets qui flattaient son ambition. Mais cédant aux prières de Placidie, sœur d'Honorius, qu'il avait épousée pendant qu'elle était sa prisonnière, il consentit à traiter avec l'empereur et à sortir de l'Italie. Un an après la conclusion de son traité, il se jeta dans le midi de la Gaule. Après avoir essuyé un revers à Marseille, il entra triomphalement à Toulouse et à Narbonne. Ce fut dans cette ville qu'il fit célébrer avec pompe la cérémonie de son mariage avec Placidie.

Constance, général d'Honorius, qui se trouvait alors à Arles, passa le Rhône à la tête des troupes romaines, et vint bloquer Narbonne, quartier général des

Wisigoths. Ataulphe, craignant de voir la ville tomber bientôt au pouvoir de Constance, résolut d'abandonner les Gaules pour passer en Espagne avec Placidie. Les Wisigoths prirent la route des Pyrénées, mais non sans laisser sur leur passage des traces de leur fureur et de leur barbarie. Bordeaux fut incendié et livré au pillage. Les barbares franchirent les montagnes à la fin de 412. Un an après, Ataulphe périt assassiné par un de ses domestiques. On lui donna pour successeur Sigeric, qui fut lui-même massacré par les siens, le septième jour de son règne. Wallia le remplaça sur le trône des Wisigoths.

Au commencement de 416, les Romains et les Wisigoths conclurent enfin la paix. L'empereur Honorius, pour reconnaître les services que ces barbares lui avaient rendus en Espagne, consentit à les laisser rentrer dans les Gaules. Ils repassèrent donc les Pyrénées en 419, et Constance leur céda au nom de l'empereur une partie de la Narbonnaise, la Novempopulanie, l'Aquitaine depuis Toulouse, et les deux côtés de la Garonne jusqu'à Bordeaux. C'est ainsi que fut fondé le royaume des Wisigoths dans les Gaules. Toulouse en fut la capitale.

Wallia ne survécut pas longtemps à la fondation de son royaume; il mourut la même année, ne laissant qu'une fille. On lui donna pour successeur Théodoric Ier, guerrier doué de grandes qualités. Celui-ci tenta en vain d'étendre sa domination au delà des bornes qui lui avaient été assignées; Valentinien III le contraignit à un traité qui obligeait les Wisigoths à se renfermer dans les limites du pays qui leur avait été cédé.

En 437, la guerre recommença entre les Romains et Théodoric. Littorius, général d'Aétius, vint attaquer les Wisigoths au centre de leurs possessions, les défit en plusieurs rencontres, et assiégea Théodoric dans Toulouse. Ce prince, réduit à la nécessité de vaincre ou de mourir, mais mettant sa confiance en Dieu, se prosterna sur un cilice, et pria le Seigneur de le faire triompher de ses ennemis. Littorius, au contraire, ne se confiant qu'en ses propres forces, attaqua témérairement les Wisigoths. Aussitôt Théodoric se releva, et, plein de cette ardeur que donne une humble confiance, il marcha au secours de ses troupes. Par sa présence autant que par son exemple, il leur inspira tant de courage, qu'ils taillèrent en pièces les ennemis. Littorius, tout couvert de blessures, fut fait prisonnier. La prise de ce général termina l'action, et assura la victoire à Théodoric, qui fut d'autant plus surpris du succès de ses armes, que ses forces étaient bien inférieures à celles des Romains. Il fit de nouveau la paix avec Valentinien, et le calme se rétablit.

Bientôt après parut un conquérant farouche, sorti des forêts de cette Germanie qui fut le foyer de tant de tribus belliqueuses. Il s'avançait à la tête d'une immense peuplade scythique, comme pour accomplir un ministère d'extermination. Il venait, lui aussi, prendre part à cette grande curée, menaçant des mêmes coups le faible empire d'Occident, qui se débattait dans sa longue agonie, et la nouvelle monarchie des Wisigoths, puissante sous les lois d'un prince habile et aimé de ses peuples. Ce nouveau conquérant était Attila, roi des Huns, peuple barbare que l'on aurait pu croire créé pour la désolation des nations, tant il obéissait à un instinct qui le poussait vers les ruines, tant il trouvait de plaisir dans les scènes de deuil et de carnage. Attila, d'une courte stature, avec ses larges épaules, son front immense, ses yeux étincelants, ses traits empreints d'une sauvage rudesse, son cœur inaccessible à la clémence et à la pitié, était le plus effrayant de tous les hommes. Il parut devant Metz, la veille de Pâques de l'an 451. Après avoir emporté cette ville de force, il y mit le feu et fit passer tous les habitants au fil de l'épée.

Aétius rassembla promptement toutes les forces dont il pouvait disposer. Craignant qu'elles ne fussent trop faibles, il demanda du secours aux Wisigoths. Théodoric, menacé du même danger que le reste de l'empire, s'unit à Aétius pour combattre l'ennemi commun. Les Francs, sous la conduite de Mérovée, et les Bourguignons, sous celle de leur roi Gondicaire, se joignirent aux Romains et aux Wisigoths, et tous marchèrent contre celui que les peuples nommaient le *Fléau de Dieu*.

Le terrible chef des Huns, après avoir incendié Metz, s'était avancé jusqu'à Orléans. Cette ville était sur le point de succomber; elle n'avait plus d'espoir que dans les prières de son évêque, saint Aignan. Sur ces entrefaites, arrivèrent Aétius, Théodoric et leurs alliés; ils attaquèrent si vivement les Huns, qu'Attila fut obligé de lever le siége. Il revint sur ses pas et établit son camp dans les plaines de Châlons-sur-Marne. On vint l'y attaquer, et là s'engagea, en 451, la plus terrible de toutes les batailles. Attila, vaincu, se retira derrière l'enceinte de ses chariots, où ses vainqueurs n'osèrent le poursuivre. Peu de temps après il quitta les Gaules, et alla porter sa vengeance en Italie.

Dès le commencement de l'action, Théodoric, emporté par sa valeur, avait trouvé la mort. Les Wisigoths cherchèrent le corps de leur roi au milieu de cet immense amas de morts; l'ayant découvert, ils l'emportèrent dans leur camp; puis ils le revêtirent de ses habits royaux, et lui rendirent de grands honneurs funèbres. Les larmes qu'ils mêlèrent aux chants lugubres furent des témoignages incontestables de la douleur qu'ils éprouvaient d'avoir perdu un si grand roi et un si bon prince. Il laissait six fils et deux filles.

Dès que les funérailles de Théodoric furent terminées, les Wisigoths proclamèrent roi son fils Thorismond. Ce jeune prince, dont la valeur égalait celle de son père, périt assassiné par l'ordre de ses frères, jaloux de lui ; il n'avait régné que trois ans. Théodoric II monta sur le trône. Il voulut profiter des troubles qui agitaient Rome pour étendre ses possessions ; mais l'empereur Majorien lui fit une vive résistance, et le contraignit à faire un traité de paix. A la mort de cet empereur, une lutte vigoureuse recommença entre lui et le comte Gilles, qui voulait conserver à l'empire ce qui lui restait encore au delà des Alpes. Malgré tous ses efforts, il fut obligé de céder aux Wisigoths Narbonne, qui était la principale ville de son gouvernement. Cette place importante, qui depuis près de dix siècles servait de boulevard aux Romains dans les Gaules, tomba pour toujours au pouvoir des Wisigoths. Cette prise facilita ensuite la conquête du reste de la Narbonnaise. Théodoric II ne jouit pas longtemps du fruit de ses succès : un fratricide l'avait élevé au trône, un fratricide l'en fit descendre. Il tomba sous le poignard de son frère Euric, en 466, après un règne de seize ans.

Euric, en montant sur un trône ensanglanté, voulut faire oublier son crime par de grandes choses. Ce fut à la gloire qu'il demanda son pardon. Doué d'un génie remarquable, il adopta les idées de son prédécesseur, et poursuivit le projet de profiter de la position précaire de l'empire, pour s'adjuger par la force des armes la Gaule entière. Les dernières convulsions de l'empire expirant vinrent à propos favoriser ses conquêtes ; aussi soumit-il tous les pays compris entre l'Océan, la Loire, le Rhône et la Méditerranée. En 475, l'empereur Julius Nepos fut obligé de le reconnaître légitime possesseur de ces vastes contrées, ainsi que de l'Espagne, où Euric avait fait disparaître les derniers vestiges de la puissance romaine.

En 476, l'empire d'Occident s'écroula sous les coups d'Odoacre, roi des Hérules. Ce fut le moment où l'empire des Wisigoths atteignit sa plus grande extension. A cette époque, les Bourguignons consolidaient leur établissement le long de la Saône et du Rhône ; les Francs travaillaient à maintenir sous leur obéissance Paris et beaucoup d'autres villes sur l'Oise et sur la Seine ; les Saxons tentaient des entreprises sur les côtes de l'Armorique ; il ne restait plus aux Romains dans les Gaules que le Soissonnais, où Siagrius, fils du comte Gilles, exerçait une autorité presque absolue, sous le nom de patrice. La Provence était gouvernée par le préfet Polème. Euric ne tarda pas à s'emparer de cette province, qu'Odoacre fut obligé de lui céder.

La disparition subite de plusieurs empereurs et l'affaiblissement progressif de l'autorité romaine semblaient favoriser l'ambition d'Euric, qui voulait dicter des lois à la Gaule entière ; mais la mort ne lui laissa pas le temps de réaliser tous ses projets. Tout porte à croire que si sa carrière se fût prolongée, les Wisigoths auraient fait de grandes choses. A eux peut-être, et non pas aux Francs, aurait été réservée la gloire de reconstituer la Gaule, et d'en faire un royaume puissant. Euric mourut à Arles l'an 484. Il ne laissait qu'un fils en bas âge, qui fut couronné sous le nom d'Alaric II. Euric fut le premier roi wisigoth qui expira d'une mort naturelle. Tous ses prédécesseurs avaient péri par le fer. Ce prince, enlevé au milieu de ses plus grands triomphes, avait rempli le monde du bruit de ses armes et de ses conquêtes ; les plus grands souverains avaient recherché son alliance. Il avait travaillé au bonheur de ses sujets en leur donnant de sages institutions ; mais il était arien et persécuta les catholiques. Les Goths avaient embrassé les erreurs d'Arius, tandis que les Romains étaient restés fidèles à la doctrine apostolique. Cette différence de croyance alimentait et même augmentait chaque jour la haine que se portaient ces deux peuples. Euric eut recours à la persécution ; mais loin de ramener l'union, cette mesure fut le signal de la décadence de l'empire wisigoth de Toulouse.

Alaric II, quoique fort jeune, succéda à son père. Il jugea prudent de faire cesser les vexations qu'avait exercées Euric contre les catholiques. Il leur laissa la liberté de conserver leur foi et de choisir leurs évêques. Il ne tarda pas à s'inquiéter des progrès que les Francs faisaient dans les Gaules. Le jeune Clovis, qui commandait les Francs de Tournai, se montrait avide de gloire et de conquêtes. Il avait vaincu Siagrius près de Soissons ; et par cette victoire il avait fondé la monarchie des Francs, et anéanti la domination romaine dans les Gaules. Le patrice Siagrius s'était réfugié à Toulouse ; il comptait sur le secours et la protection des Wisigoths, qui avaient intérêt de leur côté à arrêter les progrès d'un prince aussi belliqueux et aussi entreprenant que l'était le roi des Francs. Mais Clovis envoya aussitôt sommer Alaric de lui remettre le général romain, le menaçant, s'il refusait, de porter la guerre dans ses Etats. Alaric livra Siagrius au roi franc, qui le fit mettre à mort. Clovis étendit ensuite ses conquêtes jusqu'à la Loire, et par conséquent jusqu'aux frontières du royaume des Wisigoths. Alaric, alarmé du voisinage de ce redoutable adversaire, songea à contracter quelque alliance qui pût lui assurer des secours dans le cas où il en aurait besoin. Il s'unit à Théodoric, roi des Ostrogoths, qui avait enlevé l'Italie aux Hérules, et venait de fonder un nouvel empire. Ce prince lui donna sa fille en mariage et lui promit sa protection.

Clovis méditait depuis longtemps la conquête des provinces appartenant aux Wisigoths. Pour trouver un prétexte de déclarer la guerre à son voisin, il lui reprocha d'avoir envoyé des secours au roi de Bourgogne, contre les Francs. Puis, cachant son ambition sous le voile de son zèle pour la conservation de la foi catholique, il représenta aux Francs qu'il était honteux pour eux et pour la religion qu'ils venaient d'embrasser de souffrir qu'une grande partie des Gaules fût encore à la merci d'un roi hérétique tel qu'Alaric, et qu'il fallait envahir ses Etats. Clovis marcha donc contre lui, après avoir fait vœu, par le conseil de la reine Clotilde, de faire bâtir une église sous l'invocation de saint Pierre et de saint Paul, s'il revenait victorieux de cette entreprise. Il envahit la Touraine. Alaric s'était avancé, et campait avec son armée sous les murs de Poitiers. Son intention était d'attendre, pour engager le combat, qu'il eût reçu les secours que lui promettait Théodoric ; mais il fut forcé par ses soldats d'engager l'action à Vouillé, près de Poitiers. Le choc fut terrible ; les Wisigoths furent entièrement défaits, et Alaric, renversé de son cheval, reçut la mort de la main de Clovis (507).

Alaric II ne laissait qu'un fils, nommé Amalaric. Comme il était encore enfant, et par conséquent incapable de gouverner, les seigneurs wisigoths, assemblés à Narbonne, le reléguèrent en Espagne, et proclamèrent à sa place Giselic, son frère naturel ; mais ce prince ne put arrêter les conquêtes de Clovis. Bordeaux lui ouvrit ses portes, plusieurs provinces se soumirent, et le roi franc, continuant sa marche triomphante, s'empara de Toulouse. Cette importante conquête mit fin au royaume de Toulouse, qui existait depuis quatre-vingt-treize ans, et que Wallia avait fondé en 419.

Clovis et le roi de Bourgogne se disposaient à continuer la soumission de tout le midi de la Provence ; mais Théodoric, frappé de la mort de son gendre Alaric et de la triste situation des Wisigoths, s'empressa d'envoyer une armée à leur secours. Le général Ibbas battit complétement les Bourguignons, et Clovis, craignant une surprise, se retira à Toulouse.

Ibbas passa les Pyrénées pour détrôner Giselic, qui avait entretenu des intelligences secrètes avec les Francs, pour tâcher de maintenir son trône au détriment d'Amalaric. Théodoric fit reconnaître roi son petit-fils, s'en déclara le tuteur, et envoya dans les Gaules le général Mammon, pour y défendre ses droits. Mammon arrêta les conquêtes et l'ambition des Francs, mais il leur abandonna la paisible possession des provinces qu'ils avaient soumises. Ils conservèrent le diocèse de Toulouse, les villes d'Uzès et de Lodève; il ne resta plus aux Wisigoths, dans la Narbonnaise, que les anciennes cités de Narbonne, de Béziers, de Nimes et d'Agde, auxquelles ils ajoutèrent plus tard celles de Carcassonne, de Maguelonne et d'Elne. Ce nombre des sept cités qui restèrent définitivement aux Wisigoths dans la Narbonnaise première, fit donner à cette province le nom de Septimanie, nom qui avait déjà été donné aux pays cédés aux Wisigoths par le général Constance. A partir de cette époque, le nom de Septimanie resta exclusivement attaché aux possessions des Wisigoths, jusqu'à l'extinction de leur royaume sous les Sarrasins.

Théodoric donna tous ses soins à l'éducation du jeune Amalaric, et conserva jusqu'à sa mort une grande autorité dans le pays, lors même qu'Amalaric eut atteint l'âge de régner. Il rétablit l'ordre et la tranquillité dans le pays, défendit de charger le peuple d'impôts, donna partout des magistrats qui gouvernèrent avec sagesse et modération ; ce qui lui assura l'attachement et l'affection de toute la province. Il resta toujours l'ennemi des Francs, ne fit aucune paix avec Clovis, et ne cessa de le combattre. Il lui reprit une partie de l'Aquitaine. On ne sait pas au juste jusqu'où s'étendirent ses conquêtes ; mais il est certain que tous les pays qui composent aujourd'hui le Languedoc étaient partagés, à la mort de Clovis, entre les Goths qui en possédaient la meilleure partie, les Bourguignons qui régnaient sur le Vivarais, et les Francs qui avaient le reste.

La portion de la province qui appartenait aux Francs passa, à la mort de Clovis, à deux de ses fils. Thierry eut le Berri, l'Auvergne, le Limousin, le Gévaudan et le Rouergue ; Childebert eut le reste de l'Aquitaine et le Toulousain. Toulouse devint la capitale des Etats dépendant du royaume de Paris ou de Neustrie. La mésintelligence qui éclata entre les fils de Clovis, les guerres qu'ils se firent mutuellement, entraînèrent quelques changements dans le partage qui avait eu lieu. Théodoric profita de leurs discordes pour continuer contre eux la guerre qu'il n'avait cessé de faire à Clovis, et reprit plusieurs villes qui avaient été enlevées aux Wisigoths. Ce peuple ne fut jamais plus heureux que sous la domination de ce prince, et ses regrets furent vifs et sincères lorsqu'il mourut, en 526. Il avait régné trente-trois ans en Italie, depuis la mort d'Odoacre, et plus de quinze ans sur les Wisigoths des Gaules. Il mérita par ses grandes qualités l'amour et le respect de tous les peuples d'Occident. L'histoire le compterait parmi les princes les plus accomplis, s'il n'eût terni sa gloire, à la fin de ses jours, en faisant mourir injustement Boëce et Symmaque, et en se laissant aller à un zèle exagéré pour l'arianisme dont il faisait profession.

Avant de mourir, Théodoric désigna son petit-fils Athalaric pour lui succéder dans ses Etats d'Italie, et laissa le royaume des Wisigoths à Amalaric. Les deux cousins, pour prévenir tout sujet de division entre eux, firent un traité par lequel Athalaric renonça à toutes les prétentions qu'il pouvait faire valoir sur la Septimanie et la partie de l'Aquitaine conquise sur les Francs. De son côté, Amalaric lui abandonna entièrement la Provence qu'Athalaric posséda pendant toute la durée de son règne.

CHAPITRE VI.

Les Rois francs de la première race. — Rois wisigoths.

Amalaric n'était âgé que de vingt-six ans lorsqu'il devint seul maître de l'Espagne et des provinces méridionales de la Gaule. Il établit sa résidence à Narbonne, considérée comme la capitale du royaume, depuis que Toulouse avait été enlevée. Il était à craindre que la mort de Théodoric ne fît changer la face des affaires. Les rois francs, qui n'avaient osé attaquer ce grand prince, étaient très-disposés à reprendre à Amalaric les provinces que son aïeul leur avait enlevées. Ce prince, devinant leur dessein, fit demander la main de leur sœur Clotilde. La proposition fut agréée, et le mariage se conclut.

Par cette alliance, Amalaric éloigna pour quelque temps les Francs de ses Etats. Mais sa conduite envers la reine causa sa perte. Emporté par son zèle pour l'arianisme, il engagea fortement Clotilde à embrasser ses erreurs. Cette princesse, inviolablement attachée à la foi catholique, ne céda ni aux flatteries ni aux menaces. Sa résistance excita la colère du roi, qui, désespérant de rien gagner par la douceur, passa du mépris à la haine, et de la haine aux dernières violences. Il en vint à frapper la reine, au point de lui causer des vomissements de sang.

Clotilde fit connaître son sort à ses frères, et, pour exciter leur compassion, elle leur envoya un mouchoir teint de son sang. A cette vue, Childebert, indigné contre Amalaric, résolut d'aller immédiatement délivrer sa sœur de ses mains ; et comme ses frères étaient occupés d'une guerre en Thuringe, il partit seul à la tête de ses troupes.

Childebert s'avança vers la Septimanie et marcha sur Narbonne, où il espérait surprendre Amalaric. Celui-ci, prévenu des desseins de son beau-frère, se mit en état de défense, et fit équiper une flotte pour passer en Espagne, en cas de défaite. Childebert, arrivé sous les murs de Narbonne, livra un combat. L'attaque fut rude, et la lutte sanglante de part et d'autre ; mais enfin les Francs mirent en déroute les Wisigoths, et en firent un affreux carnage. Amalaric s'enfuit ; il était sur le point de s'embarquer pour l'Espagne, lorsque, se souvenant qu'il avait laissé à Narbonne une cassette pleine de pierreries et de bijoux, il revint sur ses pas pour la prendre. Mais pendant le trajet il fut enveloppé par les troupes de Childebert, et tomba percé d'un coup de lance, en 531. Il avait régné six ans depuis la mort de Théodoric.

Childebert, fier de sa victoire, et satisfait du butin qu'il avait fait dans Narbonne ainsi que dans les autres villes dont il s'était emparé, négligea de s'assurer la conservation de ces places ; aussi les Wisigoths y restèrent-ils en maîtres. Après avoir délivré et vengé sa sœur Clotilde, il reprit la route de ses Etats, emmenant avec lui cette princesse. Elle mourut en chemin, probablement des suites des mauvais traitements qu'elle avait reçus.

Après la mort d'Amalaric, les Wisigoths élurent pour roi le général Theudis, auquel l'éducation du jeune prince avait été autrefois confiée, et qui avait toujours nourri l'espoir de parvenir au pouvoir. Theudis fut le premier prince étranger qui occupa le trône des Wisigoths ; il fut aussi le premier roi qui transféra la capitale du royaume au delà des Pyrénées, abandonnant le séjour de la Septimanie. Néanmoins il y maintint son autorité ; et pour s'attirer l'affection de ses peuples, il protégea les catholiques. En 548, il fut assassiné par un Goth qui feignit la démence ; il pardonna à son meurtrier, et laissa la réputation d'un prince juste, vaillant et habile.

Le général Theudégisile fut élevé au trône ; mais il n'en jouit pas longtemps. Les grands, lassés de son avidité et de ses dérèglements, crurent que s'ils avaient le droit de se choisir un roi, ils avaient aussi celui de s'en débarrasser. Theudégisile fut assassiné à Hispolis dans un festin nocturne (549).

Agila lui succéda. Son règne ne fut ni plus paisible, ni plus heureux ; ses violences et ses injustices lui attirèrent la haine de ses sujets, qui se soulevèrent contre lui. Il périt au milieu de la sédition, l'an 554, après avoir régné cinq ans.

Athanagilde succéda à Agila. A la même époque mourait Clotaire I*er*, devenu seul maître de la monarchie des Francs. Cette monarchie fut partagée entre les quatre fils du prince défunt : Caribert, Gontran, Chilpéric et Sigebert. Le Languedoc fut morcelé entre ces quatre princes. Le Toulousain et l'Albigeois échurent à Caribert, qui se trouva le plus puissant après Athanagilde, possesseur du reste de la Septimanie. Les intérêts différents de ces princes furent cause que la province devint bientôt le théâtre de nouvelles guerres. Athanagilde, pour tâcher de consolider son alliance avec les Francs, donna la main de sa fille Brunehaut à Sigebert, roi d'Austrasie, qui convertit son épouse à la foi catholique. Chilpéric, roi de Soissons, se laissa entraîner par l'exemple de son frère, et demanda la main de Galsuinde, sœur aînée de Brunehaut. Cette princesse, comme sa sœur, abjura l'arianisme, mais eut une bien triste fin.

La mort de Caribert, en 567, amena un nouveau partage entre ses trois frères. Il en résulta une grande confusion dans le Languedoc, qui subit encore de nouvelles divisions.

Le roi des Wisigoths survécut peu à ces événements. Plus heureux que ses prédécesseurs, il mourut de sa mort naturelle, en 567, après un règne de quatorze ans. Moins obstiné dans ses erreurs que ses prédécesseurs, il fut catholique de cœur, sans oser pourtant se déclarer ouvertement pour la religion qu'il professait secrètement et qu'il protégeait. Après sa mort, les Wisigoths de la Septimanie nommèrent Luiva, qui gouvernait cette province depuis sept ans. Il était d'une naissance illustre, et doué de toutes les qualités qui font les grands hommes. Cependant quelques seigneurs mécontents prirent les armes, et soulevèrent contre lui une partie de l'Espagne. Ce prince, pour réduire plus facilement les rebelles à l'obéissance, s'associa son frère Léovigilde, avec lequel il partagea le royaume. Il lui céda toute l'Espagne, en 569, et ne se réserva que la Septimanie, préférant un royaume moins étendu, mais tranquille, à de vastes Etats sans cesse agités par des troubles et des discordes. Il établit sa résidence ordinaire à Narbonne, qui fut la capitale de son royaume. Dès lors, cette ville et toutes celles de la Septimanie reprirent leur ancienne importance.

Le règne de Luiva fut paisible ; il fit fleurir la justice ; quoique arien, il favorisa les catholiques. Il mourut à Narbonne en 572, laissant son royaume à Léovigilde.

Les premières années du règne de ce prince furent désolées par la peste, qui, pendant trois ans, fit des ravages effrayants dans les provinces des Wisigoths et chez les Francs. La ville de Narbonne fut une des plus accablées ; la contagion atteignit presque tous les habitants. En même temps la guerre civile désolait la province. Léovigilde avait fait épouser à Herménégilde, son fils aîné, Ingonde, fille de Brunehaut. Cette jeune princesse, étant catholique, entraîna son mari à abjurer l'arianisme. Léovigilde, irrité, employa tous les moyens de persuasion pour ramener Herménégilde à son ancienne croyance. Voyant que tout était inutile, il ne considéra plus son fils que comme un rebelle ; il marcha contre lui à la tête d'une armée, et vint l'assiéger près d'Hispolis (584). Pendant deux ans, Herménégilde défendit son terrain pied à pied ; mais la famine rendit bientôt toute défense prolongée impossible, et la ville ouvrit ses portes.

Herménégilde parvint à se sauver à Cordoue ; de là, il espérait encore tenir tête à son père, avec l'aide de l'empire d'Orient ; mais les Grecs dégénérés ne démentirent pas leur caractère perfide et trompeur : ils vendirent le jeune prince à son père. Abandonné des hommes, Herménégilde se réfugia dans le sanctuaire d'une église voisine, d'où il fit demander sa grâce à Léovigilde. Son frère Récarède lui ayant juré au nom du roi qu'il n'avait rien à craindre, il abandonna son asile pour aller se jeter aux genoux de son père. Celui-ci céda d'abord aux sentiments de la nature ; il releva son fils, et l'embrassa en versant des larmes. Pendant un moment l'amour paternel lutta contre les suggestions de la politique ; mais celle-ci l'emporta enfin. Herménégilde fut dépouillé de ses ornements royaux, et exilé à Valence pour y vivre désormais en simple particulier. Ingonde demeura au pouvoir des Grecs.

Léovigilde continua à voir dans l'union de son fils avec les catholiques un danger éminent ; aussi voulut-il avant tout le détacher d'eux. Dans ce but, il envoya plusieurs messagers confidentiels au prince, lui promettant non-seulement son pardon, mais le retour de sa faveur royale, s'il voulait revenir à la foi arienne. Avec une constance qui honore sa mémoire, Herménégilde repoussa les promesses et les avances de son père, et déclara qu'il était décidé à mourir dans la foi catholique. Léovigilde n'en fut que plus irrité ; il se livra à des transports de fureur, et ordonna l'exécution du jeune prince, qui, après une tentative inutile pour passer en France, avait été jeté dans un cachot, à Tarragone. Les ministres de la vengeance du roi coururent à la prison, se précipitèrent sur Herménégilde, et lui fendirent la tête avec une hache d'armes (585). Sa conversion, sa mort pour la foi catholique, et une foule de miracles obtenus par son intercession, l'ont fait mettre au nombre des saints martyrs.

La princesse Ingonde était toujours entre les mains des Grecs, en Espagne, avec son fils Athanagilde. La reine Brunehaut avait plus d'une fois sollicité de Maurice la liberté de sa fille, sans pouvoir l'obtenir. Cet empereur la retenait en otage, pour obliger son frère Childebert à remplir les engagements qu'il avait pris avec lui de combattre les Lombards, et de leur reprendre la partie de l'Italie dont ils s'étaient emparés. Maurice donna même l'ordre de faire embarquer la princesse pour Constantinople. A peine Ingonde fut-elle sur mer, qu'elle devint si malade, qu'on fut obligé de relâcher dans un port d'Afrique, où elle mourut. Son fils Athanagilde fut conduit à la cour de Constantinople.

Gontran et Childebert, irrités de la mort d'Herménégilde et de celle d'Ingonde, résolurent de s'en venger sur Léovigilde. Gontran envahit la Septimanie ; mais il fut repoussé vigoureusement par Récarède. Quoique vainqueur, Léovigilde désira la paix ; tout arrangement fut refusé par le roi franc, et la guerre recommença. Récarède s'avança jusqu'aux frontières des Francs ; il fut rappelé près de son père, gravement malade. Léovigilde mourut dans son palais de Tolède, en 586.

Ce prince éleva son royaume au plus haut point de splendeur. Il soumit à sa domination toute l'Espagne, gouverna avec fermeté et sagesse, fit de sages lois, réforma le code wisigothique, et mit des bornes au pouvoir arbitraire des grands de la nation. Il rendit héréditaire le trône des Wisigoths, qui jusque-là avait été électif ; aussi est-il regardé comme le véritable fondateur de la monarchie espagnole. On l'accusa d'avarice, parce qu'il employa tous les moyens possibles pour augmenter ses revenus ; mais les grandes sommes qu'il dépensa pour la construction de nouvelles villes prouvent qu'il fit un bon usage de ces richesses. Malheureusement il ternit l'éclat de son règne brillant par le meurtre de son fils, et par les persécutions qu'il exerça contre les catholiques.

Récarède commença son règne en travaillant à consolider la paix dans ses Etats. Il envoya des ambassadeurs aux rois d'Austrasie et de Bourgogne pour leur offrir son alliance ; mais Gontran, toujours irrité contre la cour d'Espagne, repoussa toute proposition d'accommodement. Les envoyés d'Espagne réussirent mieux à la cour d'Austrasie, et conclurent un traité d'alliance entre Childebert et Récarède.

Le roi des Wisigoths, convaincu par la parole éloquente de Léandre, et obéissant à la voix de sa conscience qui lui faisait un devoir d'embrasser la religion catholique, abjura l'arianisme, et travailla à ramener tous ses sujets au même culte, pour faire disparaître tout motif de discorde. Il cacha pendant quelque temps sa conversion et ses intentions, parce qu'il savait qu'une telle réforme devait nécessairement rencontrer de graves difficultés Il connaissait trop bien la fierté des Goths, pour croire que sa volonté pourrait leur imposer une croyance contre laquelle se révolteraient leurs préjugés les plus invétérés. Le temps et la patience étaient indispensables pour réussir dans une entreprise aussi délicate. Récarède s'efforça de s'attacher les esprits; il était populaire; sa clémence envers tous ceux qui n'étaient pas incorrigibles, sa libéralité envers les pauvres, son amour de la justice, ses manières affables, lui gagnèrent l'affection de son peuple, et firent plus pour la réussite du projet qu'il méditait, que la raison et l'éloquence.

Lorsqu'il crut les esprits suffisamment préparés, il convoqua à Tolède, en 587, un concile d'évêques ariens et catholiques. Il invita les prélats des deux Eglises à discuter en sa présence, à exposer leur doctrine avec modération, et se plaça entre eux comme un arbitre impartial ; puis il confessa qu'il croyait à la religion catholique, et déclara qu'après de sérieuses méditations, qui l'avaient convaincu de la vérité des dogmes de cette religion, il était décidé à en faire profession publiquement; mais il protesta en même temps qu'il n'avait aucune intention de l'imposer à ses sujets par la contrainte. Ses paroles furent non-seulement écoutées attentivement, mais encore accueillies par de grands applaudissements ; et lorsqu'il eut lu l'acte de sa confession, la plupart des nobles et des prélats de l'assemblée en firent autant. La conversion du roi entraîna celle de presque toute la nation espagnole et d'une partie de la nation suève. Récarède fit savoir aux habitants de la Septimanie qu'il avait embrassé la foi catholique, et engagea les peuples de cette province à suivre son exemple et celui des Wisigoths d'Espagne. Ses exhortations furent écoutées, et la Septimanie abjura l'arianisme.

Quoique la satisfaction fût à peu près générale, les zélés défenseurs de l'arianisme blâmèrent ces conversions, qu'ils traitaient d'apostasie. Ils se formèrent un parti assez nombreux avec lequel ils essayèrent de soulever la province contre Récarède, et de la soustraire à son obéissance. Ils crurent que le moyen le plus sûr pour atteindre leur but était de s'unir au roi Gontran, ennemi déclaré du roi wisigoth. Dans ce but, ils appelèrent les Francs à leur secours, et firent comprendre à Didier, duc de Toulouse, qui commandait sur la frontière, qu'il avait une occasion favorable de conquérir la Septimanie, et de la soumettre au roi de Bourgogne, s'il voulait se joindre à eux. Didier écouta ces insinuations, assembla en toute hâte les troupes dont il pouvait disposer, s'avança dans la Septimanie, suivi du comte Austrovalde, et alla mettre le siége devant Carcassonne. La résistance des habitants fut plus longue que ne l'avaient prévu les assiégeants ; ce qui donna le temps aux troupes de Récarède de marcher au secours de cette place.

Ce prince, au premier avis qu'il avait reçu du danger qui menaçait la Septimanie, et des liaisons des rebelles avec les Francs, avait fait avancer un corps d'armée pour soumettre les uns et résister aux autres. Les Wisigoths réduisirent promptement les peuples révoltés, et forcèrent les Francs à prendre la fuite. L'armée de Récarède continua de les poursuivre ; elle attaqua les Etats de Gontran du côté du Rhône, et entra dans la province d'Arles, où elle exerça de grands dégâts, en représailles de ceux que les troupes franques avaient commis, l'année précédente, dans la Septimanie. Elle fit aussi un grand nombre de prisonniers.

Les succès de Récarède engagèrent Gontran à resserrer l'union qu'il avait déjà contractée avec son neveu Childebert. Les deux rois firent un partage de leurs possessions, et convinrent par un traité que celui des deux rois qui survivrait à l'autre hériterait de ses Etats. Après cet arrangement, Childebert se décida, quoique avec peine, à consentir au mariage de sa nièce Clodoswinde avec Récarède ; mais il n'en conserva pas moins l'intention de rompre avec le roi wisigoth, dès qu'il en trouverait l'occasion. Clodoswinde mourut peu de temps après son mariage. Alors Gontran ne garda plus aucun ménagement avec les Wisigoths ; il leur déclara la guerre, bien décidé à les chasser entièrement des Gaules. Il mit sur pied une armée formidable dont il confia le commandement au général Boson ; il lui donna pour collègue Austrovalde, qui s'avança vers Carcassonne ; les habitants de cette ville, effrayés, se soumirent presque sans combat. Récarède, de son côté, fit partir pour la Septimanie une armée commandée par le duc Claude, Espagnol de naissance, et d'une famille illustre ; il joignait à la bravoure d'un soldat l'expérience d'un grand capitaine et la piété d'un parfait chrétien.

L'armée des Francs était bien supérieure en nombre à celle des Wisigoths ; aussi Boson, naturellement vain et présomptueux, comptait sur des succès faciles, et se flattait d'écraser le duc quand il le voudrait. Claude sut profiter de sa négligence et de sa présomption. Trop faible pour engager une bataille, il sut, par d'habiles manœuvres, entraîner les Francs dans des embuscades, où il les écrasa, les mit en déroute, et les repoussa au delà de leurs frontières, après avoir fait un grand nombre de prisonniers, et s'être emparé de tous leurs bagages. Après cette victoire, Claude remit Carcassonne sous l'obéissance de Récarède, et retourna en Espagne.

Gontran, très-humilié de la défaite de son armée, l'attribua en partie à Childebert et à Brunehaut, qu'il soupçonna d'avoir découvert à Récarède son projet d'envahissement. Il paraît que, depuis cette époque, Gontran vécut en paix avec Récarède, et n'osa plus rien entreprendre contre lui. Ses successeurs, à son exemple, laissèrent les Wisigoths paisibles possesseurs de la Septimanie, qui demeura soumise à ce peuple jusqu'à l'invasion des Sarrasins.

Récarède profita de ce temps de paix pour affermir la foi catholique dans ses Etats. Il convoqua à Tolède un concile général de tous les évêques de son royaume, pour achever d'étouffer toutes les semences d'hérésie et de discorde. On y prescrivit la destruction des derniers restes de l'idolâtrie, et l'abolition de l'usage de célébrer les fêtes des saints par des danses et des chansons profanes.

De grands fléaux désolèrent à cette époque le royaume ; la famine se fit sentir presque partout ; la peste qui, quelques années auparavant, avait fait tant de ravages dans la Septimanie et dans l'Aquitaine, se renouvela avec violence dans le Vivarais, pendant l'année 590, et s'étendit l'année suivante dans la province de Marseille. A ces calamités vint se joindre l'apparition de plusieurs faux prophètes. Le plus célèbre était un bûcheron, de Buré, qui prétendait être inspiré de Dieu et prédisait l'avenir. Il traversa le Gévaudan avec une femme qui le suivait, et qu'il faisait appeler Marie. Cet imposteur séduisit plus de trois mille personnes, parmi lesquelles étaient des prêtres ignorants, qui le croyaient réellement un grand prophète, et qui l'accompagnaient partout sur la réputation qu'il s'était acquise de guérir les malades. On lui en amenait une foule, de tous côtés ; ce qui lui valait beaucoup de présents. Il distribuait aux pauvres tout ce qu'on lui donnait, mais il ne se faisait aucun scrupule de dévaliser les passants pour faire ses aumônes. Toutes ses prédictions étaient néfastes ; il les faisait après de longues prières ; il exigeait l'adoration de ceux qu'il avait entraînés par ses impostures, et s'emparait de toutes les églises. L'évêque de Vélay lui fit demander compte de sa conduite ; le prophète voulut se saisir de l'envoyé pour le dépouiller ; mais celui-ci frappa de son épée l'imposteur, qui tomba sous ses coups. Ses partisans se dispersèrent sans faire la moindre résistance. Marie, mise à la torture, avoua les violences et les supercheries de son maître. Néanmoins quelques personnes continuèrent à croire que le bûcheron était le Messie, et Marie une portion de la Divinité. L'évêque combattit avec zèle cette croyance impie.

Gontran mourut à peu près à cette époque, l'an 593. A défaut d'héritier direct, et en vertu du traité d'Andelot, Childebert lui succéda dans tous ses Etats. Ainsi ce prince se vit maître non-seulement de l'Albigeois, du Vélay, du Gévaudan et du pays d'Uzès, qui dépendaient de l'Austrasie, mais encore du Vivarais et du Toulousain, que possédait Gontran. Il vécut peu, et laissa ses Etats à ses deux fils. Leur grande jeunesse, et la rivalité de Brunehaut et de Frédégonde, causèrent de grands troubles en Austrasie, en Neustrie et en Bourgogne; mais il ne paraît pas que la province ait pris part à ces guerres civiles.

La Septimanie jouit d'une paix profonde sous le règne de Récarède, dont les efforts tendaient continuellement à augmenter le bien-être de ses sujets. Son administration sage et modérée obtenait les plus heureux résultats, et son peuple lui accordait une confiance entière et une affection sans bornes. Il ne livra aucune guerre sans en revenir victorieux; il n'éclata aucune sédition qu'il ne l'étouffât promptement, aucune conspiration qu'il ne la déjouât immédiatement. Il fit tomber les barrières qui séparaient les Romains des Goths, et confondit ces deux nations en un seul peuple qui n'eut plus que les mêmes lois. Son génie politique et son zèle pour la gloire de l'Eglise ont fait de lui un grand roi, digne des éloges que lui ont prodigués ses contemporains. Il fut le premier roi qui se fit sacrer. La mort vint malheureusement l'enlever au moment où il commençait à recueillir le fruit de tous ses travaux; il succomba à Tolède, après vingt-cinq années de règne, en 601.

Son fils Luiva II lui succéda; il n'avait que vingt ans, et devint bientôt victime de l'ambition du comte Witteric, qui, oubliant la reconnaissance qu'il devait à son bienfaiteur Récarède, se fit lui-même le bourreau du jeune prince.

Witteric, après avoir usurpé le trône par un crime, tâcha de s'y affermir en se faisant élire par la nation. Comme il était resté arien, il fit tous ses efforts pour ramener ses sujets à leurs anciennes erreurs, mais il n'y réussit pas. Après avoir déshonoré son règne de sept ans par des actions indignes d'un souverain, il périt aussi misérablement qu'il avait fait périr Luiva. Il fut assassiné au milieu d'un festin, en 610.

Gondemar, l'un des complices de la mort de Witteric, lui succéda. Les Wisigoths ne jouirent pas longtemps du bienfait d'être gouvernés par ce roi juste et bon. Il mourut après deux ans de règne, l'an 612.

Le peuple élut Sisebut, qui était en même temps bon général, littérateur et poëte. La clémence était la principale vertu de Sisebut ; il épargna toujours le sang humain, et ne répandit qu'à regret celui des ennemis qu'il était obligé de combattre. On ne saurait cependant excuser le zèle intolérant de ce prince, qui le porta à forcer les juifs répandus en Espagne et dans la Septimanie à embrasser la religion chrétienne. La sévérité avec laquelle il fit exécuter cette loi décida les juifs à sortir des Etats wisigoths et à passer chez les Francs. Le règne de Sisebut ne fut que de huit ans ; il mourut en 619. On croit qu'il périt par le poison.

Récarède II, son fils, ne fit que paraître sur le trône. Les Wisigoths élurent après lui le général Suintila, en 621. Ces règnes si courts ne causèrent aucune révolution dans la Septimanie ; mais il n'en fut pas de même dans la partie du Languedoc qui obéissait aux Francs. Cette province éprouva toutes les vicissitudes causées par les partages fréquents qui avaient lieu entre les rois francs, et surtout par l'administration des maires du palais. La mort de Clotaire II, en 628, entraîna de nouvelles discordes et de nouveaux partages.

CHAPITRE VII.

—

Royaume de Toulouse. — Duché d'Aquitaine.

Clotaire, espérant éviter toutes les dissensions qu'entraîne le partage d'un Etat, laissa son royaume entier à Dagobert, et n'assigna à Caribert aucun domaine. Ce prince, irrité de ce qu'il appelait une injustice, s'allia au duc de Gascogne et souleva le Midi en sa faveur. Dagobert, voulant éviter une guerre civile, céda à Caribert le Toulousain, le Quercy, l'Agénois, le Périgord et la Saintonge, ainsi que la Novempopulanie. On croit aussi qu'il obtint la ville d'Arles et la partie de la Provence qui dépendait de la Neustrie.

Ce traité conclu, Caribert se rendit à Toulouse, où il fixa sa résidence, en 630. Il reprit le titre de roi de Toulouse, que les anciens rois wisigoths avaient autrefois porté, et qui ne subsistait plus depuis cent vingt ans.

Caribert, en paix avec son frère, eut à combattre les Gascons, qui ravageaient ses domaines, et franchissaient sans cesse les limites qui leur avaient été assignées. Il soumit entièrement ce peuple rebelle, étendit sa domination jusqu'aux frontières de l'Espagne, et revint victorieux dans Toulouse, sa capitale. Il mourut quelque temps après (630) ; il avait vingt-cinq ans. Ce prince ne manquait ni de courage ni des qualités qui font les bons rois.

Chilpéric, son fils, lui succéda. Il n'avait que quatre ans, et mourut de mort violente peu de temps après son avénement. On supposa que Dagobert avait été l'auteur du crime, et qu'il n'avait pas reculé devant un meurtre pour régner seul sur toute la monarchie franque. En effet, aussitôt après la mort de son neveu, il s'empara des trésors qu'avait laissés Caribert, et prit possession du royaume de Toulouse et de la Gascogne, qu'il réunit à ses autres États. Cette conquête lui fut excessivement facile. Caribert avait bien laissé deux autres fils, Boggis et Bertrand, mais ils n'étaient âgés que de quelques mois à la mort de leur père. Ils furent enlevés par Amand, duc de Gascogne, leur aïeul maternel, qui prit soin de leur éducation.

Une occasion se présenta pour Dagobert de prendre part aux affaires de l'Espagne. Suintila fut détrôné, et le roi franc favorisa l'élévation de Sisenaud, qui lui promit de ne l'inquiéter nullement dans ses possessions du Midi. Dagobert aurait peut-être pu profiter des guerres civiles qui eurent lieu alors en Espagne pour s'emparer de la Septimanie, mais il n'en fit rien, et vécut toujours en paix avec les Wisigoths.

En 636, Amand, duc des Gascons, envahit les provinces qui avaient appartenu à Caribert, pour les faire rendre à Boggis et à Bertrand. Mais, vaincu par les Francs, il fut obligé de demander la paix et le pardon de son entreprise. Dagobert, content d'avoir réduit ce peuple à l'obéissance, céda aux sollicitations d'Amand, et donna à ses deux neveux, sous forme d'apanage et à titre de duché héréditaire, le royaume de Toulouse. Il y mit pour seule condition qu'ils reconnaîtraient tenir ce duché de la couronne de France ; qu'ils paieraient au trésor royal le tribut annuel qu'on leur imposerait, et qu'ils rendraient foi et hommage au roi, leur suzerain. Depuis cette époque, Boggis et Bertrand, et les ducs d'Aquitaine issus de leur famille, demeurèrent sous le vasselage de la Neustrie. C'est le premier exemple de l'hérédité des fiefs dans la monarchie française, et d'un apanage donné aux princes de la maison royale.

Après la mort de Dagobert, en 638, le royaume fut partagé d'après les intentions du roi. Sigebert III eut l'Austrasie, et Clovis II la Neustrie, avec la suzeraineté sur le Toulousain ou l'Aquitaine.

Les règnes des rois fainéants ne furent qu'une suite d'intrigues et d'ambitions. Les maires du palais étaient les véritables rois. Les rois d'Espagne et de Septimanie n'étaient pas mieux affermis sur leur trône ; une sédition leur donnait la couronne, une autre révolte la leur enlevait : aussi ces règnes présentent-ils fort peu d'intérêt jusqu'à l'invasion des Sarrasins.

Roderic, dernier roi wisigoth d'Espagne, avait remplacé Witiza, que sa conduite scandaleuse avait fait descendre du trône ; mais les fils de Witiza réclamèrent, les armes à la main, la couronne qu'avait portée leur père. Il s'ensuivit une guerre civile, qui parut favorable aux Sarrasins pour fondre sur l'Espagne, dont ils méditaient depuis longtemps la conquête. Nous ne suivrons pas leur marche victorieuse dans ce pays ; ce serait sortir de notre sujet. Disons seulement que les Arabes, fidèles à leur dogme de prosélytisme par le cimeterre, n'aspiraient à rien moins qu'à soumettre le monde entier. Après avoir établi la puissance mahométane en Asie et en Afrique, ils avaient tourné leurs regards vers l'Espagne. Dès l'année 672, sous le règne de Wamba, Okba, général arabe, s'était emparé de la forteresse de Tanger, en face de l'Espagne ; il avait tenté une descente dans la partie méridionale de cette contrée, mais Wamba lui avait opposé une vigoureuse résistance. Plusieurs autres tentatives avaient été également repoussées, lorsque les querelles de Roderic avec les fils de Witiza vinrent favoriser leurs projets de conquête. Secondés par le seigneur Julien, qui ne craignit pas de trahir son roi, ils livrèrent la bataille de Xérès, dans laquelle Roderic perdit la vie. Avec lui finit la dynastie des Wisigoths, qui existait depuis trois siècles.

Tandis que les Sarrasins achevaient la conquête de l'Espagne, la Septimanie était tombée dans l'anarchie. Les Goths qui l'habitaient, et ceux qui vinrent s'y réfugier pour échapper à la fureur des Arabes, élurent pour les gouverner un prince de leur nation, à l'exemple des Wisigoths qui s'étaient retirés dans les montagnes des Asturies, sous la conduite de Pélage. La Septimanie continua donc à être gouvernée par un duc et des comtes de la même nation, jusqu'au moment où les Arabes et les Francs vinrent se disputer la possession de cette province.

On a vu que Dagobert, en 636, avait donné l'Aquitaine, à titre de duché héréditaire, à Boggis et à Bertrand, ses neveux. Eudes, fils de Boggis, se trouvait maître de toute l'Aquitaine austrasienne en 688, lorsque Pépin d'Héristal, vainqueur du roi de France à la bataille de Testry, s'empara de l'autorité absolue, sous le titre de prince des Français. L'ambition de Pépin servit de prétexte à Eudes pour essayer de se rendre indépendant et d'étendre sa domination sur tout le reste de l'Aquitaine. Il pensait que le sang royal qui coulait dans ses veines lui donnait plus de droits à la souveraineté que ne pouvait en avoir un simple seigneur, élevé aux premières dignités par son audace et son ambition. D'un autre côté, le roi légitime étant dépouillé de son autorité royale par son maire du palais, Eudes se crut dispensé d'obéir à Pépin. Il s'empara donc du Berri, du Limousin, du Bourbonnais, du Rouergue, de l'Albigeois, du Vélay, du Gévaudan et de l'Uzège, puis étendit sa domination sur tout le Languedoc français.

Pépin attaqua Eudes; mais cette guerre fut courte et sans résultat décisif. Le maire du palais avait en même temps à combattre plusieurs peuples qui se révoltaient contre son autorité; aussi pensa-t-il qu'il serait plus prudent de laisser Eudes paisible possesseur de ses anciens Etats et de ses nouvelles conquêtes.

Sous l'administration de Charles-Martel, Eudes eut l'imprudence de s'unir à Chilpéric III pour renverser le puissant maire du palais. Il espérait rendre par cette chute la couronne d'Aquitaine tout à fait indépendante de la couronne de France. Mais les forces des deux rois se brisèrent contre celles de Charles-Martel, entre Reims et Soissons, et le maire du palais devint plus absolu que son père Pépin ne l'avait jamais été (718).

Après cette mémorable victoire, Charles régna véritablement en France, quoiqu'il s'abstînt de prendre le titre de roi pour ménager les Neustriens, qui auraient obéi difficilement à un prince austrasien. Il plaça sur le trône un fantôme de roi, Clotaire IV, dont on connaît à peine l'origine. Ce prince étant mort peu de temps après son élévation, Charles pensa qu'il serait prudent de rappeler Chilpéric, afin de régner en son nom sur l'Austrasie. Il adressa des envoyés à Eudes pour l'engager à lui remettre le roi, qui s'était réfugié dans ses Etats. Il lui offrit à ce prix son amitié et son alliance; mais en même temps il le menaçait, en cas de refus, de passer la Loire, et de mettre tout à feu et à sang sur son territoire. Eudes, soit par crainte, soit par faiblesse, n'osa pas résister à Charles; il lui livra Chilpéric. Le duc d'Austrasie témoigna à ce prince toutes les marques de respect dues à son titre de roi, mais il ne lui donna aucune part au gouvernement.

Charles reconnut la souveraineté du duc d'Aquitaine, et Eudes n'en demanda pas davantage, car il avait alors de grands motifs de rechercher l'alliance du duc d'Austrasie. Les Sarrasins d'Espagne commençaient à lui causer de vives inquiétudes. Les Arabes avaient établi le siége de leur califat à Cordoue. Ils se contentèrent d'abord d'étendre et d'affermir leur autorité au delà des Pyrénées; mais bientôt ils songèrent à s'approprier toutes les provinces qui avaient appartenu aux Wisigoths, et à soumettre la Septimanie. En 717, l'émir El-Harr reçut du calife Omar II l'ordre de franchir les Pyrénées avec une nombreuse armée. El-Harr prit et pilla les villes de Carcassonne, de Narbonne, de Nîmes, et s'avança d'un côté jusqu'au Rhône, et de l'autre jusqu'à la Garonne. Les populations belliqueuses de ces contrées, saisies d'une terreur profonde au seul nom des Sarrasins, opposèrent une vive résistance et affaiblirent considérablement l'armée arabe.

Après trois années d'excursions, de ravages et d'efforts infructueux, El-Harr fut obligé d'abandonner les villes conquises et de repasser en Espagne. Zama, qui lui succéda, fut plus heureux dans ses entreprises vers les Pyrénées, et tenta le passage de ces montagnes. Il réussit, poursuivit sa marche victorieuse, vint mettre le siége devant Narbonne, s'en empara en 720, fit passer au fil de l'épée tous les habitants qui avaient défendu la ville, et emmena captifs en Espagne un grand nombre de femmes et d'enfants.

Zama, comprenant toute l'importance de la possession de Narbonne, prit les mesures nécessaires pour s'y maintenir. Il y plaça une garnison d'élite, sous le commandement d'un général habile, et continua la conquête de toute la Septimanie. Maître de cette province, il y établit des gouverneurs, régla les tributs que les chrétiens devaient payer au trésor royal, partagea les terres du pays entre les Arabes et les anciens habitants; mais ceux-ci n'en obtinrent qu'une faible partie. Quant à la religion, les califes, satisfaits de voir flotter l'étendard du croissant dans les pays conquis, laissèrent aux habitants la liberté de professer le christianisme, moyennant un tribut.

Zama attaqua ensuite les Etats du duc d'Aquitaine. Les Francs lui opposèrent une vigoureuse résistance; néanmoins il les harcela en diverses rencontres, et s'avança jusqu'à Toulouse, dont il fit le siége, en 721. Eudes rassembla tout ce qu'il possédait de troupes, et vint au secours de sa ville. Il livra un combat aux Sarrasins, et en fit un horrible carnage. Zama demeura sur le champ de bataille, et le reste de son armée s'étant dispersé, le siége fut levé. Eudes poursuivit les fuyards, reprit aux infidèles une partie des conquêtes qu'ils avaient faites dans la Septimanie, et les chassa de Carcassonne et de Nîmes. Après la bataille de Toulouse, les Sarrasins se trouvaient trop faibles pour faire de nouvelles entreprises dans les Gaules ; ils repassèrent en Espagne, sans toutefois renoncer à leurs projets pour l'avenir.

En 725, Ambiza, qui gouvernait en Espagne, passa les Pyrénées pour essayer de reprendre les places que Zama avait perdues, et pousser ensuite plus loin ses conquêtes. Carcassonne fut la première ville que ce général assiégea ; il s'en empara, et tourna ensuite ses armes contre Nimes. Les habitants, hors d'état de se défendre, se rendirent, et tous les peuples de la Septimanie, craignant d'éprouver les mauvais traitements dont les musulmans usaient à l'égard des villes qu'ils prenaient d'assaut, prirent le parti de faire volontairement leur soumission au calife, et remirent leur ville à Ambiza, qui mourut en retournant en Espagne.

Les infidèles firent une troisième irruption dans les Gaules, en 729. Eudes les battit encore, et les força de nouveau de quitter ses Etats. Mais la guerre entre le christianisme et l'islamisme ne devait pas se terminer là ; l'avénement de l'émir Abdérame, dont la valeur était bien connue, ne tarda pas à la rallumer.

Eudes se trouvait alors dans une position très-critique : d'un côté il appréhendait sans cesse une nouvelle invasion de Sarrasins ; de l'autre il avait tout à craindre de l'ambition de Charles-Martel. Malgré le traité d'alliance que le duc d'Aquitaine avait fait avec lui, il était évident que toutes les démarches du maire du palais tendaient à réunir toute la Gaule sous un même sceptre. S'il laissait Eudes jouir pendant quelque temps de sa souveraineté en Aquitaine, ce n'était que pour l'assujettir ensuite plus facilement. En effet, dès qu'il eut vaincu ses compétiteurs et ses voisins, il déclara la guerre à Eudes. Dans cette extrémité, le duc d'Aquitaine se décida à faire un traité d'alliance avec Munuza, gouverneur de Catalogne et de Septimanie. Ce général maure, dans une expédition qu'il avait faite en Aquitaine, avait fait prisonnière Lampégia, fille d'Eudes. Epris de la beauté de cette princesse, il demanda sa main comme gage du traité. Eudes consentit à ce mariage avec un musulman, sacrifiant ainsi la religion à son ambition.

Munuza, sous prétexte de faire cesser les persécutions que les Arabes exerçaient contre les Maures d'Afrique, résolut d'attaquer Abdérame et de le renverser. Il n'avait pas encore commencé les hostilités, lorsque l'émir eut connaissance de son alliance avec Eudes. Il lui envoya aussitôt l'ordre de cesser tout rapport avec les Francs, et de se tenir prêt à marcher contre eux ; mais Munuza n'exécuta pas cet ordre. Abdérame, apprenant sa désobéissance, n'attendit pas que le rebelle eût fait des préparatifs de défense ; il se hâta d'envoyer contre lui une armée, qui le surprit dans son palais. Il parvint à s'échapper avec sa femme et quelques partisans fidèles, et se jeta avec eux dans les montagnes des environs, pendant que les ennemis les poursuivaient et s'efforçaient de découvrir leurs traces. Il aurait peut-être pu leur échapper par une prompte fuite, si le désir de sauver Lampégia, qui, épuisée de fatigue, ne pouvait avancer aussi vite que lui, n'eût retardé sa marche et n'eût laissé aux troupes d'Abdérame le temps de les atteindre. Munuza, se voyant perdu, aima mieux se donner la mort que de tomber entre les mains de ses ennemis ; il se précipita du haut d'un rocher et se tua. Les Arabes s'emparèrent de son corps, lui coupèrent la tête, puis l'envoyèrent au gouverneur avec Lampégia. L'émir, frappé de la beauté de cette princesse, l'envoya à la cour de Damas, comme un présent digne du commandeur des croyants. Le sérail fut l'asile de cette malheureuse princesse, sacrifiée par son père.

Après s'être ainsi débarrassé de son gouverneur infidèle, Abdérame prépara une nouvelle expédition contre les Francs. Ce fut la quatrième et la plus formidable qui eût encore été tentée. Il franchit les Pyrénées et frappa ses premiers coups sur l'Aquitaine. Que pouvait tenter le faible Eudes pour arrêter la marche des Arabes ? Nîmes et Narbonne étaient en leur pouvoir ; il était brouillé avec les Francs, et ne savait où demander du secours ; aussi toutes les batailles qui se livrèrent furent autant de victoires pour Abdérame, qui se fraya ainsi un chemin jusqu'à la Garonne. Toulouse et Bordeaux furent pris, les églises incendiées, et les habitants égorgés. Battu dans toutes les rencontres, chassé de toutes les villes, Eudes s'était retiré derrière la Dordogne ; Abdérame courut l'y chercher. Le malheureux duc essuya une défaite si sanglante, qu'il put à peine s'échapper avec quelques cavaliers ; il ne lui resta d'autre ressource que d'aller se jeter dans les bras de son plus terrible ennemi, le maire du palais Charles-Martel.

La fuite d'Eudes livra l'Aquitaine au vainqueur. Les pays d'alentour furent changés en déserts ; des monceaux de ruines marquaient seuls les endroits où s'élevaient naguère des villes. Les églises, loin d'offrir un lieu de refuge aux malheureux habitants, attiraient principalement la rapacité des ennemis. Plus le butin était riche et le pillage facile, plus leur avidité semblait s'accroître. Ils venaient de livrer aux flammes l'église de Saint-Hilaire de Poitiers, lorsque la connaissance des trésors entassés dans la basilique de Saint-Martin de Tours les attira sous les murs de cette ville, l'an 732.

Charles-Martel, en présence du danger commun, oublia son ambition et ses inimitiés personnelles, et répondit à l'appel que lui fit le duc d'Aquitaine. Il rassembla une nombreuse armée, s'avança rapidement vers la Loire, et rencontra l'avant-garde ennemie entre Tours et Poitiers. Pendant sept jours, les deux généraux essayèrent leurs forces dans des engagements isolés ; ils semblaient hésiter à se livrer une bataille dont le résultat devait être si décisif. Charles-Martel n'était pas sans inquiétude en présence d'un ennemi si supérieur en nombre, et jusque-là invincible. Abdérame, de son côté, voyait ses soldats plus occupés du soin de conserver leur butin que d'augmenter leur gloire militaire. Enfin, le huitième jour, une bataille générale s'engagea. Alors on vit les Germains et les Francs résister comme une muraille inébranlable aux attaques des Arabes, et la valeur musulmane se briser contre l'intrépidité des chrétiens qui défendaient leur religion et leur pays. Déjà Abdérame était tombé sous le fer ennemi, et le champ se couvrait de cadavres, lorsque la nuit vint arrêter le carnage. Aussitôt que les Arabes connurent la perte qu'ils avaient faite, ils rentrèrent en désordre dans leur camp, plus jaloux de mettre en sûreté leur butin que de mourir pour la défense de l'islamisme. Les Francs, qui s'attendaient à recommencer le combat le lendemain, marchèrent dès le point du jour sur le camp musulman. Quelle fut leur surprise de ne plus apercevoir l'ennemi ! Il était en pleine déroute, et regagnait en toute hâte les frontières de la Septimanie. Le pays était délivré. Charles-Martel sauva probablement l'Europe du joug mahométan, et fit triompher la croix du croissant. Cette victoire lui acquit une gloire immortelle, et prépara la grandeur future de sa maison.

La nouvelle de cette défaite répandit la terreur et la consternation parmi les Arabes, qui cependant ne renoncèrent pas à leurs projets d'envahissement dans l'Europe occidentale. Ils firent encore plusieurs tentatives au delà des Pyrénées, même du temps de Charles-Martel ; mais ils furent repoussés, et, en 738, il ne leur restait plus qu'une petite langue de terre, depuis Narbonne jusqu'aux Pyrénées. A partir de cette époque, ils ne franchirent plus le Rhône ; ils ne purent que se maintenir sur les frontières de la Septimanie.

La réconciliation qui s'était faite, avant la bataille de Poitiers, entre Eudes et Charles-Martel, fut sans doute sincère ; car elle ne fut point troublée pendant le reste de leur vie. Eudes mourut en paix en 735, dans un âge assez avancé, laissant trois fils. Hunald, l'aîné, lui succéda comme duc d'Aquitaine et de Toulouse.

Charles fut à peine informé de la mort d'Eudes, qu'il assembla les principaux de la nation pour délibérer sur le parti qu'il fallait prendre dans cette circonstance. Le duc d'Austrasie se persuada qu'il lui serait plus facile de réduire à l'obéissance Hunald et ses frères que leur père. Il passa donc la Loire à la tête de ses troupes, et s'avança jusqu'à la Garonne. Plusieurs combats sanglants n'amenèrent qu'un traité par lequel Charles consentait à ce que Hunald restât paisible possesseur de l'Aquitaine, sous le titre de duc, à condition qu'il rendrait foi et hommage pour ses Etats à lui-même, ainsi qu'à Carloman et à Pépin, ses enfants, sans faire aucune mention du roi Thierry; ce qui prouve à quel degré de puissance Charles-Martel était déjà parvenu, puisqu'il ne gardait plus même le respect extérieur dû au roi de France, et qu'il ne dissimulait pas ses vues ambitieuses pour l'avenir. Hunald, soit par crainte, soit par faiblesse, ratifia ce traité et prêta serment de fidélité à Charles-Martel.

Le duc d'Austrasie, après avoir terminé ses différends avec les fils d'Eudes, tourna ses armes contre Mauronte, gouverneur de Provence, qui s'était uni avec d'autres gouverneurs pour secouer l'autorité du puissant maire du palais et tenter de se rendre indépendants. Ils s'étaient même alliés aux Sarrasins, qui avaient fait une nouvelle irruption dans les Gaules, avaient ravagé la Bourgogne et la Provence, et s'étaient emparés d'Avignon et d'Uzès. Charles-Martel reprend Avignon, repousse les Sarrasins, qu'il poursuit en Septimanie, et vient assiéger Narbonne, qui leur appartenait encore. Il leur livre près de cette ville une sanglante bataille, et fait de ces infidèles un horrible carnage (737). Il ne profita pourtant pas de cette victoire; ayant appris la mort du roi Thierry IV, il abandonna le siége de Narbonne, dont la prise lui eût assuré toute la Septimanie, et se contenta de former le blocus de cette ville, dans l'espoir de la réduire par la famine.

Revenu à Paris, Charles-Martel prit les mesures nécessaires pour assurer la tranquillité et affermir son autorité. Il laissa le trône vacant, quoiqu'il y eût encore des princes de la famille royale pour l'occuper, et gouverna seul le reste de sa vie, sous le titre de duc ou prince des Francs. Une révolte des Saxons l'obligea de passer le Rhône, en 738. Les Sarrasins profitèrent de son absence pour faire de nouvelles tentatives dans les Gaules; mais en 739, Charles les chassa entièrement da la Provence, et les força de rentrer dans la Septimanie, où il n'entreprit pas de les poursuivre.

Les enfants de Charles-Martel se firent la guerre aussitôt après la mort de leur père. Plusieurs provinces, pensant que Pépin et Carloman n'étaient pas en état de se faire craindre, refusèrent de leur prêter le serment d'obéissance. Les Aquitains furent les premiers à se révolter. Hunald avait cependant juré à ces princes de leur être fidèle ; mais c'était du vivant de leur père ; celui-ci étant mort, Hunald se crut dispensé de tenir un serment qui lui avait été, en quelque sorte, arraché par la violence. Pépin et Carloman, tenant à conserver intacte l'autorité que leur père leur avait transmise, déclarèrent la guerre à Hunald, qui fut vaincu et obligé de se reconnaître vassal de Pépin.

Hotton, frère d'Hunald, possédait une portion du duché d'Aquitaine. Il ne prit aucune part aux guerres entre son frère et les fils de Pépin. Hunald en conçut de l'ombrage ; il craignit même qu'un jour son frère ne fût un des premiers à le dépouiller. Ces fatales préventions le poussèrent au crime ; il s'empara de la personne de son frère, et lui fit crever les yeux. Quelques jours après, Hunald, poussé par les remords de sa conscience, abdiqua la couronne ducale, se revêtit de l'habit monastique, et laissa sa principauté d'Aquitaine à Waïfre, son fils (743).

Waïfre s'attira bientôt le courroux de Pépin, en donnant asile dans ses Etats à Griffon, qui s'était révolté contre son frère, et en refusant de le livrer à ce dernier. Pépin dissimula son mécontentement et différa sa vengeance, parce qu'il était occupé alors de choses beaucoup plus importantes : il voulait se faire reconnaître roi de France. Il fut en effet sacré en 752, et commença la seconde race de nos rois, tandis que la première s'éteignit dans la personne de Childéric III, qui fut rasé et relégué dans un couvent.

Cinq ans auparavant, Carloman, dégoûté de la vie tumultueuse de la cour, y avait volontairement renoncé, et s'était retiré au monastère du mont Cassin.

Le plus ardent désir de Pépin était de chasser entièrement les Sarrasins de la Gaule, et de réunir à la couronne de France l'Aquitaine et la Septimanie. Mais Waïfre avait aussi ses vues sur la Septimanie, province limitrophe de ses Etats, et dont la possession devait le mettre à l'abri des attaques des Sarrasins. Les seigneurs de la Septimanie aimèrent mieux vivre sous la dépendance de Pépin que sous celle de Waïfre ; aussi livrèrent-ils au roi franc toutes les places qu'ils avaient enlevées aux Sarrasins. Pépin se hâta d'en prendre possession, puis revint assiéger Narbonne. Les Sarrasins, qui attachaient une grande importance à la conservation de cette place, n'avaient rien négligé pour la mettre en état de soutenir un long siège et de faire une vigoureuse résistance. Aussi Pépin se vit-il obligé de renoncer à son entreprise, et de laisser des troupes pour bloquer la ville, qu'il espérait réduire à la famine.

Pépin tourna alors ses armes contre Waïfre, pour le punir de son refus de lui livrer Griffon. Celui-ci, craignant de tomber entre les mains de son frère irrité, prit la route de l'Italie, avec l'intention de se réfugier chez les Lombards. Pépin le prévint et donna l'ordre de le poursuivre. Griffon fut arrêté dans la vallée de Maurienne, au passage des Alpes, et mourut en se défendant vaillamment. Waïfre, n'osant se mesurer avec Pépin, s'était renfermé dans ses places fortes. Le roi ne put poursuivre cette guerre ; le pape Etienne l'appelait à son secours pour le défendre contre Ataulphe, roi des Lombards.

Pendant ces événements, une grande révolution s'opérait en Espagne. L'empire des Arabes se divisait en trois califats, et Abdérame fondait celui de Cordoue. Les troubles qu'occasionna son avénement empêchèrent les Sarrasins de songer à délivrer Narbonne, toujours bloquée par les Francs. Pépin parvint à se ménager quelque intelligence avec les Goths, qui formaient la plus grande partie de la population, et qui, comme ils étaient chrétiens, souffraient impatiemment le joug des Sarrasins. Au jour fixé, ils égorgèrent la garnison musulmane, s'emparèrent de tous les Arabes, et livrèrent la ville, en 759, aux troupes de Pépin. C'est ainsi que tomba ce dernier boulevard des infidèles, et qu'il passa à la couronne de France.

Après la conquête de Narbonne, il fut facile de se rendre maître du reste de la Septimanie. Les gouverneurs des différentes villes s'empressèrent de reconnaître la suzeraineté de Pépin, qui eut la gloire de délivrer entièrement cette province de la domination musulmane, et de la réunir à la couronne, non par droit de conquête, mais par un traité volontaire fait avec les Goths.

CHAPITRE VIII.

Guerres d'Aquitaine. — Royaume d'Aquitaine. — Réunion à la couronne.

Il ne restait plus à Pépin, pour être entièrement maître de tous les pays composant le Languedoc, qu'à soumettre Waïfre, qui possédait encore une partie assez considérable de cette province, et prétendait la gouverner en souverain indépendant, refusant de prêter le serment de soumission au roi. De plus, le duc avait envahi depuis peu les provinces de plusieurs Eglises de France, situées en Aquitaine, et fait des invasions sur les frontières de la Septimanie, sans se mettre en peine de réparer les dommages qu'il avait causés dans cette province. Tels furent les principaux motifs de la guerre terrible que Pépin entreprit contre le duc d'Aquitaine, et qu'il continua pendant neuf années, jusqu'à ce qu'il eût entièrement dépouillé Waïfre de ses Etats.

Pépin fit sommer Waïfre de réparer les torts qu'il avait faits aux Eglises de France et les dommages qu'il avait causés au peuple goth. Waïfre reçut avec hauteur les ambassadeurs, et ne leur accorda rien. Pépin indigné convoqua une assemblée générale des principaux du royaume, et la guerre d'Aquitaine fut décidée (760). Pépin rassembla son armée, passa la Loire, entra dans le Berri, pénétra dans l'Auvergne, la Touraine, porta partout le fer et le feu, et vint camper en Anjou. Il se disposait à entrer dans le Poitou, lorsque Waïfre, effrayé des ravages déjà causés dans ses Etats, et se sentant trop faible pour lutter plus longtemps contre le roi de France, lui fit proposer la paix. Pépin l'accepta, à condition que le duc d'Aquitaine donnerait satisfaction pour tous les griefs qu'on lui reprochait. Waïfre promit tout ce qu'on voulut, et jura d'exécuter ponctuellement ce que Pépin exigerait de lui. Pour gage de sa parole, il donna en otages deux de ses cousins. Le duc d'Aquitaine n'avait fait la paix que dans la crainte de voir ses Etats complétements ruinés ; aussi se mit-il peu en peine de se montrer fidèle à ses engagements. Il ne tarda pas à rassembler toutes les troupes dont il pouvait disposer ; et pendant que Pépin tenait l'assemblée du champ de mai dans le pays de Juliers, il pénétra dans la Bourgogne, ravageant et pillant les contrées qu'il traversait, et repassa la Loire chargé d'un butin considérable.

Pépin, informé de l'invasion de Waïfre, résolut de ne plus épargner un prince sur la foi duquel il ne pouvait se fier, et de lui faire une guerre implacable. Il passa la Loire, assiégea le château de Bourbon, s'en empara et le brûla, après avoir fait la garnison prisonnière. Clermont eut le même sort. Blandin, comte d'Auvergne et général de Waïfre, s'avança pour arrêter les progrès des armées françaises ; mais il fut complétement défait et réduit en captivité. Le reste de l'armée d'Aquitaine resta sur le champ de bataille.

Pépin, après avoir vaincu Blandin, passa dans le Limousin, le traita avec la même rigueur, et n'arrêta sa marche que parce que la saison était alors très-avancée. Il rentra en France, chargé de riches dépouilles, et suivi d'un grand nombre de prisonniers. Mais, bien résolu à pousser à bout le duc Waïfre, et à le dépouiller de tous ses Etats, il repassa la Loire l'année suivante (762), accompagné de ses fils, Charles et Carloman. Il entra dans le Berri, assiégea Bourges, et l'emporta d'assaut. Chaque ville dont il s'emparait, il la déclarait réunie à son domaine par droit de conquête.

L'année suivante (763), le passage des troupes royales fut de nouveau marqué par le pillage et l'incendie ; les temples sacrés ne furent pas plus épargnés que les propriétés ; les monastères furent détruits ou brûlés, les châteaux réduits en cendres, les vignes et les champs ravagés. Le récit que les historiens ont fait de cette campagne fait frémir d'horreur. Waïfre, qui jusqu'alors était resté dans l'inaction, se présenta pour livrer une bataille. La victoire ne fut pas longtemps incertaine ; une partie de l'armée du duc d'Aquitaine fut taillée en pièces ;

l'autre prit la fuite. Le roi, voulant la conquête entière de la province, rejeta toute proposition d'accommodement. Le duc ne vit plus d'autre ressource que de se liguer avec Tassillon, duc de Bavière. Waïfre tenta de reprendre Narbonne ; mais il essuya près de cette ville une sanglante défaite. Il ne fut pas plus heureux dans une autre expédition qu'il fit la même année, du côté de la Bourgogne et du Lyonnais.

En 769, Pépin vint attaquer Toulouse, capitale du duché. Cette ville se rendit sans coup férir, ainsi que tout le Toulousain, qui fut réuni à la France pour la seconde fois. Il ne resta plus à Waïfre que quelques châteaux dispersés et situés sur des montagnes presque inaccessibles. Il se tenait tantôt dans l'un, tantôt dans l'autre, pour cacher à ses ennemis le véritable lieu de sa demeure. Son courage, abattu par tant de revers, fut un instant relevé par son oncle Remistan, qui avait fait sa soumission à Pépin. Ce prince, se repentant d'avoir abandonné le parti de Waïfre et d'avoir contribué à la ruine de sa propre famille, quitta le Berri, où il commandait sous les ordres du roi, vint se jeter aux pieds de son neveu, implora son pardon, et lui offrit ses services. Waïfre pardonna, oublia le passé, et confia à son oncle le commandement de ses troupes.

Remistan, animé du désir de réparer sa conduite coupable, attaqua les garnisons que Pépin avait placées dans les différentes villes du duché. Il obtint d'abord quelques succès ; mais il tomba dans une embuscade, fut pris, garrotté, conduit avec sa femme devant Pépin, jugé et condamné sur-le-champ comme coupable de lèse-majesté. Le roi, pour ajouter à l'ignominie de son supplice, ordonna qu'il fût pendu comme le dernier des criminels.

Cependant Pépin était impatient de terminer cette guerre, et d'assurer ses conquêtes par la prise de Waïfre, dont il avait juré la perte. Il commanda à ses gens de battre la campagne dans tous les sens, à travers le Périgord, pour découvrir le duc et se saisir de sa personne. Il gagna aussi quelques gens de la suite de Waïfre, qui lui promirent de le faire mourir. Ces traîtres tinrent parole ; ils assassinèrent le malheureux duc dans son lit, la nuit du 2 juin 768. Après huit ans d'une courageuse résistance, Waïfre tomba ainsi victime de la trahison. Il fut le dernier duc héréditaire de la famille d'Eudes, qui descendait de la première race de nos rois. L'Aquitaine et la Gascogne furent réunies à la couronne de France ; mais le crime par lequel fut acheté l'entière soumission du grand duché d'Aquitaine a laissé à la mémoire de Pépin une tache ineffaçable. Ce prince mourut en 768.

D'après le partage qu'il avait fait de ses Etats entre ses fils Charles et Carloman, la province du Languedoc se trouva divisée entre les deux princes. La Septimanie et le Vivarais échurent à Carloman, et Charles régna sur le Toulousain, l'Albigeois, le Gévaudan et le Vélay.

Charles, qui mérita plus tard le nom de Charlemagne, s'occupa immédiatement de pacifier l'Aquitaine ; ce que son père n'avait pas eu le temps de faire. Mais le vieux Hunald, retiré dans un monastère de l'île de Ré, sortit de son asile pour venger la mort cruelle de son fils Waïfre, et se faire restituer le duché d'Aquitaine, dont on l'avait injustement dépouillé, quitta l'habit monastique, endossa la cuirasse, se mit à la tête de ses anciens sujets, et se fit reconnaître comme souverain légitime du duché.

Ce soulèvement inattendu alarma Charles. Il prit de promptes mesures pour l'étouffer à sa naissance, passa la Loire à la tête de son armée, battit Hunald, et l'obligea à aller chercher un refuge chez Loup, duc de Gascogne, son neveu. Il poursuivit le malheureux fugitif jusque dans sa retraite ; mais, arrivé sur les bords de la Dordogne, il envoya des ambassadeurs à Loup pour lui rappeler le serment de fidélité qu'il avait prêté, et le sommer de lui livrer Hunald, l'avertissant qu'en cas de refus, il entrerait dans son duché pour y porter la désolation et pour le dépouiller. Loup, intimidé par ces menaces, et hors d'état de résister à Charles, prit le parti de livrer le vieux duc, qui fut envoyé prisonnier en France. Il parvint à s'échapper et alla rejoindre Didier, roi des Lombards, ennemi juré du roi des Francs.

Peu d'années après, Loup, à qui Charlemagne avait donné le duché de Gascogne, mourut sans laisser d'autres enfants que sa fille Adèle, veuve de Waïfre. La succession revenait donc à cette princesse et à ses descendants. Le jeune Loup, fils d'Adèle, fit valoir ses droits à l'héritage de son grand-père. Charlemagne, en considération de la fidélité de l'aïeul, accorda au prince l'investiture du duché, et reçut en retour un serment de fidélité que Loup II ne tarda pas à violer.

Charlemagne avait été appelé en Espagne pour intervenir dans les querelles des califes de Bagdad et de Cordoue. Il revenait victorieux de cette expédition, pensant ne laisser aucun ennemi derrière lui, lorsque Loup II, poussé par le désir de venger les malheurs de sa famille, et de reconquérir son indépendance, attaqua l'arrière-garde des Francs. Il se plaça sur les hauteurs qui dominent des deux côtés la vallée de Roncevaux, située sur les frontières de la Navarre et de la France ; de là, il fondit avec ses Gascons sur l'armée franque, l'enveloppa de toutes parts, et en fit un horrible carnage (778). C'est là que périt le fameux Roland. Après leur victoire, les Gascons s'emparèrent sans obstacle de tout le bagage de l'armée vaincue, et se dispersèrent dans les montagnes à la faveur de la nuit, sans qu'on pût parvenir à découvrir leur retraite.

Charlemagne, profondément ému de l'échec qu'il venait d'essuyer, et indigné de la perfidie de Loup, résolut de faire un exemple frappant. Le duc fut pris et pendu ignominieusement. Charlemagne confisqua le duché de Gascogne ; mais, usant de clémence envers Adalaric, fils de Loup, qui était trop jeune pour avoir pu prendre part à la révolte de son père, il lui donna en fief la partie du duché la plus voisine des Pyrénées, qui comprenait le Bigorre, le Béarn et la basse Navarre ; puis il établit des comtes français pour gouverner le reste de la province. Parmi ces gouverneurs, un seul portait le titre de duc : c'était celui de Toulouse, probablement à cause de l'importance de cette ville, toujours considérée comme une capitale.

Le roi des Francs, obligé de résider sur les frontières de la Germanie, à cause des fréquentes révoltes des Saxons, ne pouvait veiller par lui-même au gouvernement de toutes les provinces de son vaste empire. Il sentait cependant la nécessité d'affermir son autorité dans les provinces récemment réunies à la couronne ; les Aquitains surtout supportaient impatiemment le joug qu'il leur avait imposé. Charlemagne eut alors la pensée de rétablir le royaume d'Aquitaine et de Toulouse, en faveur de son jeune fils Louis, qui n'avait que trois ans. Il l'emmena à Rome en 781, le fit sacrer par le pape Adrien Ier, et l'envoya prendre possession de ses Etats. Comme il n'était pas en âge de gouverner par lui-même, il lui donna des ministres chargés de diriger son éducation et d'administrer les affaires du royaume. Le premier de ces conseillers était Arnold, seigneur digne de toute la confiance de Charlemagne. Le jeune roi s'établit à Toulouse, qui continua à être la capitale de l'Aquitaine.

Adalaric, fils de Loup, à qui Charlemagne avait laissé une partie de la Gascogne à titre de duché, n'en fut ni satisfait ni reconnaissant. A peine fut-il en état de porter les armes, qu'il se mit à la tête de ses sujets pour venger la querelle de ses ancêtres, dépouillés par la famille de Charlemagne. Chorson, duc de Toulouse, se mit en campagne pour l'arrêter ; mais il fut pris par Adalaric, qui lui imposa comme première condition de sa délivrance de ne plus jamais porter les armes contre lui, lors même que le roi lui en donnerait l'ordre. Chorson, désirant avant tout sa liberté, eut la lâcheté d'accepter cette condition. Le duc de Gascogne ne jouit pas longtemps de son triomphe; il fut cité à la diète de Worms et condamné à un exil perpétuel. La même assemblée destitua Chorson, qui fut remplacé dans le gouvernement de Toulouse par Guillaume. Ce duc s'est rendu célèbre, non-seulement par sa valeur et ses exploits, mais aussi par son éminente sainteté.

Les guerres de Germanie n'avaient pas permis à Charlemagne d'affermir son autorité au delà des Pyrénées ; aussi les Musulmans tentaient-ils sans cesse de reprendre les places que les Francs leur avaient enlevées. Sous le règne du calife Hescham, ils profitèrent d'un moment où Charlemagne était occupé à combattre les Avares, et d'une absence de Louis, alors âgé de quatorze ans, pour diriger une nombreuse armée vers les Pyrénées orientales. Girone fut reprise, et les habitants passés au fil de l'épée. Narbonne succomba ensuite ; les faubourgs de la ville furent livrés aux flammes ; les Sarrasins allaient se diriger sur Carcassonne, lorsque le duc Guillaume de Toulouse se jeta au milieu d'eux et les attaqua avec impétuosité. Des milliers d'Arabes trouvèrent la mort dans cette première charge. Les Francs ne purent résister longtemps contre une supériorité numérique trop grande. Guillaume fit des efforts incroyables ; abandonné des siens, il fut obligé de fuir.

Cependant les Arabes achetèrent chèrement la victoire ; leur armée était tellement diminuée, qu'ils n'osèrent s'avancer davantage dans un pays ennemi ; chargés d'un immense butin, ils reprirent la route de l'Espagne. Pensant qu'ils ne pourraient conserver la ville de Narbonne, ils emmenèrent un grand nombre d'habitants comme prisonniers, et les forcèrent, comme des bêtes de somme, à porter sur leurs épaules les pierres de leurs murailles, ou à les traîner sur des chariots jusqu'à Cordoue. Les débris de la cité gauloise servirent à bâtir une superbe mosquée devant les jardins impériaux, et le produit du butin fut employé à l'achèvement de la grande mosquée, si célèbre par sa magnificence.

Les Sarrasins continuèrent pendant plusieurs années leurs incursions dans la Septimanie. Le roi d'Aquitaine leur opposa une vive résistance. En 800, pour mettre un terme aux tentatives sans cesse renouvelées des infidèles, il assiégea Barcelone, qu'il avait déjà fait investir depuis longtemps. Il était à la tête d'une nombreuse armée, composée d'Aquitains, de Gascons, de Goths, de Bourguignons, de Provençaux, de Bretons. Le siége dura sept ans, après lesquels les habitants furent obligés de capituler ; ils ouvrirent leurs portes, à la condition qu'ils seraient libres de se retirer où il leur plairait. Barcelone, boulevard de l'islamisme, était une place importante pour les Sarrasins, qui la possédaient depuis quatre-vingts ans.

Cette ville fut désormais soumise aux rois francs, qui la conservèrent sans interruption jusqu'au règne de Louis Ier. Le roi d'Aquitaine y plaça une forte garnison et en donna le commandement au wisigoth Bera. Cette cité fut un point d'appui pour les Francs, qui pendant plusieurs années s'avancèrent de plus en plus dans la Péninsule. Ils chassèrent les Musulmans de Tarragone, s'établirent dans le pays de Sarragosse et d'Huesca, prirent Tortose, Pampelune, et fondèrent enfin, dans le nord de l'Espagne, la marche franco-espagnole, soumise au roi d'Aquitaine. Lorsque Louis devint empereur, cette marche, ainsi que la Septimanie, forma un comté, dont Barcelone devint la capitale.

Au mois de janvier 814, Charlemagne cessait d'exister, et laissait la couronne et l'empire à son fils Louis. Il eût sans doute mieux valu pour ce prince qu'il restât simple roi d'Aquitaine ; il eût ignoré les chagrins amers et les humiliations nombreuses que lui réservait la pourpre impériale. Louis envoya son second fils, Pépin, en Aquitaine, pour qu'il prît possession de ce royaume aux mêmes conditions qu'il l'avait lui-même reçu de son père. Pépin mourut en 838.

Si l'on peut avec raison lui reprocher d'avoir pris part à la rébellion de ses frères contre son père, on doit aussi dire qu'il fut moins coupable qu'eux, et qu'il tâcha de réparer sa faute en restant étroitement uni à l'empereur, pendant les dernières années de la vie de ce prince malheureux.

Il laissa quatre enfants, dont deux fils en bas âge. L'aîné, Pépin, devait lui succéder. Mais l'empereur ne le reconnut pas immédiatement ; et même, lorsqu'il fit le partage de ses Etats, oubliant les droits des fils de Pépin, il donna à Charles le Chauve l'Aquitaine et tous les pays comprenant aujourd'hui la province du Languedoc. Les seigneurs aquitains, mécontents de voir ainsi enlever la couronne aux enfants de Pépin, proclamèrent roi son fils aîné, sous le nom de Pépin II. Louis se rendit en Aquitaine pour apaiser les esprits, et promit de rétablir le jeune Pépin sur le trône de son père, lorsqu'il serait en âge de gouverner avec sagesse. En attendant que ce moment fût venu, Charles resta duc d'Aquitaine, et reçut de ses sujets le serment de fidélité. Les enfants de Pépin se trouvèrent entièrement dépouillés de la succession de leur père.

La mort vint frapper Louis le Débonnaire en 840, pendant qu'il marchait contre son fils, le roi de Bavière. A cette nouvelle, Lothaire voulut s'emparer seul de l'empire, et se ligua avec Pépin II, dépouillé de son duché d'Aquitaine, contre Louis de Bavière et Charles le Chauve. Alors s'engagea entre les trois frères cette lutte sanglante que termina la bataille de Fontenay, suivie du traité de Verdun, par lequel l'Aquitaine fut donnée en totalité à Charles.

Les partisans que Pépin avait conservés dans ce pays se soulevèrent, prirent les armes, parcoururent la campagne pour résister aux troupes de Charles, et défendirent Toulouse, qui appartenait encore à Pépin. Le roi commença le siége de cette ville en 842. Forcé de l'interrompre, il le reprit avec vigueur en 843 ; mais les pertes considérables qu'il essuya le décidèrent à se retirer. Pépin le joignit dans l'Angoumois et le défit complétement. Après cet échec, Charles fut obligé de rentrer dans ses Etats, et d'aller à Thionville rejoindre ses deux frères, Lothaire et Louis.

Ces trois princes, voulant cimenter leur réconciliation, et remédier aux désordres causés par les guerres civiles, se décidèrent à tenir une diète générale. Charles céda à Pépin tout le royaume d'Aquitaine, excepté le Poitou, la Saintonge et l'Angoumois, qu'il se réserva. Pépin, de son côté, reconnut son oncle comme son seigneur suzerain, jura de le servir et lui prêta serment de fidélité.

Charles le Chauve n'avait consentit à traiter que par nécessité ; il nourrissait toujours le désir d'enlever l'Aquitaine. Le désir que les Aquitains avaient d'être sujets du roi de France favorisa son ambition. Il accepta avec empressement l'offre de la couronne que lui firent les seigneurs, se laissa élire roi, et depuis cette époque il ajouta le titre de roi d'Aquitaine à celui de roi de France.

Pépin, trahi par les siens et dépossédé par son oncle, sollicita le secours des Sarrasins. Le calife passa les Pyrénées, et s'efforça de soumettre la province à Pépin ; mais Charles s'avança, et mit de nouveau le siége devant Toulouse. Cette ville était défendue par Frédelon, comte de Rouergue. Frédelon résista d'abord à Charles ; mais, voyant le roi prêt à livrer l'assaut, il demanda à capituler, se rendit à discrétion, et livra au roi cette capitale, qu'il aurait pu défendre bien longtemps.

Le roi fit son entrée dans Toulouse en 849. La conquête de cette place lui facilita celle du reste de l'Aquitaine. Pépin, pour se dérober à la poursuite du vainqueur, se vit dans la nécessité d'errer au hasard et de s'unir aux ennemis de l'Etat, espérant qu'ils l'aideraient à ressaisir son trône. L'infidélité de Frédelon, qu'il avait honoré de toute sa confiance, lui fut très-sensible. Ce comte, d'une naissance illustre, était originaire du Rouergue, où il possédait de grands biens.

Charles, après la prise de Toulouse, en laissa le gouvernement à Frédelon. C'est de lui que descend l'illustre maison des comtes de Toulouse ; il commença la tige des comtes héréditaires, qui ont possédé la plus grande partie du Languedoc jusqu'à la réunion de cette province à la couronne.

Charles le Chauve, poursuivant ses conquêtes, dirigea ses forces contre la Septimanie, que Pépin II s'efforçait de conserver. Ce prince, abandonné de ses sujets et vaincu une dernière fois par Charles, fut fait prisonnier. Le roi l'emmena au monastère de Saint-Médard de Soissons (852), et lui fit revêtir malgré lui l'habit monastique.

Fidèles à leur ancienne coutume d'être gouvernés par un roi particulier, les Aquitains supplièrent Charles de leur donner son fils. Le roi y consentit, et le jeune Charles fut sacré et couronné au mois d'octobre 855. Le commencement de son règne fut heureux. Ses troupes remportèrent une victoire signalée sur les Normands, qui s'étaient avancés jusqu'à Poitiers. La défaite de ces pirates fut si complète, qu'à peine trois cents d'entre eux purent se sauver et regagner leurs vaisseaux.

Pépin, qui s'était échappé de son cloître, n'était pas demeuré étranger à l'irruption des Normands. Il entretint les espérances ambitieuses de ces barbares, pensant pouvoir relever son parti avec leur secours. L'inconstance des Aquitains le favorisa quelquefois, et lui fit remporter quelques succès ; ce qui décida Charles le Chauve à traiter avec lui. Il lui accorda un certain nombre de comtés et d'abbayes, mais lui refusa le titre de roi.

Cette paix fut de courte durée. Pépin ne tarda pas à venir assiéger Toulouse. Obligé de renoncer à son entreprise, il tomba dans un piége et fut livré à Charles, qui le fit comparaître devant une assemblée de seigneurs et de prélats, où il fut condamné comme apostat et traître à la patrie. Il avait en effet abandonné la profession monastique, et causé une infinité de maux en appelant les Normands dans l'Aquitaine. Réduit à la dernière extrémité, il témoigna un grand regret de ses fautes, et demanda qu'il lui fût permis de les expier par la pénitence, et revêtu de l'habit religieux. Le roi, qui en voulait moins à ses jours qu'à ses droits sur le royaume d'Aquitaine, lui accorda la vie ; mais il fut soumis à une pénitence publique et enfermé dans un monastère, où il resta jusqu'à la fin de ses jours (864).

Charles ne jouit pas longtemps de la couronne d'Aquitaine. Son frère Louis le Bègue le remplaça ; et lorsque ce prince devint roi, l'Aquitaine fut réunie définitivement à la couronne de France. Tous les rois de la seconde race la possédèrent, et la firent administrer par des comtes.

CHAPITRE IX.

Comtes de Toulouse. — Guillaume Taillefer. — Pons. — Guillaume IV.

Jusqu'à présent nous avons vu cette partie méridionale de la France habitée par différents peuples et soumise à différentes dominations. Partagée plusieurs fois entre nos rois, entre des ducs et des comtes même, elle a été souvent tellement divisée, morcelée, qu'on aurait pu se demander : *Où est le Languedoc ?* Son existence était comme perdue dans ce chaos et ces partages continuels qui ont eu lieu sous les deux premières races de nos rois. Avec la maison de Toulouse commencent l'existence de ce comté et la formation de cette cour qui devaient jouer un rôle si important dans le moyen-âge.

Nous avons vu son origine sous Frédelon, comte de Rouergue, auquel Charles le Chauve avait donné le gouvernement de Toulouse, lorsqu'il s'était emparé de cette ville sur Pépin II. Son frère Raymond Ier, comte de Quercy, lui succéda et rendit ses titres héréditaires dans sa famille ; il les laissa à son fils Bernard III, qui porta les noms de duc, de marquis et de comte. Sous son successeur Eudes ou Odon, son frère, la maison de Toulouse prit un accroissement considérable par la réunion de l'Albigeois et du marquisat de Gothie. Quoique son fils Raymond II n'ait possédé ses Etats que par moitié avec son frère Ermengaud, il n'en fut pas moins un comte puissant. Raymond III, son successeur, ayant eu de Raoul le duché d'Aquitaine, reçut de Louis d'Outre-mer le titre de *grand-duc d'Aquitaine*. Lorsqu'il mourut, en 950, son domaine s'étendait entre la Loire, les Pyrénées, la Méditerranée et le Rhône. Il le laissa à son fils Guillaume Taillefer, sous la tutelle de sa mère Garsinde.

Ce prince, à sa majorité, fit avec son cousin, le comte de Rouergue, un partage définitif, par lequel il se trouva seul possesseur des comtés de Toulouse, d'Albigeois, de Quercy et de Saint-Gilles, et suzerain de plusieurs autres comtés.

Telle était l'étendue du comté de Toulouse lorsque Hugues Capet monta sur le trône en 986. C'était un des six grands fiefs de la couronne, et son comte était très-puissant.

A cette époque, les grands vassaux étaient absolus dans leurs provinces ; ils ne reconnaissaient la supériorité de nos rois que pour recevoir d'eux l'investiture de leurs fiefs, et ne se soumettaient à leur autorité que lorsqu'ils le jugeaient nécessaire à leurs intérêts propres. On les vit bientôt se déclarer la guerre entre eux, lever des troupes, former des ligues et conclure des traités de paix sans la participation du souverain, et gouverner enfin leur domaine d'après leur libre arbitre. Les grands feudataires, arrivés à ce degré de puissance et d'indépendance, acceptèrent difficilement l'avénement de Hugues Capet.

Guillaume Taillefer et Raymond, possédant à eux deux presque tout le Languedoc, ne se pressèrent pas de faire leur soumission au nouveau roi. Guillaume se déclara d'abord pour Charles de Lorraine, qui disputait le trône à Hugues. Mais Charles ayant été vaincu et fait prisonnier, son parti s'anéantit sensiblement, et Hugues fut généralement reconnu roi dans tout le royaume en 991. Guillaume Taillefer était alors marié avec Emme, fille de Rotbald, comte d'une partie de la Provence. Ce mariage apporta dans la maison de Toulouse ce qu'on appela plus tard le *marquisat de Provence*. Guillaume fixa sa résidence à Arles, qui était du domaine de sa femme. Il maria sa fille Constance, qu'il avait eue de sa première femme, avec le roi Robert, successeur de Hugues Capet, et qui avait été forcé en 998 de répudier la reine Berthe. Constance attira à la cour de France un grand nombre d'Auvergnats et d'Aquitains. Le caractère vain et léger de ces habitants du Midi nuisit beaucoup aux mœurs françaises.

En 1004, mourut Raymond II, comte de Rouergue. La mort le surprit dans un voyage qu'il avait entrepris en terre sainte. Son père, Raymond Ier, était aussi mort dans un pèlerinage à Saint-Jacques en Galice ; mais il avait péri assassiné, tandis que son fils eut une mort naturelle. Hugues, fils de Raymond II, lui succéda. La comtesse Berthe, mère de Raymond II, mourut la même année que son fils.

Le midi de la France avait encore à lutter, à cette époque, contre les Sarrasins, qui y faisaient toujours d'assez fréquentes excursions. En 1017, ils tentèrent le siége de Narbonne ; mais ils furent repoussés par le vicomte de cette ville. Le comté de Barcelone et la marche d'Espagne étaient sans cesse ravagés par eux. Bérenger, comte de Barcelone, et sa mère, qui gouvernait avec lui, appelèrent à leur secours un prince normand nommé Roger, qui descendit sur les côtes de la marche d'Espagne, fit une guerre implacable aux infidèles, en tua un grand nombre et obligea leur roi à demander la paix au comte de Barcelone, qui la lui accorda à condition qu'il lui paierait un tribut annuel. Après cette défaite, les Sarrasins renoncèrent à de nouvelles tentatives dans les États chrétiens qui les avoisinaient.

Vers l'an 1021, le Toulousain et l'Aquitaine furent envahis par l'hérésie des Manichéens. Ces sectaires firent un grand nombre de prosélytes ; mais les abominations auxquelles ils se livraient déterminèrent le roi Robert, zélé pour la pureté et le soutien de la religion, à assembler en 1022 un concile à Orléans, chargé de prononcer contre ces hérétiques. Treize d'entre eux furent brûlés vifs dans cette ville. Plusieurs condamnations eurent également lieu dans le Toulousain et les autres provinces. Cependant, malgré la grande sévérité dont on usa envers ces hérétiques, et les efforts qu'on fit pour détruire leur secte, on ne put étouffer entièrement en France les semences de leurs erreurs. Elles se renouvelèrent dans le siècle suivant, et furent l'origine de l'hérésie des Albigeois, qui devait attirer tant de maux sur la province.

Guillaume Taillefer faisait toujours sa principale résidence en Provence, où les possessions de sa femme Emme s'étaient accrues par la mort de son père Rothbald ; aussi Guillaume était-il désigné sous le nom de *marquis très-puissant*. Hugues de Rouergue augmentait aussi considérablement son domaine par la réunion à ses États du comté de Gévaudan, dont il hérita à peu près à la même époque, d'Etienne, mort sans enfants et avec lequel il avait une descendance commune.

Le roi Robert, après avoir fait un pèlerinage à Rome, voulut voir les lieux les plus vénérés dans son royaume. Il parcourut toute la Provence en 1030; visita Savigni, en Auvergne, lieu célèbre par la mort de Maieul, abbé de Cluni ; alla à Saint-Julien de Brioude, à l'église de Sainte-Marie, qui est aujourd'hui la cathédrale du Puy ; puis il se rendit à l'abbaye de Saint-Gilles et vint à Toulouse visiter Saint-Saturnin. A son retour, il s'arrêta à l'église de Saint-Vincent de Castres en Albigeois, à Saint-Antonin, et à Sainte-Foy de Conques en Rouergue, puis à Saint-Géraud d'Aurillac en Auvergne. Il rentra à Orléans, après avoir laissé partout des souvenirs de grande piété et des marques de sa libéralité envers les pauvres. Ce prince, dont la vie fut presque entièrement consacrée aux exercices pieux, mourut en 1031, laissant la couronne à son fils Henri, qui fut reconnu dans tout le royaume.

Guillaume Taillefer avait atteint sa quatre-vingt-dixième année. Sentant sa fin approcher, il maria son fils Pons à Majore, qui était de la maison des comtes de Carcassonne ou de Foix. Il lui forma un beau douaire, dont le prince eut à peine le temps de prendre possession. Guillaume mourut en 1037. Il fut inhumé à Saint-Sernin de Toulouse, qui était alors la sépulture des comtes de cette ville. On y voit encore son tombeau.

On a peu de détails sur les mœurs et le caractère de Guillaume; on sait cependant que son surnom de Taillefer lui fut donné pour son courage et sa valeur. En effet, il sut réprimer constamment les révoltes de ses vassaux. Quoiqu'il ait fait des donations aux églises, on lui reproche son peu de scrupule à s'emparer des biens des églises, dont il disposait soit pour les donner, soit pour les vendre. Guillaume fut marié deux fois. Il eut de sa première femme, Arsinde d'Anjou, deux fils, Raymond et Henri, qui moururent avant lui sans postérité, et deux filles : Constance, qui épousa Robert, roi de France, et Ermengarde, qui fut mariée à Robert Ier, comte d'Auvergne. De sa seconde femme, Emme de Provence, il eut Pons, qui lui succéda dans le comté de Toulouse et dans ses anciens domaines, et Bertrand, qui eut en partage une portion de la province. Il eut aussi une fille.

Pons avait quarante-cinq ans lorsqu'il succéda à son père. Depuis plusieurs années, Guillaume, à raison de son grand âge, s'était démis en sa faveur du comté de Toulouse. Pons hérita non-seulement de ce comté, mais de l'Albigeois, du Quercy, de Saint-Gilles ; du côté de sa mère Emme, il eut une portion de la Provence ; ce qui consomma l'union du marquisat de Provence à la maison de Toulouse. Pons prit aussi le titre de *comte palatin*, titre que possédèrent par un privilége tout particulier les comtes de Toulouse et de Champagne comme principaux vassaux de la couronne.

Majore, que Pons avait épousée en 1036, était morte peu de temps après son mariage. Pons se remaria en 1045 avec Almodis, fille de Bernard, comté de la Marche en Limousin. Almodis avait d'abord été la femme de Hugues le Pieux, seigneur de Lusignan. Bien qu'elle lui eût donné un fils, il la répudia pour cause de parenté et la renvoya au comte de la Marche, son frère, qui l'unit au comte de Toulouse. Elle eut en douaire les mêmes domaines qui avaient constitué le douaire de Majore, y compris l'évêché d'Alby.

Un grand désordre régnait alors dans l'Eglise et dans l'Etat. Les seigneurs exerçaient une autorité tyrannique sur le clergé et le peuple ; ils s'étaient arrogé le droit de venger leurs querelles par les armes et se faisaient souvent une guerre implacable ; aussi ne trouvait-on plus nulle part ni sûreté, ni asile ; le commerce était généralement interrompu, et l'on ne parlait dans tout le royaume que de rapines et de pillages, de meurtres et d'incendies. Le désir de mettre un terme à tant de maux décida les évêques et les grands seigneurs de la Septimanie et de la marche d'Espagne à s'assembler dans le Roussillon, à Tulujes, près de Perpignan, pour délibérer sur les moyens d'arrêter tous ces désordres. C'est de cette assemblée qu'est sorti en 1041 l'établissement de la trêve de Dieu, qui défendait pour certains temps de l'année et certains jours de la semaine les guerres particulières et tout acte d'hostilité.

Telle fut l'origine de la *trêve de Dieu*, ainsi appelée, soit parce que les jours de la semaine marqués pour l'observer étaient consacrés aux mystères de la passion et de la résurrection de Notre-Seigneur Jésus-Christ, soit parce que l'on prétendit que Dieu l'avait approuvée en châtiant d'une manière visible ceux qui la violaient. Les évêques s'efforcèrent de faire observer partout cette trêve ; mais le mal avait jeté de si profondes racines, que ce fut avec beaucoup de peine qu'ils parvinrent à la faire respecter.

Hugues, comte de Rouergue et marquis de Gothie, mourut en 1050. Sa fille Berthe hérita de ses Etats. Elle avait épousé Robert, fils de Guillaume V, comte d'Auvergne. Robert, dans la suite, se qualifia du titre de comte de Rouergue et de Gévaudan.

Almodis n'eut pas un meilleur sort que Majore ; elle fut répudiée en 1053. Bien qu'on doive attribuer ce divorce à la volonté de son mari, on peut avec raison reprocher à cette princesse d'avoir épousé immédiatement le comte de

Barcelone, du vivant de Pons. Elle avait déjà épousé celui-ci lorsque Hugues, son premier époux, vivait encore. Elle eut des enfants du comte de Toulouse et du comte de Barcelone.

Le roi Henri Ier terminait sa carrière en 1060 et laissait le trône à son fils Philippe Ier, qui fut reconnu sans difficulté dans la province. Le comte de Toulouse suivit de près Henri dans la tombe ; il mourut en 1061, et fut inhumé dans l'église de Saint-Sernin de Toulouse, près de Guillaume Taillefer, son père. On reconnaît en Pons une grande activité, qui l'aida à tirer sa patrie de l'obscurité dans laquelle la négligence de ses prédécesseurs l'avait laissée plongée. Un grave reproche doit lui être fait : c'est d'avoir peu respecté les liens du mariage et d'avoir répudié avec trop de facilité plusieurs femmes. On peut, il est vrai, attribuer sa conduite aux mœurs corrompues de son siècle, où les répudiations étaient fort en usage parmi les princes, et étaient même autorisées. Pons avait néanmoins de la piété. Le concile de Toulouse tenu en 1056 parle de lui en termes honorables et vante ses libéralités envers les églises.

Il laissa en mourant trois fils et une fille, issus d'Almodis, sa dernière femme. Guillaume, l'aîné, lui succéda dans le comté de Toulouse, d'Albigeois et de Quercy. Raymond, le second, eut le comté de Saint-Gilles. Le troisième, nommé Hugues, n'eut aucune part à la succession paternelle. Il mourut jeune et sans postérité. Sa fille, qui s'appelait Almodis comme sa mère, fut mariée quelques années après au comte de Melgueil.

A la mort de leur père, Guillaume et Raymond n'avaient que dix-huit à vingt ans. Peu d'années après leur avènement, mourut sans postérité Berthe, comtesse de Rouergue et marquise de Gothie. Sa succession revenait par droit de parenté à Guillaume IV et à Raymond. Mais Robert, comte d'Auvergne, mari de Berthe, disputa sa succession à la maison de Toulouse et tâcha de se maintenir dans les domaines de sa femme. Il en résulta des guerres qui durèrent jusqu'en 1079. Il paraît que Raymond les soutint seul, parce que Guillaume, son frère, lui avait cédé par un traité particulier ses droits à la succession de Berthe. Raymond, devenu paisible possesseur des domaines de cette princesse, prit le titre de comte de Rouergue, de Narbonne, de Nîmes, etc. Il épousa sa cousine germaine, fille et héritière de Bertrand, comte de Provence, son oncle paternel ; elle lui apporta en dot ses droits sur la moitié de cette province.

Ce mariage de Raymond le fit excommunier en 1076 par le pape Grégoire VII.

Mais il ne tint aucun compte de cette excommunication et conserva sa cousine, dont la dot était pour lui un puissant motif de ne pas s'en séparer.

Lorsque Guillaume et Raymond eurent acquis l'entière et paisible jouissance des pays qui avaient appartenu à la maison de Rouergue, ils partagèrent leurs domaines. Guillaume IV resta comte et duc du Toulousain, de l'Albigeois, du Quercy, du Lodevois, du Périgord, du Carcassez, de l'Agénois et de l'Astarac ; Raymond fut marquis de Gothie, comte de Rouergue, de Gévaudan, d'Agde, de Béziers, de Narbonne, de Nîmes, de Saint-Gilles et d'Uzès. Quant au comté de Lodève, qui faisait cependant partie de la Gothie, il resta sous la domination immédiate de Guillaume IV, qui conserva une espèce de suzeraineté sur la Gothie, de même qu'il l'avait sur plusieurs autres comtés. C'était un droit que lui donnait sa qualité de marquis de Toulouse.

La province était, à cette époque, divisée en un grand nombre de comtés et vicomtés ; aussi, pour en donner une idée exacte, est-il nécessaire d'énumérer les principaux seigneurs qui, après les comtes de Toulouse et de Saint-Gilles, avaient une certaine autorité et relevaient de ces deux grands feudataires de la couronne.

Les comtes de Barcelone possédaient les comtés de Carcassonne et de Razès ; la vicomté de Gévaudan, le Lauraguais, etc. Ils s'efforcèrent sans cesse d'étendre leur domination au détriment des comtes de Toulouse. Après eux, la maison la plus puissante en domaines était celle des Traincavels, qui possédaient les vicomtés de Béziers, d'Agde, de Carcassonne, de Razès, d'Alby et de Nîmes. Ces vicomtes, quoique vassaux des comtes de Toulouse, agissaient souvent en souverains. Les comtes de Foix, inférieurs aux Traincavels pour l'étendue de leurs domaines, leur étaient supérieurs par les dignités.

Les comtes de Melgueil exerçaient une grande autorité dans le diocèse de Maguelonne, aujourd'hui Montpellier. Puis venaient les comtes d'Auvergne, qui possédaient le Vélay ; les comtes de Vienne, dont la domination s'étendait dans le Vivarais ; enfin les comtes de Comminges. Après ces maisons comtales, l'une des plus distinguées était celle des vicomtes de Narbonne, puis les vicomtes de Toulouse, de Polignac, de Lautrec, etc. On doit citer ensuite les seigneurs de Montpellier, d'Uzès, d'Alais, de Lunel, de Lille-Jourdain ; enfin plusieurs archevêques, évêques et seigneurs ecclésiastiques, qui avaient des domaines particuliers.

La suzeraineté de Guillaume IV et de Raymond de Saint-Gilles sur tous ces comtés, vicomtés et seigneuries, est l'époque de l'agrandissement remarquable de leur maison.

Guillaume IV perdit en 1080 sa femme Mathilde, dont il avait eu deux fils et une fille. Il se remaria à Emme, fille de Mortaing de Normandie. A la même époque, Raymond de Saint-Gilles perdit aussi sa femme, pour laquelle il avait bravé deux excommunications. Il en avait eu un fils, nommé Bertrand, dont la légitimité fut d'abord discutée, parce qu'il était né lorsque son père était sous le poids de l'excommunication ; il fut cependant considéré comme légitime à raison de l'usage établi, dans ce siècle, parmi les princes, les grands et les simples gentilshommes, d'épouser leurs parentes sans que cela empêchât les enfants nés de ces mariages de succéder aux domaines de leurs pères. Cet usage subsista jusqu'à Grégoire VII, qui parvint enfin à l'abolir et à faire prévaloir la discipline de l'Eglise au sujet des mariages.

Raymond de Saint-Gilles, devenu veuf, épousa Mathilde, fille de Roger, comte de Sicile, prince normand, et frère du fameux Robert Guiscard. La réputation que s'était acquise Robert par ses exploits fut le motif qui engagea Raymond à lui demander sa nièce, qui était d'une beauté remarquable. Il fit voile pour la Sicile, et, après la célébration du mariage, il ramena sa femme, comblée de présents magnifiques, sur une flotte que Robert avait fait équiper exprès pour la princesse. Cette union réconcilia Raymond avec le saint-père.

Un événement inattendu vint bientôt augmenter la puissance de Raymond. Guillaume IV, après avoir perdu son second fils, vit aussi mourir son fils aîné Pons. Ces deux princes furent inhumés en un même tombeau dans l'église de Saint-Sernin de Toulouse. Il ne restait à Guillaume qu'une fille, nommée Philippe ou Mahaud ; il la maria vers l'an 1086 à Sanche, roi d'Aragon et de Navarre. Guillaume IV, privé de ses deux enfants mâles, appela à sa succession Raymond, son frère, et lui céda ou lui vendit de son vivant le comté de Toulouse et tous ses autres domaines. Depuis ce moment, il fut peu question de Guillaume IV ; il mourut en 1093 à Jérusalem, où il était allé faire un pèlerinage, dévotion fort en usage à cette époque.

On ne retrouve à Toulouse aucun vestige de son tombeau. Peu de temps avant sa mort, il avait demandé et obtenu du pape la permission de faire construire un cimetière pour lui et sa postérité près de l'église de Notre-Dame de la Dorade, pour laquelle il avait une grande dévotion. La sépulture des comtes de Toulouse, qui jusqu'alors avait été renfermée à Saint-Sernin, fut, après Guillaume IV, transférée au cimetière de la Dorade, qui existe encore aujourd'hui.

Guillaume IV fut un prince pacifique; il avait un grand fond de piété et de justice; ses libéralités envers les églises, les pauvres et les hôpitaux, le zèle qu'il fit paraître dans toutes les occasions pour la réforme du clergé de ses Etats, l'abandon qu'il fit aux églises des droits que ses prédécesseurs s'étaient attribués sur elles, et les vertus qu'il ne cessa d'exercer lui méritèrent le titre de *très-chrétien* que les auteurs lui donnent généralement.

Tous les domaines de la province furent possédés, durant le xie siècle, par les grands vassaux ou feudataires, dont l'autorité, déjà si grande à l'avénement de Hugues Capet, se maintint et s'accrut tellement pendant ce siècle, que si le règne de nos rois n'était pas marqué dans les chartes, on saurait à peine s'ils avaient conservé quelque souveraineté sur ces pays. Un des premiers droits dont jouissaient les seigneurs de la province à cette époque, c'était celui de faire battre monnaie. Ils pouvaient aussi rendre la justice en leur nom.

L'usage était déjà reçu en Languedoc, avant la fin du xie siècle, de ne commencer l'année qu'à Pâques; mais cette habitude n'était pas générale; on trouve des preuves que pendant ce siècle on comptait indifféremment le commencement de l'année depuis la Nativité de Notre-Seigneur Jésus-Christ et du 1er janvier, ou depuis l'Incarnation et le jour de Pâques. Cette dissidence pendant un si long intervalle est cause que les auteurs des chroniques de ce temps-là ne sont pas uniformes pour la chronologie.

Les historiens de cette époque disent que les peuples de la province étaient moins belliqueux que les Français, mais plus laborieux et plus économes. Ils ajoutent qu'ils négligeaient les ornements extérieurs du corps, mais prenaient un soin tout particulier de leurs chevaux et de leurs équipages.

CHAPITRE X.

Raymond de Saint-Gilles.

Aussitôt après la cession que Guillaume IV fit de ses domaines en faveur de Raymond, celui-ci se qualifia du titre de comte de Toulouse et de Narbonne. Les Toulousains firent d'abord quelques difficultés pour reconnaître son autorité : ils étaient poussés par les intrigues du roi d'Aragon, qui voulait faire revivre les prétentions et les droits de Philippe, sa femme, fille de Guillaume IV. Effrayé de la lutte qu'il aurait à soutenir contre un roi plus puissant que lui, Raymond eut recours à saint Robert, qu'il vénérait tout particulièrement. Il se rendit à l'abbaye de la Chaise-Dieu, où se trouvait le tombeau de ce saint ; il le pria avec ferveur, fit célébrer une messe, prit son épée sur l'autel et protesta qu'il ne tiendrait *son comté de Toulouse* que de saint Robert, si Dieu lui faisait la grâce de le conserver par son intercession. Ses prières furent exaucées ; à peine eut-il quitté la Chaise-Dieu, que tous les seigneurs du pays accoururent pour lui rendre hommage et le reconnurent unanimement à Toulouse et dans toutes les provinces dont il devait hériter en vertu de son droit paternel. Raymond reconnaissant conserva toujours une grande vénération pour saint Robert.

Peu de temps après, Sanche d'Aragon mourut au siége d'Huesca (1094). Philippe, sa femme, ne tarda pas à épouser Guillaume IX, comte de Poitiers et duc d'Aquitaine. Cette princesse, ainsi que sa mère, est souvent désignée sous le nom de Mahaud.

Raymond de Saint-Gilles, après avoir pris possession du comté de Toulouse, maintint toujours sa résidence ordinaire sur les bords du Rhône, à cause des grands domaines qu'il possédait de ce côté-là. Ayant perdu sa seconde femme, Mathilde de Sicile, il épousa en troisièmes noces Elvire, fille d'Alphonse VI, roi de Léon et de Castille. Ce prince la lui donna en reconnaissance des services qu'il en avait reçus durant les guerres contre les Maures. Les rois d'Espagne avaient souvent recours aux Français pour les aider à combattre les infidèles. Alphonse avait appelé Raymond, dont les vastes Etats étaient limitrophes de l'Espagne, et dont la valeur était bien connue. Ce prince se joignit à Henri de Bourgogne, et vainquit les Sarrasins. Henri reçut en récompense le Portugal, et Raymond, la Galice et la main d'Elvire (1094). Par cette alliance avec le roi de Castille, Raymond assura la paix dans ses provinces frontières de l'Espagne et se ménagea un secours puissant contre les prétentions que pourrait encore élever Philippe sa nièce.

L'année suivante, Raymond maria en secondes noces son fils Bertrand à Hélène de Bourgogne.

On était arrivé à l'époque où l'Europe entière allait s'ébranler à la voix de Pierre l'Ermite et d'Urbain II et se jeter sur l'Orient pour voler à la délivrance du saint sépulcre. Raymond de Saint-Gilles fut un des héros de la première croisade. Nous le suivrons en terre sainte, où se résume toute la gloire de son règne et où il mourut.

Le concile de Clermont se tint en 1095. Adémar, évêque du Puy, y fut reconnu légat du saint-siége. Raymond de Saint-Gilles envoya des ambassadeurs chargés de déclarer que lui et un grand nombre de chevaliers ses vassaux avaient pris la croix ; qu'il était prêt à faire part de ses richesses à ceux qui n'avaient pas de bien, et qu'il ne refusait ni son secours ni ses conseils à aucun de ceux qui viendraient s'engager dans cette expédition lointaine. La piété fut le seul motif qui le détermina à se croiser. Ce qui le prouve, c'est qu'il fit vœu de ne pas revenir dans sa patrie et d'employer le reste de ses jours à combattre les infidèles. Il observa religieusement cette promesse solennelle. Il fut le premier prince qui prit la croix ; son exemple en entraîna plusieurs autres, ainsi qu'un grand nombre de seigneurs.

Le pape, après la tenue du concile, parcourut toute la province du Languedoc et rentra en Italie, après avoir fixé le départ des croisés au 25 août 1096.

Les croisés de France, au nombre de trois cent mille, se partagèrent en trois corps, sous trois chefs différents : Godefroy de Bouillon, duc de la basse Lorraine, suivi de son frère Baudouin, se mit à la tête du premier corps, partit le 15 août, et se rendit à Constantinople par l'Allemagne et la Hongrie. Le second corps, sous la conduite de Robert, comte de Flandre, d'Hugues, comte de Vermandois, frère du roi Philippe, et de Robert, duc de Normandie, prit la route de l'Italie et de la Calabre, au mois de septembre. Enfin, le troisième corps suivit Raymond de Saint-Gilles, accompagné d'Adémar de Monteil. Ils ne se mirent en marche que vers la fin du mois d'octobre. Raymond de Saint-Gilles était le plus âgé de tous les princes croisés et ne le cédait à aucun pour la valeur et la magnificence. Mais quelque riche qu'il fût, il lui eût été impossible de suffire à des dépenses si considérables sans aliéner quelques provinces de ses domaines. Aussi, avant son départ, il engagea le comté de Cahors et celui de Rhodez. Il se prépara à son voyage par des actes de piété, alla à l'abbaye de la Chaise-Dieu pour implorer le secours de saint Robert, et demanda qu'on lui donnât la tasse dont ce saint s'était servi pendant sa vie ; l'ayant obtenue, il la porta toujours avec lui, ainsi que plusieurs autres reliques qu'il conservait dans sa chapelle.

Avant son départ, il laissa à Bertrand, son fils, l'administration de tous ses Etats, ou plutôt il s'en démit entièrement en sa faveur. Elvire de Castille, sa femme, le suivit dans son expédition et partagea courageusement avec lui tous les périls d'un si grand voyage. Elle emmena avec elle son fils unique. Ce jeune prince mourut sans doute pendant la croisade ; car il n'est plus parlé de lui.

Raymond alla se mettre à la tête des croisés, qui s'étaient rassemblés au nombre d'environ cent mille, tous Goths, Provençaux et Aquitains. Adémar, évêque du Puy, légat du saint-siège, le rejoignit et ne le quitta jamais, ainsi que Guillaume, évêque d'Orange et vice-légat. Les principaux seigneurs qui partirent avec lui furent Raimbaud, comte d'Orange ; Gaston, vicomte de Béarn ; Girard, fils de Guillabert, comte de Roussillon ; Guillaume, seigneur de Montpellier ; Guillaume, comte de Forez. Tous ces croisés, que commandait Raymond, furent désignés sous le nom général de Provençaux. La principale force de cette armée consistait, comme celle des autres corps, en une cavalerie parfaitement montée ; elle n'était composée que de nobles ou gentilshommes, qui combattaient toujours à cheval, armés de casques, de cuirasses, d'épées, de boucliers et de lances ; le reste formait l'infanterie, qui se servait d'arcs et de flèches.

Raymond, ayant réuni tout son corps d'armée, partit vers la fin d'octobre 1096, passa les Alpes et entra dans la Lombardie. Après avoir traversé l'Italie, il prit la route de la Dalmatie. Cette province était habitée par des peuples à demi barbares, quoique chrétiens, qui s'occupaient plus de vols et de brigandages que de la culture des terres. Aussi Raymond y trouva-t-il bien difficilement des vivres, et y souffrit-il beaucoup. Ce ne fut qu'après une marche pénible de quarante jours qu'il sortit de la Dalmatie et arriva à Scutari, capitale de l'Esclavonie, dont le roi Bodin consentit, moyennant de riches présents, à lui accorder la permission d'acheter les provisions nécessaires à ses troupes. De là il se rendit à Duras, ville soumise à Alexis, empereur d'Orient.

Lorsque Raymond se vit dans les provinces de l'empire, il crut que sa marche n'éprouverait plus d'entraves. Il se trompait. Alexis avait été un des premiers à solliciter une croisade contre les Turcs ; mais les désordres qui étaient résultés de l'indiscipline des bandes conduites par Pierre l'Ermite et par Gautier-sans-Avoir, avaient produit une fâcheuse impression. Alexis ne pouvait, il est vrai, se plaindre des troupes de Godefroy et des autres seigneurs ; cependant, en voyant cette multitude innombrable de croisés dans son empire, il trembla pour son trône et se repentit de les y avoir appelés. L'approche de Raymond de Saint-Gilles augmenta ses alarmes. Il savait que ce prince était très-aimé des siens, et qu'avec son armée il pourrait tout entreprendre. Il résolut donc de lui témoigner extérieurement beaucoup de bienveillance, mais il chercha en secret le moyen de détruire ses forces. Il lui envoya des ambassadeurs pour l'engager à se hâter d'arriver à Constantinople, afin de délibérer avec les autres chefs de la croisade sur les préparatifs de la campagne ; il l'assurait qu'on ne conclurait rien sans sa participation.

Raymond laissa le commandement de son armée à Adémar et se rendit à Constantinople. L'empereur le reçut avec les plus grandes démonstrations d'amitié et lui fit rendre les honneurs dus à son rang ; puis il lui demanda de lui prêter serment de fidélité à l'exemple des autres princes croisés. Le comte répondit « qu'il était venu pour servir et reconnaître uniquement pour son seigneur Celui pour la gloire duquel il avait abandonné sa patrie et ses Etats ; qu'au reste, si l'empereur voulait se mettre à la tête des croisés, il servirait volontiers sous ses enseignes avec son armée. »

Alexis, peu satisfait de cette réponse, s'excusa de se mettre en campagne, sous le prétexte qu'il avait à craindre quelque invasion de la part des Allemands et des Hongrois ; et pour obliger Raymond à prêter le serment qu'il lui demandait, il ordonna secrètement à ses troupes d'attaquer celles du comte. Les croisés, surpris, furent mis en déroute et essuyèrent des pertes assez graves. Raymond, en apprenant cette perfidie, voulut user de représailles. Il fallut toute l'autorité de Godefroy pour le convaincre qu'il serait imprudent de se mettre en guerre avec les Grecs avant d'avoir combattu les Turcs. Raymond consentit, bien malgré lui, à recevoir les excuses hypocrites d'Alexis, lequel déclara publiquement qu'il regrettait sincèrement ce qui s'était passé, que c'était à son insu que les désordres avaient eu lieu, et qu'il réparerait les dommages que ses troupes avaient causés.

Le comte, quoique bien persuadé de la perfidie de l'empereur, se contenta de cette réparation. Toutefois, lorsque Alexis demanda de nouveau le serment de fidélité, Raymond persista dans son refus. Il consentit bien à faire le serment de « conserver à l'empereur la vie et l'honneur et de ne pas souffrir que personne la lui ôtât. » Mais quant à lui rendre hommage, il ajouta fièrement qu'on ne l'y obligerait jamais et qu'on lui couperait plutôt la tête. Alexis fut obligé de se contenter des promesses de Raymond, que ce prince tint, du reste, très-religieusement.

Les croisés partirent enfin de Constantinople et se dirigèrent vers Nicée. Le siége de cette ville durait depuis un mois sans que l'attaque parût avancer. Raymond trouva le moyen d'abattre une tour qui défendait la ville, combla les fossés et livra un assaut définitif. Les assiégés, se voyant hors d'état de résister, se rendirent en 1097. Alexis s'appropria cette conquête.

La bataille de Dorylée fournit bientôt à Raymond l'occasion de se distinguer ; ce fut son corps d'armée qui décida de la victoire par sa valeur et qui mit les infidèles en fuite, en les forçant d'abandonner leur camp.

Les croisés, poursuivant leur marche, allèrent assiéger Antioche. La force de cette place et la nombreuse garnison qui la défendait les arrêtèrent plus longtemps qu'on ne l'avait supposé. Le comte de Toulouse n'épargna ni fatigues ni dépenses pour faire avancer les travaux du siége. Pendant qu'ils le poursuivaient, ses soldats eurent des démêlés avec ceux de Bohémond au sujet d'un partage de vivres. On en vint aux mains ; il y eut des tués et des blessés de part et d'autre, et ce ne fut qu'à la pointe de l'épée que chacun emporta dans son quartier sa part de subsistance. Les deux princes, avertis de ce qui se passait, ne cherchèrent pas à apaiser l'animosité ; ils se contentèrent de défendre à leurs soldats de se battre dans le camp, leur laissant la facilité de vider leurs querelles à quelque distance, lorsqu'ils en trouveraient l'occasion. Aussi vit-on souvent les Provençaux et les Italiens se livrer des combats particuliers, sans que personne eût le droit de les arrêter. Ces fâcheuses dissensions entraînèrent des divisions dans presque toute l'armée. Chaque nation se déclara en faveur du parti avec lequel elle avait le plus de rapports et de sympathies.

Les opérations se poursuivaient toujours. Raymond payait de sa personne ; il ne se passait pas de jours qu'il ne combattît et ne donnât des preuves de sa valeur. Il y avait sept mois que durait ce siége, et l'on n'était guère plus avancé que le premier jour, lorsque Bohémond parvint enfin à se ménager des intelligences secrètes avec un des principaux de la ville, qui offrit de lui en ouvrir les portes. Avant de profiter de cette offre, ce prince ambitieux voulut prendre des mesures pour s'assurer la propriété de sa conquête. Il mit d'abord l'évêque du Puy dans ses intérêts et lui confia son secret.

Ce prélat rassembla tous les généraux, leur fit part d'un projet de Bohémond et leur déclara que ce prince se chargeait de le mettre à exécution, à condition qu'il demeurerait seul maître de la place. Les princes consentirent avec peine à cette condition ; mais le comte de Toulouse déclara formellement qu'il ne céderait à personne la part qu'il avait le droit d'exiger, si l'on prenait Antioche. Cette déclaration retarda l'exécution du projet de Bohémond. Néanmoins, la nouvelle étant arrivée au camp qu'une armée formidable s'avançait au secours de la place, ce prince se hâta de profiter de l'intelligence qu'il s'était ménagée pour pénétrer dans la ville. Les chrétiens y entrèrent le 3 juin 1098.

Les Turcs étaient encore maîtres du château, forteresse importante ; une armée nombreuse arriva à leur secours, et les chrétiens, presque enveloppés de toutes parts, se trouvèrent dans une situation très-critique. Une terreur panique s'empara d'eux, et il y eut beaucoup de désertions, que l'évêque du Puy et Godefroy eurent bien de la peine à arrêter. Un événement inattendu vint tout à coup ranimer le courage des troupes et contribuer à leur salut.

Un prêtre provençal, nommé Pierre Barthélemi, vint trouver le comte Raymond, l'évêque du Puy et Pierre-Raymond de Hautpoul, et les assura qu'il avait reçu par révélation l'ordre de les assembler tous les trois et de les avertir que le fer de la lance qui avait percé le côté de Notre-Seigneur était enfoui dans un coin de l'église Saint-Pierre d'Antioche, qu'il indiqua. L'évêque du Puy refusa d'abord de croire aux paroles de cet homme ; mais le comte, pensant que la chose n'était pas impossible, fit examiner et interroger Pierre Barthélemi. L'examen eut pour résultat que les chefs de la croisade décidèrent qu'il fallait fouiller dans l'endroit désigné.

On se mit à l'œuvre en présence de douze témoins, parmi lesquels se trouvait le comte de Toulouse. Après avoir creusé pendant une journée entière, la lance fut enfin trouvée ; elle fut remise à Raymond, qui la plaça dans sa chapelle. On lui en confia la garde, avec la permission de la porter dans les combats, préférablement à tous les autres princes, parce qu'il était celui dont les mœurs étaient les plus pures.

L'invention de cette relique est ainsi racontée par un historien témoin oculaire et attestée par beaucoup d'autres. Quelques-uns prétendent que ce ne fut qu'une imposture, dans laquelle ils accusent le comte de Toulouse d'avoir trempé. Cette accusation n'a pu être portée que par des ennemis de Raymond ; car, en admettant que ce fût une supercherie de la part de ceux qui affirmèrent avoir eu des révélations, il faut reconnaître que Raymond ne pourrait être accusé que de trop de crédulité. Ce qu'il y a de certain, c'est que l'invention de cette relique fut le salut des croisés. Ranimés par cette découverte, qu'ils crurent un secours envoyé du ciel, ils firent le serment de ne se séparer qu'après avoir délivré le saint sépulcre des mains des infidèles.

Les croisés, dans leur ardeur, attaquèrent d'abord l'armée qui venait au secours de la forteresse, obligèrent les Sarrasins à prendre la fuite et s'emparèrent de leur camp. On remarqua pendant l'action que les troupes commandées par l'évêque du Puy, bien qu'elles eussent plus d'ennemis à combattre que les autres, n'eurent pas un soldat tué ni blessé, miracle qui fut attribué au fer de la lance que le comte de Toulouse portait dans ses mains.

Après cette victoire, les croisés rentrèrent dans Antioche, chargés des dépouilles de leurs ennemis. Le gouverneur, voyant qu'il ne pouvait plus tenir, résolut de se rendre. Il avait dans sa garnison quelques soldats du comte Raymond, qui, pressés par la famine, s'étaient réfugiés dans son camp et avaient eu le malheur d'embrasser le mahométisme. Il leur demanda quel était celui d'entre les princes croisés auquel il pouvait le plus se fier. Ces apostats répondirent que c'était sans contredit le comte Raymond, le plus distingué de tous. Sur cette réponse, le gouverneur fit demander à ce prince son drapeau, qu'il arbora sur le donjon de la forteresse. Mais Bohémond, jaloux de cet honneur, le fit enlever pour y substituer le sien ; il s'empara des tours du château, en chassa les troupes du comte de Toulouse, et celles de tous les autres chefs qui s'y trouvaient. Il prit pour prétexte de sa conduite le serment fait par lui au Turc qui lui avait livré la ville de n'en céder la possession à personne. Quelques-uns voulurent dissimuler ce coup d'autorité de Bohémond, qui demanda immédiatement à Raymond, à Godefroy et à l'évêque du Puy de lui remettre les tours et les portes d'Antioche qu'ils gardaient depuis la prise de cette ville. Les deux derniers cédèrent leurs portes, mais Raymond résista. Bohémond, pour l'obliger à céder, eut recours aux prières, aux promesses, aux menaces même ; mais le comte de Toulouse fut inflexible et garda toujours la porte du Pont avec les tours voisines ; ce qui augmenta de plus en plus la division qui régnait déjà entre ces deux princes.

La peste éclata à Antioche. Une des premières victimes fut l'évêque du Puy, Adémar. Ce prélat fut regretté de tous les croisés, dont il était également aimé et respecté. Sa perte fut d'autant plus à déplorer, qu'il aurait pu, tant par l'autorité que sa vertu lui avait acquise que par la sagesse de ses conseils, concilier des princes qui étaient pour la plupart divisés entre eux et les engager à mieux profiter de leurs victoires. Il les rassembla autour de son lit de mort et les exhorta à la soumission et à la concorde, puis il recommanda sa famille au comte de Toulouse. Toute l'armée assista à ses obsèques dans la cathédrale de Saint-Pierre, où il fut inhumé. Tous les historiens qui ont écrit sur la première croisade font un grand éloge d'Adémar, qu'on croit l'auteur de l'antienne *Salve, Regina*. Pour honorer sa mémoire, les évêques du Puy, ses successeurs, ont mis dans leurs armes une épée d'un côté, et le bâton pastoral de l'autre.

Pierre-Raymond de Hautpoul mourut aussi vers le même temps à Antioche ; il s'était distingué par sa valeur pendant le siége de cette ville.

Après la prise d'Antioche, Raymond de Saint-Gilles ne resta pas oisif ; il fit plusieurs expéditions dans les environs, prit Rugia et Barbara, ville très-forte ; il l'unit à son domaine et y établit un évêque latin. Il fit ensuite le siége de Marra, dont il s'empara, et celui d'Archus, qu'il ne put achever à raison de la division qui existait entre plusieurs princes de la croisade. Bohémond persistait à vouloir que Raymond lui abandonnât la portion d'Antioche qu'il s'était réservée ; mais le comte de Toulouse restait inflexible dans sa résolution. Tancrède, que Bohémond était parvenu à irriter contre Raymond, s'était déclaré l'ennemi de ce prince, qu'il chercha à noircir dans plusieurs occasions par de fausses accusations sur sa conduite et ses opérations militaires.

Il s'éleva aussi dans le même temps une querelle qui fut un nouveau sujet de discorde entre les croisés. Arnoul, chapelain du duc de Normandie, homme de lettres, mais de mauvaises mœurs, publiait partout que la lance qu'on prétendait avoir trouvée à Antioche n'était pas celle de Notre-Seigneur; que c'était une supercherie du comte de Toulouse, cherchant à s'enrichir par les offrandes que les peuples faisaient en l'honneur de cette relique. Pierre Barthélemi, qui l'avait trouvée, offrit de s'exposer à l'épreuve du feu, pour en soutenir la vérité. Il jeûna pendant trois jours; les évêques, ayant béni, le vendredi saint 8 avril 1099, un grand bûcher préparé au milieu du camp d'Archus, y mirent le feu; en présence de toute l'armée attentive à ce spectacle, Barthélemi, n'ayant sur lui qu'une chemise, et tenant la lance entre ses mains, se précipita à travers le brasier et en sortit sans avoir été atteint par les flammes. A la vue d'un tel miracle, le peuple se jeta aux genoux de Barthélemi, ne sachant comment lui témoigner son repentir et sa vénération. Mais Barthélemi étant mort douze jours après, ses ennemis attribuèrent sa fin à l'action du feu. Chacun persista dans sa manière de voir, et les avis restèrent partagés sur l'authenticité de cette relique. Raymond conserva précieusement cette lance, et la porta toujours avec lui. Il la perdit vers la fin de la croisade, on ne sait par quel accident.

CHAPITRE XI.

Mort de Raymond en Palestine.

Les croisés se mirent en marche pour Jérusalem. Ils arrivèrent devant cette ville le 7 juin 1099 et en firent le siége. Ils rencontrèrent d'abord une vive résistance pendant un mois. Le jour pour donner l'assaut fut enfin fixé. Mais les évêques, alarmés des désordres qui régnaient entre plusieurs princes chrétiens, cherchèrent d'abord à les réconcilier, pour ne pas attirer sur l'armée la colère de Dieu. On ordonna un jeûne général, et le vendredi suivant on fit une procession solennelle à laquelle tous les croisés assistèrent nu-pieds. Ils se rendirent à la montagne des Oliviers, où Pierre l'Ermite et Arnoul, chapelain de Normandie, firent une touchante exhortation. Tous les princes attendris se réconcilièrent et s'embrassèrent fraternellement. La ville fut attaquée ; pendant plusieurs jours, le choc fut terrible ; enfin, le 23 juillet, à trois heures après midi, les croisés entrèrent dans Jérusalem. Le comte de Toulouse y pénétrait par une porte, tandis que Godefroy y entrait par une autre. Raymond reçut la soumission du commandant de la tour de David, qui servait de forteresse à la ville et où s'étaient réfugiés les derniers défenseurs de l'islamisme. Cette victoire fut malheureusement souillée par d'horribles massacres que la piété et la douceur de Godefroy de Bouillon ne purent empêcher.

Huit jours après, les princes s'assemblèrent pour élire l'un d'entre eux roi de Jérusalem. Les services éminents que le comte de Toulouse avait rendus et les grandes dépenses qu'il avait faites pour cette expédition, portèrent la plupart des chefs à lui offrir la couronne de Jérusalem, avec la garde du saint sépulcre ; mais il refusa généreusement cet honneur, en déclarant qu'il s'en trouvait indigne. Godefroy fut alors nommé roi. Ce prince demanda à Raymond de lui remettre la tour de David. Le comte de Toulouse refusa, en disant qu'il voulait rester à Jérusalem jusqu'à Pâques, et qu'il désirait conserver cette position qui lui appartenait légitimement. Godefroy insista, voulant être le seul maître de la ville. Au milieu de ces débats, toujours fâcheux pour la sainte cause, les princes se déclarèrent, les uns pour Godefroy, les autres pour Raymond. Celui-ci fut obligé de céder ; irrité de ce qu'il appelait une injustice, il quitta Jérusalem et fit un voyage sur les bords du Jourdain. Il ne tarda pas cependant à revenir pour prendre part à une expédition qui se préparait.

A la nouvelle de la prise de la ville sainte, le soudan d'Egypte avait fait marcher une armée formidable dans le dessein de la reprendre. Raymond se joignit à ses anciens compagnons d'armes pour repousser les infidèles, qui s'étaient déjà avancés jusqu'à Ascalon, à une journée et demie de Jérusalem. Les deux armées se rencontrèrent dans la plaine des Philistins. Les musulmans ne purent soutenir le choc des chrétiens ; cent mille d'entre eux restèrent sur le champ de bataille ; les autres n'échappèrent à la mort que par une fuite précipitée. Le comte de Toulouse se distingua dans cette action, et il y fit des prodiges de valeur. Les Ascalonites, voyant la fureur avec laquelle il combattait, et craignant pour leur cité le même sort que les croisés avaient fait éprouver aux villes conquises, lui envoyèrent demander son étendard pour l'arborer sur leurs murs. Ils promettaient de ne se rendre qu'à lui, parce qu'ils le reconnaissaient pour le plus puissant de tous les princes, et qu'ils savaient avec quelle générosité il avait traité le gouverneur de la tour de David. Raymond accepta leur offre et leur envoya son porte-enseigne ; puis il assembla ses compagnons d'armes, leur dit que les Ascalonites étaient disposés à lui ouvrir leurs portes, et à quelles conditions ; qu'il n'avait plus besoin dès lors que du consentement des chefs.

Godefroy répondit : « A Dieu ne plaise que j'accorde le domaine d'Ascalon à personne ! Je vais l'assiéger moi-même, et m'en rendre maître ; il est voisin de celui de Jérusalem et doit en dépendre. » En vain le duc de Normandie, le comte de Flandre et les autres princes firent des observations à Godefroy. Celui-ci persista dans ses idées. Mais il eut à supporter les conséquences de son refus : Raymond se retira. Privé de son appui, le roi fut obligé de lever le siége d'Ascalon, et cette ancienne capitale des Philistins ne fut jamais soumise, ni par lui ni par ses successeurs, malgré les entreprises des croisés et les pertes qu'ils essuyèrent devant cette ville.

Il semblait que tous les chefs des croisés se plussent les uns après les autres à susciter à Raymond des sujets de querelles et d'humiliation. Il soutint toutes ces épreuves avec fermeté, sans se décourager ni perdre de vue le but qu'il s'était proposé et auquel il avait consacré toute son existence. On l'accusa quelquefois d'avoir eu l'ambition de se créer une principauté en Orient. S'il en eut réellement la pensée, il y avait au moins autant de droits que Bohémond, Tancrède, Godefroy et Baudouin, qui ne négligèrent aucune occasion d'établir et d'étendre leur domination dans les pays conquis. De plus, Raymond s'était engagé par vœu à ne plus retourner en Europe et à employer le reste de ses jours à faire la guerre aux infidèles ; ce que les autres princes n'avaient pas fait. Et en considérant sa naissance, son âge, ses exploits, son empressement à se croiser, les grandes dépenses qu'il avait faites pour soutenir la croisade, on conviendra que ce n'était pas trop de sa part de demander, pour assurer son existence indépendante, la possession d'une petite ville, lui qui n'avait pas hésité à abandonner ses riches provinces pour embrasser la cause de Jésus-Christ.

Après l'expédition d'Ascalon, le duc de Normandie, le comte de Flandre, et presque tous les croisés, quittèrent Jérusalem pour retourner en Europe et laissèrent Godefroy réduit à ses seules forces et à celles de Tancrède, qui ne l'abandonna jamais. Le comte de Toulouse ne quitta pas la terre sainte ; mais il s'éloigna de Jérusalem et alla à Laodicée, qui appartenait à l'empereur Alexis.

Pendant que Raymond combattait les infidèles, Guillaume, comte de Poitiers et duc d'Aquitaine, profita de son absence pour s'emparer du comté de Toulouse, en faisant de nouveau valoir les prétendus droits de sa femme Philippe. Bertrand, fils de Raymond, fut obligé de lui céder Toulouse ; mais il put se maintenir dans les autres domaines que lui avait laissés son père.

Guillaume était déjà en possession de Toulouse lorsqu'on apprit la prise de

Jérusalem. Le bruit du succès de la croisade excita en France une noble émulation parmi les princes et les seigneurs qui ne s'étaient pas trouvés à cette glorieuse expédition. Plusieurs d'entre eux résolurent de faire le voyage d'Orient, soit pour aller prendre part aux nouvelles entreprises, soit pour visiter le saint sépulcre. Guillaume IX fut de ce nombre : après avoir possédé pendant trois ans le comté de Toulouse, il se décida à le rendre à Bertrand, son maître légitime, bien qu'il eût lui-même deux fils, Guillaume et Raymond. Sa conscience l'obligeait à faire cette restitution, avant d'entreprendre le voyage de la terre sainte, pour éviter l'excommunication que le concile de Clermont lançait contre tous ceux qui se saisissaient, sous quelque prétexte que ce fût, des biens des croisés. Le pape et le concile avaient pris sous leur protection les propriétés des princes absents. Guillaume quitta Toulouse en 1100 et prit la croix à Limoges avec un grand nombre de vassaux. Bertrand fut alors reconnu de nouveau comte de Toulouse et de Rouergue.

Pendant ces événements, Raymond de Saint-Gilles, toujours campé à Laodicée, faisait de temps en temps quelques excursions. Il s'empara de deux villes voisines, Maraclée et Valensa, qu'il emporta sans coup férir ; puis, laissant la garde de Laodicée aux impériaux, il s'approcha de Tripoli, dans le dessein d'en faire le siége. Il se retrancha sur une hauteur qui faisait partie du mont Liban, et qui dominait la ville à une distance de deux milles. Il fit construire dans ce lieu une forteresse, qui devint ensuite une ville et à laquelle il donna le nom de *Montpèlerin*, ou mont des Pèlerins, parce qu'elle était destinée à leur servir d'asile et de retraite.

Tandis que Raymond était occupé devant Tripoli, Bohémond, mécontent de ce que Laodicée restait aux impériaux, envoya un corps d'armée, sous le commandement de son neveu Tancrède, pour assiéger cette ville. Raymond, indigné de ce procédé, se rendit aussitôt au camp de Tancrède et fit tous ses efforts pour lui persuader d'abandonner une entreprise si peu honorable. Il ne put rien gagner, et Tancrède continua le siége de Laodicée. Le duc de Tzintziluca, qui commandait dans cette ville au nom de l'empereur, soutint le siége pendant dix-huit mois ; mais n'ayant plus de quoi subsister, il fut obligé de se rendre (1102).

Raymond, de son côté, continuait à menacer la garnison de Tripoli. Les assiégés attaquèrent plusieurs fois le château de Montpèlerin, mais sans succès. Sur ces entrefaites, mourut Godefroy, le 8 juillet 1100. Les seigneurs offrirent de nouveau la couronne au comte de Toulouse, qui la refusa une seconde fois, pour ne pas en priver les héritiers légitimes du défunt. On élut roi Baudouin, prince d'Edesse, frère de Godefroy.

Raymond alla à Constantinople demander à l'empereur Alexis des secours pour continuer la guerre contre les infidèles, parce que les différents combats que lui avait livrés la garnison de Tripoli avaient beaucoup affaibli sa petite armée. Alexis n'avait eu qu'à se louer de la droiture du comte, qui dans toutes les occasions avait toujours soutenu ses intérêts ; aussi l'accueillit-il avec bienveillance et le retint-il à sa cour le plus longtemps qu'il put.

Pendant que Raymond était à Constantinople, cent mille croisés environ se dirigeaient vers la terre sainte. Ils demandèrent à Alexis un chef capable de les guider dans leur expédition. L'empereur, sachant qu'il ne pouvait pas faire un meilleur choix que le comte de Toulouse, le proposa aux croisés, qui l'acceptèrent avec joie. Raymond hésita d'abord à prendre le commandement de cette nouvelle milice ; mais, pressé de toutes parts, il céda. Il engagea les princes latins à prendre, comme ceux qui les avaient précédés, la voie de la mer et à aller à Jérusalem ; mais ceux-ci déclarèrent qu'ils voulaient se diriger immédiatement vers l'Asie-Mineure, pénétrer dans le Corozan, en assiéger la capitale et délivrer Bohémond, qui y était retenu prisonnier. En vain Raymond leur fit-il voir tout le danger d'une pareille entreprise, ils persistèrent dans leur dessein. Il n'en prit pas moins le commandement des troupes et suivit avec elles la route périlleuse dans laquelle elles s'engageaient.

Les prévisions de Raymond se réalisèrent. Les plus grands désastres assaillirent les croisés au milieu des déserts et des montagnes qu'ils eurent à traverser ; mourant de faim, épuisés de fatigues, attaqués par les infidèles, qui les massacraient impitoyablement, ils éprouvèrent des pertes considérables. Dans une rencontre entre les Turcs et les chrétiens, ces derniers eurent, dit-on, quarante mille hommes tués.

Après ce désastre, une si grande terreur s'empara de Raymond, qu'au milieu de la nuit, il ordonna aux troupes impériales et aux siennes de seller leurs chevaux, et prit aussitôt la fuite, abandonnant ainsi l'armée chrétienne aux conséquences de sa fatale imprudence. Cet acte a fait accuser Raymond de trahison et de lâcheté. Il ne mérite cependant pas ces reproches. Il n'avait pas engagé les croisés dans une route si dangereuse avec le dessein de les perdre ou de les abandonner. Loin de là, il s'était efforcé de les en détourner et avait partagé leurs périls. Il avait soutenu le feu pendant toute la journée et avait souvent exposé sa vie pour ranimer le courage des chrétiens; mais l'horreur que lui inspirait un tel carnage frappa son imagination d'une terreur panique, et il ne vit de salut pour son armée que dans la fuite. Il eût certainement été plus grand et plus généreux de sa part de soutenir et de défendre jusqu'à la dernière extrémité ses alliés; mais c'est une de ces taches dont la vie des plus grands hommes n'est pas toujours exempte. D'ailleurs, cette fuite de Raymond a même été contestée. Anne Comnène, fille d'Alexis, qui devait cependant être bien informée, ne dit rien de cette circonstance; ce qui pourrait la faire révoquer en doute.

Les chrétiens furent complétement dispersés.

D'autres croisés conduits par le comte de Nevers et ceux que Guillaume d'Aquitaine amena ensuite ne furent pas plus heureux. La plus grande partie périt sans avoir pu atteindre le but de son voyage.

Raymond revint à Constantinople et y resta quelques moments; puis il s'embarqua pour la Syrie. A peine était-il en mer, qu'il fut assailli par une tempête qui le força de relâcher à Tharse en Cilicie, alors au pouvoir de Tancrède, son ennemi déclaré. Bernard l'Etranger gouvernait cette cité en l'absence de ce prince, qui commandait à Antioche pendant la captivité de Bohémond, son oncle. Bernard s'assura d'abord de la personne de Raymond et donna avis de son arrivée à Tancrède, qui le fit venir à Antioche et le fit enfermer dans une étroite prison, sous prétexte qu'il était la cause de la défaite des croisés. Plusieurs princes et prélats qui étaient alors à Antioche, indignés de la conduite de Tancrède, élevèrent des plaintes très-vives et réclamèrent la délivrance de Raymond. Tancrède ne céda qu'après avoir exigé de son prisonnier un serment par lequel il promettait de ne pas étendre ses conquêtes du côté de Ptolemaïs

Raymond, rendu à la liberté, alla faire le siège de Tortose, que les infidèles avaient repris. Maître de cette ville, il revint au Montpèlerin, où il retrouva la comtesse sa femme. Il reprit de nouveau le siége de Tripoli; mais les pertes qu'il essuyait ayant beaucoup affaibli ses forces, il conclut une trêve de sept ans avec les habitants. Peu de temps après, ayant surpris dans le château de Montpèlerin un habitant de Tripoli qui portait sous ses vêtements un poignard empoisonné pour l'assassiner, il rompit la trêve et recommença les hostilités. Toutes ses tentatives contre cette ville furent cependant sans résultat avantageux. Les assiégés avaient conservé des communications libres du côté de la mer, et ils recevaient par là tous les secours dont ils avaient besoin pour leur défense.

Les fatigues du siège et celles que Raymond avait supportées depuis plusieurs années en terre sainte altérèrent sa santé ; il tomba dangereusement malade au commencement de l'année 1105. Ne se faisant aucune illusion sur sa situation, il mit ordre aux affaires de sa conscience, à celles de sa famille, et n'oublia pas les intérêts de l'expédition dans laquelle il s'était engagé. Il fit venir Guillaume-Jourdain, son neveu, lui confia le commandement de son corps d'armée, lui laissa l'administration de toutes les places qu'il avait conquises, et en disposa en sa faveur comme d'un bien héréditaire. Ces villes étaient au nombre de quatre : Archos, Giblet, Tortose et Tripoli, et de plus le Montpèlerin qu'il avait construit. Il ordonna à Albert, moine de la Chaise-Dieu, qu'il avait nommé à l'évêché de Tripoli, de rapporter dans cette abbaye, à laquelle il fit des présents magnifiques, la tasse de saint Robert qu'il avait prise à son départ pour la terre sainte et qu'il avait toujours portée avec lui. Ce prélat exécuta fidèlement sa dernière volonté et repassa la mer quelques années après pour retourner en Languedoc.

Raymond de Saint-Gilles mourut à soixante-quatre ans, le dernier jour de février de l'an 1105, dans le château de Montpèlerin, où il fut inhumé. Il paraît que son corps y est resté et n'a jamais été rapporté en France, comme l'ont dit quelques écrivains modernes.

Tous les historiens du temps font l'éloge de ce prince. Mais son plus grand admirateur est Guillaume de Tyr. Cet historien dit que c'était un véritable confesseur de Jésus-Christ, qui, à cinquante-cinq ans, abandonna richesses, puissance, patrie, famille, tout enfin, pour consacrer le reste de sa vie à une œuvre sainte, à la gloire de Dieu. On exalte avec raison la pureté de ses mœurs, sa candeur, sa sincérité, sa prudence, sa valeur, sa fermeté et sa patience dans les travaux de la guerre. Il était toujours le premier au travail et le dernier au repos. Le refus qu'il fit deux fois de la couronne de Jérusalem prouve sa modération et sa modestie. Il avait du génie, de l'ardeur et de la vivacité. Le sang méridional qui coulait dans ses veines le rendait quelquefois trop absolu et trop opiniâtre ; mais, malgré ce défaut, on peut dire qu'il avait toutes les qualités qui font un grand prince.

Raymond avait été marié trois fois et avait eu plusieurs fils et plusieurs filles. L'histoire n'a conservé que les noms de Bertrand, l'aîné, et d'Alphonse, fils de sa troisième femme. Bertrand succéda à son père dans le comté de Toulouse, le duché de Narbonne, les comtés de Rouergue, d'Albigeois et de Quercy, et le marquisat de Provence ; enfin, dans tous ses Etats qui s'étendaient depuis la

Garonne et les Pyrénées jusqu'aux Alpes, et dont il ne possédait presque rien à la mort du comte Pons, son père. Raymond avait réuni successivement à son comté tous ces grands domaines, par droit de succession. Il éleva sa maison à un degré de puissance qu'elle n'avait jamais eu et qu'elle ne sut pas conserver dans la suite.

Quant à Alphonse, surnommé Jourdain, parce qu'il était né sur les bords de ce fleuve, il avait à peine deux ans à la mort de son père. Il demeura encore quelque temps au château de Montpèlerin avec Elvire de Castille, sa mère, et sous la protection de Guillaume-Jourdain, comte de Cerdagne, son cousin, à qui Raymond avait laissé, comme nous l'avons dit, ses conquêtes de la terre sainte, jugeant ce prince capable de les défendre et de les continuer.

CHAPITRE XII.

Bertrand. — Alphonse-Jourdain.

Bertrand, après avoir recouvré son comté de Toulouse, lors du départ de Guillaume d'Aquitaine, jouissait paisiblement de ses Etats, lorsque son père Raymond mourut en terre sainte, en confirmant l'abandon qu'il lui avait fait de tous ses domaines en Occident. Peu d'années après, en 1107, Guillaume V, seigneur de Montpellier, ramena en France le jeune Alphonse-Jourdain, qui était resté au château de Montpèlerin. Sans doute, sa mère Elvire était morte ; car il n'est plus parlé de cette princesse. Bertrand donna à son jeune frère le comté de Rouergue, soit par acte de générosité de sa part, soit pour obéir à une disposition particulière faite par son père, avant sa mort. Quoi qu'il en soit, il fit cet abandon de bonne grâce, convaincu qu'Alphonse-Jourdain soutiendrait un jour la gloire de ses ancêtres.

De plus, Bertrand nourrissait intérieurement un grand projet qu'il ne tarda pas à mettre à exécution. L'exemple de son père l'engagea à consacrer aussi le reste de ses jours à faire la guerre aux infidèles. Il se prépara à partir pour la terre sainte. Laissant le gouvernement de ses Etats à Alphonse, son frère, ou plutôt à un conseil qu'il établit pour les administrer au nom de ce jeune prince, car il avait pris, comme son père, la résolution de s'établir en Orient, il se rendit à Saint-Gilles et se mit à la tête de son armée, composée de quatre mille chevaliers parfaitement équipés. Il emmenait avec lui Pons, son fils unique, âgé de dix à douze ans, et sa femme Hélène de Bourgogne. Il s'embarqua au commencement de mars 1109, traversa l'Italie et arriva dans les Etats de l'empereur Alexis. Celui-ci s'empressa de lui envoyer des ambassadeurs pour lui offrir un libre passage dans ses Etats. Bertrand, accompagné seulement de quelques personnes de sa suite, se rendit à la cour de Constantinople. Il y fut comblé de présents magnifiques, après qu'il eut prêté serment de fidélité à l'empereur. Il regagna ensuite sa flotte et fit voile vers Antioche, où Tancrède commandait en l'absence de Bohémond.

La première entrevue des princes fut polie et amicale. Mais Tancrède ne tarda pas à demander à Bertrand le sujet de son voyage. Ce dernier ne lui déguisa pas qu'il venait réclamer la partie d'Antioche qui avait appartenu à son père Raymond. Tancrède feignit d'écouter sa demande; toutefois, avant d'y satisfaire, il exigea de lui qu'il l'aidât à reprendre la ville de Mamistra en Cilicie, que les Arméniens avaient livrée depuis peu à l'empereur Alexis. Le comte, s'excusant sur le serment qu'il venait de prêter à ce prince, offrit d'aller assiéger Giblet, au pouvoir des Sarrasins. Tancrède, peu satisfait de cette réponse, persista à demander à Bertrand son secours pour le siège de Mamistra, et celui-ci s'obstina également dans son refus. Tancrède, irrité, lui ordonna avec menaces de se retirer au plus tôt de ses terres, et défendit qu'on lui fournît des vivres.

Bertrand, obligé de se rembarquer, fit voile pour Tortose, qui était au pouvoir de Guillaume-Jourdain. Ce prince faisait sa principale résidence au château de Montpèlerin. Conformément aux volontés de son oncle Raymond de Saint-Gilles, il avait continué le blocus de Tripoli; ce qui ne l'avait pas empêché d'entreprendre plusieurs autres expéditions aux environs, soit pour conserver les places dont Raymond lui avait confié la garde et qu'on appelait le pays de Calmota, soit pour étendre ses conquêtes.

La ville de Tortose ouvrit ses portes à Bertrand, qui y trouva tous les approvisionnements dont son armée avait besoin. Le lendemain, il envoya sommer le comte de Cerdagne de lui remettre le pays de Calmota, que son père avait conquis et dont il lui avait donné la garde. Guillaume-Jourdain répondit aux ambassadeurs de Bertrand qu'il n'avait rien à restituer, parce que Raymond, son oncle, lui avait légué, avant sa mort, toutes ses possessions, et qu'il n'avait cessé depuis quatre ans de les défendre au péril de sa vie et au prix de grands sacrifices. Prévoyant cependant les conséquences que pourrait entraîner son refus, il envoya demander du secours à Tancrède, en lui promettant de se reconnaître son vassal et de tenir de lui ses domaines.

Tancrède, qui, de son côté, craignait que Bertrand ne fît quelque entreprise sur ses Etats, s'unit à Guillaume et convint d'aller avec lui à Tortose pour en chasser le prince latin. Bertrand, prévenu de leurs desseins, se rembarqua. Il envoya offrir ses services à Baudouin Ier, roi de Jérusalem, et le pria de lui accorder sa protection contre Guillaume, qui, après avoir refusé de lui rendre les domaines de son père, s'était ligué contre lui avec Tancrède. Baudouin embrassa sa cause avec ardeur ; il somma les deux princes de rendre à Bertrand les pays qui devaient lui appartenir, et les menaça, en cas de refus, de les y contraindre par la force. En effet, Baudouin vint avec son armée joindre Bertrand, qui attaqua Tripoli. Tancrède et Guillaume, informés de leur approche, virent la nécessité d'en venir à un accommodement.

On convint que la ville de Tortose, la forteresse d'Archos et toutes les conquêtes que le comte de Cerdagne avait faites, lui resteraient, tandis que le château de Montpèlerin, les villes de Tripoli et de Giblet et leurs dépendances qui avaient été du domaine de Raymond de Saint-Gilles reviendraient à Bertrand. On ajouta que si l'un d'eux venait à mourir sans enfants, l'autre lui succéderait. Bertrand reçut ensuite du roi de Jérusalem l'investiture de ses Etats et lui rendit hommage comme à son suzerain. Le comte de Cerdagne, de son côté, se reconnut vassal de Tancrède.

La bonne intelligence ainsi rétablie, les princes réunirent leurs forces contre Tripoli, qui se rendit enfin au roi Baudouin et à Bertrand, le 10 juin 1109. Cette place forte, d'abord investie par Raymond de Saint-Gilles, tomba, après sept ans de siége, au pouvoir de son fils. Bertrand en fit encore hommage au roi de Jérusalem et prit le titre de comte de Tripoli, qu'il transmit à ses descendants.

Peu de jours après la prise de cette ville, Guillaume-Jourdain mourut sans postérité. Conformément au traité conclu, Bertrand lui succéda dans tous les domaines qu'il possédait en Orient. Son frère eut en partage ceux qu'il avait en Occident.

Bertrand aida le roi de Jérusalem contre les infidèles qui avaient tenté d'assiéger Edesse. Après cette expédition, il revint à Tripoli, où il fixa sa résidence.

A la mort de Bohémond, Tancrède, tout-puissant dans Antioche, en profita pour inquiéter Bertrand dans ses possessions. Ce prince, irrité de la conduite de Tancrède, prêta son aide à l'empereur Alexis, qui voulait tenter de remettre Antioche sous son obéissance. Bertrand se disposait même à prendre part à cette entreprise lorsqu'il mourut, en 1112, âgé environ de soixante-quatre ans. Il ne laissait qu'un fils, nommé Pons, qui ne lui succéda que dans ses Etats d'Orient où il l'avait suivi. Pons fixa son séjour dans le comté de Tripoli, qu'il transmit à ses descendants. Ainsi, la maison de Toulouse eut la gloire de donner en la personne des comtes de Tripoli des héros qui se rendirent célèbres en Orient par leurs exploits contre les infidèles. Pons ne songea pas à réclamer les domaines que son père avait possédés en Occident, et qui avaient été cédés à Alphonse-Jourdain avant le départ de Bertrand pour la terre sainte.

Le règne d'Alphonse ne commence en réalité qu'à la mort de Bertrand. Tandis qu'une portion de la noblesse languedocienne combattait les infidèles, l'autre était partagée entre le jeune Alphonse et l'ambitieux Guillaume IX, qui cherchait toujours à ressaisir le comté de Toulouse, bien qu'il eût renoncé aux prétendus droits de sa femme. Guillaume IX profita de la mort du comte Bertrand pour chercher querelle à Alphonse-Jourdain. Ce jeune prince ne put se défendre et fut dépouillé de son comté. Les circonstances de cette révolution sont peu connues ; on sait qu'elle s'effectua en 1114 et entraîna une grande effusion de sang, une partie des Toulousains s'étant vivement opposés à l'usurpation du comte de Poitiers. Il paraît même qu'ils supportèrent toujours impatiemment la domination de ce prince ; car, depuis la mort du comte Bertrand jusqu'à l'époque où Alphonse rentra en possession de ses Etats, à peine trouve-t-on quelques actes attestant l'autorité du comte Guillaume. On pense que les tuteurs du jeune Alphonse l'emmenèrent ou en Provence ou dans quelque domaine qui avait appartenu à Raymond de Saint-Gilles, son père.

Guillaume, après avoir envahi Toulouse, y fit sa résidence ordinaire. Peu de temps après, il fut excommunié par le pape Pascal II pour avoir persécuté l'évêque de Poitiers, qui lui reprochait sa vie scandaleuse. Il répudia sa femme Philippe, laquelle prit en 1116 l'habit de l'ordre de Fontevrault et mourut peu de temps après. Il épousa en troisièmes noces Hildegarde. La conduite de ce comte acheva de lui aliéner l'esprit des Toulousains, qui ne tardèrent pas à se soulever contre lui. En 1121, il fit un voyage en Poitou et passa les Pyrénées pour aller porter du secours au roi d'Aragon contre les Sarrasins. En partant de Toulouse, il y avait laissé un de ses capitaines, nommé Guillaume de Montmaurel, pour y commander en son nom. Les Toulousains le chassèrent de leur ville et reconnurent Alphonse pour leur comte. Le duc d'Aquitaine, informé de cette révolution, fit de vains efforts pour rentrer dans Toulouse. Il se ligua avec Raymond-Bérenger III, comte de Barcelone, qui avait quelques différends avec Alphonse-Jourdain.

Alors commença une lutte acharnée qui dura plusieurs années, et pendant laquelle Guillaume conserva encore quelque autorité dans la province. Mais en 1123 les peuples secouèrent entièrement son joug, et Alphonse resta paisible possesseur de tous ses fiefs. Il témoigna sa reconnaissance aux Toulousains en leur accordant de grands priviléges, puis il termina en 1125 les différends qu'il avait avec Raymond-Bérenger III, comte de Barcelone, au sujet de la Provence. Ces deux princes avaient également droit à cette province, leurs prédécesseurs l'ayant possédée ensemble. Pour vivre en paix, ils firent un partage : le comte Alphonse eut le château de Beaucaire, la terre d'Argence, toute la partie de la Provence qui se trouvait entre l'Isère et la Durance, et enfin le château de Valabrègues situé dans une île du Rhône, au-dessus de Beaucaire.

Après ce partage, Alphonse-Jourdain, alors âgé de vingt-deux ans, gouverna paisiblement ses Etats. La mort de Guillaume d'Aquitaine, arrivée en 1127, dissipa les dernières craintes que pouvaient lui faire éprouver les vues ambitieuses de ce prince. Guillaume IX avait de grands vices et de grandes qualités. Il était brave, spirituel, aimable, d'une conversation agréable ; il fut l'un des premiers inventeurs de la poésie provençale ; mais ses désordres déshonorent sa mémoire. Son fils aîné Guillaume X lui succéda dans le Poitou et l'Aquitaine.

A cette époque, les pèlerinages étaient fort en usage, surtout parmi les grands princes. Alphonse-Jourdain fit celui de Saint-Jacques en Galice, en 1125, en compagnie de l'évêque de Toulouse Amelins. A son retour, il restitua à l'église de Saint-Sernin les biens que Raymond son père avait donnés à cette église et que son frère Bertrand avait usurpés.

Quelques années après, la Provence donna asile au pape Innocent II, obligé de quitter Rome peu de jours après son élection, à cause des troubles causés par celle de l'antipape Anaclet II. Arrivé à Avignon le 24 mars 1130, il envoya aussitôt plusieurs légats au roi Louis le Gros et aux grands vassaux de la couronne pour les engager à reconnaître son élection canonique. A partir de ce jour, il data ses brefs d'Avignon, *la première année de son pontificat*. Guillaume, seigneur de Montpellier, fut le premier à aller au-devant du saint-père et à lui offrir ses services. Tout le royaume se déclara bientôt en sa faveur, à l'exception d'une partie de l'Aquitaine que Gérard, évêque d'Angoulême, homme ambitieux, attira au parti d'Anaclet. Mais les efforts de Gérard en faveur de l'antipape eurent peu de résultats pour lui.

Ce fut pendant ce séjour en France que le pape Innocent II couronna le jeune Louis, associé au trône par Louis le Gros, son père. Le comte de Toulouse se trouva à cette cérémonie. C'est le premier sacre de nos rois où l'on vit assister *les douze pairs de France*.

Alphonse-Jourdain se vit plusieurs fois disputer ses Etats par Guillaume, qui voulait faire revivre les droits de sa mère Philippe. Mais ce dernier prince, ayant eu, dans le même temps, à se défendre contre le roi de Castille, fut obligé de renoncer à ses prétentions sur le comté de Toulouse.

Guillaume persécuta longtemps ses sujets catholiques attachés à Innocent II, parce qu'il avait embrassé le parti d'Anaclet; mais il fut ramené à l'unité de l'Eglise catholique par saint Bernard, abbé de Clairvaux, déjà célèbre par sa science et sa piété, et dont l'ordre était déjà très-répandu dans la Provence.

Guillaume X, dans une expédition en Normandie, y fit tant de ravages, y commit tant d'excès, que, pour les expier, il entreprit un pèlerinage à Saint-Jacques en Galice. Pendant ce voyage, il fut atteint d'une maladie qui le conduisit au tombeau. Il mourut en 1137, à l'âge de trente-huit ans. Ce duc était Toulousain de naissance ; il descendait en droite ligne de Bernard II, comte de Poitiers. Il avait été marié deux fois ; mais il ne lui restait que deux filles de sa première femme. L'aînée, Eléonore, hérita de tous ses domaines et épousa le jeune Louis, qui, par la mort de son père Louis le Gros, ne tarda pas à devenir roi de France et réunit à sa couronne le duché d'Aquitaine.

Une partie de l'Aquitaine restant sous la domination du comte de Toulouse, quelques auteurs, pour distinguer ces deux portions de l'ancienne Aquitaine, donnent le nom de Guyenne à celle qui appartenait aux comtes de Poitiers. C'est sous ce nom qu'on désignera désormais les domaines dont Eléonore hérita, et qu'elle transmit plus tard à la couronne d'Angleterre.

Le comte de Toulouse, quoique proche parent de l'héritière d'Aquitaine, n'assista pas à la cérémonie de son mariage avec Louis de France. C'est sans doute à cause des prétentions de cette princesse sur le comté de Toulouse qu'Alphonse témoigna peu de satisfaction d'une alliance qui pouvait un jour lui causer bien des difficultés. C'est en effet ce qui arriva. Peu d'années après son avénement au trône, Louis le Jeune prétendit que le comté de Toulouse faisait partie de la succession de ses pères et qu'il était injustement retenu par Alphonse-Jourdain. Il somma donc ce prince de le lui restituer, ajoutant qu'il appartenait aussi à sa femme, parce que Guillaume IX l'avait simplement engagé à Raymond de Saint-Gilles pour suffire aux dépenses de son voyage en terre sainte. Alphonse répondit que le comté avait été légalement vendu. Bien qu'il en produisît les preuves authentiques, Louis le Jeune lui déclara la guerre.

L'armée royale s'avança jusqu'à Toulouse, dont elle fit le siége. La résistance que Louis rencontra l'amena à accepter la voie des négociations, et il finit par se désister de ses prétentions. Alphonse resta toutefois humble vassal de son souverain, et tous les actes de son gouvernement commençaient par cette formule : *Sous le règne de Louis, roi de France*. Alphonse témoigna sa reconnaissance aux fidèles habitants de Toulouse par la concession de plusieurs priviléges.

Cependant la province était loin d'être tranquille ; les seigneurs étaient toujours divisés, et l'on voyait sans cesse les comtes de Barcelone, de Montpellier, de Carcassonne, de Comminges, etc., s'armer les uns contre les autres sous le plus léger prétexte. Plusieurs fois Alphonse prit part à ces démêlés et rétablit la paix ; mais d'autres fois il les vit se tourner contre lui-même. Il se mêla aussi des querelles qui divisaient les rois de Castille, d'Aragon et de Navarre, et leur fit conclure une paix solide.

Alphonse fut excommunié par le pape Innocent II pour avoir soutenu les habitants de Montpellier dans leur révolte contre leur seigneur, vassal du saint-siége. Cette excommunication ne fut levée que trois ans après, lorsque le comte fit sa soumission.

C'est ce prince qui fonda Montauban. A l'extrémité du Quercy, sur les frontières du Toulousain, existait une abbaye dépendant de celle de la Chaise-Dieu, et nommée Montaurial, du nom d'un village voisin. La beauté de sa situation inspira au comte de Toulouse la pensée de fonder une ville près de cette abbaye, sur la rive droite du Tarn. Il en fit tracer l'enceinte et lui donna le nom de Montauban, nom qui lui vient de sa situation sur un lieu élevé et du grand nombre de saules (*alba*, dans la langue du pays) qui croissent aux environs. Cette ville, qui s'est promptement agrandie, renferme aujourd'hui dans son enceinte l'ancienne abbaye qui lui a donné naissance. Elle est maintenant l'une des plus belles et des plus importantes de la Guyenne. Comme le Tarn, en cet endroit, sert de limites entre la Guyenne et le Languedoc, la partie de Montauban qui est sur la rive gauche de la rivière et qui est jointe à l'autre par un pont se trouve dans le Languedoc.

En fondant Montauban, Alphonse imposa lourdement l'abbaye. Pour peupler cette nouvelle ville, il obligea les vassaux du monastère, principalement ceux du village de Montaurial, à quitter leurs habitations pour venir s'établir à Montauban. Il fit céder par la force de sa volonté l'abbé et les religieux qui lui faisaient opposition, et fit élever deux châteaux sur le territoire même de l'abbaye. L'abbé porta plainte au pape Eugène III, qui ordonna au comte de Toulouse de démolir ses châteaux, et le menaça d'excommunication en cas de refus. Cette affaire n'eut pas de suites dans le moment même ; elle fut suspendue par la prédication de la deuxième croisade, dans laquelle Alphonse s'engagea.

On sait que la prise d'Edesse fut le motif de cette croisade, prêchée en 1147 à Vezelay par saint Bernard. A sa voix, Louis le Jeune, l'empereur Conrad et plusieurs princes et seigneurs prirent la croix.

Le comte de Toulouse fut de ce nombre. Il partit plus tard que les autres princes. Voulant faire le trajet par mer, il s'embarqua vers la fin d'août 1148, sur une flotte qu'il avait fait équiper près de l'embouchure du Rhône, où fut construit depuis le port d'Aigues-Mortes. Il était accompagné d'un assez grand nombre de ses petits vassaux et de sa femme Faydède. Il passa l'hiver dans un port d'Italie, se remit en mer au commencement du printemps, et aborda au port d'Acre ou de Ptolémaïs, où il trouva l'empereur Conrad. Il prit ensuite la route de Jérusalem.

Tous les chrétiens de la terre sainte attendaient Alphonse avec impatience et fondaient sur lui de grandes espérances. Le souvenir de la valeur et des vertus de son père vivait encore dans ces contrées, et la réputation que lui-même s'était acquise dans les armées faisait espérer qu'il marcherait sur ses traces. Mais arrivé à Césarée, il y fut empoisonné. On ignore quel fut l'auteur de cet attentat. Les soupçons se portèrent d'abord sur Eléonore, femme de Louis le Jeune, qui conservait un vif ressentiment de ce qu'il gardait le comté de Toulouse, qu'elle prétendait devoir lui appartenir ; mais son innocence fut prouvée. On accusa plus généralement Mélisinde, reine de Jérusalem, qui partageait le gouvernement du royaume avec le roi Baudouin III, son fils. On ignore cependant le motif qui aurait pu la porter à commettre ce crime.

Alphonse-Jourdain mourut au mois d'avril 1148. Il était âgé de quarante-cinq ans. Il fut l'un des grands princes de son siècle. Sa vie fut orageuse. Pendant sa minorité, il perdit une partie de ses Etats, qui lui furent enlevés par Guillaume X, duc d'Aquitaine, mais il les recouvra entièrement avant l'âge de dix-huit ans, et il sut, par sa valeur, les conserver, malgré les tentatives de ses ennemis dont les plus redoutables étaient le comte de Barcelone et le roi de France. Son intelligence pour les affaires et les négociations le fit choisir plus d'une fois pour arbitre des différends entre les rois et les princes. La douceur de son gouvernement lui concilia l'amour de ses sujets. Il fit des donations considérables à diverses églises et aux abbayes de la Chaise-Dieu, de Saint-Gilles et de Lerins en Provence. Il abolit l'usage qu'avaient établi ses prédécesseurs de s'emparer de la dépouille des évêques de Toulouse. Sa piété lui fit entreprendre deux pèlerinages, et c'est pour défendre les intérêts de la religion qu'il partit pour la croisade dont il ne revint pas. On peut, il est vrai, lui reprocher quelques injustices envers le clergé, injustices qui attirèrent sur sa tête les anathèmes du saint-père ; mais l'empressement qu'il mit à réparer ses torts et à se décharger du poids de l'excommunication, prouve son attachement sincère à l'Eglise catholique. Il protégea la poésie provençale, qui fut cultivée à sa cour. Géraud le Roux, né à Toulouse et fils d'un pauvre chevalier, se rendit célèbre par ses chansons, dont quelques-unes nous sont parvenues. Pierre le Vénérable, également de Toulouse et abbé de Cluni, se distingua aussi dans la poésie latine.

Alphonse-Jourdain eut plusieurs enfants de Faydède d'Uzès, sa femme. Raymond, l'aîné, né en 1134, lui succéda dans le comté de Toulouse et dans le reste de ses Etats. Il partagea cependant le marquisat de Provence avec son second frère.

Alphonse fut le quatrième comte de Toulouse qui mourut en terre sainte.

CHAPITRE XIII.

Raymond V.

Raymond V n'avait que quatorze ans lorsqu'il succéda à son père. Il porta comme lui les titres de comte de Toulouse, de duc de Narbonne et de marquis de Provence. Il était le plus grand de tous les vassaux de la couronne et pouvait même se dire plus puissant que le roi de France, dont le domaine particulier était bien moins étendu que le sien. A son avénement, il ménagea les intérêts et l'ambition de ses petits vassaux, pour les empêcher de rien entreprendre contre lui, pendant sa minorité.

Cependant Raymond de Traincavel, vicomte de Béziers, fit un traité avec le comte de Barcelone par lequel il reconnaissait la suzeraineté de ce comte sur une partie de ses domaines, au préjudice du comte de Toulouse. Raymond V dissimula quelque temps, mais il résolut enfin de punir la trahison de Raymond de Traincavel. Il l'attaqua, le fit prisonnier en 1153, et le renferma dans une étroite prison. Il ne lui rendit la liberté, en 1154, qu'en l'obligeant à lui payer une rançon de 3,000 marcs d'argent, à lui céder diverses places, et à le reconnaître pour son suzerain dans tous ses domaines.

La même année, Raymond V épousa Constance, sœur de Louis le Jeune. Elle était veuve d'Eustache de Blois, qui avait été associé en 1152 à la couronne d'Angleterre par le roi Etienne, son père, et qui était mort sans enfant en 1153. Elle était beaucoup plus âgée que Raymond, qui n'avait que vingt ans, et elle conserva toujours son titre de *reine*. Cette union combla de joie les Toulousains ; ils firent une réception magnifique à leur nouvelle comtesse et célébrèrent en son honneur des joutes et des tournois. Cette alliance de Raymond V avec le roi de France contribua beaucoup à le faire respecter par ses vassaux, dont la plupart s'étaient ligués avec le comte de Barcelone.

A la même époque, Louis le Jeune, revenant d'Espagne où il était allé faire un pèlerinage à Saint-Jacques en Galice, s'arrêta à Toulouse et visita plusieurs villes de la province. Raymond accompagna partout son beau-frère. On était heureux de voir l'union des deux princes. En 1156, Raymond eut un fils, et la naissance de cet enfant resserra encore plus les liens qui l'unissaient au roi de France.

Raymond de Traincavel resta pendant quelques années fidèle au serment qu'il avait prêté à Raymond V ; mais entraîné une seconde fois par le comte de Barcelone, il forma avec lui une nouvelle ligue contre le comte de Toulouse. Guillaume de Montpellier et Ermengarde de Narbonne entrèrent aussi dans cette ligue, qui devint formidable par l'alliance que fit le comte de Barcelone avec Henri II, roi d'Angleterre. Ce dernier prince, après avoir épousé Eléonore, héritière du duché de Guyenne, éleva des prétentions sur le comté de Toulouse. Il somma Raymond V de le lui restituer ; n'ayant pu en obtenir aucune concession, il lui déclara la guerre. Ce fut alors qu'il rechercha l'appui et l'alliance du comte de Barcelone ; ils conclurent un traité par lequel ils s'engagèrent à unir leurs armes contre le comte de Toulouse ; pour cimenter leur union, ils convinrent que Richard, fils puîné de Henri et d'Eléonore, aurait le duché de Guyenne et épouserait Bérengère, fille du comte de Barcelone.

Raymond de Traincavel et Guillaume de Montpellier entrèrent aisément dans cette ligue : le premier par le désir de se venger sur le comte de Toulouse de la longue captivité qu'il lui avait fait subir et de la forte rançon qu'il avait exigée de lui ; le second, à cause de l'alliance intime qui existait depuis longtemps entre sa famille et celle de Barcelone.

Pour lutter contre tant d'ennemis, Raymond V forma plusieurs alliances et réclama le secours de Louis le Jeune, son beau-frère, qui avait d'ailleurs un intérêt personnel à s'opposer à l'agrandissement du roi d'Angleterre.

Henri II, après avoir rassemblé une nombreuse armée, partit d'Angleterre, accompagné de Malcolm, roi d'Ecosse, de Guillaume de Blois, de Thomas Becket, et arriva à Périgueux à la fin de juin 1159. Le comte de Barcelone, Raymond de Traincavel et Guillaume de Montpellier vinrent le rejoindre avec leurs troupes, et ils entreprirent le siège de Toulouse. Le roi de France et Raymond V, qui s'y étaient enfermés, firent une vigoureuse résistance devant laquelle échouèrent les efforts du roi d'Angleterre.

Ce prince se vit forcé de lever le siége et de se retirer. Pour couvrir la honte de sa retraite, il dit qu'il ne voulait pas donner l'assaut à une ville défendue par son suzerain; et il reprit la route de ses Etats. En se retirant, il s'empara cependant de Cahors; il en confia le gouvernement à Thomas Becket, ainsi que celui de toutes les places dont il s'était rendu maître sur le comte de Toulouse, et lui laissa le soin de continuer la guerre avec ses alliés.

Henri II se décida néanmoins à entrer en négociations avec le roi de France; et ils signèrent un traité au mois de mai 1160. Les ennemis de Raymond V restèrent quelque temps en paix avec lui.

A cette époque, après la mort du pape Adrien IV, l'élection d'Alexandre III et de l'antipape Victor III entraîna un schisme dans l'Eglise. Les troubles de l'Italie forcèrent Alexandre III à venir se réfugier en France. Il se rendit à Montpellier au mois d'avril 1162, et fit son entrée dans cette ville, revêtu de ses habits pontificaux, monté sur une haquenée blanche, et au milieu d'une foule innombrable accourue de toutes parts pour recevoir sa bénédiction. Guillaume, seigneur de Montpellier, accompagné de ses barons, alla au-devant de lui et lui rendit de grands honneurs. Raymond V ne tarda pas à venir aussi lui rendre hommage. Le pape ne resta à Montpellier que jusqu'au mois de juillet. La famine qui désolait alors ce pays le décida à passer dans les Etats de Louis le Jeune; il séjourna successivement en Auvergne, en Bourgogne, dans le Berri, à Tours.

Mais tandis que toute la France s'empressait de donner à Alexandre des marques de soumission, l'empereur Frédéric faisait tous ses efforts pour soutenir Victor et lui gagner des protecteurs. Il détermina plusieurs seigneurs à embrasser le parti de cet antipape.

Malgré le traité conclu entre le roi de France et Raymond V, Traincavel était resté en guerre contre ce prince. Cédant enfin aux instances de Louis le Jeune, il oublia sa longue inimitié et se réconcilia avec le comte de Toulouse, qui s'engagea à le défendre contre tous ses ennemis, tandis que Traincavel, de son côté, reconnut tenir de ce prince tous ses domaines, ainsi que ses prédécesseurs l'avaient fait. Il renonça au serment de fidélité qu'il avait prêté au comte de Barcelone.

C'est ainsi que presque tout le XIIe siècle se passa en guerres particulières des seigneurs les uns contre les autres et des vassaux contre leurs suzerains. On voyait sans cesse des comtes ou vicomtes méconnaître la suzeraineté de leur seigneur légitime, pour se déclarer vassaux d'un autre, selon que leur intérêt les y portait. Cet état d'hostilités continuelles obligea les seigneurs et les vassaux à se fortifier dans leurs habitations, pour se mettre à l'abri des entreprises de leurs ennemis. On commença à construire un grand nombre de châteaux forts, et on donna alors presque généralement le nom de châteaux aux petites villes et aux bourgs du pays. Malgré toute l'étendue de la puissance des grands feudataires dans la province pendant le XIIe siècle, il est certain que Louis le Jeune y conserva une autorité qu'aucun de ses prédécesseurs n'avait su s'arroger ni soutenir.

Le pape, après avoir séjourné plus de trois ans en France, résolut de retourner en Italie. Il se rendit à Montpellier au mois de juillet 1165 et y fit ses préparatifs d'embarquement. L'empereur Frédéric, qui aurait bien voulu pouvoir empêcher ce retour, employa les présents et les promesses pour engager Guillaume, seigneur de ce pays, à lui livrer la personne du saint-père. Mais Guillaume repoussa avec indignation ses propositions déshonorantes et resta fidèle au souverain pontife.

Alexandre III se rendit à l'île de Maguelonne. Il allait s'embarquer sur un vaisseau des hospitaliers de Saint-Jean de Jérusalem qui se rendait en terre sainte, lorsqu'on vit paraître plusieurs galères de la république de Pise qui s'étaient tenues cachées jusqu'alors et que l'empereur Frédéric avait envoyées pour tâcher de se saisir de la personne d'Alexandre III. Le pape, ayant découvert le piége, revint sur ses pas. Après qu'on eut forcé les galères pisanes de s'éloigner, il s'embarqua sur un petit navire qui le conduisit heureusement à Messine. Son retour en Italie causa une grande joie dans toute la chrétienté.

Le comte de Toulouse était resté jusqu'alors lié sincèrement au parti du pape. Une circonstance malheureuse vint l'en détacher. Vivant en bonne intelligence avec Raymond-Bérenger de Provence, il consentit à former avec lui une ligue contre le comte de Forcalquier, que Raymond voulait soumettre. Ils convinrent de partager le comté de Forcalquier lorsqu'ils en auraient fait la conquête, et de marier le fils aîné de Raymond V, qui n'avait encore que neuf ans, avec Douce, fille unique du comte de Provence, qui lui assurait pour sa dot la moitié des comtés de Forcalquier et de Mergueil.

Cette alliance poussa le comte de Toulouse à ménager Frédéric, suzerain de la Provence. L'empereur, de son côté, le pressa vivement d'abandonner le parti d'Alexandre III pour embrasser celui de Victor. De plus, Raymond montrait peu de respect pour les volontés du roi Louis le Jeune, et il venait même de lui donner un grave sujet de mécontentement, en se séparant de sa femme Constance, sœur du roi. Tous ces motifs le décidèrent à embrasser la cause de l'empereur, et il ordonna à tous les ecclésiastiques ses sujets qui ne voulaient pas reconnaître l'antipape, de sortir immédiatement de ses Etats. Le pape employa les prières et les exhortations pour retenir Raymond dans le devoir; mais tout fut inutile, et il persista à soutenir l'antipape. Alors Alexandre III jeta l'interdit sur le comté de Toulouse.

Le roi de France intercéda en faveur des Toulousains, qui, disait-il au pape, lui avaient donné de grandes marques de respect et d'affection pendant son séjour en France. Cette considération décida le pape à lever l'interdit jeté sur la ville et permit d'y célébrer l'office divin en l'absence de Raymond, qui continua, pendant plusieurs années, à soutenir les schismatiques.

Les comtes de Toulouse et de Provence firent, ainsi qu'ils l'avaient décidé, la guerre au comte de Forcalquier et assiégèrent Nice. Raymond-Bérenger y fut tué en 1166. Raymond de Toulouse se saisit alors de la Provence en vertu du traité conclu précédemment.

Pour affermir davantage ses droits sur cette succession, il épousa quelque temps après Richilde, veuve du comte, mère de Douce et nièce de l'empereur. Ce mariage ne lui fut pas aussi favorable qu'il l'avait espéré, pour le maintenir dans la succession du comte de Provence. Elle lui fut disputée par Alphonse, roi d'Aragon, qui prétendait y avoir des droits comme cousin germain du défunt, et en vertu de l'inféodation qui en avait été faite à son père par l'empereur. Les deux rivaux se firent la guerre pendant dix ans. Alphonse l'emporta. Le comte de Toulouse, contraint de faire la paix et de renoncer à ses prétentions, ne conserva que son marquisat de Provence. Le roi d'Aragon donna l'administration générale de la Provence à son frère Bérenger d'Aragon.

Raymond ne fit aucun cas de cette renonciation forcée. Espérant toujours chasser le roi d'Aragon, il se réconcilia avec le comte de Forcalquier, qui s'unit avec lui contre Alphonse Ier. Toutes ses tentatives n'eurent aucun résultat avantageux, et il fut obligé plusieurs fois d'interrompre le cours de ses expéditions contre le roi d'Aragon pour s'occuper des différends qu'il avait avec le roi d'Angleterre. Une trêve entre eux avait été signée en 1162 ; mais elle fut toujours mal observée. On la renouvela en 1167, dans une entrevue que le roi et le comte eurent dans le Limousin ; mais elle ne fit que suspendre les hostilités, qui se renouvelaient à chaque instant.

Les animosités prirent un caractère plus grave en 1172. Henri II, comme duc d'Aquitaine, exigea que Raymond lui rendît hommage pour son comté. Raymond s'y étant refusé, Henri mit le siége devant Toulouse. Le roi Louis le Jeune vint encore au secours de la ville, et le siége fut levé. Cependant Raymond consentit à reconnaître la suzeraineté du roi d'Angleterre et fit la paix avec lui.

Peu de temps après, Henri se trouva en guerre avec le roi de France Louis VII, qui soutenait la révolte des fils du roi d'Angleterre contre leur père. La guerre continua avec des chances diverses jusqu'en 1174. Alors le père et les fils se réconcilièrent.

Pendant toute la durée de cette guerre civile, le comte de Toulouse resta fidèle à Henri II et permit à ses sujets de s'enrôler à son service. Il ne gardait plus beaucoup de ménagements pour le roi de France depuis son divorce avec Constance. Cette princesse, après sa séparation, passa en terre sainte, s'établit d'abord à Ascalon, puis à Jérusalem, et se décida ensuite à revenir en France. Le pape Alexandre III tenta un rapprochement entre le comte et la comtesse ; mais Raymond, qui avait cependant abandonné le parti de l'antipape, s'y refusa. Constance se retira dans le monastère de Notre-Dame de Soissons, où elle prit l'habit religieux, et y finit ses jours.

En 1180 mourut Louis le Jeune. Son fils Philippe-Auguste, qui n'avait que quinze ans, lui succéda, et fit reconnaître son autorité dans la province, ainsi que son père l'avait fait.

Le comte de Toulouse et le roi d'Aragon se faisaient toujours la guerre ; elle continua presque sans interruption pendant les années 1180, 1181 et 1182. Une circonstance vint encore l'alimenter. Le jeune Henri, mécontent de ce que son père, le roi d'Angleterre, après l'avoir associé au trône, ne lui donnait aucune part au gouvernement et ne voulait pas même lui abandonner la Normandie, se révolta de nouveau. Henri II, bien décidé à punir rigoureusement la rébellion de son fils, demanda le secours du roi d'Aragon et de plusieurs princes ses alliés. Le jeune rebelle, de son côté, fut soutenu par Philippe-Auguste, qui lui envoya des troupes, et par le duc de Bourgogne et le comte de Toulouse, qui allèrent le rejoindre. La lutte fut acharnée ; et l'on ne pouvait en prévoir le terme, lorsque le jeune Henri mourut. Atteint d'une maladie dont il reconnut promptement la gravité, il reçut les derniers sacrements avec de grands sentiments de componction et de repentir, en présence du duc de Bourgogne et du comte de Toulouse, qui ne le quittèrent pas. Il témoignait beaucoup de regret de la guerre criminelle qu'il avait entreprise contre son père, et lui en demanda pardon. Il mourut à Martel, le 11 juin 1183. Après sa mort, le comte de Toulouse et le duc de Bourgogne se retirèrent et abandonnèrent une cause désormais sans but.

Un événement inattendu fit conclure la paix entre Raymond et le roi d'Aragon. Un charpentier de la ville du Puy, que les uns nomment Pierre et les autres Durand, homme simple et pieux, alla trouver l'évêque de cette ville vers la fête de saint André de l'an 1182, et l'assura que Dieu avait ordonné de rétablir la paix dans le royaume, désolé par la guerre que se faisaient les princes et par une infinité de brigands qui le parcouraient et le dévastaient. Il lui présenta un papier qu'il prétendait avoir reçu du ciel et sur lequel était peinte l'image de la sainte Vierge, qui tenait entre ses bras l'enfant Jésus avec cette inscription : *Agnus Dei, qui tollis peccata mundi, dona nobis pacem*, et il l'exhorta à concourir de toutes ses forces au rétablissement de la concorde.

L'évêque du Puy ne fit d'abord aucun cas de cette prétendue révélation, et toute la ville regarda cet homme comme un visionnaire. Il persuada néanmoins plusieurs citoyens, qui formèrent une espèce d'association ou de confrérie, dont le but était de travailler au rétablissement de la paix. Leur nombre augmenta peu à peu, et enfin ils dressèrent les statuts suivants : 1° que ceux qui s'engageraient dans cette association porteraient un capuchon de toile blanche, *fait en forme de scapulaire*, et qu'on y attacherait une plaque d'étain ou de plomb sur laquelle serait une image de la Vierge telle qu'on l'a décrite, avec ces mots : *Agnus Dei, etc.* ; 2° que tous ceux qui seraient reçus dans la confrérie confesseraient leurs péchés, donneraient six deniers tous les ans, et iraient à la guerre avec leurs confrères toutes les fois qu'ils seraient commandés, excepté les ecclésiastiques, qui, au lieu de porter les armes, prieraient Dieu pour la paix.

La grande dévotion qu'on avait alors à la sainte Vierge, honorée dans l'église du Puy, amenait ordinairement tous les ans dans cette ville un grand nombre de pèlerins, le jour de l'Assomption ; mais le bruit que fit cette confrérie y attira en 1183 un concours encore plus grand, et plusieurs princes, évêques, ecclésiastiques s'y rendirent. L'évêque du Puy, qui avait changé de sentiment à l'égard du charpentier, le fit venir dans la cathédrale, le jour de la fête ; et l'ayant fait monter sur une estrade, il lui ordonna d'exposer devant tout le peuple assemblé de quelle manière il avait reçu de Dieu l'ordre de travailler à rétablir la paix. Cet homme, pour preuve de sa soumission, montra l'image qu'il assurait avoir reçue du ciel. L'évêque parla ensuite avec tant de force, que tous les habitants, fondant en larmes, promirent par serment de vivre en paix et demandèrent à être reçus dans la confrérie.

Le comte de Toulouse et le roi d'Aragon, qui assistaient à cette réunion, furent si vivement pénétrés des paroles de l'évêque, qu'ils firent également le serment de vivre en frères. Cette réconciliation parut *miraculeuse*. Ces deux princes terminèrent leurs différends par un traité solennel qui assurait leurs droits réciproques.

La paix entre ces deux princes ne fut cependant pas de longue durée. Peu de mois après, le roi d'Aragon alla en Rouergue, où Richard, duc d'Aquitaine, ennemi du comte de Toulouse, lui avait donné rendez-vous. Ils formèrent une nouvelle ligue et marchèrent au secours du vicomte Roger, que Raymond de Toulouse assiégeait dans Carcassonne. Ils forcèrent ce prince de lever le siége, et Richard, l'attaquant directement avec une armée considérable, entra sur ses terres, ravagea plusieurs villages et lui enleva divers châteaux.

Richard poursuivit cette guerre avec vigueur ; en 1188 il s'approcha de Toulouse, et se disposa à en faire le siége, après avoir ravagé les environs. Le comte de Toulouse, découragé, eut recours au roi Philippe-Auguste, son souverain et son allié. Il lui représenta que les hostilités de Richard étaient une infraction à la trêve qu'ils avaient conclue au mois de janvier précédent, lorsqu'ils avaient pris la croix. Par ce traité, ils étaient en effet convenus de faire cesser toutes les querelles particulières et de suspendre les hostilités de part et d'autre jusqu'à leur retour du voyage d'outre-mer. Philippe, prenant la défense des Toulousains, envoya à Henri d'Angleterre des ambassadeurs pour se plaindre de ce que le duc Richard, son fils, avait porté la guerre dans le royaume sans aucune déclaration préalable. Il demandait si c'était par un ordre de son père que Richard avait agi ; et dans ce cas, il exigeait une réparation. Henri se contenta de répondre que son fils avait entrepris cette expédition sans l'avoir consulté.

Philippe, peu satisfait d'une pareille défaite, rassembla des troupes, attaqua les Etats du roi d'Angleterre et entra dans le Berri et dans la Touraine. Richard, obligé de voler au secours du Berri, fut arrêté dans ses entreprises contre Raymond. Mais ayant fait hommage au roi de France de ses possessions futures, il en obtint de conserver les places qu'il avait enlevées au comte de Toulouse. Celui-ci, obligé de céder à la force, se soumit à la décision du roi, mais il resta l'ennemi de Richard ; et lorsque ce dernier devint roi d'Angleterre, leur querelle n'était ni jugée ni terminée. Cependant elle fut, pour ainsi dire, oubliée au milieu des préoccupations que donnèrent les préparatifs de la troisième croisade que les rois de France et d'Angleterre étaient décidés d'entreprendre.

Raymond V ne prit point part à cette guerre sainte. Il avait trop à faire pour se défendre contre les tentatives souvent renouvelées du roi d'Aragon et pour terminer toutes les querelles avec les comtes et les vicomtes ses voisins, surtout avec Roger II, vicomte de Béziers, de Carcassonne et d'Alby, qui, à l'exemple de son père Raymond de Traincavel, passa la plus grande partie de sa vie à lui faire la guerre. Il paraît cependant que Roger II avait fait la paix avec Raymond, lorsqu'il mourut en 1194. Il s'était acquis la réputation d'un prince brave, mais il emportait l'accusation d'avoir favorisé l'hérésie qui commençait à faire des ravages dans ses Etats.

Raymond V ne survécut pas longtemps à Roger II ; il mourut à Nîmes, à l'âge de soixante ans. Les historiens disent qu'il était aussi remarquable par ses exploits militaires que par sa grandeur d'âme. Plus puissant que les comtes et les ducs ses voisins, il était l'égal des rois et soutint contre eux, avec succès, de longues guerres. La douceur de son gouvernement le fit aimer. Toulouse lui doit de grands priviléges. On pourrait sans doute reprocher à Raymond V de n'avoir pas assez cherché à arrêter les progrès de l'hérésie qui se répandait déjà ; mais occupé de tant de guerres où ses intérêts étaient gravement compromis, il oublia les hérétiques ; cependant il favorisa les missions contre eux et publia une ordonnance très-sévère qui en conduisit plusieurs au supplice.

Raymond V laissa trois fils de Constance de France, sa femme. Raymond l'aîné lui succéda.

CHAPITRE XIV.

Littérature provençale.

Au XII⁰ siècle, on comprenait sous le nom général de Provençaux non-seulement les peuples de la Provence proprement dite et ceux des provinces voisines, mais aussi ceux du Languedoc. C'est ainsi que des auteurs placent même Montpellier, Saint-Gilles, en Provence, et comprennent sous le nom de *poètes provençaux* tous ceux qui ont cultivé la poésie, soit dans la Provence, soit dans le Languedoc,

La France était alors divisée en pays de langue d'*oïl* ou française et de langue d'*oc* ou provençale. La première, que parlaient les peuples du nord de la Loire, tirait sa dénomination de ce que ces peuples disaient *oïl* pour oui ; et la seconde, parlée dans les contrées du midi de la Loire, devait son nom à ce que oui s'exprimait par *oc*. Cette dernière langue était la langue *romane*, qui s'était formée après l'expulsion des légions impériales, et qui, après le démembrement de l'empire de Charlemagne, se conserva dans toute sa pureté. Au XII⁰ siècle elle avait atteint sa perfection ; on la parlait généralement dans toutes les provinces méridionales du royaume ; elle méritait bien la préférence qu'on lui accordait, car elle était régulière, complète, et fut pendant longtemps exclusivement employée dans les chants de *guerre et d'amour* auxquels elle se prêtait si bien. Cette langue existe encore un peu dans le Languedoc, mais elle a dégénéré et s'est corrompue en divers patois ; on ne la trouve dans toute sa pureté que dans les œuvres des troubadours.

Malgré les invasions et les guerres intestines qui désolaient la France depuis trois siècles, la France méridionale avait reçu des lois plus douces et une vie meilleure. La formation du comté de Provence, l'union de la princesse Douce avec le comte de Barcelone, et l'influence des Espagnols, qui, à cette époque, étaient fort avancés en civilisation, firent fleurir dans la Provence les arts et la poésie. Les comtes de Barcelone et de Toulouse, qui tenaient une cour élégante, les protégèrent. Ils le furent également par ce nombre infini de vicomtes, de barons et de seigneurs qui, dans leur petite province, dans leur ville, dans leur château même, jouissaient alors de toutes les prérogatives de la souveraineté.

C'est dans ces petites cours qu'arrivaient, à la poursuite de la fortune, les médecins, les astrologues et les conteurs, apportant les connaissances et les arts d'Espagne. Ils n'avaient peut-être d'autre ambition que celle d'amuser les loisirs des grands et de leur plaire par des flatteries. La récompense qu'ils s'étaient promise et qu'ils obtenaient des princes chrétiens, c'était de prendre part aux festins qu'ils animaient par leurs récits et leurs chants et de recevoir des présents d'habits et de chevaux. Mais ils s'adressaient à des héros ; en leur parlant de gloire et d'amour, ils pénétrèrent jusqu'au fond de leurs âmes, et leur communiquèrent toute l'émotion poétique qu'ils ressentaient eux-mêmes. C'est ainsi que le sujet de leurs chants éleva leur propre caractère, et ils devinrent les instituteurs des princes.

A peine l'art des chansons fut-il introduit dans la France méridionale, à peine les règles de la versification furent-elles inventées, que la poésie devint le délassement des hommes les plus illustres de l'Etat, et il n'y eut plus de baron ni de chevalier qui ne crût devoir joindre à la réputation de sa bravoure celle de *trouver gentiment un vers.* Alors tous aspirèrent à être *troubadours.* Et ils le pouvaient sans peine. Que fallait-il en effet ? Quelque sentiment musical, quelque disposition pour l'harmonie, le facile talent de ranger les paroles dans un ordre qui flattait l'oreille, de donner aux pensées un ensemble mélodieux : avec cela, on était un des plus ingénieux troubadours. Du reste, nul besoin d'étudier, nulle préoccupation savante; point d'allusions à l'histoire ou à la mythologie ; point de comparaisons empruntées aux mœurs étrangères ; rien enfin de ce qu'on enseignait dans les écoles. C'était une effusion vive et simple, où le raisonnement et la mémoire n'avaient rien à voir. On pouvait ne pas savoir lire et n'en porter pas moins le titre de troubadour. Avec cette ignorance qui se trouve partout chez ces poëtes, sauf quelques rares exceptions, il leur eût été difficile ou plutôt impossible d'imiter le genre classique ; pour inventer un genre particulier, au contraire, ils n'avaient qu'à s'abandonner entièrement à l'influence des idées religieuses, des préjugés contemporains, du caractère national, et surtout de leur propre caractère. C'est ce qu'ils firent en effet.

Les troubadours, comme leur nom l'indique, étaient ceux qui *trouvaient*, qui composaient des poëmes. Quelquefois ils chantaient eux-mêmes leurs vers, dans les cours ou dans les fêtes ; plus souvent ils les faisaient chanter par leurs jongleurs. De même que les chevaliers avaient auprès d'eux un écuyer, de même les troubadours avaient des jongleurs ou *ménestrels* qui chantaient leurs *treuves*. Ces jongleurs, pris dans une condition tout à fait subalterne, se chargeaient de réjouir les sociétés où ils étaient admis, par leurs contes, par les vers qu'ils avaient appris et qu'ils accompagnaient sur divers instruments, ainsi que par des tours de gobelets et de bouffonneries. La bassesse des jongleurs et leur corruption avilirent promptement leur métier, et leur nom ne rappela bientôt que des faiseurs de tours ou des montreurs de singes.

Cependant il arrivait assez souvent que le jongleur, à force de chanter les vers des autres, apprenait à en faire lui-même ; alors il passait troubadour; et après avoir essuyé les dédains qu'il avait mérités comme jongleur, il se voyait entouré d'estime et de considération, et comblé de toutes les faveurs. Quelquefois il devait son élévation à un duc ou à un comte qui, pour prix de ses vers, le faisait chevalier. Dès qu'on était chevalier, et qu'on avait la *gaie science*, on était de plein droit troubadour. Mais un troubadour coupable d'une faute grave pouvait être dégradé et retomber à l'état de jongleur.

Il ne faut pas se représenter un troubadour composant lentement dans la retraite et le silence les vers que devait chanter son jongleur. Poëte au jour le jour, véritable improvisateur, c'était en allant de château en château qu'il trouvait les rimes sans les chercher. Le lieu où il s'exerçait le plus était ces fameuses *cours d'amour* si renommées au moyen-âge.

On connaît ces jeux, image de la guerre, qui ont fait tant de bruit à cette époque et dans lesquels le haut baron, tenant cour plénière, invitait à y assister les seigneurs du voisinage et les chevaliers ses vassaux. Lorsqu'ils avaient combattu pendant trois jours, la dame du château, entourée d'autres châtelaines, distribuait les couronnes aux vainqueurs qui lui étaient désignés par les juges du combat. Puis, après ces exercices militaires, elle ouvrait son tribunal, formait sa cour à l'imitation des justices seigneuriales, et, comme le baron s'entourait de ses pairs pour juger, elle s'entourait de même des dames les plus jeunes, les plus belles et les plus distinguées par leur esprit. Alors commençait une lutte d'un nouveau genre; le chevalier qui venait de remporter la victoire des armes rentrait en lice pour disputer le prix de la poésie. Un des concurrents, une harpe entre les bras, après avoir préludé, proposait un *jeu d'amour*, c'est-à-dire une question délicate et controversée. Un autre s'avançait à son tour, et, chantant sur le même air, répondait par une strophe de même mesure, et le plus souvent sur les mêmes rimes. Ils alternaient ainsi en improvisant, et les cinq couplets où la dispute se renfermait ordinairement s'appelaient *tenson* (dispute, débat). La cour délibérait ensuite gravement et discutait non-seulement le mérite des deux poëtes, mais le fond même de la question, et elle rendait le plus souvent son arrêt en vers. On a recueilli une trentaine d'articles du code en vertu duquel on rendait ces singuliers arrêts, dont toute l'autorité résidait dans l'opinion.

Outre les tensons, les troubadours composaient encore des sonnets, des complaintes; et c'était là surtout qu'on trouvait ce mélange touchant de douleur, de piété et de résignation, cette teinte mélancolique et tendre qui plaisait dans ce genre de poésie. Leur naïveté les entraînait souvent un peu loin, et ils mêlaient ensemble, sans trop de discrétion, les idées les plus saintes et les sentiments les plus mondains. Cela ne prouve pas, comme on a voulu l'insinuer quelquefois, que la religion était moins pure. Son esprit, aussi bien qu'aujourd'hui, était opposé à celui du monde; elle condamnait ce qui était condamnable; ce n'était pas elle qui prêchait les jouissances terrestres, c'étaient les poëtes qui, tout en chantant les plaisirs, ne pouvaient s'affranchir entièrement de leurs idées religieuses, tant la foi était alors profondément empreinte dans les âmes.

Outre ces poésies que l'on chantait, il y en avait qui étaient destinées à être lues ou récitées : c'était la *pastorale*, espèce d'églogue dialoguée entre le poëte et un berger; l'*épître*, qui se composait de supplications, de remerciments, de conseils, et où régnaient une abondante facilité, un aimable abandon, une grande aisance dans les expressions et dans les rimes ; les *novelles*, petits poëmes où l'on retraçait plus souvent des anecdotes galantes que des sujets graves ; les *romans*, ou poëmes rapportant les aventures des chevaliers. Mais la composition la plus remarquable dans ces genres de poésies légères était le sirvente, espèce de satire qui se divisait en couplets et pouvait se chanter. Ce qui en faisait le fond était presque toujours une causticité, une moquerie amère, une rudesse insolente, présomptueuse, des accusations violentes, quelquefois calomnieuses. C'est là que le troubadour faisait taire son imagination, oubliait ses rêves, rentrait dans la vie réelle et prenait une part active aux événements qui intéressaient son siècle.

Plusieurs événements contribuèrent à élargir le cercle des idées des troubadours, en frappant vivement leur imagination. Le premier fut la conquête de Tolède et de toute la Nouvelle-Castille, de 1083 à 1085. Des chevaliers français prirent part à cette expédition et se trouvèrent par là en rapport avec les Mozarabes, dont l'imagination et le goût poétique étaient fort développés. Quand ces chevaliers revinrent dans leur patrie, ils y rapportèrent quelque chose de cette culture d'esprit qu'ils avaient trouvée en Espagne.

Le second événement qui contribua à donner un caractère poétique au XIe et au XIIe siècles, ce fut la prédication de la première croisade en 1095, et les communications qui s'établirent dès lors entre l'Occident et l'Orient. La prédication de la croisade agit puissamment dans les pays de la langue d'oc, parce que ce fut en Auvergne qu'elle fut prêchée, et les croisés les plus distingués de l'expédition étaient des souverains de la France méridionale. De tous les événements de l'histoire du monde, aucun ne présente de plus grands effets de l'enthousiasme, de plus grands sacrifices faits à la croyance, au sentiment, à la gloire ; dès lors la croisade devait inspirer les troubadours. Aussi, tandis que la prédication chrétienne ranimait le zèle des fidèles, tandis que les lettres apostoliques appelaient les rois et excitaient les peuples à prendre la croix, les troubadours animaient aussi à la croisade. Enfin la poésie et la religion s'unirent pour célébrer la délivrance des saints lieux et y appelèrent tous ceux qui avaient un cœur et une épée. Plusieurs troubadours, non contents d'exciter l'enthousiasme pour la croisade, marchèrent eux-mêmes avec ceux qu'ils avaient entraînés par leurs chants poétiques.

Le troisième événement politique qui influa sur les mœurs et les opinions du peuple et par là même sur les troubadours, ce fut la domination des rois d'Angleterre. Depuis Henri II Plantagenet, ils eurent la souveraineté de la Guyenne, du Poitou, de la Saintonge, enfin d'une partie considérable des pays de la langue d'oc. Cette souveraineté entraîna le mélange de deux nations différentes, introduisit les poëtes à la cour des plus puissants monarques, et attacha à la littérature l'intérêt national de la longue rivalité des rois de France et d'Angleterre. Tous les chants des troubadours étaient en langue d'*oc*.

CHAPITRE XV.

Les Troubadours.

L'époque des troubadours s'étend depuis la fin du xie siècle jusqu'à la seconde moitié du xiiie (1090 à 1260) ; et l'on compte dans cet intervalle environ deux cents troubadours, sortis de toutes les conditions de la société. Le troubadour était quelquefois un souverain, un prince, souvent un gentilhomme, parfois un simple vassal. L'état, le rang était indifférent, pourvu qu'inspiré par l'amour de la guerre, par les épisodes nombreux que fournissait la vie féodale, et par la passion, il sût bien chanter et bien rimer. Il jouissait de toute la considération dont on entourait ceux qui possédaient la gaie science. Nous nous arrêterons seulement aux plus célèbres de ces poëtes.

Le plus ancien troubadour est Guillaume IX, duc d'Aquitaine et comte de Poitiers. Il fut un des premiers inventeurs de la poésie provençale et la cultiva avec quelque succès. C'était un seigneur d'une conduite assez scandaleuse, qui pillait les abbayes et les monastères pour subvenir à ses plaisirs. Il revint cependant à de meilleurs sentiments, et, pour expier ses fautes, partit pour la terre sainte en 1101. Pendant la guerre sacrée, il conserva son humeur enjouée, et l'on retrouve dans ses vers son goût pour les plaisirs. On a conservé de lui neuf pièces de vers remarquables par l'harmonie et la versification, et le mélange gracieux des mesures et des rimes.

Guillaume IX a laissé la réputation de bon troubadour et de bon chevalier d'armes.

Bernard de Ventadour n'était pas, comme Guillaume de Poitiers, un puissant seigneur ; c'était le fils d'un homme qui remplissait auprès du comte de Ventadour un des plus humbles offices. Il fut élevé à la cour et par la bonté de ce comte dont il était le serviteur né. Il reconnut mal ce bienfait et s'attira une disgrâce qu'il n'avait que trop méritée. Obligé de s'exiler, il alla demander asile à Eléonore de Guyenne et resta à la cour de cette princesse jusqu'au jour où elle épousa le duc de Normandie et passa avec lui en Angleterre. De là il revint à la cour de Raymond, comte de Toulouse. Il faisait des vers, les chantait, les dédiait. Il avait toutes les joies que le monde peut donner. Il lui manquait cependant quelque chose que le monde ne donne pas ; il alla le demander à la solitude et au silence du cloître : il se fit religieux dans l'ordre de Cîteaux. Nous avons de Bernard de Ventadour diverses poésies ; il semble avoir excellé dans les chansons et les tensons.

Richard Cœur de lion, que son titre de roi d'Angleterre semblerait exclure de la littérature provençale, y occupe cependant une place très-importante. Seigneur feudataire d'Anjou, dans sa jeunesse, il avait eu avec les poëtes de la Provence de fréquentes relations ; devenu roi d'Angleterre, il amena à sa nouvelle cour tout un cortége de troubadours qui exercèrent une grande influence sur la poésie anglaise. Dans ses guerres, dans ses aventures lointaines, Richard cultiva toujours cette poésie provençale qui avait charmé ses jeunes années. Ce fut à elle aussi qu'il demanda des consolations pendant les ennuis de sa captivité, alors que l'empereur Henri VI le retenait prisonnier. Il nous reste de Richard un sirvente qu'il écrivit dans sa prison. Voici la traduction du texte provençal :

« Déjà nul prisonnier ne dira sa raison dextrement, s'il ne le fait tristement ; mais pour se consoler, il peut faire une chanson. J'ai beaucoup d'amis, mais pauvres sont leurs dons : honte ils en auraient, si, pour attendre malrançon, je suis deux hivers prisonnier. Sachent bien mes hommes et mes barons anglais, normands, poitevins et gascons, que je n'ai jamais eu si pauvre compagnon que je voulusse pour argent laisser en prison. Je ne dis point cela par reproche, mais encore suis-je prisonnier.

« Je sais bien comme chose vraie de toute vérité que homme mort ou prisonnier n'a ami ni parent, et que s'ils me laissent faute d'or ou d'argent, c'est mal pour moi, mais pis pour ma nation, qui, après ma mort, souffrira blâme de m'avoir si longtemps laissé prisonnier.

« Pas n'est merveille si j'ai le cœur dolent lorsque mon seigneur met une terre au pillage. S'il lui souvenait de notre serment que nous fîmes tous deux en commun, bien sais-je vraiment qu'ici longtemps ne serais prisonnier.

« Comtesse, ma sœur, Dieu sauve votre souverain mérite et garde la beauté que j'aime tant et par qui je suis prisonnier. »

Ces vers n'ont rien de remarquable ; mais c'est Richard Cœur de lion qui les a composés, et c'est du fond d'une prison que partent ces accents ; c'est assez pour qu'ils intéressent.

Le roi d'Angleterre, malgré ses vices et les titres odieux dont on pourrait le qualifier, fut le vainqueur de Saladin et la terreur des infidèles ; dès lors il fut le héros de son siècle. Cher aux croisés, il le fut également aux troubadours.

Pendant que le roi d'Angleterre gémissait dans sa prison, de l'abandon et de l'oubli de ses sujets, une voix amie s'élevait courageusement pour protester contre la conduite déloyale de Henri VI. C'était la voix du troubadour Peyrols.

Peyrols était un pauvre chevalier du voisinage de Roquefort, que son talent pour les vers avait fait accueillir à la cour du dauphin d'Auvergne. Comme la plupart des troubadours, il s'était longtemps contenté de défier à distance les infidèles ; rempli d'enthousiasme pour les guerres saintes, il laissait partir ses compatriotes et demeurait en France, où le retenaient des intérêts de cœur. Il partit enfin, mais avec répugnance ; et une fois arrivé, il ne pensa plus qu'à revenir.

« J'ai vu, dit-il, le fleuve du Jourdain, j'ai vu le saint sépulcre ; et je vous rends grâces, Seigneur, de m'avoir comblé de joie en me montrant le lieu où vous reçûtes la vie. Accordez-nous désormais un bon vent, un bon pilote ; tout mon désir est de revoir les tours de Marseille. »

Si Peyrols avait une âme un peu amollie, il n'en fut pas de même de Bertrand de Born, vicomte de Hautefort en Périgord. C'était un chevalier bouillant, impétueux, un caractère fier et hardi, un poëte batailleur, n'aimant que la guerre, la cherchant, l'excitant partout. Il troubla la Guyenne par ses intrigues et par ses armes, pendant toute la seconde moitié du XIIe siècle ; aucun troubadour n'eut une vie aussi orageuse. Il commença par enlever à son frère Constantin sa part de l'héritage paternel. Richard, alors simple comte de Poitou, prit en main la cause de l'opprimé. Bertrand de Born composa à cette occasion son premier sirvente :

« Que me font, dit-il, les jours heureux ou malheureux ? Que me font les semaines ou les années ? En tout temps je veux perdre quiconque ose me nuire. Que d'autres embellissent, s'ils le veulent, leurs maisons ; qu'ils se procurent les commodités de la vie. Pour moi, rassembler des lances, des casques, des épées, des chevaux, sera l'unique objet de mes désirs. Je suis fatigué des avis qu'on veut me donner, et par Jésus ! je ne sais auquel entendre ; on m'appelle imprudent, si je refuse la paix ; mais si je voulais la faire, quel est celui qui ne m'appellerait pas lâche ? »

C'est dans le sirvente guerrier qu'a excellé Bertrand de Born. On en a de lui qui peignent son âme inflexible et la rudesse des chevaliers du moyen-âge. Vaincu par Richard, Bertrand lui adressa un sirvente qui le réconcilia avec ce prince ; puis il s'unit à lui et à ses deux frères pour les soutenir dans leur révolte contre leur père Henri II. A la mort du jeune Henri, Bertrand de Born, qui n'avait souvent dans la bouche que des cris de haine et de guerre, trouva, pour déplorer cette mort, les accents les plus pathétiques. Assiégé dans Hautefort par Henri II, il fut pris et amené devant le roi d'Angleterre, qui lui adressa ces paroles : « C'est donc vous qui vous vantez d'avoir tant d'esprit ? — Je pouvais dire cela dans un temps, repartit Bertrand ; mais en perdant votre fils, j'ai perdu tout ce que j'avais d'esprit et d'habileté. » Cette réponse toucha Henri II, qui lui rendit ses biens et ses châteaux.

Bertrand se fit de nouveaux ennemis ; il composa des sirventes pour exciter à la révolte les sujets d'Alphonse II, roi d'Aragon. Il prit aussi une part assez active à la guerre entre Richard et Philippe-Auguste ; lorsque l'animosité des deux monarques paraissait un peu assoupie, il la rallumait par ses vers emportés, dans lesquels il faisait tour à tour rougir ces deux princes de leur prétendue lâcheté. Après quelques autres aventures, il alla s'ensevelir dans un monastère de l'ordre de Citeaux et y pleura son crime d'avoir armé des fils contre leur père.

A côté de Bertrand de Born on peut placer avec honneur le poëte Sordel ou Sordello. Il était né à Goëto, près de Mantoue. Longtemps attaché au comte de Saint-Boniface, chef du parti guelfe dans la Marche Trévisane, il passa ensuite au service de Raymond-Bérenger, dernier comte de Provence de la maison de Barcelone. On a de Sordello trente-quatre pièces. Quelques-unes sont remplies de sentiments tendres et délicats ; parmi les autres se trouve un éloge funèbre du chevalier de Blacas, troubadour aragonais ; on y rencontre une grande énergie et beaucoup d'exaltation :

« Je veux en ce rapide chant, d'un cœur triste et marri, plaindre le seigneur Blacas ; et j'en ai bien sujet ; car en lui j'ai perdu un seigneur et un bon ami ; et les plus nobles vertus sont éteintes du même coup.

« Le dommage est si grand, que je n'ai pas soupçon qu'il se répare jamais, à moins qu'on ne lui retire le cœur et qu'on ne le fasse manger à ces barons qui vivent sans cœur, et alors ils en auront assez. Que d'abord l'empereur de Rome mange de ce cœur ; il en a grand besoin, s'il veut conquérir par la force les Milanais qui maintenant le tiennent conquis lui-même, et il vit deshérité, malgré ses Allemands.

« Qu'après lui mange de ce cœur le roi des Français, et il recouvrera la Castille qu'il a perdue par niaiserie ; mais s'il pense à sa mère, il n'en mangera pas, car il paraît bien, par sa conduite, qu'il ne fait rien qui lui déplaise. »

Le sauvage repas ne finit pas sitôt ; Sordello y invite tour à tour le roi de Castille, le roi d'Aragon, le roi de Navarre, le comte de Toulouse, et bien d'autres encore. Mais c'en est assez pour donner une idée des injures grossières et des calomnies audacieuses des troubadours dans leurs poésies satiriques. Quand on songe que c'est au plus grand et au plus saint de nos rois que s'adressent ces outrages, on ne s'étonnera plus des déclamations haineuses et violentes qu'un fanatisme aveugle inspirait à quelques-uns d'entre eux contre Rome ; elles étaient aussi injustes que le reproche de lâcheté adressé à saint Louis. Du reste, Sordello lui-même aurait eu besoin de manger aussi du cœur de Blacas, car il était loin d'être brave ; il répondait à Charles d'Anjou, qui le pressait de le suivre à la croisade, qu'il ne voulait arriver que le plus tard possible à la vie éternelle. Il doit sa gloire en partie au Dante, qui parle de lui dans son Purgatoire, se montre pénétré de respect pour sa noble fierté et le compare à un lion qui se repose majestueusement.

On doit une chanson remarquable à Alphonse II, roi d'Aragon, l'un des plus brillants guerriers du XIIe siècle, si fertile en grands hommes. On a plusieurs poésies, tantôt politiques, tantôt galantes, du dauphin d'Auvergne, de l'évêque de Clermont, des derniers comtes de Provence, Raymond-Bérenger et Béatrix ; de Pierre d'Aragon, l'instigateur des *Vêpres siciliennes*, et de son plus jeune fils, Frédéric II, le héros et le vengeur des Siciliens. Les œuvres de ces souverains sont toutes dignes de remarque comme monuments historiques ; elles font connaître le caractère, les intérêts et les mœurs du siècle où ils vécurent. Mais sous le rapport littéraire, c'est aux troubadours dont les noms étaient encore célèbres du temps de Dante et de Pétrarque que nous devons nous attacher.

Parmi eux, on doit citer Arnauld de Marveil. Il était né à Marveil en Périgord, dans une condition pauvre. Ses talents l'en firent sortir de bonne heure. Il fut attaché à la cour de Roger II, vicomte de Béziers, surnommé Taillefer. Inspiré par de vifs sentiments qu'il conçut pour la princesse Adélaïde, fille de Raymond V, il s'adonna à la versification ; ses vers sont coulants, pleins de naturel et de tendresse. Il a laissé beaucoup de poésies, dont quelques-unes sont fort longues. Son langage est clair et facile, et son texte est peu altéré ; aussi c'est un des troubadours dont on pourrait plus facilement reproduire les œuvres.

Rambaud de Vaqueiras était le fils d'un chevalier sans fortune, de la principauté d'Orange. Il s'attacha dans sa jeunesse à Guillaume de Baux, premier prince d'Orange, dont il était né le sujet ; il le servit dans ses guerres en vaillant soldat, et en même temps il chanta ses victoires. D'Orange, Vaqueiras passa au service de Boniface III, marquis de Montferrat, qui conduisit avec Baudouin et Dandolo la quatrième croisade. Boniface arma Vaqueiras chevalier et combla d'honneurs le poëte guerrier qui lui avait rendu dans ses guerres continuelles les plus importants services. Vaqueiras composa plusieurs *chanzos* pour Béatrix, sœur de Boniface. On y trouve l'empreinte de la fierté mâle et de la loyauté de son caractère. La prédication de la croisade enflamma son imagination ; il chanta la guerre sacrée dans un sirvente adressé au prince son protecteur et son ami, qu'il suivit dans toutes ses expéditions. Mais le poëme le plus curieux de Vaqueiras est celui dans lequel, retraçant toute l'histoire de sa vie et celle de Boniface, les dangers qu'ils avaient courus et leurs victoires, il lui demande avec une noble confiance la récompense qu'il avait méritée par sa fidélité et sa valeur. Aucun poëme ne montre davantage le caractère chevaleresque de cette fidélité du vassal qui ne glaçait pas l'amitié, de cette subordination qui n'empêchait pas les âmes de s'élever au même niveau. Le marquis Boniface III de Montferrat fut tué en 1207 au siége de Satalie. On ignore si Rambaud de Vaqueiras lui survécut.

Pierre Vidal, de Toulouse, troubadour qui suivit le roi Richard à la troisième croisade, ne s'est pas rendu moins célèbre par ses extravagances que par son talent poétique. La vanité et l'amour l'ont fait arriver à une démence complète. Persuadé qu'il était aimé de toutes les dames, qu'il était le plus preux de tous les chevaliers, il fut le Don Quichotte de la poésie et s'attira les mystifications les plus étranges. Mais avec une tête qui paraissait si mal organisée, il possédait une sensibilité exquise ; il avait de l'harmonie dans son style ; et ce qui paraîtra bizarre, son jugement était juste et sain, toutes les fois qu'il ne s'agissait ni de son propre mérite, ni de ses amours. Le recueil de ses ouvrages contient plus de soixante pièces, parmi lesquelles sont trois longs poëmes. Le plus remarquable est celui où il donne des conseils à un troubadour sur la manière d'exercer sa noble profession. Il considère la poésie comme le culte des sentiments élevés, le dépôt de la philosophie universelle, et les troubadours comme les instituteurs des nations. On dit qu'il fit dans ses vieux jours un traité sur la manière de réprimer sa langue. Il mourut en 1229.

Arnauld Daniel est nommé avec honneur par le Dante ; il le regarde comme le troubadour qui maniait le mieux la langue et qui surpassait tous les autres écrivains romans dans les vers tendres et dans la prose. Cependant les dix-sept pièces qui sont restées de ce poëte ne répondent pas à cet éloge. Peut-être ses meilleures productions sont-elles perdues.

Manien des Escas, qui vivait à la fin du XIIIe siècle, sous la domination des rois d'Aragon, nous a laissé plusieurs pièces, parmi lesquelles il y a deux longs poëmes sur l'éducation des demoiselles et des damoiseaux. Ces poëmes, sans être remarquables par l'invention poétique, sont assez piquants par la peinture naïve qu'ils font des mœurs de ce siècle.

Pierre Cardinal, né d'une famille illustre, au Puy en Vélay, et mort presque centenaire, au commencement du XIIIe siècle, occupe une place distinguée parmi les troubadours ; mais c'est bien moins par l'harmonie de son style que par la vigueur et l'âpreté de sa satire. C'est le Juvénal de la poésie provençale, comme Bertrand de Born en était le Tyrtée. La raideur de son caractère, sa franchise trop rude, sa moquerie trop amère, nuisaient à sa bienvenue auprès des dames châtelaines. Il abandonna bientôt ce genre pour écrire des sirventes dirigés tour à tour contre tous les ordres de la société ; le haut clergé, les ordres militaires, les barons, les moines, les femmes, personne ne fut épargné par Pierre Cardinal, qui voyait partout corruption de mœurs, cupidité, égoïsme, bassesse. Il y a peu de finesse dans ses observations, mais cependant un grand fond de vérité. Le vice excite chez lui un emportement qui n'est pas sans éloquence. Sa hardiesse était téméraire dans un temps où l'inquisition pouvait à toute heure lui demander raison de ses offenses contre l'Eglise. Mais s'il échappa à ce tribunal, il s'attira la haine de tous ceux qu'il déchirait.

Gérard Riquier, de Narbonne, qui vivait à la fin du XIIIe siècle, et qui était attaché au roi de Castille Alphonse X, est un des troubadours dont on ait conservé le plus d'ouvrages. Il fleurit dans un temps où les poëtes cherchaient à se distinguer, par des innovations, de la foule de leurs devanciers. Il a laissé des pastourelles, des aubades, des sérénades, des discours en vers. Il a varié autant qu'il a pu la forme de sa poésie; mais ses vers ne contiennent guère que des idées communes et une morale triviale. Cependant on trouve toujours l'homme honnête qui ne manque pas de fierté. Son plus long poëme est une Adresse au roi Alphonse de Castille, pour qu'il relève l'état de jongleur de l'avilissement où il était tombé depuis que des charlatans, amusant le peuple sur les places publiques, avaient pris ce nom, qui n'appartenait qu'aux poëtes des cours. Il demande à Alphonse que, par son autorité royale, tous les hommes confondus sous le nom de jongleurs soient séparés en quatre classes bien distinctes : les docteurs en l'art de trouver, les simples troubadours, les jongleurs, et enfin les bouffons. Ce poëme, qui est de l'année 1295, est un des derniers soupirs de la poésie provençale.

Parmi tous ces troubadours, il est impossible de reconnaître un chef illustre. Tous se présentent avec des prétentions égales à une célébrité qu'ils n'ont pu obtenir. En les lisant, on est frappé de l'uniformité gracieuse de leurs images et de leurs expressions. Leur poésie riante et sonore semble toujours être le son d'une même musique. S'il y a quelques différences, elles sont légères, et ne détruisent jamais complétement l'air de famille commun à tous. On y cherche vainement un génie. Tous leurs vers roulent sur des sentiments exagérés de passion, de haine, de colère ; ce sont des chants d'un moment dans lesquels on ne trouve point ce qu'on pouvait attendre de la littérature provençale. L'enthousiasme de poésie qui avait saisi la nation ; l'harmonie qui avait présidé à l'invention de tant de formes de vers ; la sensibilité qui s'était peinte dans les premiers chants des troubadours ; la richesse des images qu'ils avaient empruntées à l'Orient, ou trouvées dans leur imagination ; leur langue harmonieuse et sonore, souple comme l'italien, retentissante comme l'espagnol : tout faisait espérer qu'un vrai poëte ne tarderait pas à naître parmi les troubadours. Mais cette espérance a été déçue. Telle on a vu la poésie provençale à sa naissance au xie siècle, telle on la voit au milieu du xiiie siècle, sans avoir fait aucun progrès sensible. Ce qu'on avait trouvé dans les premières chansons de Guillaume IX, comte de Poitiers, on le retrouve dans les dernières de Gérard Riquier. Aussi toute célébrité est refusée aux troubadours, et leurs ouvrages restent en manuscrits difficiles à lire.

L'éclat dont brilla la poésie provençale ne pouvait pas être de longue durée ; sa décadence suivit de près sa splendeur, et l'on ne doit pas s'en étonner. Les troubadours ne possédaient pas cette science, cet art profond qui entretient et exalte le talent. Ils étaient très-ignorants ; ne pouvant rattacher leur poésie à aucun souvenir classique, ils ne vivaient que sur un certain fonds d'idées romanesques partant d'une imagination superficielle plutôt que d'une sensibilité vraie ; aussi ne furent-ils poëtes que tant qu'ils rencontrèrent autour d'eux des sujets pour les inspirer.

Ils auraient bien pu trouver dans le christianisme une source inépuisable de poésie ; mais n'ayant que des sentiments religieux très-superficiels, ils n'introduisaient la religion dans leurs vers qu'en les profanant. Leur poésie perdit aussi beaucoup en devenant satirique et haineuse. Elle semblait née pour chanter le beau ciel de Provence, le printemps, les plaisirs ; lorsqu'elle abandonna cette voie pour devenir plus injurieuse qu'élevée, elle perdit tout son charme et s'éteignit comme une belle fleur née sur un terrain stérile.

Mais ce qui lui donna un coup mortel, ce fut la guerre des Albigeois, qui vint détruire la prospérité sociale dont jouissaient les peuples du Midi au milieu des agitations sanglantes de toute l'Europe. Le caractère du moyen-âge, qui s'était adouci sous le ciel heureux de la Provence, reparut avec son énergie quelquefois un peu barbare. Cette contrée, si florissante au milieu du xiie siècle, devint le théâtre de toutes les horreurs d'une guerre de fanatisme et de pillage ; elle expia cruellement quelques jours de bonheur et offrit le triste contraste qui surgit quelquefois dans les destinées des hommes et des nations. Les fureurs de la guerre remplacèrent en Provence les jeux poétiques, et la belle langue des troubadours ne se fit plus entendre que pour des complaintes funèbres.

CHAPITRE XVI.

Raymond VI.

Raymond VI succéda à son père Raymond V. Il prit aussitôt possession de Toulouse, y reçut le serment de fidélité de ses sujets, et jura de maintenir les droits, coutumes et franchises. Philippe-Auguste, son cousin germain, lui donna une marque de sa bienveillance en lui abandonnant la garde de Figeac, et en lui concédant tous les droits qu'il avait sur cette abbaye. Il se l'était réservée par le traité fait en 1121 avec le roi d'Angleterre, traité par lequel celui-ci gardait en échange le Quercy, qu'il avait enlevé à Raymond V. Par ce don, Philippe-Auguste rendait au comte de Toulouse une portion du Quercy, qu'il devait bientôt recouvrer entièrement.

L'année suivante (1195), Raymond VI fit un voyage en Provence. Pendant son séjour sur les bords du Rhône, il détruisit plusieurs églises dépendantes de l'abbaye de Saint-Gilles, s'empara des domaines de ce monastère, et fit construire une forteresse dans ses dépendances, malgré le serment qu'il avait fait de respecter les biens de l'abbaye de Saint-Gilles. Le pape Célestin III lui ordonna de raser immédiatement ce château, de réparer tous les dommages qu'il avait causés à l'abbaye, et de la rétablir dans ses droits. Raymond VI ne tint aucun compte des ordres du saint-père, qui alors l'excommunia, et délia tous ses sujets de leur serment de fidélité envers lui. Ce prince parut peu sensible à l'anathème, et s'occupa des moyens de s'opposer aux envahissements de Richard, roi d'Angleterre, dans ses Etats. Cependant, lassé de la guerre, il eut recours aux négociations, et conclut avec Richard une paix par laquelle celui-ci renonça à toutes ses prétentions sur le comté de Toulouse, et restitua même au comte le Quercy, qu'il avait envahi depuis 1188. De plus, il lui donna en mariage sa sœur Jeanne, veuve de Guillaume II, roi de Sicile. Pour épouser cette princesse, Raymond répudia Bourguigne de Chypre, sa troisième femme, sous prétexte qu'elle était sa parente au quatrième ou au cinquième degré. La nouvelle comtesse, âgée de trente et un ans, garda son titre de reine.

La même année que Raymond recouvrait le Quercy et acquérait l'Agénois, il se voyait aussi délivré d'un voisin redoutable, ancien ennemi de sa maison. C'était Alphonse II, roi d'Aragon, qui mourait à Perpignan au mois d'avril 1196.

En 1197, Jeanne mit au monde un fils, qui fut nommé Raymond comme son père.

Le comte de Toulouse et sa femme firent un voyage en Angleterre en 1198.

Il y avait trois ans que Raymond VI était excommunié, lorsque le pape Innocent III, qui avait succédé à Célestin III, consentit à lever l'excommunication qui pesait sur lui, à condition qu'il réparerait le dommage qu'avaient causé ses entreprises contre l'abbaye de Saint-Gilles. Raymond s'y engagea, promit même d'aller combattre les infidèles de la terre sainte, ainsi que le pape l'y exhortait, pour l'expiation de ses fautes ; mais lorsqu'il eut obtenu la levée de son excommunication, il se mit peu en peine de tenir ses promesses. Loin de détruire le château qu'il avait fait élever sur les domaines de l'abbaye de Saint-Gilles, il en fit augmenter les fortifications, et ne songea nullement à passer en Palestine.

En 1198, il perdit sa femme Jeanne : elle mourut à Rouen, où elle était allée voir son frère Jean sans Terre. A ses derniers moments, elle manifesta le désir de prendre l'habit religieux. L'archevêque de Cantorbéry, qui l'assistait, s'y refusa d'abord, objectant qu'il ne lui était pas permis de se faire religieuse du vivant de son mari. Mais elle insista tant, que l'archevêque se décida à lui donner le voile, et à lui laisser prononcer ses vœux dans l'abbaye de Fontevrault. Elle fut inhumée dans ce monastère, aux pieds du roi Henri II, son père, et à côté de son frère Richard.

L'année suivante, Raymond VI épousa Eléonore, sœur de Pierre II, roi d'Aragon. Il eut en même temps une entrevue avec Jean sans Terre, venu en Aquitaine pour y recevoir le serment de ses vassaux. Il rendit hommage à ce monarque pour les terres et les châteaux que le feu roi Richard lui avait donnés, comme dot de la reine Jeanne. Il fut convenu entre les deux princes que le jeune Raymond, à sa majorité, posséderait tous ces domaines, mais qu'il reconnaîtrait les tenir, par droit héréditaire, des comtes de Poitiers, ducs d'Aquitaine, et s'engagerait à servir ces princes comme vassal.

Des différends survenus entre Raymond VI et plusieurs comtes ou seigneurs de la province agitèrent le règne de ce prince pendant les dernières années du XIIe siècle et les premières du XIIIe. Mais ces querelles particulières n'étaient que le prélude d'une guerre plus longue et plus cruelle, qu'allaient faire naître les progrès et les excès de l'hérésie qui germait depuis longtemps dans le midi de la France.

CHAPITRE XVII.

Hérésies et Missions.

Au XIIe siècle, un mouvement sourd d'indépendance se faisait déjà sentir au milieu des populations. L'esprit voulait se rendre indépendant par l'émancipation de la raison, et le cœur par l'émancipation de la volonté. La doctrine que les manichéens avaient répandue dans l'Occident au siècle précédent, répondait à ce double instinct : en politique et en religion, négation de toute autorité, insubordination, anarchie; en morale, destruction de la famille, sous prétexte que les liens du mariage, par leur perpétuité même, étaient incompatibles avec la sainteté du chrétien; absence de toute règle, et par conséquent de tout devoir, sous prétexte que la loi était l'œuvre du principe mauvais. Toutes ces doctrines du manichéisme se reproduisaient dans diverses hérésies qui, sous la dénomination de Pétrobrusiens, de Henriciens, d'Albigeois, etc., désolaient le midi de la France et les principales villes de l'Allemagne.

Les Pétrobrusiens tiraient leur nom de Pierre de Bruys, leur chef. Pendant vingt-cinq ans ils infestèrent de leurs doctrines les provinces des bords du Rhône et de la Garonne. Leurs principales erreurs consistaient à rejeter une grande partie de l'Ecriture sainte et le baptême des enfants. Ils en voulaient aux autels, aux églises; refusaient d'adorer la croix; niaient le saint sacrifice de la messe, l'eucharistie; condamnaient les prières pour les morts. A toutes ces erreurs ils joignaient une conduite fort corrompue.

Pierre de Bruys, fier des prosélytes qu'il avait séduits, s'enhardit, et, après avoir promené le pillage et l'incendie dans les monastères et les églises du Languedoc, il vint à Saint-Gilles, fit dresser sur la place publique un immense bûcher, formé des croix qu'il avait abattues, et y mit le feu. A ce spectacle, les catholiques indignés se précipitent sur lui, élèvent un second bûcher, et vengent les sacriléges commis en jetant dans les flammes Pierre de Bruys, dans lequel ils ne voyaient qu'un rebelle insurgé contre toutes les lois civiles et religieuses de son temps (1147).

Les flammes du bûcher de Saint-Gilles, allumées par l'indignation populaire, furent une protestation contre les outrages faits au signe sacré du salut, sous l'étendard duquel des milliers de croisés versaient leur sang sur les champs de bataille de la Palestine.

Un des disciples de Pierre de Bruys, Henri, n'échappa au même châtiment que par la fuite; néanmoins il continua de répandre les erreurs de son maître en y ajoutant les siennes propres. Cet imposteur était Italien; il avait apostasié et abandonné la profession religieuse qu'il avait embrassée. Il portait une longue barbe et marchait nu-pieds; il imposait aux simples par un extérieur très-négligé, une piété apparente, une modestie affectée et des discours étudiés. Il ne manquait ni d'esprit ni d'éloquence; aussi fit-il un grand nombre de prosélytes dans tous les pays du Midi qu'il parcourut, et principalement à Toulouse, où il s'arrêta.

Le pape Eugène III, alarmé des progrès que faisait la secte de Henri dans le Toulousain, nomma légat du saint-siége le cardinal Albéric et lui ordonna, en 1147, de se rendre sur les lieux pour y combattre l'hérésie. Il désigna pour l'accompagner dans cette légation saint Bernard, abbé de Clairvaux, dont le zèle et les lumières étaient bien connus dans toute la chrétienté.

Saint Bernard, qui arrivait de l'Allemagne, d'où il venait de prêcher la croisade pour la terre sainte, partit avec le légat pour le Midi. Dieu signala sa mission par tant de merveilles, que dans tous les lieux où il passa il fut reçu avec de grandes marques de respect et de vénération. Il traversa Bordeaux, Bergerac, Périgueux, Cahors, et vint à Toulouse, où il fut accueilli comme un ange envoyé du ciel.

Il confondit si bien les partisans de Henri, qu'il délivra presque entièrement la ville de l'hérésie. Les chevaliers promirent de chasser à l'avenir tous les hérétiques que le légat excommunierait. Saint Bernard poursuivit sa mission dans le Toulousain. Il n'avait recours qu'à cette parole si entraînante que Dieu lui avait accordée ; il instruisait les simples, fortifiait les faibles, rappelait ceux qui étaient égarés et confondait les obstinés ; partout il était écouté avec avidité et avec fruit ; partout il avait la consolation de voir abjurer l'erreur.

Cependant, à Verfeil, petite ville à quatre lieues de Toulouse, qualifiée du titre de *siége de Satan*, il y avait cent maisons de chevaliers qui favorisaient tous l'hérésie. Saint Bernard s'attacha à la conversion de ces gentilshommes ; il entra dans l'église ; mais les principaux seigneurs en sortirent aussitôt qu'il commença à prêcher, et tous les assistants en firent autant. Le saint se rendit sur la place publique, où il continua sa prédication ; mais les chevaliers se cachèrent ou firent tant de bruit par leurs clameurs, qu'ils couvrirent la voix de l'orateur. Alors saint Bernard se retira, après avoir *secoué la poussière de ses souliers* sur cette malheureuse petite ville si rebelle à la voix de Dieu. La retraite de saint Bernard fut comme une malédiction sur les seigneurs de Verfeil : tous périrent ou furent réduits à la plus extrême pauvreté.

Du Toulousain, saint Bernard passa dans l'Albigeois, où il aurait voulu séjourner le temps nécessaire pour extirper l'hérésie ; mais sa santé et la direction de son monastère le rappelèrent à Clairvaux. Il quitta la province, après avoir ramené au sein de l'Eglise un nombre considérable d'hérétiques. Toutefois, l'erreur était si profondément enracinée, qu'il eût fallu une mission plus longue pour la détruire entièrement. Lorsque saint Bernard était arrivé dans le Toulousain, le comte de Toulouse, Alphonse-Jourdain, était le disciple de Henri, qu'il regardait comme un saint ; la voix du pieux missionnaire le désabusa ; il revint à la vraie foi et protégea saint Bernard dans toutes ses opérations.

Quant à Henri, on assure qu'après avoir été pris, il fut conduit devant saint Bernard, à qui il demanda la permission de se retirer à Clairvaux pour y expier ses erreurs passées par la pénitence. Saint Bernard l'admit au nombre de ses religieux ; mais Henri resta hérétique et s'échappa de Clairvaux. Repris de nouveau, il fut traduit au concile de Reims, au commencement de l'année 1148 ; là, convaincu d'erreur, il fut condamné par le pape à une prison perpétuelle. Il mourut peu de temps après.

Les Henriciens restèrent d'abord cachés. Ils ne tardèrent pas à reparaître et à répandre de nouveau leurs erreurs. Aussi, peu d'années après le départ de saint Bernard, le fruit de ses travaux apostoliques était presque détruit.

Les seigneurs et les évêques, alarmés des nouveaux progrès de l'hérésie, convoquèrent un concile en 1165, pour tâcher d'en arrêter les ravages. Le lieu de réunion fut Lombers, ville située dans le diocèse d'Alby, dont les habitants protégeaient l'hérésie. Une foule immense se rendit à cette assemblée. L'évêque de Lodève, au nom de l'évêque d'Alby, y interrogea ceux qui se disaient appartenir à la secte de Henri ; d'après leurs réponses, l'évêque déclara que tous les Henriciens qui se faisaient appeler bonshommes ou pauvres de Lyon, étaient hérétiques. Malgré cette condamnation, ces sectaires se perpétuèrent et firent de nouveaux prosélytes dans la province et principalement dans les environs de Toulouse.

Raymond VI, prince alors très-zélé pour la foi, résolut de remédier à un si grand mal ; comme il n'ignorait pas les services importants que saint Bernard et ses religieux avaient rendus trente ans auparavant au comte Alphonse son père, pour ramener ceux de ses sujets qui s'étaient laissé séduire, il crut ne pouvoir mieux faire que de s'adresser au chapitre général de Cîteaux, pour qu'il l'aidât à détruire l'hérésie.

« Elle a tellement prévalu, lui écrivit-il, qu'elle a mis la division entre le mari et la femme, entre le père et le fils. Ceux qui sont revêtus du sacerdoce se sont laissé corrompre ; les églises sont abandonnées et tombent en ruines. Je cherche en vain le moyen de mettre fin à de si grands maux ; je reconnais que je ne suis pas assez fort pour y réussir, parce que les plus notables de mes sujets ont été eux-mêmes séduits, et ont entraîné avec eux une grande partie du peuple, en sorte que je n'ose ni ne puis rien entreprendre. J'implore donc avec humilité votre secours, vos conseils et vos prières, pour extirper cette hérésie. Son venin est si violent et l'endurcissement est si grand, qu'il n'y a que Dieu qui puisse le vaincre par la force de son bras. Voulant pourtant m'y employer de tout mon pouvoir, j'engage le roi de France à s'unir à moi pour exterminer les ennemis de Jésus-Christ. »

Tels étaient alors les sentiments et les dispositions de Raymond VI. Le pape Alexandre III les partageait ; mais comme ce pontife espérait toujours ramener les hérétiques en les faisant instruire, il chargea le cardinal de Saint-Chrysogone, légat en France, et plusieurs évêques d'aller les prêcher, leur enjoignant d'excommunier tous ceux qui ne se rendraient pas à leurs exhortations.

Ces prélats se rendirent d'abord à Toulouse, qu'ils trouvèrent infectée de l'hérésie. A leur entrée dans la ville, ils furent reçus par des huées ; dans toutes les rues et sur les places qu'ils traversaient, on les montrait au doigt, en les appelant *apostats, hypocrites, hérétiques*. Le légat se décida cependant à prêcher publiquement, et il établit si solidement dans ses discours les articles de la foi catholique, que les hérétiques, ne pouvant les nier ouvertement, feignirent de croire et n'osèrent plus se montrer devant les prédications du légat.

Celui-ci s'attaqua principalement à Pierre Mauran, qu'on regardait comme le chef de la secte. Très-exalté dans ses croyances, il tenait des assemblées nocturnes où il prêchait, revêtu d'une espèce de dalmatique. Riche et d'un âge avancé, il avait beaucoup de crédit et une grande autorité ; aussi entraînait-il une grande partie du peuple. Le comte de Toulouse, qui prêtait son appui aux missionnaires, le somma de comparaître devant eux. Pierre Mauran consentit avec peine, feignit d'abord de croire aux vérités qu'on lui proposait ; mais, ne pouvant se décider à les accepter avec serment, il nia ouvertement la présence de Jésus-Christ dans l'eucharistie. Les missionnaires le déclarèrent hérétique et le livrèrent au comte de Toulouse, qui le fit enfermer dans les prisons publiques. Ses biens furent confisqués et ses châteaux démolis.

Alors Pierre Mauran, se croyant à la veille de sa mort, demanda à faire réparation publique et à se convertir. Il se prosterna aux pieds du légat, reconnut ses erreurs, les abjura, embrassa la foi catholique, se soumit à la pénitence publique qui lui fut imposée, et promit d'aller passer à Jérusalem trois années, pendant lesquelles il se vouerait au service des pauvres. A ces conditions, on lui promit de lui restituer ses biens, lors de son retour de la terre sainte.

Cette condamnation effraya les hérétiques de Toulouse, et les catholiques reprirent leurs avantages.

Les missionnaires ne furent pas aussi heureux auprès de Raymond et de Bernard, deux autres chefs de sectaires dans l'Albigeois ; ils ne purent les convaincre, et ils terminèrent leur mission en excommuniant tous ceux qui persistaient dans leurs erreurs.

En 1181, le cardinal Henri, évêque d'Albano, tenta une mission dans le pays d'Albigeois, où les hérétiques étaient très-nombreux et où ils se maintenaient par la protection que leur accordait Roger, vicomte de Béziers.

Le cardinal entra dans l'Albigeois avec des troupes, assiégea le château de Lavaur, où s'étaient réfugiés Raymond et Bernard, excommuniés par le cardinal de Saint-Chrysogone, et s'empara de ce château. Raymond et Bernard abjurèrent leur erreur, et le vicomte Roger promit de faire de même. Mais dès que le cardinal se fut retiré, la crainte cessa, et le peuple écouta de nouveau ses faux apôtres ; de sorte que l'erreur, au lieu de diminuer, ne fit que s'étendre de plus en plus dans la province. Ainsi toutes les missions entreprises jusqu'alors par saint Bernard, Saint-Chrysogone et Henri, n'eurent aucun résultat décisif.

Divers motifs contribuèrent aussi à favoriser beaucoup les progrès de l'hérésie. Le comte de Toulouse en était venu à la soutenir ouvertement ; tous les princes séculiers et les évêques, loin de la réprimer, souffraient que les hérétiques eussent des prêches et des cimetières publics ; qu'ils possédassent de grands biens dans le pays, et qu'ils eussent des établissements considérables. Ils jouissaient même de plusieurs priviléges ; ils étaient exempts de veille et de garde ; la plupart des legs que faisaient les mourants leur étaient destinés. Le clergé orthodoxe, au contraire, était méprisé par les peuples, au point, dit un historien, « que le nom d'ecclésiastique était passé en proverbe comme celui de juif, et qu'au lieu de dire : « J'aimerais mieux être juif que de faire cela, » beaucoup disaient : « J'aimerais mieux être ecclésiastique. » Lorsque les clercs paraissaient en public, ils avaient soin de ramener leurs cheveux sur le front pour cacher leur tonsure, qu'ils faisaient la plus petite possible. Rarement les chevaliers destinaient leurs fils à la cléricature ; ils présentaient les fils de leurs gens, et les évêques conféraient les ordres à qui ils pouvaient. »

Tel était le triste état de la province à la fin du XIIe siècle.

De si grands maux excitèrent le zèle d'Innocent III. A peine fut-il monté sur la chaire de Saint-Pierre, qu'il entreprit d'arrêter l'hérésie. Dans ce but, il envoya dans la province frère Raynier et frère Gui, en leur ordonnant de rechercher les hérétiques, tous réunis et désignés, à cette époque, sous le nom d'Albigeois, d'excommunier ceux qui persisteraient dans leur erreur et de les forcer à sortir du pays. C'est à la mission de ces deux frères qu'on doit rapporter l'origine de l'inquisition établie contre les Albigeois, et qui passa ensuite dans les provinces voisines et dans les pays étrangers.

Raynier et Gui obtenant peu de conversions, le pape nomma légats apostoliques dans les provinces d'Aix, d'Arles et de Narbonne, Pierre et Raoul de Castelnau, religieux de l'ordre de Cîteaux. Il leur donna plein pouvoir d'y faire tout ce qu'ils jugeraient utile pour la répression de l'hérésie, et ordonna aux évêques de leur obéir comme à lui-même. Un pouvoir si excessif et si inusité produisit bientôt des dissensions entre les deux légats et la plupart des évêques de la province ; ce qui nuisit beaucoup au succès des travaux des missionnaires. Le pape maintint ses dispositions à leur égard et leur adjoignit Arnaud, abbé distingué de Cîteaux.

Ces trois hommes étaient animés d'une foi vive et d'un caractère inébranlable; mais ils rencontrèrent des obstacles insurmontables. Les évêques, trop indifférents pour les maux qu'entraînait l'hérésie, et mécontents de l'autorité illimitée dont étaient revêtus les légats, ne leur prêtèrent point leur concours. Aucun d'eux ne voulut se joindre à eux pour rappeler à Raymond VI le rôle glorieux de ses ancêtres et les sentiments que lui-même avait montrés quelques années auparavant, et enfin pour le détourner de favoriser si ouvertement les hérétiques. Les légats, ainsi abandonnés de ceux qui auraient dû les soutenir, ne purent agir comme ils l'auraient voulu. Leurs conférences n'eurent aucun résultat avantageux ; aussi, abattus, découragés, ils songeaient à résigner entre les mains du souverain pontife une charge qu'ils ne pouvaient remplir ni avec fruit ni avec honneur. L'état religieux de la province leur paraissait désespéré. Le prince soutenait l'hérésie; la plupart des barons la favorisaient; les évêques ne montraient aucun désir d'agir, et quelques-uns, comme l'évêque de Toulouse et l'archevêque d'Auch, étaient souillés de crimes ; le clergé avait perdu l'estime publique; les catholiques restés fidèles étaient en petit nombre ; l'erreur insultait par le spectacle d'une vertu factice aux désordres de l'Eglise, et le découragement avait atteint ceux-là même qui conservaient encore dans leur cœur une foi inébranlable.

Mais au moment où les légats étaient disposés à abandonner leur mission, ils apprirent que don Diégo de Azévédo, évêque d'Osma, arrivait à Montpellier avec Dominique. Tous deux Espagnols de naissance, ils revenaient d'une mission du Danemark dont les avait chargés Alphonse VIII de Castille, et d'un pèlerinage à Rome (1206). Les légats s'empressèrent d'aller au-devant de ces deux hommes que le ciel semblait leur envoyer dans un moment si difficile. Don Diégo et Dominique dirent que leur intention était de s'arrêter dans ces contrées désolées et d'y travailler pour la défense de la foi catholique. Ils relevèrent le courage des légats, arrachèrent l'épiscopat à sa léthargie, et obtinrent des résultats qui prouvèrent évidemment que la cause qu'ils embrassaient était divine.

L'évêque d'Osma, pour confondre les hérétiques par un apostolat pauvre et austère, renvoya tous ses équipages et renonça à tout le luxe que sa fortune et sa naissance pouvaient lui procurer ; puis il commença ses travaux apostoliques, suivi de Dominique et de quelques prêtres espagnols. Ils prirent à pied la route de Narbonne et de Toulouse. Ils s'arrêtaient dans les villes et les bourgs, selon que les circonstances leur faisaient juger que leur prédication serait utile. Ils prêchaient aux catholiques dans les églises et tenaient des conférences avec les hérétiques dans les maisons particulières. Ils obtinrent de si grands succès à Caraman, non loin de Toulouse, que les habitants voulaient en chasser les hérétiques. Béziers les accueillit avec empressement ; mais ils furent obligés de supplier Pierre de Castelnau, qui s'était joint à eux, de se retirer, à cause de la haine que lui portaient les ennemis de la foi. Les missionnaires firent aussi une station à Carcassonne, à Verfeil et à Fanjeaux.

Cette dernière mission fut célèbre par un fait miraculeux qui s'y passa. Après une conférence, on convint de jeter au feu les deux mémoires présentés, l'un par les hérétiques et l'autre par Dominique, afin que si l'un des deux était épargné, il fût regardé comme contenant la vraie doctrine de la foi. L'épreuve eut lieu : les flammes dévorèrent à l'instant le mémoire hérétique, et celui de Dominique demeura intact ; par trois fois différentes il fut jeté au feu, trois fois il en sortit sans avoir reçu la moindre atteinte. Le souvenir de ce prodige s'est conservé à Fanjeaux ; les habitants ont acheté la maison où le miracle eut lieu, et ont élevé une chapelle que les souverains pontifes ont enrichie de plusieurs priviléges.

Don Diégo et Dominique trouvèrent un ferme appui dans Foulques, élu à l'évêché de Toulouse, en remplacement de Raymond de Rabeinsten, auquel le saint-père avait retiré l'épiscopat. Foulques était un moine de Cîteaux connu par la pureté de sa vie et l'ardeur de sa foi ; son élévation sur le siége de Toulouse causa une grande joie aux catholiques et surtout aux missionnaires de la province.

Dominique ne tarda pas à fonder le monastère de Notre-Dame de Prouille, dans le village de Prouille, situé dans une plaine entre Fanjeaux et Montréal, au pied des Pyrénées. Ce monastère était destiné à recevoir les jeunes filles catholiques que la naissance et la pauvreté exposaient aux piéges de l'erreur. Ce fut la première des institutions dominicaines. Dominique avait quitté le titre de sous-prieur d'Osma pour prendre celui de frère ; il ajouta à cette qualification celle de prieur de Prouille, et dès lors on ne l'appela plus que le *frère Dominique, prieur de Prouille*.

Don Diégo et Dominique continuaient leurs travaux apostoliques. Vingt religieux de Cîteaux vinrent se joindre à eux. Ce renfort exalta le courage des catholiques. Des conférences tenues à Montréal et à Pamiers produisirent d'heureux résultats. Après deux années laborieuses, les missionnaires recueillirent les fruits de leurs travaux. La province de Narbonne avait été évangélisée d'un bout à l'autre ; on avait obtenu des conversions éclatantes ; l'orgueil des hérétiques était humilié par des vertus qui surpassaient leurs forces, et les peuples attentifs à ce mouvement pouvaient comprendre que l'Eglise catholique n'était pas éteinte.

L'épiscopat s'était relevé dans la personne de Foulques ; l'érection du monastère de Prouille avait encouragé la noblesse pauvre et catholique. Mais le plus grand résultat était d'avoir réuni tant d'hommes éminents par leurs vertus, leur science et leur caractère, dans une pensée commune, celle de l'apostolat, et d'avoir donné à cet apostolat naissant une consistance inespérée.

Quoique Diégo fût inférieur par son titre d'évêque aux légats, il n'était pas moins l'âme des missions : c'était lui qui le premier avait mis la main à l'œuvre ; ses conseils avaient relevé le courage, au moment où l'on croyait que tout était désespéré, et il avait aplani bien des difficultés en gagnant l'affection des hérétiques, qui disaient de lui : « Il est impossible qu'un tel homme enseigne autre chose que la vraie doctrine. » Don Diégo sentait cependant qu'il manquait à l'œuvre l'unité de pouvoir. Aussi parlait-il souvent de la nécessité d'établir un ordre religieux dont l'office propre serait la prédication. Animé par cette pensée, il retourna en Espagne pour régler les affaires de son diocèse, se procurer des ressources, et revenir ensuite réaliser ses projets. Il traversa les Pyrénées et l'Aragon toujours à pied, et revit Osma, dont il était absent depuis trois ans. Il se préparait à quitter de nouveau sa patrie, lorsque Dieu le rappela à lui. Son corps fut enseveli dans une église de la ville épiscopale, sous cette brève inscription : « Ci-gît Diégo de Azévédo, évêque d'Osma. » Il mourut en 1245.

Cette mort, qui passa presque inaperçue, produisit pourtant un résultat qui révéla à tous les yeux que l'Eglise avait perdu un grand homme, un grand saint. A peine le bruit en fut-il parvenu dans le Languedoc, que l'œuvre héroïque dont il avait assemblé les éléments s'anéantit. Les abbés et les religieux de Cîteaux reprirent le chemin de leur monastère ; la plupart des Espagnols que don Diégo avait laissés sous la conduite de Dominique retournèrent en Espagne. Des trois légats, Raoul venait de mourir ; Arnaud ne s'était montré qu'un instant ; Pierre de Castelnau était en Provence.

Restait un seul homme qui jusqu'alors n'avait agi qu'au second rang, Dominique. Il sentait combien il lui serait difficile de perpétuer le génie et la vertu de don Diégo ; aussi faillit-il succomber à la douleur que lui causa la perte de son illustre ami. Dominique restait seul ; néanmoins il demeura ferme dans sa résolution de poursuivre les travaux apostoliques qu'il avait commencés avec l'évêque d'Osma. De tristes événements vinrent bientôt accroître les difficultés qu'il avait à surmonter.

Le comte de Toulouse avait promis plusieurs fois au pape et à son légat de travailler à détruire l'hérésie ; mais, loin de tenir ses promesses, il favorisait toujours les hérétiques. Pierre de Castelnau l'excommunia. Le comte, craignant les conséquences de l'indignation du légat, le pressa de se rendre près de lui, voulant, disait-il, se réconcilier sincèrement avec l'Eglise. L'abbé de Cîteaux se joignit au légat pour assister à cette entrevue. Ils y apportaient tous deux un extrême désir de la paix. Mais le comte ne fit que se jouer d'eux ; son dessein, en les appelant près de lui, avait été de tâcher d'obtenir par la terreur la levée de l'excommunication ; car il menaça les légats de la mort, s'ils osaient sortir de Saint-Gilles sans l'avoir absous. Les légats méprisèrent ses emportements, et se retirèrent avec une escorte que les magistrats de la ville leur avaient donnée. Ils couchèrent le soir sur le bord du Rhône, et le lendemain matin, après avoir congédié les gens qui les accompagnaient, ils se disposèrent à passer le fleuve. Ce fut alors que deux hommes s'approchèrent, et l'un d'eux plongea une lance dans le corps de Pierre de Castelnau.

Le légat, blessé à mort, dit à son meurtrier : « Que Dieu vous pardonne ; pour moi, je vous pardonne. » Il répéta ces paroles plusieurs fois, eut encore le temps d'exhorter ses compagnons à servir l'Eglise sans relâche, et rendit le dernier soupir. Son corps fut transporté à l'abbaye de Saint-Gilles. Il avait été frappé le 15 janvier 1208.

Ce meurtre fut le signal de cette guerre qui allait, pendant plusieurs années, ravager les provinces méridionales, et les arroser de sang.

CHAPITRE XVIII.

Croisade contre les Albigeois.

L'assassinat de Pierre de Castelnau souleva l'indignation générale en France. L'opinion publique accusa Raymond VI de cet attentat. Rien ne prouva qu'il l'eût ordonné ; mais du moins il est certain qu'il accueillit à sa cour le meurtrier, et qu'il le combla de faveurs.

Le pape, très-irrité de la mort de son représentant, écrivit aussitôt aux nobles hommes, comtes, barons, chevaliers, des provinces de Narbonne, d'Arles, d'Embrun, d'Aix, et de Vienne, une lettre dans laquelle, après avoir dépeint la mort de son légat, il déclarait le comte de Toulouse excommunié, ses vassaux et ses sujets déliés du serment d'obéissance, sa personne et ses terres mises au ban de la chrétienté. Il prévoyait néanmoins le cas où le comte se repentirait de ses crimes, et lui laissait les moyens de rentrer dans le sein de l'Eglise. Le souverain pontife écrivit dans des termes semblables aux évêques et aux archevêques des mêmes provinces, à l'archevêque de Lyon, à celui de Tours, et au roi de France. A l'abbé de Cîteaux il adjoignit Navarre, évêque de Conserans, et

Hugues, évêque de Riez ; mais il chargea particulièrement l'abbé de Citeaux de prêcher la croisade avec ses religieux.

Les griefs contre le comte de Toulouse ne manquaient pas. Depuis longtemps nulle sécurité n'existait plus pour les catholiques dans les pays soumis à sa domination. Les monastères étaient dévastés, les églises pillées ; il en avait transformé plusieurs en forteresses ; il avait chassé de leurs siéges les évêques de Carpentras et de Vaison. Un catholique ne pouvait obtenir justice contre un hérétique ; toutes les entreprises de l'erreur étaient placées sous la sauvegarde du comte, qui affectait pour la religion un mépris que l'on peut considérer comme une tyrannie, venant de la part d'un prince. De plus, la France, à cette époque, était infestée de gens de guerre sans service ; réunis par bandes nombreuses, ils vivaient de brigandages et de meurtres, sur les grands chemins. Poursuivis par Philippe-Auguste, ils trouvaient sur les terres du comte de Toulouse, son vassal, une sûre impunité, parce qu'ils coopéraient à ses desseins par leurs déprédations et leurs cruautés sacriléges. Ils enlevaient des tabernacles les vases sacrés, profanaient les saintes hosties, arrachaient aux images des saints leurs ornements, détruisaient des églises de fond en comble ; les prêtres étaient meurtris à coups de verge ou de bâton, et même égorgés. Raymond laissait ses sujets sans défense contre ces assassins. Une telle conduite, jointe à celle qu'il tint envers le meurtrier de Pierre de Castelnau, devait nécessairement appeler sur lui un châtiment.

En voyant l'orage qui se formait sur sa tête, le comte de Toulouse eut peur ; il envoya à Rome l'archevêque d'Auch et l'ancien évêque de Toulouse, Rabeinsten, pour se plaindre au saint-père de la rigueur avec laquelle le traitait l'abbé de Citeaux, et l'assurer qu'il était prêt à se soumettre et à donner au saint-siége toute satisfaction, si on lui envoyait des légats plus équitables. Innocent III se laissa fléchir, et fit partir pour la France Milon, homme d'une prudence consommée, avec la mission spéciale d'entendre et de juger la cause du comte. Milon convoqua à Valence une assemblée d'évêques. Raymond s'y présenta, et accepta les conditions de paix qui lui furent proposées. Ces conditions étaient qu'il chasserait les hérétiques de ses terres, ôterait aux juifs tout emploi public, réparerait les dommages qu'il avait causés aux monastères et aux églises, rétablirait sur leurs siéges les évêques de Carpentras et de Vaison, veillerait à la sûreté des routes, n'exigerait plus d'impôts contraires aux anciens usages du pays, et purgerait ses domaines des bandes armées qui les infestaient.

Comme gage de la sincérité de ses promesses, Raymond remit entre les mains du légat le comte de Melgueil et sept villes de Provence qui lui appartenaient, sous la condition d'en perdre la souveraineté, s'il manquait à sa parole. On convint que sa réconciliation solennelle avec l'Eglise aurait lieu à Saint-Gilles, selon les formes usitées dans ce temps-là. Elle se fit en effet le 18 juin 1209. Raymond reçut l'absolution en présence d'une si grande foule, qu'il fut obligé de sortir par une issue secrète, à travers les souterrains consacrés aux sépultures ; ce qui fit penser à beaucoup de personnes qu'il était allé faire amende honorable au tombeau de Pierre de Castelnau, pour le meurtre qui lui était généralement attribué.

Après la cérémonie de la réconciliation du comte de Toulouse, le légat Milon alla rejoindre à Lyon l'armée des croisés. Elle avait à sa tête le duc de Bourgogne, les comtes de Nevers, de Saint-Paul, de Bar, de Montfort, plusieurs autres seigneurs et quelques prélats. Innocent III avait ordonné, en cas d'absolution accordée au comte, qu'on respectât son domaine direct, mais qu'on marchât contre ses vassaux et alliés, pour obtenir leur soumission. L'armée s'avança donc vers le Languedoc. A peine eut-elle atteint Valence, que Raymond vint au-devant d'elle, revêtu lui-même de la croix des croisés.

L'abbé de Cîteaux et Milon, après avoir fait passer le Rhône à leur armée, la conduisirent à Montpellier, où elle s'arrêta. Raymond-Roger, vicomte de Béziers, informé de son arrivée, se rendit auprès des légats, pour demander la paix et se réconcilier avec l'Eglise, comme l'avait fait son oncle, le comte de Toulouse. Il s'efforça de justifier sa conduite, en rejetant sur ses officiers la protection accordée, contre ses intentions, aux hérétiques. Il protesta qu'il détestait les erreurs des sectaires, et qu'il était prêt à se soumettre à l'Eglise. Les légats refusèrent d'accepter ses excuses, et lui imposèrent des conditions qui lui parurent si dures, qu'il ne voulut pas les accepter, et prit la résolution de défendre ses domaines jusqu'à la dernière extrémité. Il pourvut à la sûreté de ses places, et, après avoir laissé une forte garnison dans Béziers, il alla se jeter dans Carcassonne, avec l'élite de ses troupes. Il implora le secours du roi d'Aragon, qu'il reconnaissait pour son suzerain; mais ce prince refusa de lui venir en aide, pour ne pas se brouiller avec le pape.

L'armée des croisés s'avança jusqu'à Béziers. Les légats envoyèrent un évêque vers les catholiques de cette ville, pour les engager à s'unir à eux contre les hérétiques, et à sortir de la ville, s'ils ne voulaient pas être enveloppés dans la ruine générale. L'éloquence du prélat échoua; les catholiques non-seulement refusèrent de sortir de leurs murs, mais se lièrent étroitement avec les hérétiques, et leur promirent de verser jusqu'à la dernière goutte de leur sang pour la défense de la ville. Les croisés entreprirent alors un siège régulier. Les assiégés firent une vigoureuse sortie contre les assiégeants, qu'ils espéraient vaincre facilement; mais ceux-ci les repoussèrent et les poursuivirent jusqu'à Béziers, dont ils s'emparèrent. La ville, ainsi prise d'assaut, fut livrée à la fureur des soldats; on massacra sans distinction d'âge, de sexe, ni même de religion. Les légats, dans leurs lettres au souverain pontife, estimèrent le nombre des morts à près de vingt mille. Ce carnage, qui n'avait été ni voulu ni prévu, est un des événements qui ont jeté sur la guerre des Albigeois une tache ineffaçable.

Le bruit de cette sanglante conquête jeta l'épouvante dans tous les environs; aussi tous ceux à qui on avait confié la garde des châteaux les abandonnèrent-ils, pour aller chercher un asile dans les rochers et dans les montagnes voisines. L'armée des croisés quitta Béziers pour se rendre à Carcassonne. Sur son chemin, elle s'empara de plus de cent places; quelques-unes se soumirent volontairement, parce que leurs seigneurs étaient catholiques. On y trouva de grandes richesses et une grande quantité de vivres qu'on y avait amassés, dans le dessein de résister aux croisés.

L'armée ennemie arriva devant Carcassonne le 1er août. Le vicomte s'était enfermé dans cette ville, qu'il avait fait fortifier et bien approvisionner, et qu'il était décidé à défendre jusqu'à la dernière extrémité. Les assiégeants s'étaient déjà emparés des faubourgs, qu'ils avaient incendiés, et avaient forcé les habitants à se réfugier dans la cité, lorsque Pierre, roi d'Aragon, et suzerain de Béziers et de Carcassonne, arriva au camp des croisés dans le but d'intercéder en faveur du vicomte. Il descendit avec sa suite sous la tente du comte de Toulouse, son beau-frère, et se rendit ensuite près de l'abbé de Cîteaux, qui le reçut avec toutes les marques d'honneur dues à son rang. Pierre le supplia de prendre en considération la grande jeunesse de Raymond-Roger, et de vouloir bien entrer en négociation avec lui. Le légat et les chefs de l'armée demandèrent au roi si le vicomte l'avait chargé de faire des propositions de paix. « Non, répondit le roi; mais si vous voulez me permettre d'aller le trouver, je suis persuadé qu'il ne refusera pas ma médiation. » On consentit à ce que le prince entrât dans la ville pour rejoindre le vicomte. Le roi d'Aragon exprima à Raymond-Roger tous ses regrets de le voir soutenir l'hérésie; il lui conseilla de traiter avec les croisés, qui étaient beaucoup trop nombreux pour qu'il pût leur résister. Raymond céda aux instances de son beau-frère, et le choisit comme arbitre de ses intérêts à défendre.

Le roi revint à la tente du légat, où étaient réunis tous les principaux chefs de l'expédition. Il intercéda pour le vicomte, assurant qu'il n'avait jamais été hérétique, et que c'était sans sa participation que ses officiers avaient protégé l'erreur. Il ajouta que si Raymond-Roger avait été coupable, il était assez puni aujourd'hui par la destruction de la ville de Béziers et des faubourgs de Carcassonne ; et que, d'ailleurs, ce prince se soumettait entièrement aux volontés du légat. L'abbé de Cîteaux et les chefs de l'armée délibérèrent quelques instants. Leur réponse fut que tout ce qu'ils pouvaient accorder au vicomte, c'était de lui permettre de sortir de Carcassonne, lui treizième, avec armes, chevaux et bagages, à la condition qu'il livrerait tous les habitants à la discrétion des vainqueurs. Des conditions si dures déconcertèrent le roi d'Aragon, qui les porta avec peine à son beau-frère. Raymond-Roger, en les entendant, s'écria : « J'aimerais mieux me laisser écorcher tout vif, que d'être assez lâche pour abandonner mes concitoyens. » Pierre d'Aragon, mécontent du mauvais succès de ses négociations, reprit la route de ses Etats.

Après son départ, les croisés, qui avaient suspendu les travaux du siége, les reprirent. Les assiégés résistèrent avec courage ; mais les chaleurs étant devenues excessives, tous les puits de Carcassonne tarirent, et les habitants se trouvèrent en proie à de telles souffrances, qu'ils offrirent de capituler. Les croisés, d'un commun accord, laissèrent la vie sauve à tous les citoyens, à condition qu'ils n'emporteraient avec eux que leurs chemises et leurs braies. Ce fut, en effet, dans ce triste état qu'ils sortirent de la ville, le 15 août 1209. Les uns se réfugièrent à Toulouse, les autres passèrent en Espagne. Mais on retint en otage, comme prisonnier, Raymond-Roger, jusqu'à l'entière exécution de la capitulation. Les croisés entrèrent dans Carcassonne. Le légat défendit le pillage sous peine d'excommunication, et préposa un certain nombre de chevaliers de l'armée à la garde du butin immense qu'on avait trouvé dans la ville.

Jusque-là, la croisade n'avait eu pour chef que l'abbé de Cîteaux. Après la prise de Carcassonne et de Béziers, les croisés, dont la plupart songeaient à se retirer, crurent utile d'élire un chef militaire, un gouverneur des pays qu'on venait de conquérir. L'abbé de Cîteaux proposa le duc de Bourgogne. Ce prince répondit généreusement qu'il avait assez de domaines, sans usurper ceux de

Raymond-Roger. Le légat jeta alors les yeux sur le comte de Nevers, qui fit la même réponse. Enfin on offrit cette dignité au comte de Saint-Paul, qui ne voulut point l'accepter. Ce refus de la part des trois principaux chefs de l'armée embarrassa l'abbé de Cîteaux, qui s'adressa alors à Simon de Montfort, comte de Leicester. Il fallut peu d'instances pour lui faire accepter les domaines du vicomte de Béziers, que les autres chefs avaient si noblement refusés, comme une spoliation injuste.

Simon de Montfort, descendant de la maison de Hainaut, était né du mariage de Simon III, comte de Montfort et d'Evreux, avec une fille du comte de Leicester. Il avait épousé Alice de Montmorency, femme aussi héroïque que son nom. C'était un chevalier religieux, un capitaine hardi; il avait donné des preuves de sa valeur en terre sainte, l'an 1204; il servait à cette époque sous les enseignes du duc de Bourgogne. Mais, quelque grandes que fussent ses qualités, il les ternit bientôt par une ambition démesurée et par une rigueur exagérée. Il fut élu par les croisés seigneur et prince de toutes les conquêtes qu'ils venaient de faire et des pays habités par les hérétiques, et qui restaient encore à soumettre; il s'intitula vicomte de Béziers et de Carcassonne. Il s'empressa de témoigner son dévouement au saint-siége et sa reconnaissance au légat, afin de se maintenir par leur autorité dans les domaines qui venaient de lui être donnés. Il aurait bien voulu conserver près de lui tous ses compagnons d'armes, pour qu'ils l'aidassent à enlever aux hérétiques, assez nombreux, toutes les places fortes qui leur restaient encore; mais le plus grand nombre des croisés ne voulut pas continuer de prendre part aux périls de cette guerre. Le comte de Nevers, le comte de Toulouse et le duc de Bourgogne se retirèrent les uns après les autres, laissant Montfort avec une trentaine de chevaliers et un petit nombre de soldats.

Raymond-Roger était toujours prisonnier dans une des tours du palais vicomtal de Carcassonne. Il ne supporta pas longtemps sa captivité, et mourut au mois de novembre 1209. On soupçonna que sa mort n'avait pas été naturelle. A ses derniers moments, il se confessa à l'évêque de Carcassonne, qui lui administra les derniers sacrements. Simon de Montfort fit exposer son corps dans la cathédrale, le visage découvert, afin qu'il fût reconnu de ses anciens sujets, et sans doute aussi pour écarter le soupçon qui s'élevait contre lui-même d'avoir fait périr ce jeune prince. Il lui fit rendre les honneurs dus à son rang. Les peuples des environs assistèrent en foule à son convoi, et témoignèrent par leurs larmes un vif regret de sa mort.

Ainsi mourut, à l'âge de vingt-quatre ans, Raymond-Roger, vicomte de Béziers, de Carcassonne, d'Alby et de Razès, seigneur de Lauraguais, du Minervois, du Termenois et de divers autres domaines. Il était neveu de Raymond, comte de Toulouse, parent de Philippe-Auguste, roi de France, et allié à plusieurs autres princes. Il fut sans doute moins coupable d'avoir suivi ou favorisé l'hérésie, que malheureux d'avoir eu des tuteurs et des conseillers qui, durant sa minorité, n'en avaient pas arrêté les progrès. Il laissa d'Agnès de Montpellier, sa femme, qui lui survécut, un fils unique, nommé Raymond de Traincavel, âgé seulement de deux ans. Cet enfant fut confié à la garde du comte de Foix, son proche parent.

Après la mort de Raymond-Roger, le pape confirma Simon de Montfort dans la possession de ses conquêtes, et tâcha de lui procurer de nouveaux secours. Dans ce but, il écrivit à l'empereur, au roi de France et au roi d'Aragon, pour les conjurer de soutenir Montfort dans sa lutte contre les hérétiques. Il engagea aussi tous les barons restés auprès du nouveau duc à persister dans l'entreprise, et accorda un grand nombre d'indulgences à tous ceux qui se croiseraient pour extirper l'hérésie.

CHAPITRE XIX.

Simon de Montfort.

Bien que Simon de Montfort fût resté avec peu de monde, il continua néanmoins ses conquêtes. Il s'empara de Pamiers, d'Alby, d'une grande partie de l'Albigeois ; soumit les châteaux de Mirepoix, de Saverdun, de Lombez, de Montréal, de Fanjeaux. Toutefois il ne tarda pas à éprouver des revers ; plusieurs seigneurs, soumis d'abord, se révoltèrent ; le comte de Foix, qui s'était dit son allié, l'abandonna, et les croisés qui tombèrent au pouvoir des hérétiques subirent les plus cruels traitements.

Le roi d'Aragon n'était pas étranger à tout ce qui se passait. Simon de Montfort le pressait de recevoir son hommage pour le comté de Carcassonne, dont il avait la suzeraineté. Pierre feignit de se rendre à ses sollicitations, et eut avec lui une entrevue à Montpellier ; mais, sous différents prétextes, il persista à refuser l'hommage de Montfort ; puis il engagea secrètement tous les nobles des vicomtés de Béziers et de Carcassonne à secouer le joug de la domination étrangère, leur promettant de les soutenir dans leur révolte et de marcher incessamment pour les secourir. Ces intrigues du roi d'Aragon auprès des anciens vassaux de Raymond-Roger, réussirent ; et bientôt on vit la plupart des chevaliers se tourner contre Simon de Montfort, qui perdit une partie des villes et des châteaux dont il s'était emparé.

Ces revers commençaient à abattre les croisés, lorsque leur courage fut relevé par l'arrivée de nouveaux secours, venant de France et de Rome. Simon continua alors ses expéditions ; il s'empara de plusieurs châteaux, et vint mettre le siége devant celui de Minerve, situé dans la partie septentrionale de l'ancien diocèse de Narbonne, sur un rocher escarpé, environné de précipices qui lui servaient de fossés. Outre l'avantage de sa situation, qui le faisait regarder comme une place imprenable, ce château était défendu par une nombreuse garnison, commandée par un brave chevalier, Guillaume de Minerve. Malgré toutes ces difficultés, Simon poussa vigoureusement le siége. Les habitants le soutinrent avec énergie ; mais, au bout de sept semaines, ils se virent obligés de capituler. Il fut arrêté que Simon resterait maître de la place, et que l'on accorderait la vie sauve à Guillaume de Minerve, à tous les catholiques, et à tous les hérétiques qui voudraient se convertir. Les croisés entrèrent dans Minerve le 22 juillet 1210, en chantant le *Te Deum*. Ils se rendirent aussitôt dans l'église, la purifièrent, et arborèrent sur le clocher, d'un côté l'étendard de la croix, de l'autre celui de Montfort. Gui, abbé de Vaux-Sernai, fut envoyé auprès des hérétiques pour les exhorter à se convertir ; malgré toute son éloquence, il ne put les convaincre. Simon essaya aussi, mais en vain, de les faire renoncer à leur erreur. Alors on les fit arrêter, et on les condamna à être brûlés vifs. La sentence s'exécuta immédiatement ; on dressa un bûcher, et cent quatre-vingts hérétiques obstinés périrent dans les flammes. Il ne fut pas nécessaire de les jeter dans le bûcher ; ils s'y précipitèrent d'eux-mêmes, avec un courage digne d'une meilleure cause. Quant à Guillaume, Montfort lui donna, en échange de ce qu'il lui enlevait, quelques domaines aux environs de Béziers ; mais ce chevalier ne tarda pas à violer son serment de fidélité.

Après la prise de Minerve, Simon fit le siége du château, s'en empara, et continua d'accroître ses possessions, dans lesquelles le pape le confirma de nouveau. En même temps il faisait lever des subsides pour fournir aux frais de la croisade.

Tandis que Montfort poursuivait la guerre contre les hérétiques, le comte de Toulouse, tranquille sur sa réconciliation avec l'Eglise, ne paraissait pas s'inquiéter de la chute de ses alliés et de ses vassaux. Toutefois on ne le laissa pas longtemps en paix ; le légat et Simon le firent sommer de remplir dans un délai de six semaines les promesses qu'il avait faites à Saint-Gilles, sous peine d'être de nouveau excommunié. Raymond VI répondit qu'il n'avait rien à démêler avec l'abbé de Cîteaux et Simon de Montfort, attendu qu'il avait reçu son absolution de Milon, légat du saint-siége, et il partit immédiatement pour Rome (1210). Admis auprès du saint-père, qui le reçut avec affection, il se plaignit de la rigueur des légats à son égard, produisit les attestations authentiques de plusieurs églises qu'il avait indemnisées, et se déclara prêt à exécuter fidèlement tout ce qu'il avait promis. Il demanda aussi à se justifier du meurtre de Pierre de Castelnau et des intelligences qu'on l'accusait d'entretenir avec les hérétiques. Le pape l'encouragea dans ses sentiments honorables, et ordonna d'assembler en France un nouveau concile d'évêques pour entendre sa justification, avec cette clause expresse que s'il était trouvé coupable, on réserverait au saint-siége le droit de prononcer la sentence.

Raymond, en quittant Rome, alla visiter l'empereur et le roi de France, dans l'espoir d'en obtenir quelque appui ; mais ce fut inutilement. Il fut obligé de paraître au concile, qui se tint à Saint-Gilles au mois de septembre 1210. Il essaya de se justifier des deux accusations d'intelligence avec les hérétiques et de complicité dans le meurtre de Pierre de Castelnau. Le concile refusa de l'entendre sur ces deux points, et lui demanda simplement de remplir la promesse qu'il avait faite de purger ses domaines des hérétiques et des mauvaises gens qui s'y trouvaient. Soit que Raymond ne pût exécuter ce qu'on exigeait de lui, soit qu'il n'en eût pas la volonté, il revint à Toulouse, persuadé que désormais il n'avait plus rien à attendre que du sort des armes. Le concile s'abstint néanmoins de l'excommunier, parce que le souverain pontife s'était réservé de ratifier la sentence. Innocent III se contenta d'écrire à Raymond dans des termes affectueux, pour l'exhorter, sans aucune menace, à faire ce que sa conscience demandait de lui.

Le roi d'Aragon, pour empêcher une rupture définitive, intervint de son côté. Deux conférences eurent lieu dans l'hiver de 1211 : l'une à Narbonne, l'autre à Montpellier. Dans la première, le comte de Toulouse rejeta ouvertement les conditions qui lui avaient déjà été proposées à Saint-Gilles ; dans la seconde, il parut d'abord y consentir, puis il se retira tout à coup, sans s'engager à rien. Le roi d'Aragon, irrité de cette conduite, fiança son fils, âgé de trois ans, à une fille de Simon de Montfort qui avait le même âge, et remit l'enfant aux mains de son beau-père, pour qu'il se chargeât de le faire élever. Mais bientôt il s'en repentit ; et pour se rapprocher de Raymond, il donna sa sœur en mariage à son fils unique. Par cette alliance, il resserra encore les liens qui l'attachaient déjà à la cause de l'hérésie. Simon de Montfort ressentit autant de déplaisir de cette union qu'il éprouvait de joie de posséder un otage aussi important que celui du jeune fils du roi d'Aragon.

L'abbé de Cîteaux, voyant enfin qu'il était impossible d'obtenir la soumission du comte de Toulouse, lança l'excommunication contre lui. Le pape la ratifia. Raymond, ne doutant pas qu'il serait bientôt attaqué par les croisés, se prépara à la guerre, en s'assurant de la fidélité de ses sujets et du secours de divers seigneurs, principalement des comtes de Foix et de Comminges. De son côté, l'abbé de Cîteaux envoya en France l'évêque de Toulouse solliciter de nouveaux secours contre les hérétiques. Ce prélat parvint à décider l'évêque de Paris, Robert de Courtenay, Pierre de Courtenay, comte d'Auxerre, Enguerrand de Coucy, et plusieurs autres seigneurs, à se croiser et à le suivre. On assure que Léopold, duc d'Autriche, Adolphe, comte de Mons, et Guillaume, comte de Juliers, se croisèrent aussi et amenèrent à Simon un renfort considérable. Ces nouveaux croisés arrivèrent à Carcassonne le 10 mars 1211.

Lorsque Simon de Montfort eut reçu ces secours, il décida d'attaquer le château de Cabaret, qui a donné son nom au pays de Cabardez. Pierre-Roger, gouverneur de ce château, au lieu de résister, trouva plus prudent d'entrer en arrangement avec les croisés, qui acquirent ainsi cette place forte sans coup férir. Plusieurs autres châteaux des environs suivirent l'exemple de celui de Cabaret.

Les croisés tournèrent alors leurs armes contre Lavaur. Cette ville, qui n'avait à cette époque que le titre de château, appartenait à une veuve nommée Guérande. Aymeri, son frère, seigneur de Montréal, ayant été dépouillé de ses biens par les croisés, s'était retiré auprès d'elle. C'était un chevalier de mérite ; il entreprit de défendre la place jusqu'à la dernière extrémité. Il était secondé par quatre-vingts chevaliers braves et résolus, et par un grand nombre d'hérétiques qui s'étaient réfugiés dans la ville. Cette cité était d'ailleurs bien fortifiée, environnée d'épaisses murailles et de fossés profonds, et bien approvisionnée. Raymond, dit-on, envoya secrétement à son aide plusieurs de ses chevaliers. Mais voulant cependant garder encore quelques ménagements avec Simon de Montfort, il permit aux habitants de Toulouse de secourir le camp des croisés.

Foulques, évêque de Toulouse, envoya à Simon un corps de Toulousains qui s'étaient engagés dans une espèce de confrérie érigée par lui, sous l'autorité du légat, dans le but d'exterminer l'hérésie et d'abolir l'usure. Il donna la croix à tous ceux qui voulurent y entrer, et les rendit participants à l'indulgence de la croisade. La plus grande partie des habitants de la ville s'enrôla dans cette confrérie. Foulques fit prêter serment à tous les confrères de demeurer fidèles à l'Eglise, et leur donna pour prévôts deux chevaliers : Aymeri de Castelnau et Arnaud son frère, puis deux bourgeois. Ces quatre officiers érigèrent un tribunal redoutable, où les usuriers étaient cités et punis sévèrement. Cette mesure amena une division entre les habitants de la cité et ceux des faubourgs. Ceux-ci, pour lutter contre la confrérie qu'ils appelaient *la Blanche*, établirent de leur côté une autre confrérie, qu'ils nommèrent *la Noire*. Il s'ensuivit des querelles et des débats continuels entre les deux confréries ; et l'institution que l'évêque avait établie dans un but louable, devint une source de véritable guerre civile.

L'abbé de Cîteaux sollicita des secours de l'évêque de Toulouse, qui engagea tous les confrères de la confrérie Blanche à venir en aide aux croisés occupés au siége de Lavaur ; ils s'armèrent au nombre de cinq mille, et se disposèrent à partir. Le comte de Toulouse, averti de leur dessein, essaya de les en détourner, et leur défendit même de sortir de la ville ; mais ils trompèrent sa vigilance, passèrent la Garonne malgré lui, et arrivèrent, enseignes déployées, sous les murs de Lavaur. Les assiégés, les voyant venir de loin, crurent que c'étaient des secours que Raymond leur envoyait ; ils virent avec surprise que les nouveaux venus s'arrêtaient dans le camp des croisés et prenaient place dans les rangs ennemis.

Robert et Pierre de Courtenay, cousins germains de Raymond, lui firent les plus vives instances pour l'engager à se soumettre à l'Eglise. Il se rendit auprès des légats, et eut avec eux une conférence ; mais, comme les précédentes, elle n'eut aucun résultat. Le comte se retira, en emportant une haine profonde contre Simon de Montfort. A son retour à Toulouse, il défendit sévèrement aux habitants de porter dorénavant des vivres au camp des croisés ; et pour les en empêcher, il fit garder tous les passages ; aussi la famine ne tarda-t-elle pas à se faire sentir vivement dans l'armée.

Raymond rompit alors ouvertement avec les croisés, et ne garda plus de ménagement avec Simon de Montfort, qu'il voyait disposé à le dépouiller entièrement de ses domaines. Apprenant qu'un corps de six mille croisés allemands s'avançait au secours de Simon, devant Lavaur, il envoya aussitôt, sous les ordres du comte de Foix, des troupes qui se mirent en embuscade dans un bois où les Allemands devaient passer. Lorsque ceux-ci parurent, ils furent attaqués avec fureur et taillés en pièces. Montfort, averti du combat, partit en toute hâte pour aller au-devant de ses alliés; mais il arriva trop tard, et ne trouva sur le champ de bataille qu'une multitude de morts et de blessés ; il fit inhumer les uns, et enlever les autres pour les soigner ; puis il retourna à Lavaur continuer les travaux du siége.

Peu de temps après, un différend s'éleva entre le comte et l'évêque de Toulouse. Celui-ci voulait faire une ordination, mais il ne le pouvait pas dans une ville sur laquelle les légats avaient jeté l'interdit, à cause de la présence de Raymond. Pour remédier à cet inconvénient, l'évêque fit prier le comte de sortir de la ville, pendant qu'il ferait l'ordination, sous le prétexte d'une promenade. Le comte, irrité d'une telle démarche, fit signifier à l'évêque de sortir de suite de ses États. Le prélat répondit : « Ce n'est pas le comte qui m'a fait évêque ; ce n'est ni par lui ni pour lui que j'ai été placé sur le siége épiscopal de Toulouse ; je suis élu suivant les lois ecclésiastiques, et non par l'autorité du prince. Je ne sortirai pas de la ville ; qu'il vienne s'il veut ; il me trouvera seul et sans armes ; je suis prêt à mourir pour arriver à la gloire par le calice de la passion. » L'intrépidité de l'évêque modéra la colère du comte, qui n'osa rien tenter contre lui. Mais Foulques sortit volontairement de Toulouse, et se rendit au camp de Lavaur.

Le siége de cette ville traînait en longueur, par suite de la vigoureuse défense des assiégés. De part et d'autre, on faisait des efforts extraordinaires, et l'on recourait à tous les expédients que l'on pouvait imaginer. Les assiégés jetaient sur les machines de guerre qu'on approchait de leurs murs, des tisons allumés et de la graisse bouillante. Les croisés parvinrent enfin à pénétrer dans la ville, le 3 mai 1211. On fit prisonnier Aymeri, seigneur de Montréal, avec quatre-vingts chevaliers de la garnison. Montfort ordonna qu'on les pendît aussitôt à des gibets. Aymeri fut exécuté le premier à une potence plus élevée que les autres. L'instrument de supplice étant venu à tomber, Simon trouva plus expéditif de faire passer les chevaliers au fil de l'épée. Quant à Guérande, dame de Lavaur, comme c'était une hérétique obstinée, il la fit jeter toute vivante dans un puits, qu'il fit combler avec de grosses pierres. On trouva dans Lavaur un grand nombre d'hérétiques ; on leur offrit la vie sauve, s'ils voulaient embrasser la foi catholique. Ils préférèrent la mort, et se précipitèrent d'eux-mêmes dans les flammes. Environ quatre cents personnes furent brûlées vives. On fit grâce au reste des habitants. Quant au butin, qui fut considérable, on assure que Simon de Montfort se l'appropria, et qu'il s'en servit pour satisfaire un riche marchand de Cahors qui lui avait prêté de fortes sommes.

Après cette expédition, l'évêque de Paris, Robert de Courtenay, et Henri de Coucy prirent congé de Montfort, et se retirèrent avec leurs troupes. Les Toulousains s'en retournèrent aussi, du consentement de leur évêque Foulques.

CHAPITRE XX.

Pierre d'Aragon. — Muret.

Jusqu'alors Simon de Montfort n'avait pas osé attaquer directement les places qui étaient du domaine immédiat du comte de Toulouse; mais lorsqu'il eut envahi tous les Etats du feu comte de Béziers, Raymond-Roger, et ensuite soumis Lavaur, il tourna ses armes contre Raymond VI lui-même. Le prétexte dont il se servit pour lui déclarer la guerre fut la défense qu'il avait faite aux Toulousains d'apporter des vivres et des munitions au camp des croisés, et principalement l'excommunication des légats du pape, qui donnait ses domaines au premier occupant. Simon commença par entrer dans Montjoyre, pour se venger sur les habitants de la mort des six mille Allemands que le comte de Foix avait écrasés ; mais ils avaient tous pris la fuite, et Montfort ne put que piller leurs maisons, qu'il ruina de fond en comble. Raymond VI, qui ne s'attendait pas à ces actes d'hostilités, offrit aux généraux de l'armée des croisés de remettre sa personne et ses Etats, la ville de Toulouse exceptée, au pouvoir des légats, et promit d'exécuter fidèlement les ordres qui lui seraient donnés, soit au sujet de la foi, soit pour réparer les dommages qui avaient été causés aux églises, mais à condition qu'on lui accorderait la vie sauve, et qu'on conserverait ses domaines à son fils. Plusieurs barons étaient d'avis d'accepter ces offres, mais d'autres les rejetèrent. Simon de Montfort continua donc les hostilités, et vint mettre le siége devant le château de Casser, situé dans le Lauraguais. La garnison, voyant toute résistance inutile, se rendit. Les évêques exhortèrent les hérétiques à se convertir, mais leurs instances furent vaines ; alors soixante sectaires furent abandonnés aux croisés, qui les condamnèrent au bûcher.

Après la prise de Casser, Simon entreprit le siége de Montferrand, château situé à deux lieues de Castelnaudary. La garde en était confiée au comte Baudouin, frère de Raymond VI. Il était disposé à se défendre jusqu'à la dernière extrémité ; mais Montfort parvint à le faire changer de résolution, en lui faisant accepter des offres brillantes. Baudouin consentit à remettre le château de Montferrand, et promit de ne jamais porter les armes contre les croisés ; à cette condition, Simon lui donna en fief plusieurs domaines dans le Quercy, et le réconcilia avec l'Eglise. Dès lors Baudouin resta attaché à Montfort, et fit une guerre implacable à son frère Raymond.

Montfort, maître de Montferrand et de Castelnaudary, se décida à faire le siége de Toulouse. Les habitants, surpris, envoyèrent des députés aux croisés pour se plaindre de cette attaque, attendu qu'ils étaient disposés à observer exactement tout ce qu'ils avaient promis, et qu'on n'avait aucun acte à leur reprocher depuis leur réconciliation avec l'Eglise. Les légats et l'évêque de Toulouse répondirent qu'on ne les accusait point d'avoir commis quelque faute, mais qu'on assiégeait leur ville parce qu'ils reconnaissaient Raymond VI pour leur seigneur, et qu'ils lui permettaient de demeurer parmi eux ; que s'ils voulaient le chasser, ainsi que ses partisans, et recevoir pour leur maître celui qu'eux et l'Eglise leur donneraient, il ne leur serait fait aucun mal ; sinon, qu'on allait les attaquer vivement, et qu'on les regarderait comme des hérétiques et des fauteurs d'hérétiques. Les Toulousains, se croyant liés par le serment de fidélité qu'ils avaient prêté à leur comte, refusèrent d'acquiescer à ces injonctions. Alors Foulques ordonna à tous les ecclésiastiques de quitter immédiatement la ville. Ceux-ci sortirent donc aussitôt, nu-pieds, emportant le saint sacrement ; ce qui causa une profonde douleur aux Toulousains.

Raymond ne s'alarma point des projets hostiles des croisés. Les comtes de Comminges et de Foix l'avaient rejoint, à la tête de leurs vassaux, et les habitants lui promirent de le défendre jusqu'à la dernière extrémité.

Les croisés, après avoir ravagé les campagnes environnantes, s'arrêtèrent devant Toulouse, au mois de mai. Simon de Montfort, jugeant qu'il n'avait pas assez de troupes pour entourer la ville, se contenta d'attaquer cette partie qu'on appelait le *Bourg* ou le faubourg, et qui était située vers l'abbaye de Saint-Sernin. Il campa à une distance assez éloignée des murailles, mais dressa ses batteries contre deux portes de la ville. Les comtes de Bar et de Châlons livrèrent un premier assaut ; mais ils furent repoussés avec force par les assiégés, qui dans plusieurs sorties firent subir de si grandes pertes aux croisés, que Montfort se décida à lever le siége.

Il tourna alors ses armes contre le comte de Foix ; et pour le punir des secours qu'il donnait à Raymond, il ravagea tout son territoire. Il se rendit ensuite à Cahors, où l'évêque et les habitants le reconnurent pour leur seigneur. Il mit une garnison à Castelnaudary, et se retira à Carcassonne.

Mais le comte de Toulouse, de son côté, se mit en campagne pour tâcher de recouvrer les villes qu'il avait perdues ; il en reprit plusieurs, et vint mettre le siége devant Castelnaudary, au mois de septembre. Simon de Montfort accourut ; de vigoureux combats se livrèrent entre les assiégeants et les assiégés ; une défaite qu'essuya le comte de Foix laissa Montfort maître de la place ; mais tandis que celui-ci fit chanter un *Te Deum* en action de grâces de sa victoire, le comte de Foix fit annoncer dans tous les châteaux que les croisés étaient battus, et que Simon était fait prisonnier. Cette fausse nouvelle décida plusieurs seigneurs à se soumettre au comte de Foix, bien que Montfort réparât ses pertes par de nouveaux succès.

Philippe-Auguste ne put se résigner à voir le comte de Toulouse ainsi dépouillé de ses domaines ; il se plaignit au pape de ce que Simon s'en était emparé, au préjudice de sa propre suzeraineté. Innocent III répondit au roi que, d'après la conduite que tenait Raymond, ses domaines devaient lui être enlevés ; mais qu'on les garderait intégralement pour celui à qui ils devraient un jour appartenir. Simon, fort de cette décision, continua ses envahissements sur les terres du comte de Toulouse.

Gui de Montfort vint au secours de son frère Simon, l'aida à s'emparer de plusieurs villes, ravagea le territoire du comte de Foix, et parvint presque aux portes de Toulouse. Raymond, serré de près, implora la protection du roi d'Aragon, qui envoya des ambassadeurs à Rome pour se plaindre de la conduite arbitraire de Simon. Le pape fit suspendre les hostilités, et Pierre d'Aragon se rendit à Toulouse avec plusieurs évêques, pour négocier un arrangement en faveur de ses alliés. Le concile de Lavaur rejeta les propositions de Pierre, et refusa d'écouter la justification de Raymond, attendu qu'il n'avait tenu aucune des promesses qu'il avait faites, et qu'il continuait de protéger les hérétiques au lieu de les chasser de ses Etats, ainsi qu'il s'y était engagé. Pierre, ne pouvant rien obtenir du concile, en appela de nouveau au pape. Mais les évêques, de leur côté, justifièrent aux yeux du saint-père leur conduite à l'égard du comte de Toulouse, et Innocent III se prononça en leur faveur.

Le roi d'Aragon se déclara alors ouvertement le protecteur du prince dépouillé et de tous ses alliés. L'évêque de Narbonne lui représenta qu'il s'exposait aux censures de l'Eglise, s'il embrassait le parti des hérétiques et des excommuniés. Cette menace n'ébranla pas Pierre, qui se lia plus étroitement avec les comtes de Toulouse, de Foix, de Comminges, avec le vicomte de Béarn et tous les chevaliers réfugiés à Toulouse. Le 27 janvier 1213, tous les Toulousains lui prêtèrent serment ; Raymond et son fils remirent à sa disposition leurs personnes, la ville et ses dépendances, ainsi que leurs domaines et leurs vassaux.

Pierre chercha à se rendre favorable Philippe-Auguste. Il n'ignorait pas que ce prince, alors extrêmement refroidi pour les intérêts du comte de Toulouse, appuyait la croisade, et qu'il avait même consenti, quoique avec peine, à ce que son fils Louis prît la croix pour marcher, au printemps suivant, contre les hérétiques de la province. Une grande partie de la noblesse s'était aussi croisée pour accompagner le jeune prince. Le roi d'Aragon vit alors que ce qu'il avait de mieux à faire était d'empêcher tous ces secours d'arriver à Simon de Montfort. Il envoya donc à la cour de France des ambassadeurs, qui furent assez heureux dans leur mission ; ils parvinrent à détourner de la croisade les chevaliers, et décidèrent le roi à renoncer au départ de son fils pour le Midi. Cette expédition fut remise à l'année suivante.

De leur côté, les évêques de Toulouse et de Carcassonne s'étaient aussi rendus en France pour entraver les démarches du roi d'Aragon, et pour prêcher la croisade contre les Albigeois. Mais ils entraînèrent peu de défenseurs, parce que, dans le même moment, un légat du pape préparait les peuples à se croiser pour la terre sainte.

Les hostilités recommencèrent bientôt de part et d'autre. Simon de Montfort convoqua une nombreuse assemblée pour donner la *ceinture militaire* à son fils Amaury. Cette cérémonie se fit en grande pompe à Castelnaudary. L'évêque d'Orléans, après avoir officié pontificalement, donna la ceinture au jeune Amaury, qui fut conduit à l'autel par son père et par sa mère. Il demanda ensuite à être fait chevalier pour le service de Jésus-Christ : ce titre lui fut conféré en présence d'une foule de chevaliers et de gentilshommes. Quelques jours après, Simon fit rendre hommage à son fils par la noblesse de Gascogne assemblée à Muret, puis il le conduisit dans cette province, et lui fit prendre possession des domaines qu'il y avait acquis.

Pendant son absence, le comte de Toulouse assiégea le château de Pujol. Les assiégés firent une vigoureuse résistance, mais ils furent obligés de capituler. On leur accorda la vie sauve. Toutefois, malgré cette promesse, Raymond les fit conduire à Toulouse, et soixante d'entre eux furent pendus, après qu'on les eut promenés dans toute la ville, attachés à la queue de leurs chevaux ; le reste fut passé au fil de l'épée.

A la nouvelle du siége de Pujol, Montfort accourut ; il n'arriva que pour apprendre le triste sort de la garnison. Sachant que le roi d'Aragon se préparait à venir le combattre, il rappela son fils près de lui et se mit en état de défense. D'accord avec les évêques, il députa deux abbés vers Pierre, pour lui rappeler que le pape lui défendait de protéger les hérétiques, et il le somma d'obéir à cet ordre. Le roi d'Aragon promit de s'arrêter, mais il viola immédiatement son serment en se rendant à Toulouse, où l'attendaient Raymond VI et les comtes de Foix et de Comminges. Toutes leurs forces réunies formaient une armée de deux mille chevaliers environ, et de quarante mille fantassins, la plupart Toulousains. Le roi et ses alliés, suivis d'un grand train d'artillerie, s'avancèrent à la tête de leur armée vers Muret, où allait se livrer une bataille mémorable et décisive. Cette ville était une place importante, située sur la Garonne, à trois lieues au-dessus de Toulouse.

Simon de Montfort était à Fanjeaux, lorsqu'il apprit que l'armée confédérée s'était dirigée vers Muret. Il n'avait à son service que huit cents chevaux environ, et un petit nombre de gens de pied ; il partit cependant pour Muret avec sa petite troupe, accompagné des évêques de Toulouse, de Nîmes, d'Uzès, de Lodève, de Béziers, de Comminges, et de trois abbés de Cîteaux. Arrivé le même jour au monastère de Bolbaune, qui appartenait à l'ordre de Cîteaux, il entra dans l'église, y pria longtemps. Après avoir posé son épée sur l'autel, il la reprit en disant à Dieu : « O Seigneur, qui m'avez choisi, tout indigne que j'en étais, pour faire la guerre en votre nom, je prends aujourd'hui mon épée sur votre autel, afin de recevoir mes armes de vous, puisque c'est pour vous que je vais combattre. » Il marcha ensuite vers Saverdun, et y passa la nuit ; le lendemain il se confessa, écrivit son testament, et l'envoya à l'abbé de Bolbaune, avec prière de le transmettre au souverain pontife, s'il venait à périr ; le soir, il franchit la Garonne et se trouva derrière les tours de Muret, gardées par une trentaine de chevaliers. C'était le mercredi 12 septembre 1213.

Les ennemis ne tardèrent pas à se précipiter vers les portes de la ville. Simon de Montfort s'avança avec ses troupes, suivi de l'évêque de Toulouse, portant dans ses mains un crucifix. Les cavaliers mirent pied à terre pour adorer ce signe de salut, dans lequel ils mettaient toute leur confiance. L'évêque de Comminges, placé sur un lieu élevé, harangua l'armée en peu de mots, et la bénit ; tous les ecclésiastiques qui étaient présents se retirèrent dans l'église pour y prier, et Montfort sortit de la ville avec ses huit cents chevaux, mais sans infanterie. La lutte s'engagea. Simon, qui avait partagé sa petite armée en trois corps, parvint bientôt, par la hardiesse de l'attaque, à jeter le désordre et l'épouvante dans les rangs ennemis. Le premier corps rompit l'avant-garde ; le second pénétra jusque dans les derniers rangs, où le roi d'Aragon était entouré de ses troupes d'élite ; Montfort, arrivant avec le troisième corps, prit en flanc les Aragonais, déjà découragés. Cependant, dans cette attaque, Simon aurait pu facilement être accablé en un instant ; la fortune parut rester quelques moments indécise ; mais un coup mortel frappa le roi d'Aragon, et décida du sort de cette journée. Les cris et la fuite des Aragonais entraînèrent le reste de l'armée. Les évêques qui priaient avec ardeur dans l'église de Muret, bientôt attirés sur les murs par le retentissement de la victoire, virent la plaine couverte de fuyards, qui échappaient avec peine aux coups terribles des croisés. Un corps de troupe qui essayait d'emporter la ville d'assaut jeta ses armes, et fut complètement exterminé. Montfort, en revenant de la poursuite des vaincus et traversant le champ de bataille, aperçut, gisant sur la terre, le corps du roi d'Aragon, déjà dépouillé. Il descendit de cheval, et embrassa en pleurant les restes meurtris et défigurés de ce prince malheureux.

Pierre II était un brave chevalier, aimé de ses sujets, catholique de cœur, et qui était digne de mourir pour une meilleure cause. Les liens qui unissaient ses deux sœurs aux deux Raymond l'avaient engagé à soutenir un parti qu'il jugeait n'être plus celui de l'hérésie, mais celui de la justice et de la parenté.

Montfort, après s'être occupé de sa sépulture, entra dans Muret, pieds nus, monta à l'église pour remercier Dieu de la protection qu'il lui avait accordée, et donna aux pauvres le cheval et l'armure avec lesquels il avait combattu.

CHAPITRE XXI.

Le Comté de Toulouse donné à Simon de Montfort.

Lorsqu'on apprit à Toulouse le résultat de la bataille de Muret, toute la ville fut dans le deuil et la consternation : chaque citoyen avait à pleurer la mort d'un parent ou d'un ami. Les comtes de Toulouse, de Foix et de Comminges tinrent conseil ; jugeant qu'ils n'avaient pas de forces suffisantes pour continuer à résister aux armes victorieuses de Simon de Montfort, ils se retirèrent, espérant qu'avec le temps ils pourraient rétablir leurs affaires. Raymond, en partant, promit aux Toulousains d'aller à Rome se plaindre de l'injustice des croisés. Mais il leur recommanda, en attendant, de veiller à leur sûreté. Les évêques restés à Muret après la bataille pensèrent que le départ du comte de Toulouse était une circonstance favorable pour engager les Toulousains à faire leur soumission au pape dans la personne de ses légats. Ils entamèrent avec eux des négociations ; tous les habitants promirent une entière obéissance, et proposèrent des otages ; mais lorsqu'il fallut remplir les conditions, ils retirèrent leur parole, et tout fut rompu.

Simon, après sa victoire, tourna ses armes du côté du Rhône, où divers mouvements avaient lieu en faveur du comte de Toulouse. Il voulut passer par Narbonne ; mais les habitants lui fermèrent leurs portes ; ceux de Béziers en firent autant ; Montpellier le reçut. Nîmes aurait bien voulu lui résister, mais la crainte d'encourir son ressentiment la fit céder. Il se rendit de là à Beaucaire, et arriva dans le Vivarais, où Pons de Montlaur agitait tout le pays ; effrayé de l'approche de Montfort, il alla à sa rencontre et lui fit sa soumission. Aymar de Poitiers, comte de Valentinois, qui possédait d'assez vastes domaines, opposa une assez vive résistance ; mais, pressé par Eudes, duc de Bourgogne, qui soutenait Montfort, il consentit enfin à reconnaître l'autorité du vainqueur, et lui livra plusieurs de ses châteaux.

Le désir de soumettre les seigneurs qui avaient embrassé le parti de Raymond VI n'était pas le seul motif qui avait engagé Simon à passer en Provence ; il en avait un autre, très-important pour lui : c'était de conclure le mariage de son fils Amaury avec l'héritière du Dauphiné, Béatrix, fille unique d'André de Bourgogne, dauphin du Viennois. Eudes III, duc de Bourgogne, oncle de Béatrix, appuya les prétentions de Simon, qui parvint enfin à conclure l'alliance désirée. Après avoir terminé cette affaire, il se hâta de revenir du côté de Toulouse, où l'attendaient de nouveaux embarras.

Les Aragonais, après la bataille de Muret, avaient fait prier Montfort de leur remettre le jeune prince Jacques, fils de Pierre, qui avait été remis entre ses mains, lorsqu'on l'avait fiancé à sa fille. Simon avait refusé de le laisser partir. Les Aragonais, pour se venger, se mirent à ravager les domaines de leur ennemi jusqu'à Béziers. Le comte accourut pour défendre ses possessions ; mais le pape lui ordonna de remettre Jacques d'Aragon entre les mains du cardinal-légat, et il se vit ainsi obligé de renoncer à conserver plus longtemps un otage si précieux. Arrivé à Narbonne, il le remit entre les mains du légat. La principale noblesse d'Aragon et de Catalogne vint le chercher dans cette ville. Quelques auteurs croient que Jacques, avant de partir, avait fait le serment de ne jamais combattre contre Montfort, ni de chercher à venger la mort de son père. On peut mettre en doute la véracité de ce fait, attendu que Jacques n'avait à cette époque que six ans et demi.

Vers le même temps, mourait d'une mort violente Baudouin, frère du comte de Toulouse. Simon lui avait donné en fief plusieurs domaines. Baudouin, en les visitant, s'arrêta au château d'Olme, dans le Quercy. Le seigneur de ce château et les chevaliers qui s'y trouvaient conçurent la pensée de le livrer à son frère.

qui le haïssait mortellement depuis qu'il avait embrassé le parti de Montfort. Le seigneur d'Olme fit venir des routiers, leur livra la clef de la chambre où reposait Baudouin, et leur ordonna de s'emparer de sa personne ; ce qu'ils firent, après avoir tué tous les gens de sa suite. Baudouin fut conduit à Montauban, où on le tint étroitement emprisonné jusqu'au retour de son frère, qui était alors en Angleterre. A son arrivée, Raymond tint conseil avec le comte de Foix et son fils ; puis, après quelques moments de délibération, il condamna Baudouin à mort, tant pour crime de félonie que par représailles de la mort du roi d'Aragon, à laquelle il avait contribué. Baudouin demanda la permission de se confesser, et l'obtint avec peine. Le comte de Foix et son fils le pendirent eux-mêmes à un noyer ; les chevaliers du Temple enlevèrent son corps, et l'inhumèrent dans le cloître. Quelque irrité que pût être Raymond VI contre son frère, il est difficile de lui pardonner un crime si traîtreusement et si ignominieusement accompli. De Baudouin sont descendus les vicomtes de Lautrec, que l'on aura occasion de retrouver dans la suite.

Le nouveau légat, Pierre de Bénévent, à son arrivée dans la province, fit suspendre les hostilités de part et d'autre ; il parvint à décider les Toulousains, les comtes de Foix, de Comminges et de Roussillon, le vicomte et les habitants de Narbonne, à abjurer leurs erreurs et à recevoir la doctrine de l'Église romaine. Raymond VI et son fils furent réconciliés par le cardinal de Bénévent ; ils se retirèrent ensuite à Toulouse pour y vivre en simples particuliers.

Mais ils ne tardèrent probablement pas à se repentir de leur soumission. Le légat étant passé en Aragon pour y placer sur le trône le jeune Jacques, Simon de Montfort profita de son absence pour envahir tous les domaines de Raymond. Une nouvelle armée de croisés, qui vint le rejoindre, lui en facilita les moyens, et bientôt il se vit maître de toutes les places et de tous les châteaux. A son retour, le légat tint à Montpellier un concile, dans lequel il disposa en faveur de Simon de tous les domaines du comte de Toulouse, et de tous les pays conquis par les croisés. Peu de temps après, au mois d'avril 1215, le pape ratifia cette disposition, mais avec quelques restrictions. Il ne donnait que provisoirement à Montfort le comté de Toulouse et les pays conquis, jusqu'à ce qu'il en eût été décidé autrement au concile général qu'il avait convoqué à Rome pour le 1er novembre suivant. Jusque-là, il engageait seulement Montfort à accepter la garde de ces domaines et des terres que le légat avait confisquées ; il lui accordait le libre exercice de justice et de juridiction dans le pays. Cette disposition favorisait trop bien les vues de Montfort pour qu'il ne l'acceptât pas avec empressement, espérant obtenir plus tard une plus ample investiture des États dont il avait dépouillé le comte de Toulouse.

Lorsque Raymond eut connaissance de cette décision, il vit que toute démarche, soit de sa part, soit de celle de son fils, serait inutile, jugeant clairement que Montfort en voulait moins à sa conscience qu'à ses États ; dès lors il prit la résolution de quitter Toulouse, où il ne pouvait plus rester sans danger. Il se retira à la cour de Jean sans Terre, son beau-frère, qui lui donna 10,000 marcs d'argent pour subsister, et lui promit sa protection, ainsi qu'au jeune Raymond, son neveu. Quant aux deux princesses d'Aragon, femmes des deux Raymond, elles se retirèrent en Provence.

Il y avait déjà trois ans que Louis, fils aîné de Philippe-Auguste, avait pris la croix, dans l'intention de venir combattre les hérétiques ; mais les guerres continuelles que son père avait à soutenir d'un autre côté l'avaient empêché de partir. Une trêve que conclut Philippe-Auguste permit à Louis de se rendre dans le Midi ; il arriva à Lyon le jour de Pâques, 19 avril, suivi d'un assez grand nombre de chevaliers et de croisés ; Montfort alla à sa rencontre jusqu'à Vienne, et l'accompagna toujours pendant toute l'expédition.

L'arrivée du prince donna quelques inquiétudes au légat ; il craignait qu'en qualité de seigneur suzerain, il ne changeât quelque chose aux dispositions prises précédemment, et qu'il ne l'inquiétât dans la possession des villes qu'il gardait en séquestre, comme garantie des diverses soumissions qu'il avait obtenues. Pour éloigner ces craintes, il rappela à Louis que son père avait refusé de prendre part à l'extirpation de l'hérésie, que le pays avait été conquis au nom du pape et par les croisés, que dès lors il ne pouvait ni ne devait rien changer aux arrangements pris et approuvés par le saint-père. Le jeune prince, d'un caractère doux et pacifique, assura au légat qu'il venait à l'armée, non pour commander, mais comme simple pèlerin. Louis s'arrêta peu à Saint-Gilles ; il se rendit avec son armée à Montpellier, où les habitants prêtèrent entre ses mains serment de fidélité pour l'orthodoxie de leur foi, et promirent de vivre et de mourir dans le sein de l'Église catholique. A Béziers, il reçut une députation de Narbonne, et arriva à Toulouse en passant par Carcassonne. Là, il fut décidé en conseil que les habitants devaient chasser de la ville tous les hérétiques qui refuseraient de se convertir, ou qui ne promettraient pas de vivre à l'avenir en bons catholiques ; puis, qu'en punition de tous les maux qu'ils avaient causés, toutes les fortifications de la ville seraient détruites. On ne conserva que le château Narbonnais; une forte garnison y fut installée, et Simon de Montfort en fit sa demeure.

Le prince Louis, ayant terminé à Toulouse son pèlerinage de quarante jours, reprit la route de Paris. Avant son départ, il défendit à Montfort d'inquiéter les habitants des villes dont il avait reçu la soumission, excepté pour ce qui regardait la démolition des murailles, mesure qui leur avait été imposée. Simon accompagna Louis jusqu'à Montauban. Lorsque le prince arriva à la cour de France, et qu'il y raconta toutes les circonstances de son voyage, le roi, les princes et les barons désapprouvèrent d'un commun accord la conduite de Montfort et de Gui, son frère, envers le comte de Toulouse, qu'ils considéraient comme dépouillé injustement.

Tandis que le nouveau maître de la province s'efforçait d'établir son autorité et surveillait l'administration intérieure, Raymond et son fils se rendaient à Rome, pour plaider encore une fois leur cause près du saint-père. L'examen en fut remis au concile de Latran, qui s'assembla le 11 novembre.

Dans cette réunion, qui devait se prononcer sur la grande question de la croisade contre les Albigeois, siégeaient soixante et onze primats métropolitains, quatre cent douze évêques, plus de huit cents abbés et prieurs de monastères, les ambassadeurs du roi des Romains, de l'empereur de Constantinople, des rois de France, d'Angleterre, de Hongrie, d'Aragon, de Jérusalem et de Chypre; une foule innombrable de princes, de seigneurs et de députés. L'abbé de Cîteaux, archevêque de Narbonne, était présent. Le comte de Montfort était représenté par son frère Gui. Les deux Raymond étaient également présents, ainsi que les comtes de Foix et de Comminges. Ces quatre derniers princes se prosternèrent au pied du trône apostolique; puis, s'étant relevés, ils exposèrent leurs griefs et les traitements injustes dont ils avaient été les victimes, malgré leur soumission à l'Eglise romaine, et l'absolution qui leur avait été donnée par le légat Pierre de Bénévent. Un cardinal prit la parole en leur faveur avec beaucoup de force et d'éloquence, ainsi que l'abbé de Saint-Tibère et le chantre de l'église de Lyon.

Le pape, ému, penchait pour qu'on restituât les Etats de Toulouse, sinon à Raymond, du moins à son fils. Mais la plus grande partie des évêques, surtout les évêques français, se prononcèrent contre les princes dépouillés, protestant que c'en serait fait de la religion catholique dans le Languedoc, si on leur restituait leurs possessions, et que tout le sang déjà versé pour cette cause serait du sang répandu inutilement. Le concile déclara donc le comte Raymond VI déchu de ses fiefs, qui étaient définitivement donnés au comte de Montfort. On lui assigna une pension de 400 marcs d'argent, à condition qu'il vivrait hors de ses anciens domaines. Sa femme Eléonore devait conserver les biens qui formaient sa dot. Le marquisat de Provence était réservé au jeune Raymond, leur fils, pour lui être remis à sa majorité, s'il restait fidèle à l'Eglise. Quant aux comtes de Foix et de Comminges, leur cause fut renvoyée à un autre examen plus approfondi. Le marquisat de Provence, destiné au jeune Raymond, se composait des villes que son père avait abandonnées au saint-siége, en cas qu'il vînt à manquer aux conventions de Saint-Gilles. On avait plusieurs fois proposé au pape de réunir ce marquisat au domaine apostolique ; mais il ne voulut jamais y consentir, et ne se prévalut des droits qu'il y avait acquis que pour les conserver à la maison de Toulouse.

Après la clôture du concile, le jeune Raymond, qui s'était attiré l'estime générale par sa conduite sage et modérée, alla prendre congé du pape. Il ne lui cacha pas qu'il se croyait injustement dépouillé du patrimoine de ses ancêtres, et lui dit avec fermeté, mais avec respect, qu'il saisirait toutes les occasions de recouvrer avec gloire ce qu'il avait perdu sans faute de sa part. Le saint-père, touché du malheur, de l'innocence et du courage de ce jeune homme de dix-huit ans, lui donna cette bénédiction prophétique : « Mon fils, dans toutes vos actions, puissiez-vous bien commencer et mieux finir encore ! »

Raymond VI et son fils s'embarquèrent, et abordèrent à Marseille.

Dans la grande cause qui venait de se juger, aucun souverain de l'Europe n'avait élevé la voix en faveur du comte de Toulouse. Philippe-Auguste, son cousin germain et son suzerain, aurait sans doute dû plaider pour lui ; mais le mécontentement que lui avait fait éprouver la protection accordée par Raymond aux hérétiques le poussa à l'abandonner à la merci de ses ennemis. Jean d'Angleterre, son beau-frère, se déclara à la vérité pour lui, mais il avait tant à faire pour se maintenir dans ses propres Etats, que sa protection fut tout à fait nulle. Le roi d'Aragon, son neveu par alliance, était trop jeune pour agir. L'empereur Frédéric, également beau-frère de Raymond, avait trop d'obligations au pape pour se mêler de cette querelle. Enfin, Sanche de Navarre, son gendre, était brouillé avec lui, depuis qu'il avait répudié sa femme ; et Henri de Castille, son neveu par alliance, était trop jeune et trop éloigné pour le secourir. Raymond VI, ainsi abandonné de ses parents et de ses alliés naturels, fut obligé de subir la sentence prononcée contre lui.

Philippe-Auguste investit Montfort des titres de duc de Narbonne et de comte de Toulouse. Simon se rendit ensuite à la cour de France, et rendit hommage au roi son suzerain. Mais il ne jouit pas longtemps du fruit de ses conquêtes et de son ambition ; tout allait lui échapper.

CHAPITRE XXII.

Mort de Simon de Montfort. — Amaury. — Louis de France. — Mort de Raymond VI.

Le décret du concile de Latran n'avait adjugé au comte de Montfort que les pays conquis par les croisés, lesquels s'étendaient seulement depuis le diocèse de Béziers jusque vers la Gascogne ; les autres domaines de la maison de Toulouse, situés aux environs du Rhône, étaient réservés au jeune Raymond. Aussi ce fut là que les princes dépossédés cherchèrent un appui et de nouveaux défenseurs. Ils furent très-bien reçus par les Marseillais, qui leur promirent de les seconder de toutes leurs forces ; les habitants d'Avignon les appelèrent dans leur ville pour en prendre possession. Là, Raymond organisa une armée, en laissa le commandement à son fils, puis partit pour l'Aragon, dans le dessein d'y lever des troupes. Le jeune Raymond passa le Rhône, et arriva à Beaucaire ; les habitants lui livrèrent la ville et s'unirent à lui pour faire le siége du château, dans lequel Simon avait placé une forte garnison. Gui et Amaury de Montfort accoururent au secours de la place ; mais tous leurs efforts échouèrent devant les prodiges de valeur que fit le jeune comte. Montfort, obligé de céder le château par un traité, se retira à Nimes.

La lutte continua donc entre le nouveau comte de Toulouse et son jeune adversaire, qui gagnait chaque jour du terrain, et était généralement bien accueilli par les populations, tandis que les partisans de Simon diminuaient sensiblement. Tant qu'il avait combattu pour le rétablissement de la foi catholique et pour l'extirpation de l'hérésie, de nombreux corps de croisés étaient venus le seconder, et avec leur secours il avait fait triompher la bonne cause, pour laquelle ils combattaient. Mais après le concile de Latran, la question de la croisade contre les Albigeois était terminée ; Montfort ne se battait plus par un sentiment religieux, mais pour se maintenir dans les pays qu'on lui avait concédés ; l'intérêt seul était devenu le but de ses expéditions. Dès lors il ne lui arriva plus de secours étrangers ; il fut livré à ses propres forces et obligé de se servir de soldats mercenaires, dont la valeur n'était excitée par aucun but honorable ; aussi les revers, les déceptions se succédèrent rapidement, et bientôt un dernier coup vint le frapper.

Les Toulousains, irrités de l'extrême rigueur dont Simon avait usé à leur égard, et fatigués du joug qu'il faisait peser sur eux, rappelèrent secrètement Raymond VI. Ce prince, qui était alors au delà des Pyrénées, rassembla un corps d'Aragonais et de Catalans, et se mit en marche. Le comte de Comminges et plusieurs autres seigneurs se joignirent à lui. A son arrivée devant la ville, les Toulousains prirent les armes, firent main basse sur tous les Français, sur les partisans connus de Simon, et reçurent Raymond dans leurs murs. La comtesse de Montfort se trouvait alors dans le château Narbonnais avec ses deux belles-filles, sa belle-sœur, femme de Gui, et leurs enfants. Elle envoya en toute hâte prévenir son mari et son beau-frère de la rébellion qui venait d'éclater. Tous deux accoururent, croyant qu'il leur serait facile de reprendre la ville ; mais tous leurs efforts pour y pénétrer furent vains. Raymond s'y fortifia de plus en plus, et donna ordre à son fils de venir le rejoindre. Un grand nombre de seigneurs et de chevaliers vinrent aussi se ranger sous sa bannière. Le vainqueur de-Muret put comprendre alors qu'il ne suffisait pas d'avoir gagné des batailles, emporté des villes d'assaut, pour assurer sa domination sur des vaincus, mais qu'il fallait aussi régner sur les cœurs ; et c'était ce qu'il n'avait pas su faire.

Montfort, voyant la nécessité de faire le siége de Toulouse, le commença vers la fin de septembre 1217. Il envoya demander des secours en France. Le pape Honorius III, qui occupait alors la chaire pontificale, tâcha, à sa sollicitation, de détacher Jacques d'Aragon de son alliance avec l'ancien comte de Toulouse, et essaya aussi de faire renoncer le jeune Raymond à ses tentatives pour recouvrer ses Etats. Il écrivit au comte de Foix, à Philippe-Auguste, à une foule de seigneurs, pour les engager à venir secourir Montfort. Tant de démarches amenèrent quelques renforts à Simon, mais ils étaient insuffisants pour tenter un assaut. Le siége durait déjà depuis huit mois ; le cardinal Bertrand, légat apostolique, pressait le comte d'en avancer les travaux, et attribuait à son peu d'expérience dans l'art militaire ou à un manque de courage la lenteur avec laquelle il dirigeait le siége. Ces reproches, l'incertitude de l'avenir et les revers continuels qu'éprouvait Montfort, jetèrent dans son âme une profonde mélancolie, qui lui faisait désirer la mort.

Le 25 juin 1218, on vint lui dire, dès le matin, que les ennemis étaient en embuscade dans les fossés du château. Il demanda ses armes, et, s'en étant revêtu, il alla entendre la messe ; elle était déjà commencée, lorsqu'on vint l'avertir que les machines de guerre étaient assaillies et en danger d'être détruites. « Laissez-moi, dit-il, que je voie le sacrement de notre Rédemption. » Un autre messager survint, lui annonçant que ses troupes ne pouvaient plus tenir. « Je n'irai pas, dit-il, que je n'aie vu mon Sauveur ! » Enfin, le prêtre ayant élevé l'hostie, Montfort, à genoux, les mains levées vers le ciel, prononça ces mots : *Nunc dimittis*, et sortit. Sa présence sur le champ de bataille fit reculer l'ennemi jusqu'aux fossés de la place ; mais c'était sa dernière victoire. Une pierre l'atteignit à la tête ; il se frappa la poitrine, se recommanda à Dieu et à la sainte Vierge, puis tomba mort.

Ainsi périt, les armes à la main, Simon de Montfort, après avoir rempli la chrétienté du bruit de ses exploits et de ses victoires. Ce grand capitaine, dont les auteurs du temps font l'éloge, fut, selon les uns, le Judas Machabée de son siècle ; selon les autres, ce fut un martyr. Sans rien diminuer de la gloire qu'il s'acquit et des grandes qualités dont il était doué, on ne peut cependant s'empêcher de lui reprocher des fautes graves. En examinant ses actions, on doit lui accorder une grande piété, un zèle ardent pour la religion, un courage invincible, une science consommée dans l'art militaire, un cœur généreux, bienfaisant et libéral, surtout pour ses amis. Mais il avait en même temps une ambition démesurée, qui le rendit fier, inflexible, colère, vindicatif et sanguinaire. Cette ambition causa sa perte ; sa mort en fut peut-être le châtiment.

Simon laissa d'Alice de Montmorency, sa femme, quatre fils : Amaury, Gui, Robert, Simon, et trois filles. Amaury lui succéda dans ses dignités, et prit, comme son père, les titres de duc de Narbonne, de comte de Toulouse, de vicomte de Béziers et de Carcassonne. Gui fut comte de Bigorre par sa femme ; Robert mourut sans avoir contracté d'alliance ; enfin Simon fut comte de Leicester, en Angleterre, et devint la tige des comtes de ce nom.

Autant la mort de Montfort jeta la consternation dans le camp des croisés, autant elle causa de joie dans la ville de Toulouse. Les habitants se voyaient délivrés d'un terrible adversaire. Ils firent une sortie vigoureuse. Les croisés, ne pouvant y résister, se débandèrent et prirent la fuite, en laissant sur le terrain un grand nombre de morts, et en abandonnant à l'ennemi leurs tentes et leurs bagages. Amaury de Montfort, à qui le légat avait fait prêter serment de fidélité et rendre hommage par tous les chevaliers et les barons, vit la nécessité de lever le siége. Il l'abandonna avec regret, mais avec l'espérance pourtant de pouvoir le reprendre au printemps suivant, lorsqu'il aurait réuni des forces plus considérables. Il partit pour Carcassonne le 25 juillet, suivi du cardinal-légat, de l'évêque de Toulouse et des débris de son armée. Il fit transporter le corps de son père et le déposa dans la chapelle de Sainte-Croix de la cathédrale de cette ville. Plus tard, ces restes, ainsi que ceux de Gui de Montfort, furent inhumés de nouveau dans le monastère de Hautes-Bruyères, de l'ordre de Fontevrault, situé à une lieue de Montfort-l'Amaury.

Après avoir rendu les derniers devoirs à son père, Amaury assembla les principaux chefs croisés qui avaient suivi sa fortune, et les pria instamment de demeurer encore quelque temps avec lui, pour l'aider dans ses nouvelles expéditions. Presque tous s'y refusèrent et se retirèrent. Réduit à ses seules forces, il ne put alors faire autre chose que de se tenir sur la défensive. Le jeune Raymond, profitant de cette inaction, s'avança à la tête d'un corps de troupes. et partout fut reçu avec des marques de vives sympathies ; il reprit facilement plusieurs villes dont Simon s'était emparé. Ainsi pressé de près, Amaury envoya Foulques à la cour de France demander des secours au roi, et réclama du saint-père de nouvelles bulles pour autoriser une croisade contre les Toulousains. Honorius ordonna à tous les évêques d'exhorter les peuples à s'armer et à marcher au secours d'Amaury, pour l'aider à reconquérir son autorité et à venger la mort de Guillaume de Baux, prince d'Orange, que les Avignonnais avaient mis en pièces.

Louis, fils aîné de Philippe-Auguste, qui avait déjà fait une croisade dans le Midi, se mit en marche au printemps de l'année 1219, pour venir au secours d'Amaury de Montfort. Les deux Raymond tâchèrent en vain de prévenir cette rencontre, en représentant au roi de France l'injustice qu'il y avait à soutenir la cause d'un usurpateur. La voix du pape s'éleva plus haut pour la défense des intérêts religieux, qu'il croyait compromis sous l'administration des deux Raymond. Louis se mit donc à la tête d'une armée et passa en Aquitaine. Après avoir pris la Rochelle aux Anglais, il vint joindre Amaury, qui faisait le siége de Marmande, et fit donner l'assaut. Les assiégés, ne voyant aucun moyen de résister plus longtemps, se rendirent à discrétion. Un évêque conseillait au prince de traiter avec rigueur toute la garnison; mais l'évêque d'Auch plaida, au contraire, en faveur du jeune Raymond, assurant qu'il n'était ni hérétique, ni fauteur d'hérétiques. Louis, naturellement doux et tolérant, se contenta de retenir prisonnières les troupes de la garnison. Quelque temps après, elles furent échangées avec les prisonniers que Raymond avait faits à la bataille de Baziége, récemment gagnée par les croisés. Les soldats d'Amaury entrèrent dans Marmande, et firent un grand carnage des habitants. Quoique ce fût en représailles des cruautés que les soldats de Raymond avaient commises envers les croisés, le prince français fut très-irrité de ces excès commis contre sa volonté.

Louis s'avança ensuite vers Toulouse, pour en faire le siége. Le jeune Raymond, décidé à défendre jusqu'à la dernière extrémité cette place importante, la fortifia, et y réunit tous ses alliés. Les habitants promirent de le seconder, et de verser jusqu'à la dernière goutte de leur sang pour son service; aussi attendit-il avec assurance l'armée française.

Louis arriva devant Toulouse le 16 juin 1219, suivi d'Amaury de Montfort et du cardinal-légat Bertrand. Il fit aussitôt entourer la ville, établit ses quartiers, dressa ses batteries, puis attaqua la place avec vigueur pour l'emporter d'assaut; mais tous ses efforts furent vains. Voyant qu'il perdait beaucoup de monde sans avancer ses affaires, il renonça pour le moment à poursuivre son entreprise, et leva le siége, sous prétexte que le temps qu'il avait fixé pour combattre était expiré. Quelques auteurs prétendent qu'il se vit obligé de prendre cette détermination, parce qu'il craignait d'être trahi par plusieurs chevaliers de son armée qui favorisaient secrètement Raymond; d'autres disent qu'il fut bien aise de faire échouer cette expédition, afin de contraindre Amaury, qui ne pouvait se soutenir par ses propres forces, à lui céder toutes les conquêtes que les croisés avaient faites dans le pays. Quoi qu'il en soit, Louis s'éloigna de

Toulouse, après avoir tenu un siége de quarante-cinq jours ; il partit avec précipitation, laissant deux cents chevaliers à Montfort pour le servir pendant un an.

Amaury, ne pouvant alors songer à de nouvelles conquêtes, tâcha seulement de conserver celles qui lui restaient. Mais chaque jour, Raymond lui en enlevait quelques-unes. Après avoir repris Lavaur, Puylaurens, Montauban, il s'était emparé de Castelnaudary. Irrité de la perte de cette place, Amaury vint l'assiéger, au mois de juillet 1220, avec Gui son frère. Raymond lui opposa une vive résistance. Dans une sortie que firent les assiégés, Gui, blessé mortellement, fut fait prisonnier, et expira quelques instants après. Raymond le fit ensevelir honorablement, et le renvoya à son frère. Gui était un prince brave, pieux, et donnait les plus belles espérances ; aussi fut-il vivement regretté des Français. Amaury, très-affligé, mais surtout très-irrité de sa mort, résolut de la venger en continuant le siége de la place, jusqu'à ce qu'il fût parvenu à s'en emparer. Il s'obstina pendant plus de huit mois ; mais la vigoureuse défense des assiégés rendit ses efforts inutiles ; ses troupes, fatiguées de la longueur de l'expédition, se découragèrent et désertèrent ; aussi se vit-il forcé d'abandonner le siége, au commencement de mars 1221. Il alla rejoindre à Carcassonne le légat Conrad, qui venait de remplacer le cardinal Bertrand.

La levée du siége de Castelnaudary fut suivie de la perte de plusieurs villes et châteaux, qui tombèrent au pouvoir des deux Raymond. Amaury sollicita de nouveau Louis de venir à son secours. Celui-ci se mit en effet à la tête d'une armée ; mais, au lieu de continuer la guerre contre le comte de Toulouse et ses alliés, il tourna ses armes contre le roi d'Angleterre ; ce qui irrita beaucoup le pape, qui l'avait aussi pressé de venir combattre les hérétiques.

Les deux Raymond profitèrent de l'absence d'un adversaire aussi redoutable, pour poursuivre la guerre contre Amaury. Ils finirent par lui enlever successivement tous les pays que Simon de Montfort avait conquis. Désespérant de rétablir ses affaires, Amaury offrit à Philippe-Auguste de lui céder tout le pays dont la possession avait été confirmée à son père Simon. A toutes ces sollicitations du saint-père et d'Amaury, Philippe objecta qu'il ne pouvait s'engager dans cette entreprise, attendu qu'il était sur le point d'avoir à soutenir une guerre contre l'Angleterre, et que dès lors il devait réserver toutes ses forces pour la défense de son propre royaume.

Pendant ces négociations, Raymond VI, qui jouissait paisiblement à Toulouse du fruit des victoires de son fils, mourut presque subitement. En revenant de prier à la porte de l'église Notre-Dame de la Dorade, car il ne pouvait entrer dans le temple, étant toujours sous le poids de l'excommunication, il se sentit mal à son aise, et envoya chercher en toute hâte l'abbé de Saint-Sernin, pour qu'il le réconciliât avec l'Eglise. L'abbé le trouva sans voix, mais ayant encore sa connaissance. Le vieux comte, en le voyant arriver, leva les yeux au ciel et lui prit les deux mains, qu'il garda dans les siennes jusqu'à son dernier soupir. On transporta son corps à l'église des chevaliers de Saint-Jean de Jérusalem, où il avait choisi sa sépulture; mais on n'osa pas l'ensevelir, à cause de l'excommunication qui pesait sur sa mémoire; il fut laissé dans un cercueil ouvert. A la demande de son fils, la question de sa sépulture fut agitée; de nombreux témoins attestèrent qu'avant de mourir, il avait donné des signes réels de repentir; néanmoins les honneurs funèbres lui furent refusés; et trois siècles plus tard, on voyait encore ses restes dans le cercueil ouvert où ils avaient été déposés après sa mort.

Raymond VI avait soixante-six ans. Son règne de vingt-huit ans ne fut qu'une suite d'agitations, de guerres, de revers et de succès passagers. On doit certainement reprocher à Raymond d'avoir favorisé les hérétiques, du moins de ne pas les avoir réprimés et chassés de ses Etats; mais quant à ses sentiments particuliers, on n'a aucune preuve qu'il ait professé l'erreur; aussi le concile de Latran ne l'a-t-il pas déclaré hérétique. Ce prince avait du génie; rien en lui ne se montrait à demi, ni ses défauts, ni ses qualités. Il avait l'âme noble; l'adversité ne l'abattait pas; il semblait grandir à mesure que la fortune lui était contraire. Il dut être bon capitaine pour soutenir aussi longtemps la lutte dans laquelle il était engagé. Reconquérir, après les avoir perdus, sa capitale, une portion de ses domaines, et les léguer à son fils, est sans doute une grande gloire pour lui; mais ses mœurs irrégulières ont terni sa mémoire, et ce fut aussi un des motifs que l'Eglise fit valoir pour faire peser sur sa tête la censure et l'anathème.

CHAPITRE XXIII.

—

Raymond VII.

Ce prince avait vingt-cinq ans, lorsqu'il succéda à son père. Il prit aussitôt les titres de duc de Narbonne, de comte de Toulouse et de marquis de Provence, par la grâce de Dieu.

Pendant ces événements, les affaires d'Amaury allaient toujours en empirant. Le légat persistait toujours pour continuer la lutte, et réclamait des secours de Philippe-Auguste, qui ne se pressait nullement d'en envoyer. Amaury ne vit alors d'autre ressource que de demander une trêve; il l'obtint dans une entrevue qu'il eut avec Raymond. Les deux princes convinrent d'avoir prochainement une conférence à Saint-Flour, pour y conclure une paix durable. Pendant la trêve, Raymond VII alla visiter son ennemi dans le palais de Carcassonne; il y passa même une nuit. La conférence de Saint-Flour eut lieu; mais on n'y décida rien. On en proposa une nouvelle à Sens. Philippe-Auguste désirait y assister; en s'y rendant, il mourut à Mantes, le 14 juillet 1223.

Ce prince se montra toujours favorable à la croisade contre les Albigeois; mais il résista toujours aux sollicitations du saint-père et à celles du légat pour se mettre lui-même à la tête de cette expédition ; il refusa également les offres qu'Amaury lui fit de lui céder ses droits sur les provinces du Midi : il se contenta de contribuer à l'extirpation des hérétiques, en donnant de son vivant, et en destinant après sa mort, de fortes sommes pour soutenir l'entreprise ; il permit aussi que la noblesse française prît les armes pour défendre la cause de Montfort. Il prévoyait bien ce qui arriva en effet après sa mort ; aussi disait-il : « Je sais qu'après moi, on pressera mon fils de se charger personnellement de la croisade ; mais sa faible santé n'en supportera pas la fatigue. »

La mort de Philippe-Auguste fit échouer les projets de paix entre Raymond et Amaury ; l'assemblée de Sens ne décida rien ; et la trêve étant expirée, la guerre recommença.

Les comtes de Toulouse et de Foix allèrent mettre le siége devant Carcassonne. Amaury n'avait pas d'argent pour payer ses troupes ; aussi l'abandonnèrent-elles en grande partie. Réduit à la dernière extrémité, voyant toute résistance inutile, il se décida à traiter avec ses adversaires. Il sortit de Carcassonne et se retira à la cour de France, cédant à Louis VIII tous les droits qui lui avaient été donnés par le concile. Le roi donna en échange à Amaury la charge de connétable de France. Les comtes de Toulouse et de Foix, maîtres de Carcassonne, y rétablirent le jeune Traincavel : cette ville lui appartenait par droit de succession. Ce vicomte rentra ensuite en possession de presque tout le patrimoine de ses ancêtres, tandis que ses alliés poursuivaient avec succès la soumission des villes que défendaient encore les derniers croisés.

Raymond VII, tenant beaucoup à se réconcilier avec l'Eglise, envoya des ambassadeurs au pape pour demander une absolution. Le saint-père, dans l'espoir de voir enfin se terminer une guerre si désastreuse, ordonna de suspendre les hostilités entre les deux partis. Un concile s'ouvrit à Montpellier, pour traiter de la réconciliation du comte de Toulouse. Raymond rendit les domaines qui avaient été usurpés sur les églises, et se montra très-conciliant. Tout faisait espérer que la paix allait enfin être rendue au pays. Mais les prétentions de la maison de Montfort mirent des entraves dans les négociations, et cette paix si désirée fut encore reculée de plusieurs années.

Pendant que les envoyés de Raymond VII plaidaient sa cause à Rome, le roi de France avait aussi délégué près du pape des représentants, dont l'un était Gui de Montfort. Ceux-ci parvinrent à entraver les démarches des ambassadeurs du comte de Toulouse, qui repartirent sans avoir rien obtenu.

Un nouveau concile se tint à Bourges au mois d'octobre 1225. Raymond VII y comparut, demanda avec humilité d'être absous et reçu dans le sein de l'Eglise, et promit de travailler efficacement à l'extirpation de l'hérésie, et de se soumettre à tout ce qu'on exigerait de lui. Amaury s'y présenta à son tour, et demanda à être rétabli dans la possession des domaines de Raymond, domaines dont le pape Innocent III et Philippe-Auguste avaient disposé en faveur de Simon son père. En vain Raymond VII protesta de ses bonnes dispositions, et fit toutes les promesses qu'on pouvait exiger de lui ; il fut renvoyé sans être absous.

Cette conclusion du concile et les instances du légat décidèrent Louis VIII à marcher immédiatement contre le comte de Toulouse et ses alliés. Son zèle pour la religion et l'espérance de réunir à sa couronne des terres considérables eurent sans doute une grande part dans cette décision, et l'emportèrent sur les ménagements qu'il aurait dû avoir envers un prince qui était un des premiers pairs de son royaume, son proche parent, et auquel il n'avait rien à reprocher personnellement.

Aussitôt que Louis eut fait connaître ses intentions, le légat excommunia publiquement, par l'autorité du pape, Raymond, comte de Toulouse et duc de Narbonne, ainsi que ses alliés ; il le déclara hérétique condamné. Il confirma la possession de ses domaines au roi de France et à ses héritiers, à perpétuité. Amaury de Montfort et Gui, son oncle, cédèrent en même temps au roi tous leurs droits ; dès ce moment, Amaury ne garda plus le titre de comte de Toulouse, ni de comte de Narbonne. Louis VIII, après avoir délibéré avec les évêques et les barons, prit la croix avec eux, des mains du légat, et s'engagea à aller exterminer les hérétiques et à faire la guerre au comte de Toulouse, qui les soutenait. Le légat envoya dans tout le royaume des prédicateurs pour publier la croisade contre les Albigeois. Un grand nombre de nobles, excités par l'exemple du roi, prirent la croix, bien que plusieurs d'entre eux trouvassent injuste d'aller combattre un prince qui ne se disait pas ennemi de l'Eglise. Le grand tort de Raymond aux yeux de tous était de ne pas vouloir abandonner ses possessions, et de ne pas y renoncer pour lui et pour ses descendants.

Louis VIII fixa son départ au quatrième dimanche après Pâques. Les préparatifs formidables qu'il fit pour la croisade effrayèrent tellement les partisans de Raymond, que beaucoup d'entre eux s'empressèrent de faire leur soumission. Le roi et le légat écrivirent à Jacques d'Aragon pour l'engager à ne plus soutenir les intérêts de son oncle. Ce prince, qui était fort pieux, se soumit à leur désir, et défendit à ses sujets de donner asile aux hérétiques, ou de leur fournir des secours. Le pape recommanda énergiquement à tous les chefs de l'armée de n'avoir en vue que l'extirpation de l'hérésie, et de ne jamais profiter de l'entraînement du succès pour envahir les domaines que les princes catholiques, l'empereur, et les rois d'Aragon et d'Angleterre possédaient en France. Puis, sachant que Jean sans Terre se disposait à passer la mer, tant pour reprendre les provinces que Louis lui avait enlevées, que pour secourir le comte de Toulouse, son parent et son vassal, il s'efforça de retenir ce prince dans ses Etats. Il lui représenta que le roi de France prenant les armes pour la cause de la religion, il encourrait les censures de l'Eglise, s'il entravait cette expédition sainte par quelque hostilité injuste. Le roi d'Angleterre consentit à garder la neutralité ; et Raymond, privé des secours sur lesquels il comptait, se vit sur le point de tomber à la merci de ses ennemis. Dans un si grand péril, il tâcha de gagner de plus en plus l'affection de ses sujets et de ses vassaux, et resserra ses liens d'amitié avec les alliés qui lui étaient restés fidèles.

Le roi de France partit pour Bourges au temps marqué ; il y rassembla son armée, composée de cinquante mille cavaliers et d'un grand nombre de fantassins. Le légat, les prélats et les barons qui avaient pris la croix avec lui à l'assemblée de Paris, se trouvèrent au rendez-vous avec Gui de Montfort. Louis se dirigea vers le Rhône. Il n'était pas encore arrivé sur les confins des Etats de Raymond, que les habitants de plusieurs villes frontières, effrayés de son approche, s'empressèrent de lui envoyer des députés pour l'assurer de leur soumission. Nîmes, Puylaurens, Castres, etc., et beaucoup de seigneurs de la province, reconnurent l'autorité du roi. Nîmes et tout son diocèse furent réunis à la couronne de France, pour n'en être plus jamais séparés.

Louis VIII arriva devant Avignon le 6 juin, et en fit le siége. Le légat lança une nouvelle excommunication contre le comte de Toulouse et ses alliés, et jeta un nouvel interdit sur ses terres. Cependant, comme Avignon était une ville vassale de l'empereur, le roi et le légat craignirent avec raison que ce prince ne fût blessé de leur entreprise. Ils lui envoyèrent une ambassade pour l'assurer qu'ils ne faisaient ce siége qu'en qualité de pèlerins, pour le soutien de la foi catholique, mais qu'ils n'avaient garde de vouloir rien entreprendre contre ses droits personnels. Cette démarche n'empêcha pas Frédéric d'être vivement irrité ; il porta plainte au pape, et lui demanda de lui faire restituer Avignon et toutes les villes de Provence et du royaume d'Arles, dont les Français s'étaient emparés. Le pape répondit qu'il ne permettrait pas que les droits de l'Empire fussent méconnus ; qu'il avait ordonné au cardinal de Saint-Ange de les faire respecter, mais qu'il devait laisser ces villes entre les mains de son légat, jusqu'à ce que l'hérésie fût extirpée.

Pendant que le siége se poursuivait, Carcassonne, Alby, et presque toute la province, se soumettaient au roi de France et à l'Eglise Raymond perdait chaque jour des alliés, et Louis persistait à ne pas abandonner le siége d'Avignon, jusqu'à ce qu'il se fût rendu maître de la ville. Il redoubla ses attaques. Après trois mois de vigoureuse résistance, les assiégés furent obligés de capituler; ils se rendirent à discrétion, en promettant de se soumettre à l'Eglise. Louis VIII entra dans Avignon. Après y avoir passé quelques jours, il parcourut la province, et la réduisit jusqu'à quatre lieues de Toulouse. Désirant ensuite rentrer en France, il confia à Humbert de Beaujeu le gouvernement de tous les pays qu'il venait de soumettre. Ce chevalier fut le premier gouverneur de la province, depuis sa réunion à la couronne. Le roi lui laissa un corps assez considérable de troupes, pour maintenir les peuples dans l'obéissance. Amaury de Montfort resta dans le pays, sous les ordres du gouverneur.

Louis passa à Clermont et arriva à Montpensier le 29 octobre; il y tomba malade; sentant bientôt qu'il n'avait plus de guérison à attendre, il assembla, le 3 novembre, les prélats et la noblesse qui se trouvaient près de lui, puis leur fit promettre par serment, s'il venait à mourir, de rendre hommage à son fils aîné comme à leur maître et à leur roi, et de le faire couronner le plus tôt possible. Cinq jours après, le 8 novembre, il avait cessé d'exister, et la couronne de France était posée sur la tête du jeune prince qui fut saint Louis.

La ligue qui se forma contre la régente, après la mort de Louis VIII, empêcha la reine Blanche de Castille de s'occuper des affaires du Languedoc; aussi Raymond VII en profita-t-il pour reprendre plusieurs places. Le pape pressa la régente d'envoyer des secours dans la province; elle y fit passer un corps d'armée, avec lequel Humbert de Beaujeu reprit la guerre contre le comte de Toulouse. Cette guerre continua pendant deux ans, avec des chances diverses. Raymond lutta avec courage; mais abandonné des siens, et voyant que les ravages exercés par les Français décourageaient les Toulousains, il sentit qu'il ne pouvait plus continuer la lutte, et il accepta les propositions qui lui furent faites par le légat.

Des conférences s'ouvrirent à Meaux en 1229. Le cardinal de Saint-Ange s'y rendit; le comte de Toulouse vint l'y rejoindre, accompagné de l'archevêque de Narbonne, des évêques de la province et d'un grand nombre de députés de Toulouse. On dressa les articles du traité, puis l'assemblée se transporta à Paris pour les soumettre au roi, qui les approuva. Louis IX, le légat et le comte de Toulouse se rendirent, le jeudi saint, devant le portail de Notre-Dame de Paris ; là se fit la lecture du traité, et Raymond jura de l'observer sur tous les points. Les principaux articles étaient : la promesse de Raymond de rester soumis à l'Église, et de se servir de son autorité contre les hérétiques ; d'être fidèle au roi de France, son suzerain ; de donner en mariage sa fille unique au comte de Poitiers, l'un des frères du roi, avec la réversion du comté de Toulouse pour dot ; enfin d'abandonner une partie de ses domaines. Ces conditions étaient sans doute dures pour un homme tel que Raymond, qui avait défendu ses droits avec tant de courage et de persévérance ; mais la nécessité lui faisait une loi de les accepter. Lorsqu'il eut prononcé son serment, le légat l'introduisit dans l'église, et le conduisit, nu-pieds, en chemise, et en haut-de-chausses, au pied de l'autel ; là, il reçut l'absolution, ainsi que ses alliés qui étaient présents. L'Église lui imposa pour pénitence de servir la chrétienté en Palestine pendant cinq ans.

Raymond rendit ensuite hommage au roi, puis se constitua volontairement prisonnier au Louvre, jusqu'à l'exécution des trois articles préliminaires du traité. Le premier était de remettre sa fille entre les mains des commissaires du roi, à Carcassonne ; le second, de livrer à ce prince cinq de ses châteaux ; le troisième, de détruire une partie des murailles de Toulouse. Après avoir satisfait à ces trois conditions, il sortit de la prison où il s'était volontairement enfermé. Le roi le fit chevalier et l'emmena à Muret, où il se rendait avec sa cour. La fille de Raymond arriva dans cette ville. Une dispense avait été accordée par le pape pour le degré de parenté qui existait entre Alphonse et Jeanne. Comme ils n'avaient tous deux que neuf ans, on se contenta de les fiancer.

Au mois de septembre de la même année, Raymond retourna à Toulouse et prêta serment de fidélité au légat, qui le remit, au nom du roi, en possession des pays qui lui avaient été laissés par le traité. Ces pays étaient le comté de Toulouse, une partie du diocèse d'Alby, le Rouergue et le Quercy. Ce n'était qu'une faible portion des vastes domaines qu'avaient possédés ses aïeux, autrefois les plus puissants vassaux de la couronne. Il n'eut plus le titre de comte de Narbonne, titre que possédaient les comtes de Toulouse depuis plus de trois siècles.

et qui leur donnait une autorité supérieure dans la province et les plaçait au premier rang parmi les grands pairs laïques de France. Raymond n'occupa plus que le quatrième rang. Les domaines cédés à Louis IX par le traité de 1229 comprenaient le duché de Narbonne, la plus grande partie de l'Albigeois, le Gévaudan, enfin plus des deux tiers de la province.

Louis IX fondait ses prétentions aux biens de la maison de Toulouse sur la cession qu'Amaury lui en avait faite, et qu'il renouvela après le traité conclu avec Raymond VII. Amaury déclara par cet acte authentique « qu'il avait cédé librement au roi et à ses héritiers, à perpétuité, tous les droits qu'il pouvait avoir sur le comté de Toulouse, la vicomté de Béziers, et enfin sur toutes les conquêtes des Albigeois, avec promesse de ne plus faire valoir ses droits sur ces domaines. » Il ne conserva que le titre de connétable de France, qu'il porta jusqu'à sa mort, arrivée en 1241.

En 1239, il était passé en terre sainte, où il avait été fait prisonnier et conduit à Babylone; rendu à la liberté, il s'embarqua pour la France; mais il mourut à Otrante, dans les Calabres, et fut inhumé à Rome dans l'église de Saint-Jean de Latran. Son cœur fut apporté au monastère de Hautes-Bruyères, où étaient déposées les cendres de son père, Simon de Montfort.

Louis IX confia l'administration du Languedoc à deux sénéchaux royaux, que son père avait déjà établis dès l'an 1226; l'un résidait à Beaucaire, l'autre à Nîmes. Il fit en même temps des édits sévères contre les hérétiques, afin d'anéantir une erreur pour l'extirpation de laquelle on avait répandu tant de sang. Le roi d'Angleterre tenta, mais en vain, d'entraver l'exécution du traité; Raymond, ayant aussi cédé tous les pays qu'il tenait en fief de l'Angleterre, abandonna les intérêts d'un prince qui ne lui était plus rien. D'ailleurs, Louis IX, en guerre avec Henri III, venait de lui enlever presque toute l'Aquitaine. Aussi se mit-il peu en peine de faire droit à ses réclamations.

Le cardinal de Saint-Ange quitta Toulouse et parcourut toute la province avec Adam de Milli, que Louis IX avait établi vice-gérant du roi dans le pays des Albigeois. Le cardinal se rendit ensuite à Orange, et y tint un concile; il remit l'administration du marquisat de Provence à Adam de Milli, et le chargea de le garder au nom de l'Église romaine, à condition que le roi le ferait gouverner de bonne foi. « En sorte, ajouta le légat, que si le roi se sent lésé de cette garde, il en avertira le pape, ou moi, et nous l'en déchargerons dans trois mois, et en ordonnerons comme nous le jugerons à propos; à condition aussi que le roi rendra ce pays, deux mois après qu'il en aura été requis. » Le pape s'était décidé à confier ce marquisat au roi, soit parce que cette garde lui était très-onéreuse, le pays souffrant d'une extrême disette causée par les ravages de la guerre; soit dans le dessein de le restituer un jour au comte de Toulouse. Mais cette restitution ne s'effectua pas de sitôt.

Le légat, après avoir réglé toutes choses, retourna à Rome.

CHAPITRE XXIV.

Le Comté de Toulouse passe à la France.

Peu de temps après que le légat eut quitté la province, des troubles assez graves éclatèrent dans Toulouse. Des hérétiques qui avaient été découverts tuèrent les personnes qu'ils soupçonnaient de les avoir désignés à l'autorité. D'un autre côté, les gens qui avaient l'habitude de vivre de brigandages pendant la guerre, voyant que la paix leur ôtait leurs ressources, firent des courses dans les environs, et ravagèrent les terres de l'évêque de Toulouse. On rendait souvent Raymond VII responsable des désordres et des assassinats ; aussi avait-il beaucoup de peine à maintenir le calme dans ses Etats. Le pape, jugeant que la présence du comte était nécessaire dans ses domaines, lui accorda un délai pour son voyage en Palestine.

En 1230, l'empereur donna en fief à Raymond VII la ville de Carpentras, les comtés de Forcalquier et de Sisteron, qu'il ôta à Raymond-Bérenger, comte de Provence, pour cause de félonie. Le prince dépouillé assiégea la ville basse de Marseille, dont les habitants s'étaient érigés en république et refusaient de reconnaître son autorité. Les Marseillais appelèrent à leur secours le comte de

Toulouse, qui fit lever le siège ; par reconnaissance, ils donnèrent à leur libérateur la ville basse, pour en jouir pendant toute sa vie. Raymond accepta le don, promit de défendre les Marseillais contre leurs ennemis, et prit dès lors le titre de marquis de Provence. Mais la guerre éclata bientôt entre lui et le comte de Provence ; elle dura trois ans.

Au mois de décembre 1231, mourut Foulques, évêque de Toulouse. Ce prélat fut un des plus zélés partisans de la maison de Montfort, et l'ennemi déclaré des comtes de Toulouse. Il fut inhumé dans une abbaye de l'ordre de Cîteaux, dont il était religieux. Frère Raymond de Felgas, provincial des frères prêcheurs, fut élu à sa place quelques mois après. Ce nouvel évêque, marchant sur les traces de son prédécesseur, poursuivit vivement les hérétiques. Le comte de Toulouse secondait son zèle de tout son pouvoir ; il tenait à donner des preuves de la sincérité de ses promesses. Il fut néanmoins accusé, dans une assemblée tenue à Milan en 1233, de ne pas avoir tenu sa parole ; il se justifia facilement ; et quelque temps après, il fit contre les hérétiques un édit qui prouvait son zèle pour la foi catholique.

Raymond VII réitérait souvent ses instances auprès du pape pour qu'il lui restituât le marquisat de Provence, dont il était en possession depuis la convention de Paris. Le saint-père avait toujours allégué quelques motifs pour reculer cette restitution, bien qu'il reconnût les droits de Raymond, et qu'il n'eût nullement l'intention de réunir ce marquisat au patrimoine de Saint-Pierre. Louis IX et sa mère Blanche de Castille sollicitèrent aussi le pape de faire droit à la demande du comte, qui avait remis entre leurs mains la décision de tous ses différends. Raymond-Bérenger, de son côté, avait également pris le roi et la reine pour juges de sa querelle avec le comte de Toulouse, moyennant que le roi épouserait sa fille Marguerite. Louis IX, pressé ainsi de deux côtés, supplia le pape de se prononcer. Grégoire céda, et rétablit Raymond dans l'ancien patrimoine de sa famille. Le comte de Toulouse s'empressa d'en faire hommage à l'empereur Frédéric. Celui-ci, dans l'acte d'investiture qu'il lui donna, déclare que « son cher allié et féal ami, Raymond, comte de Toulouse, est rétabli dans la dignité de marquis de Provence, que ses ancêtres avaient possédée, et il défend à toute personne de le troubler, lui ou ses héritiers, dans la possession de ses domaines. » Raymond VII les conserva jusqu'à sa mort, et les transmit à Jeanne, sa fille unique et son héritière.

Les années qui suivirent la réhabilitation du comte de Toulouse furent des années d'agitations presque continuelles. Les intentions de Raymond VII étaient certainement bonnes et droites ; c'était bien sincèrement qu'il était rentré dans le sein de l'Église ; mais les hérétiques n'oubliaient pas qu'il avait été chef de leur parti, et ce souvenir entretenait parmi eux un esprit de révolte. Plusieurs fois ils suscitèrent des troubles à Toulouse et à Narbonne. Pendant une absence de Raymond, en 1235, ils chassèrent les évêques et les inquisiteurs, après leur avoir fait subir de cruels traitements. Le pape les rétablit, mais en ordonnant au légat de modérer le zèle des inquisiteurs. La cour, de son côté, suspendit leurs fonctions pendant quelques années. Le comte de Toulouse fut plusieurs fois victime de ces troubles ; les légats lui reprochèrent de ne pas sévir assez vivement contre les hérétiques ; ils trouvèrent en cela un motif de l'excommunier plusieurs fois. Raymond trouva toujours grâce devant le souverain pontife, qui jugeait mieux de ses sentiments intérieurs ; il lui donna l'absolution de tous les anathèmes lancés contre lui, et le releva même de son serment d'aller passer cinq ans en Palestine ; il ne lui demanda que la promesse de se joindre aux premiers croisés qui se rendraient en Orient, le laissant libre de n'y demeurer que le temps que sa dévotion l'y retiendrait.

En 1241, Raymond VII, après avoir été quatre ans en guerre avec Raymond-Bérenger, fit la paix avec ce prince, qui lui proposa sa fille Sancie. Pour épouser cette princesse, le comte répudia sa femme Sancie d'Aragon. Il fit examiner la validité de son mariage, fit déposer par plusieurs témoins que son père Raymond VI avait tenu Sancie sur les fonts baptismaux, et que par conséquent il n'avait pu l'épouser légitimement. La comtesse, introduite dans l'assemblée par le roi d'Aragon et le comte de Provence, ses neveux, n'opposa qu'un silence absolu aux témoignages de ceux qui déposaient contre elle. Le mariage fut cassé, et Sancie se retira dans un château dont Raymond lui abandonna la jouissance. Celui-ci s'occupa ensuite de conclure son mariage avec Sancie de Provence. On envoya demander à Grégoire IX la dispense de parenté, faisant valoir que cette alliance était nécessaire pour établir entre les deux comtes une paix durable. Ils se croyaient si certains d'obtenir cette dispense, que le roi d'Aragon, en qualité de procureur du comte de Toulouse, épousa en son nom la princesse, au mois d'août 1241. Mais lorsque les envoyés arrivèrent à Rome, le pape venait de mourir, et le saint-siége resta vacant pendant huit ans. Cet événement fit rompre le mariage ; Sancie épousa Richard, frère du roi d'Angleterre, et Raymond chercha une autre alliance. Il tenait à se remarier, car il n'avait pas de fils pour lui succéder, et il se résignait difficilement à laisser sa succession entière à sa fille Jeanne, femme d'Alphonse, frère de saint Louis.

En 1241, Louis IX tint à Saumur une assemblée dans laquelle il déclara disposer en faveur de son frère Alphonse des comtés de Poitou, d'Auvergne, des terres de l'Albigeois, et de tous les domaines que lui avait cédés Raymond ; il les abandonnait à Alphonse et à ses descendants, à perpétuité.

Hugues de la Marche, devenu ainsi vassal d'Alphonse pour les fiefs qu'il possédait dans le Poitou, ne tarda pas à se révolter contre son suzerain, à qui il ne voulut pas rendre hommage. Raymond VII, voyant aussi avec mécontentement la décision prise à Saumur, embrassa la cause du comte de la Marche, lui demanda sa fille en mariage, et conclut avec lui une ligue offensive et défensive contre le roi de France, qui se préparait à punir la rébellion du comte révolté. Hugues, ayant épousé Isabeau, comtesse d'Angoulême, mère de Henri, roi d'Angleterre, était sûr d'être soutenu par son beau-fils. Il parvint à faire entrer dans la ligue les rois de Navarre, de Castille, d'Aragon, et le vicomte de Traincavel. Lorsque tous ses préparatifs furent terminés, il leva l'étendard de la révolte. Le comte de Toulouse vint le joindre. Louis IX sut déjouer toutes leurs tentatives ; vainqueur à Taillebourg et à Saintes, il força le roi d'Angleterre à fuir et le comte de la Marche à implorer la paix, qui lui fut accordée moyennant une entière soumission. Raymond VII voulut continuer à guerroyer dans le Midi ; il reprit Narbonne ; mais, voyant bientôt qu'il ne pouvait lutter contre la puissance de Louis IX, il demanda aussi la paix. Le roi la lui accorda, à condition qu'il se soumettrait sans restrictions et promettrait de rester fidèle à l'Eglise et à son suzerain. Le comte le promit et rentra alors paisiblement dans ses Etats. Son mariage avec la fille du comte de la Marche s'accomplit, moyennant une dispense de parenté que le pape devait accorder dans un an.

Cette dispense n'ayant pas été donnée, Raymond, peu sincère dans tous ses engagements, fit rompre encore ce mariage, et tourna ses vues du côté de Béatrix, seconde fille de Raymond-Bérenger. S'unir avec une héritière de Provence et avoir un héritier, c'était là le rêve de son ambition. La princesse lui fut accordée; et on demanda les dispenses. Sur ces entrefaites, mourut Raymond-Bérenger, au mois d'août 1245. Le comte de Toulouse espéra que la mort du père ne changerait rien aux dispositions de la fille; les deux régents entretinrent ses espérances, mais secrètement, et de concert avec Béatrix de Savoie, mère de la jeune princesse, ils négocièrent son mariage avec Charles d'Anjou, frère du roi de France. Et quand Raymond se crut au moment de voir se réaliser toutes ses espérances, il vit arriver un rival, soutenu par les armes de Louis IX. Le comte de Toulouse, humilié et irrité, se retira dans ses États, tandis que Charles épousait en janvier 1246 la jeune comtesse de Provence.

Une nouvelle croisade se prêchait, et Louis IX se préparait à partir pour la terre sainte. Dans un voyage que Raymond VII fit à la cour, le roi le pressa vivement de se croiser avec lui; le comte voulut s'excuser, en disant qu'il n'avait pas d'argent; Louis IX leva cet obstacle en lui prêtant une somme considérable, et en l'assurant qu'il pourvoirait à tout ce qui lui serait nécessaire, et qu'il lui restituerait même le duché de Narbonne. Raymond se décida alors à prendre la croix, et engagea une partie de ses sujets à suivre son exemple. Au mois de juin 1248, Louis IX, après avoir confié la régence à Blanche de Castille, partit pour Lyon, se rendit à Avignon, et de là à Aigues-Mortes. L'existence de cette ville et de son port était récente; elle était due au roi de France. Aussitôt après l'acquisition du bas Languedoc, Louis IX avait fait commencer la construction d'un port sur les côtes de ce pays, tant pour y attirer le commerce maritime que pour mettre ses sujets à l'abri des tentatives que pourrait faire l'empereur Frédéric. Il fit creuser dans le diocèse de Nîmes un port, qui fut appelé Aigues-Mortes, à cause des marais et des eaux croupissantes qui étaient aux environs. Il fit aussi tracer l'enceinte d'une ville, qui fut bientôt bâtie et peuplée. Aigues-Mortes est aujourd'hui éloignée de plus d'une demi-lieue de la mer, qui s'est retirée peu à peu; la grande quantité de sable que les courants ont amené dans le port, l'a tellement comblé, qu'il n'en reste presque plus de vestige.

Ce fut à Aigues-Mortes que Louis IX s'embarqua, accompagné de ses frères Robert et Charles, et de la plus grande partie de la noblesse de son royaume. Parmi les seigneurs de la province qui s'étaient croisés, on remarquait Traincavel, ancien vicomte de Béziers, Philippe de Montfort, seigneur de Castres; Gui son frère, seigneur de Lombers, et Olivier de Termes, qui se signalèrent tous par leurs exploits en terre sainte.

Le comte de Toulouse était venu rejoindre le roi à Aigues-Mortes. Après le départ de Louis, il se rendit à Marseille, où il devait s'embarquer; mais le vaisseau qu'il faisait équiper n'étant pas prêt, la saison devint trop avancée pour se mettre en mer, et il remit son départ à l'année suivante. Il employa ce retard à parcourir ses domaines, afin d'y établir les mesures nécessaires pour assurer la tranquillité pendant son absence. Une maladie vint encore reculer son départ;

à peine rétabli, il alla à Aigues-Mortes voir sa fille et son gendre qui partaient pour la terre sainte avec des renforts considérables qu'ils menaient au roi. Il se disposait à les suivre, lorsqu'il fut attaqué d'une fièvre violente près de Rodez ; obligé de s'arrêter, il ne se fit pas illusion sur le danger de sa position ; dès lors il ne s'occupa plus que de mettre ordre à sa conscience, et se confessa à un ermite du pays. L'évêque d'Alby, qui était accouru à la nouvelle de sa maladie, lui administra le saint viatique, qu'il reçut avec une piété exemplaire. En apprenant que le corps de Notre-Seigneur entrait dans sa maison, il voulut sortir de son lit ; tout faible qu'il était, il alla au-devant du saint sacrement, pour recevoir la communion, à genoux sur le pavé de sa chambre. Il se fit transporter ensuite à Milhaud, où il mourut le 27 septembre 1248, entouré des évêques de Toulouse, d'Agen, de Cahors et de Rodez, des consuls et d'une foule de seigneurs, tous venus pour recevoir les derniers adieux d'un prince qu'ils aimaient, et en qui s'éteignait la branche aînée d'une race illustre. Son corps, après avoir été embaumé, fut transporté à Toulouse, et de là à l'abbaye de Fontevrault. Il fut déposé près de Jeanne d'Angleterre, sa mère, de Henri son aïeul, et de Richard, tous deux rois de la Grande-Bretagne. Partout, sur le passage du convoi, le peuple accourut en foule, pleurant et gémissant sur la perte de leur seigneur, qui avait réalisé, dans sa mort comme dans sa vie, le vœu qu'Innocent III avait autrefois formé pour lui, en bénissant sa jeunesse : « Mon fils, dans toutes vos actions, puissiez-vous bien commencer et mieux finir encore ! »

Raymond méritait d'être regretté. Il avait des qualités éminentes ; il était doux, libéral, magnifique, et ne manquait ni de jugement ni d'esprit. Il donna des preuves éclatantes de sa valeur dans les diverses guerres qu'il eut à soutenir. On l'accusa de légèreté et d'imprudence dans sa conduite à l'égard des hérétiques, qu'il ménagea trop dans certain temps, et qu'il poursuivit avec un zèle exagéré dans d'autres circonstances. Cependant il est constant que les papes Grégoire IX et Innocent IV lui accordèrent leur bienveillance et leur amitié. Il fit beaucoup de bonnes œuvres ; il est peu d'églises et de monastères situés dans ses domaines qui n'aient eu part à ses libéralités. Dans son testament, il laissa des sommes énormes destinées à plusieurs églises.

Raymond fut le dernier des comtes qui, depuis Frédelon, créé comte de Toulouse en 849, ont joui successivement de ce comté pendant quatre siècles. Tous les domaines qu'il avait pu conserver après le traité de Paris passèrent à sa fille unique Jeanne et à Alphonse de Poitiers, son mari.

CHAPITRE XXV.

—

Saint Dominique.

En parlant des missionnaires chargés de combattre l'erreur des Albigeois, nous avons nommé saint Dominique. Son nom ne se retrouve plus dans les pages suivantes. Avons-nous voulu le laisser dans l'oubli? Non certainement : la part que doit lui faire l'histoire est trop belle. Mais ce nom, qui rappelle de grandes actions, de rares vertus, une mission toute pacifique, ne pouvait figurer au milieu des horreurs d'une guerre cruelle, que l'erreur et les passions ont rendue sanguinaire. C'est en recherchant les moyens par lesquels la Providence a mis un terme aux calamités qui ont désolé le Midi pendant le XIIe siècle que nous devons prononcer de nouveau le nom de saint Dominique, et lui consacrer quelques lignes.

Nous l'avons vu tout occupé, après la mort d'Azévédo, de continuer l'œuvre de ce grand homme. Ses travaux apostoliques avaient déjà produit des fruits abondants, lorsque le meurtre de Pierre de Castelnau fit éclater la guerre des Albigeois. Dans cette circonstance, que pouvait, que devait faire saint Dominique? Abandonner sa mission dans un pays qui allait être inondé de sang, c'eût été déserter l'apostolat; prendre à la guerre la même part qu'y prirent les religieux de Cîteaux, c'était ôter à sa vie ce caractère apostolique qui le distingue. Il ne fit ni l'un ni l'autre; il resta à Toulouse, centre de l'hérésie; il y resta pendant toute la durée de la guerre, en homme évangélique, n'employant que la persuasion, n'implorant de secours que de la grâce divine, et laissant aux croisés le soin de défendre par les armes l'intégrité de la foi. Il ne prit part à aucune action, à aucun siége, à aucun triomphe; son nom ne figure pas même dans les conciles, les conférences, les réconciliations. Une seule fois, on le rencontre à Muret, mais c'est priant dans l'église, pendant que se livrait la bataille. Uniquement occupé du salut des âmes, il ne mettait aucune borne à son zèle; il prêchait le jour, la nuit, dans les églises, dans les maisons, sur les routes; partout il annonçait sans cesse la parole de Dieu. Doux et charitable, il n'était pas moins désintéressé; il refusa les évêchés de Conserans et de Comminges, qui lui furent offerts. D'une grande humilité, il méprisait la gloire du monde, et recevait les injures avec patience et joie; les persécutions l'inquiétaient peu, il les affrontait, et marchait avec sécurité au milieu des plus grands dangers. La fatigue, la pauvreté volontaire, l'austérité, le dévouement, telle était sa vie, dont la sainteté lui mérita le don des miracles et l'esprit de prophétie que Dieu lui accorda.

Cependant, malgré les efforts de Dominique, l'hérésie subsistait encore, la guerre se prolongeait; il en ressentait une douleur profonde. Dans son ardent désir de hâter le triomphe entier de la foi, il eut la pensée d'invoquer d'une manière spéciale la reine des cieux, et institua le rosaire, dont la confrérie se répandit bientôt dans l'Eglise universelle. Cette institution attira les plus grandes bénédictions sur les travaux apostoliques de Dominique; un nombre considérable d'hérétiques se convertirent; et l'on put se convaincre alors, comme on le peut encore aujourd'hui, que l'intercession de la sainte Vierge est la voie la plus sûre pour faire descendre du ciel ces grâces privilégiées qui touchent et convertissent les cœurs endurcis. Ainsi, une dévotion particulière à la mère de Dieu, la prière, la pratique des plus grandes vertus, la prédication : voilà les seules armes auxquelles Dominique eut recours pour combattre l'hérésie, et qu'il employa pendant les dix années qu'il resta dans le Midi, depuis son arrivée à Montpellier jusqu'au concile de Latran, dont les décisions ouvrirent les portes de Toulouse aux croisés, en 1215.

Les grandes difficultés que Dominique avait eues à surmonter pour arriver à faire luire le flambeau de la foi dans l'esprit et le cœur des hérétiques, lui avaient fait comprendre la nécessité d'un apostolat permanent au sein de l'Eglise; aussi nourrissait-il depuis longtemps le dessein de fonder un ordre religieux consacré au ministère de la prédication. La guerre, avec toutes ses chances diverses, avait mis jusqu'alors des obstacles à l'exécution de ce grand dessein; mais l'entrée triomphale des croisés à Toulouse en facilita les moyens. Dominique trouva dans cette ville deux hommes distingués par leur naissance et leur mérite personnel : Pierre Cellani et Thomas. Tous deux admirateurs de la sainteté de Dominique, ils se donnèrent à lui et devinrent ses disciples. Pierre Cellani lui donna sa propre maison, située près du château de Narbonne; Dominique y réunit Pierre Cellani, Thomas, et quatre autres personnes qui s'étaient attachées à lui. Ainsi furent jetés les premiers fondements de l'ordre des Dominicains. Foulques, évêque de Toulouse, qui favorisait les desseins de Dominique, lui donna trois églises : une à Toulouse, sous l'invocation de saint Roman, martyr; une à Pamiers, la troisième à Notre-Dame de Lescure. Chacune de ces églises était destinée à recevoir un couvent de frères prêcheurs; mais celle de Saint-Roman fut la première qui eut des religieux. Un monastère s'éleva rapidement près de cette église; il fut habité au mois d'août 1216. Ainsi, Toulouse, le soutien et le centre de l'hérésie, vit fonder dans ses murs le premier couvent des dominicains. Ce triomphe devait couronner les travaux du saint, qui avait évangélisé cette cité. L'ordre ne conserva le couvent de Saint-Roman que jusqu'en 1232. A cette époque, les dominicains se transportèrent dans une maison et dans une église beaucoup plus vastes; ils en furent dépouillés à l'époque de la Révolution, et les restes magnifiques de ces édifices servent aujourd'hui de caserne et de magasins.

Le pape Innocent III mourut au mois de juillet 1216, avant d'avoir approuvé l'ordre des Frères prêcheurs; mais Honorius III, son successeur, le confirma solennellement au mois de décembre.

Dominique, après avoir obtenu du saint-père la sanction qu'il désirait si ardemment, quitta Rome, où il était allé pour la troisième fois, depuis qu'il s'occupait de la fondation de son ordre. A peine de retour à Toulouse, il dispersa ses disciples, et les envoya porter la parole divine dans toute l'Europe. Rome, Paris, Bologne, furent les villes principales que choisit Dominique pour centre de ses missions, et pour y établir des couvents. Ainsi, tandis que les ordres militaires défendaient l'Eglise par leur épée, les frères prêcheurs la défendaient par la parole. L'ordre des Dominicains a prouvé par ses œuvres la haute sagesse de son fondateur; il a porté des fruits abondants dans tout l'univers, et a toujours traversé, un, sans aucune altération, les vicissitudes de plus de six siècles d'existence. La France, de nos jours, a revu les fils de saint Dominique dignes de leur père; elle s'incline devant leurs vertus, et entend avec bonheur leurs voix éloquentes.

Au moment où saint Dominique dispersait les hommes apostoliques qu'il avait formés, le vieux comte Raymond VI rentrait dans Toulouse, en 1217, quatre ans après la bataille de Muret. Une nouvelle lutte allait s'engager; mais si les premiers succès des croisés étaient perdus pour les résultats, l'œuvre de Dieu était achevée; Dominique, entre deux tempêtes, avait fondé l'ordre qui devait arracher tant d'âmes à l'erreur. Nous ne suivrons point l'illustre fondateur dans ses courses apostoliques, en Italie, en Espagne, sa patrie qu'il ne pouvait oublier, ni priver de sa parole; nous n'assisterons pas non plus à sa mort, qui eut lieu à Bologne, en 1221; car ce n'est pas sa vie entière que nous retraçons ici; notre tâche se borne à rappeler les quelques années qu'il passa dans le Languedoc, berceau de son apostolat; il y répandit des flots de lumière, et y laissa le souvenir de ses grandes vertus.

La mémoire de saint Dominique, si pure, si sainte, est cependant souvent attaquée par l'ignorance et l'irréligion. On reproche à Dominique d'être le fondateur de l'inquisition. Il est facile de réfuter cette accusation, en rappelant que c'est après le concile de Vérone, en 1198, que parurent les premiers commissaires-inquisiteurs dont on ait conservé le nom. C'étaient deux moines de Cîteaux, Raynier et Gui. Ils furent envoyés dans le Languedoc par le pape Innocent III, pour la recherche et la conversion des hérétiques. Ainsi, lorsque Dominique arriva dans la province, il y avait vingt et un ans que les bases de la constitution avaient été posées; et les trois légats qu'Azévédo et lui trouvèrent à Montpellier étaient des commissaires-inquisiteurs; ce titre ne peut donc lui être donné.

Mais quelle était la forme de cette inquisition alors établie? C'était un tribunal où l'autorité ecclésiastique et l'autorité civile, d'un commun accord, recherchaient et réprimaient tous les actes qui tendaient au renversement de la religion catholique. Au moyen-âge, l'Église était investie d'un pouvoir protecteur; elle devait maintenir l'ordre public et le repos des sociétés, également menacés par les hérétiques, dont les principes attaquaient tout à la fois les institutions civiles et religieuses. Elle eût manqué à sa mission, et se fût rendue indigne des peuples, si elle n'eût pas travaillé à l'extirpation de l'erreur. Mais, société spirituelle, elle n'employait que des armes spirituelles. Sa mission était de *convaincre* les hérétiques; non pas de les dévoiler comme tels, car ils ne cachaient pas leurs croyances; ils combattaient ouvertement pour soutenir leur erreur ; mais de les *convaincre* qu'ils étaient dans une fausse voie, contredite par les Ecritures, la tradition et la raison. Les inquisiteurs les suppliaient d'abdiquer leur hérésie, et leur promettaient, à ce prix, un généreux pardon. Ceux qui se rendaient à ces instances étaient en effet épargnés ; ceux qui résistaient étaient livrés au bras séculier. Le tribunal civil prononçait leur châtiment, qui était le même que ceux que les tribunaux infligeaient pour les autres crimes; leurs supplices étaient ceux qui étaient alors employés dans la juridiction criminelle de l'époque. Ils étaient parfois cruels ; mais on ne doit pas oublier qu'ils devaient se sentir de la barbarie du siècle, et que la torture ne fut abolie en France que par Louis XVI. Est-il étonnant qu'elle eût été employée au XIIe siècle ? Le tribunal civil avait une haute police dont le droit ne peut lui être contesté. Pour l'Eglise, la mission qu'elle avait de convaincre les hérétiques était donc un office de dévouement, où la force de l'esprit et l'éloquence de la charité s'animaient par l'espoir d'arracher des malheureux à la mort. Telle était l'inquisition primitive établie dans le Languedoc.

Bien différente fut l'inquisition espagnole, fondée par Philippe II. La politique ombrageuse de ce prince dénatura l'institution d'Isabelle et de Ferdinand, et lui fit constamment repousser les conseils des papes, qui n'ont cessé de s'élever contre le pouvoir arbitraire de ce tribunal, dont l'existence ne semble rappeler que de sanglantes exécutions. La responsabilité de ces rigueurs pèse entièrement sur le roi d'Espagne, et non sur les dominicains, auxquels on les impute ; ils n'en furent ni les instigateurs, ni les instruments ; il fallait à Philippe II des serviteurs plus dépendants que ne l'étaient les fils de saint Dominique. L'histoire impartiale ne manque pas de preuves pour l'attester. L'œuvre de saint Dominique et celle de Philippe II, séparées l'une de l'autre par trois siècles d'intervalle, n'ont rien de commun entre elles. Celle de Philippe, toute politique, fut dirigée par le despotisme et par un aveugle fanatisme; celle de saint Dominique, toute religieuse, n'employa que la persuasion, la douceur, la prière ; elle est exempte de reproche et de violence, comme son fondateur, dont la vie fut pure, féconde en vertus et en bonnes œuvres. L'Eglise ne pouvait manquer de le couronner et de le mettre au nombre de ses saints.

La croisade des Albigeois, ainsi que l'inquisition, a été pour la plume des ennemis de l'Eglise un sujet de vives déclamations. Dans cette lutte si longue et si cruelle, on doit considérer l'entreprise par elle-même, puis l'exécution. On ne peut condamner l'entreprise, car la doctrine des hérétiques réunis sous le nom d'Albigeois tendait à un renversement total des lois religieuses et civiles; on devait mettre un terme à leurs ravages et aux cruautés qu'ils exerçaient contre les catholiques. Pour l'exécution, il y eut, comme dans tout ce qui est fait par la main des hommes, des actes répréhensibles. Elle a mis en scène plusieurs personnages d'un caractère remarquable. Innocent III, l'instigateur et le soutien de la croisade, était un homme de génie, qui désirait continuer l'œuvre commencée par Grégoire VII; son zèle ardent ne pouvait tolérer l'hérésie, il était de son devoir de la combattre; mais il éprouvait une profonde douleur au récit des cruautés qu'entraînait la guerre, et qui se commettaient à son insu. Les légats qu'il envoya dans la province, Pierre de Castelnau, Arnaud, Foulques, irrités par les crimes et les outrages des sectaires, n'eurent pas toujours la modération que commandait leur mission. Simon de Montfort, animé d'un zèle ardent pour la religion, finit par oublier que c'était pour elle seule qu'il devait combattre; son intérêt personnel devint son mobile, et sa piété peu éclairée crut pouvoir allier la prière et le sang; aussi ne se reprocha-t-il jamais les cruautés qu'il croyait nécessaires de laisser commettre.

Du côté des hérétiques, les chefs présentaient des caractères bien différents de ceux des croisés. Raymond VI et beaucoup d'autres étaient des hommes immoraux, traitant avec une légèreté inconcevable la guerre qu'ils faisaient; l'esprit de foi et de conviction ne les animait point. Du reste, ils n'étaient pas hérétiques; dès lors, ce n'était pas leur cause qu'ils défendaient. Tous ces divers sentiments qui animaient les chefs des deux partis exaltèrent les passions, qui souvent franchirent les bornes de la justice et de la charité. Il y eut de part et d'autre des représailles affreuses; l'histoire recule devant le détail des cruautés qui se commirent. De tout temps, les guerres ont offert des tableaux affligeants pour l'humanité; celle des Albigeois ne pouvait en être exempte. La haine animait les cœurs; on vit bien des hommes passer de l'état de soldat fidèle à son devoir, à celui de monstre avide de sang. Mais si cette guerre eut des excès déplorables, si elle s'étendit plus loin et dura plus longtemps que ne l'exigeait la réalisation du but pour lequel elle avait été entreprise, il ne faut point en accuser le pape, mais ceux qui, n'écoutant plus la voix de l'humanité, mais celle de la cupidité, ne combattaient que pour conserver les domaines qu'ils s'étaient injustement appropriés.

 Cette terrible lutte dura vingt ans, pendant lesquels le Languedoc fut dévasté, et les richesses de son sol anéanties. Qu'allait devenir ce malheureux pays? C'est à un roi juste et vertueux, à saint Louis, qu'était réservée la gloire de guérir ses plaies. Le mariage de la fille de Raymond VII avec Alphonse, frère du roi, en faisant passer le Languedoc sous la domination de la France, mit un terme aux calamités qui désolaient la province depuis si longtemps, et lui rendit enfin la paix.

CHAPITRE XXVI.

—

Alphonse et Jeanne.

Alphonse, comte de Poitiers, et Jeanne, sa femme, héritière du comte de Toulouse, étaient en terre sainte, lorsque Raymond VII mourut; aussi ne purent-ils recueillir la succession par eux-mêmes. Mais la reine Blanche surveillait les intérêts de son fils Alphonse; elle envoya à Toulouse trois commissaires chargés de lettres pour les capitouls; elle y exprimait ses regrets de la mort de son cousin, et déclarait qu'en vertu du traité conclu à Paris entre le roi et le comte de Toulouse, les Etats de ce prince appartenaient de droit à sa fille Jeanne et à son époux. Les envoyés se rendirent au palais des comtes, et là, ayant fait lire leur commission en présence de la noblesse et des notables, ils reçurent le serment des uns et des autres. Tous promirent fidélité à Alphonse et à Jeanne, ainsi qu'à leurs enfants, sauf le droit du roi et de ses héritiers.

En apprenant en Palestine la mort de son beau-père, Alphonse aurait bien voulu repasser immédiatement en France pour prendre possession de son héritage; mais les événements ne le lui permirent pas; après avoir donné des preuves de sa bravoure à la Massoure, il fut fait prisonnier avec le roi et le comte d'Anjou, ses frères (avril 1250). Ils demeurèrent au pouvoir des Sarrasins jusqu'au 6 mai. Le roi ayant traité de leur rançon, ils purent revenir à Damiette, où étaient restées les princesses pendant la captivité de leurs maris. Damiette ayant été remis aux infidèles, le roi et les princes se retirèrent à Acre, avec les débris de l'armée. Louis IX permit bientôt à ses frères de rentrer en France ; ils partirent au mois de juin et débarquèrent à Aigues-Mortes.

Alphonse et Jeanne se rendirent à Beaucaire ; ils y reçurent l'hommage de Bertrand, comte de Comminges, pour le comté de ce nom et les terres qu'il possédait dans le Toulousain ; puis ils vinrent à Aix, pour y prendre possession du marquisat de Provence. Ils se dirigèrent ensuite vers Lyon, où se trouvait le pape Innocent IV, pour solliciter de ce souverain pontife de prompts secours, dont saint Louis avait un grand besoin en terre sainte. Ils passèrent ensuite en Angleterre, afin d'engager le roi Henri à aller lui-même en Palestine. Mais ces démarches ne devaient aboutir à rien ; la croisade touchait à sa fin.

Alphonse et Jeanne firent une entrée solennelle à Toulouse, le 23 mai 1251. Le comte reçut le serment de fidélité des habitants, et à son tour jura de maintenir leurs libertés et leurs franchises. Il fit examiner le testament de Raymond VII; quelques irrégularités le firent annuler ; ce qui laissa à Alphonse la facilité d'acquitter ou non les legs pieux que ce prince avait faits, et qui étaient considérables. Le comte trouva la charge trop forte ; il transigea avec les légataires, et ne leur accorda qu'une partie de ce qui leur avait été destiné par le feu comte ; il crut en avoir fait assez pour respecter les dernières volontés de celui qui lui avait laissé de vastes et riches domaines.

Les deux époux ne restèrent que peu de temps à Toulouse ; ils visitèrent le reste du Languedoc, puis revinrent en France, et fixèrent leur résidence au château de Vincennes. Ils partagèrent l'administration et le gouvernement de leurs domaines entre quatre sénéchaux indépendants les uns des autres. Le premier fut celui de Toulouse ; le second exerça son autorité sur l'Agénois et le Quercy ; le troisième, sur la Bourgogne et l'Albigeois ; le quatrième, sur le marquisat de Provence et le comtat Venaissin. Pour les terres qui appartenaient en propre à Alphonse, il fit gouverner l'Auvergne par un officier qui avait le titre de connétable, et le Poitou et la Saintonge, par deux sénéchaux. La comtesse Jeanne confirmait ordinairement les chartes que son mari donnait, dans les provinces qui faisaient partie de sa dot. Outre les gouverneurs établis, Alphonse envoyait souvent dans ses Etats des commissaires chargés de réformer les abus qui pouvaient s'y glisser, et de s'assurer si les dispositions qu'il avait prises étaient bien observées.

En 1253, Louis IX, après une absence de six ans, quitta la terre sainte et revint en France. Il débarqua en Provence, parcourut le Languedoc, recevant les plaintes de tous et rendant partout la justice. Il nomma deux commissaires dans les deux sénéchaussées de Beaucaire et de Carcassonne, pour restituer les biens injustement réunis au domaine d'Alphonse, à tous ceux qui prouveraient qu'ils en avaient été dépouillés arbitrairement. Ce fut à cette époque que fut établi l'usage d'assembler les trois ordres du pays, pour les consulter lorsqu'il s'agissait de quelque affaire importante. Ces assemblées des trois ordres n'eurent d'abord lieu que séparément; ils se réunirent dans la suite, et doivent être considérés comme l'origine de nos états généraux.

Louis IX, non moins zélé pour le bien spirituel de ses sujets que pour leur bien temporel, ordonna la tenue d'un concile. On y prit des mesures pour l'entière extirpation de l'hérésie, pour le rétablissement de la discipline ecclésiastique, et l'on y régla les pouvoirs de l'inquisition. Alphonse se conforma en tout aux dispositions du roi, et publia dans ses domaines toutes les ordonnances qu'il avait rendues. Malgré ces précautions, l'absence prolongée du comte entraîna des troubles; les habitants de Toulouse se plaignirent de ce que le sénéchal portait chaque jour quelque atteinte à leurs priviléges, et ce n'était pas sans raison. Mais les commissaires chargés d'examiner leurs griefs prouvèrent que plusieurs coutumes avaient été établies contrairement aux anciens usages du pays; qu'elles étaient opposées aux intérêts du prince, que dès lors elles ne pouvaient subsister. Ce fut en vain que les Toulousains supplièrent Alphonse de leur maintenir leurs anciens priviléges; le comte soutint ses droits et les fit respecter.

Une construction importante fut projetée et commencée à cette époque. Près de la ville de Saint-Saturnin-du-Port, la grande rapidité des eaux du Rhône causait de fréquents naufrages; pour remédier à ces accidents, les habitants construisirent un pont, afin de faciliter le passage du courant, et ils lui donnèrent le nom de *pont Saint-Esprit*, parce qu'ils attribuaient à l'Esprit-Saint la pensée qu'ils avaient eue de commencer cette entreprise si difficile. Ils étaient loin d'avoir les moyens nécessaires pour l'effectuer; mais convaincus que tous les peuples des environs s'intéresseraient à un ouvrage si utile, ils ne désespérèrent point de trouver dans des contributions abondantes et des dons volontaires les ressources dont ils avaient besoin. Le prieur de Saint-Saturnin posa solennellement la première pierre de ce pont, en 1265. Depuis ce jour, on continua le travail sans interruption pendant quarante-cinq ans. Les habitants de Saint-Saturnin eurent la principale direction de ce grand ouvrage, sous l'autorité du prieur et de ses religieux ; on créa une société ou confrérie de frères et de sœurs, auxquels on donna, en 1281, des règlements et un habit particulier. Les frères étaient employés ou à la construction du pont, ou à quêter dans toute la chrétienté ; les sœurs avaient soin des ouvriers et des malades. Lorsque le pont fut avancé, on bâtit auprès une petite chapelle sous l'invocation de la sainte Vierge et de saint Louis, puis un hôpital. L'un et l'autre furent reconstruits en 1690, et l'on y mit, en 1694, des sœurs grises pour soigner les malades. On admire encore aujourd'hui l'architecture et la construction si solide du pont Saint-Esprit.

En 1252, Alphonse eut une attaque de paralysie assez grave ; se voyant en grand danger, il fit vœu de retourner en terre sainte ; mais l'affaiblissement de sa vue, à la suite de cette maladie, ne lui permit pas d'accomplir de suite son vœu. Cependant, lorsque saint Louis prit de nouveau la croix, Alphonse fit des préparatifs pour l'accompagner ; il leva des impôts, réunit toutes les forces dont il pouvait disposer, et répandit d'abondantes aumônes dans les hôpitaux et les établissements religieux. Le comte et sa femme quittèrent Paris au mois de mars 1270, allèrent à la Rochelle, traversèrent l'Agénois, le Quercy, faisant partout des dispositions pour l'administration de leurs domaines pendant leur absence, et recevant des dons destinés aux frais de l'expédition. Après quelques jours passés à Toulouse, ils rejoignirent le roi à Aigues-Mortes.

Louis IX avait pris le bourdon de pèlerin dans l'église de Saint-Denis, des mains du légat, et était parti avec ses fils et une partie des croisés. Le rendez-vous général était à Aigues-Mortes. Alphonse et Jeanne, en attendant le moment du départ, firent leur testament, par lequel ils faisaient des legs à la plus grande partie des églises et des couvents, et désignaient le lieu de leur sépulture.

Le 1er juillet, les croisés s'embarquèrent. Le roi, s'étant décidé à porter ses armes sur la côte d'Afrique, fit voile vers Tunis, où il arriva le 17 juillet. Le débarquement fait, le roi attaqua Carthage et s'en empara. Mais la peste se mit dans l'armée ; Louis IX en fut atteint, et il fut enlevé à ses sujets le 25 août. Sa mort jeta la consternation parmi les croisés. Son fils Philippe III, qui lui succéda, prit le commandement de l'armée, et ne songea qu'à faire une retraite honorable. Il conclut un traité avec le roi de Tunis et fit embarquer ses troupes. Le comte et la comtesse de Toulouse quittèrent aussi l'Afrique et passèrent en Sicile, où ils restèrent jusqu'au printemps suivant. Ils continuaient leur route en Italie par terre, lorsqu'ils furent attaqués l'un et l'autre, ainsi que la plupart des gens de leur suite, d'une maladie violente, dans le château de Cornero, sur les confins de la Toscane. Ils se firent transporter à Savone; Alphonse y mourut le 21 août 1271, et Jeanne, quatre jours après. Ils avaient tous deux cinquante et un ans.

Alphonse fut un prince débonnaire, chaste, pieux et juste; il ne manquait ni de valeur, ni de fermeté, et marcha sur les traces de son frère Louis dans la pratique des vertus chrétiennes. La comtesse ne le lui cédait en rien sur ce point; les périls auxquels elle s'exposa dans les deux voyages d'outremer qu'elle entreprit avec le comte, prouvent son courage et son dévouement pour son mari. Ils firent l'un et l'autre des charités immenses pendant leur vie; et par leurs dernières dispositions, ils laissèrent des legs considérables aux établissements religieux. Ils firent cependant d'importantes acquisitions, augmentèrent considérablement leurs domaines, firent construire de nouvelles villes, réparèrent le château Narbonnais, auquel ils firent ajouter une tour. Sous le gouvernement d'Alphonse, aucun hérétique n'osa se montrer publiquement dans le pays; ce nom était devenu une injure, et beaucoup d'obstinés ne trouvèrent de sûreté que dans la fuite. Le zèle dont étaient animés les frères prêcheurs, les frères minimes, les religieux de la Trinité, ceux de la Merci, les carmes, les augustins, et tous les ordres qui furent institués au XIIIe siècle, contribuèrent fortement à faire refleurir la religion, et à effacer les traces des maux qu'avait causés l'hérésie. Aussi, à la mort d'Alphonse, la province jouissait d'une parfaite tranquillité et avait retrouvé son ancienne prospérité. Avec ce prince s'éteignirent les comtes de Toulouse. Comme il ne laissait point de postérité, ses domaines passèrent à Philippe III, roi de France.

Pendant le XIIIe siècle, les coutumes et les usages de la province subirent quelques changements. Les barons et les seigneurs continuaient à vider leurs querelles en se faisant la guerre; le duel, les épreuves du feu avaient toujours lieu; ce fut saint Louis qui abolit cet usage barbare. Lorsque le traité de Paris de 1229 eut fait passer sous la domination du roi une grande partie de la province, il y eut une plus grande autorité; plusieurs vassaux devinrent vassaux immédiats de la couronne, au lieu de n'être qu'arrière-vassaux. D'autres tentèrent de se soustraire à la domination des comtes de Toulouse, pour passer sous celle du roi; mais Raymond VII sut maintenir son pouvoir dans les pays qui lui étaient restés fidèles. Alphonse, son successeur, avait un parlement dans lequel il jugeait en dernier ressort toutes les causes apportées des différents pays ; il conserva aussi le droit de faire fabriquer la monnaie en circulation dans ses Etats.

Le commerce, qui était devenu très-florissant dans le Languedoc, y attira beaucoup d'étrangers ; les Génois, les Lombards, les Florentins, les Pisans, et tous les autres peuples commerçants de l'Italie, avaient des établissements à Montpellier, à Narbonne, à Nîmes, et dans plusieurs autres villes. Les habitants de Montpellier étendaient leurs relations commerciales dans toutes les échelles du Levant ; de là vint l'usage d'élire un consul chargé de défendre à l'étranger les intérêts des commerçants.

Les études furent beaucoup plus florissantes dans le XIIIe siècle qu'elles ne l'avaient été dans les trois siècles précédents ; elles durent ce bienfait à la fondation de l'université de Toulouse et de celle de Montpellier. La première fut établie en 1229, après le traité de Paris ; saint Louis engagea Raymond à entretenir pendant dix ans des maîtres et des professeurs en théologie, en philosophie et en grammaire. Après les dix années écoulées, les sciences continuèrent à être cultivées, et l'on établit dans la suite des professeurs en droit civil et en médecine. Une université avait été également fondée à Montpellier en 1230. L'histoire ne fut pas négligée ; la province produisit dans ce siècle deux célèbres historiens : Rigord, religieux de Saint-Denis, auteur de la *Vie de Philippe-Auguste*, et Guillaume de Puylaurens, chapelain-aumônier de Raymond VII.

Quant à la littérature, la guerre des Albigeois expulsa la *gaie science* de sa première patrie : elle ne pouvait plus trouver place au milieu de ce chaos d'événements si lugubres. La joyeuse cour de Toulouse n'existait plus ; les tournois et les fêtes avaient cessé ; les troubadours n'allaient plus de château en château chanter leurs vers et les offrir aux nobles dames : ils savaient ne plus trouver dans ces demeures seigneuriales que ruines et désespoir. D'ailleurs, les vers n'avaient plus d'attrait pour eux ; rien ne les inspirait, leur imagination était comme submergée dans des flots de sang. Et même après que cette lutte cruelle fut apaisée, la poésie provençale n'eut plus sa vivacité gracieuse et légère. Les poëtes ne chantèrent plus que faiblement, et de loin en loin, leurs jours heureux et brillants ; ils ne retracèrent plus que les scènes déchirantes dont ils avaient été les témoins. Quelques troubadours embrassèrent la cause des croisés. Parmi eux est Foulques, évêque de Toulouse ; on a de lui des vers adressés à la vicomtesse de Marseille ; il mourut en 1231. Isarn, missionnaire dominicain, a laissé une pièce de six cents vers, dans laquelle il soutient une controverse avec un

14

Albigeois qu'il veut convertir. Le plus grand nombre des troubadours étaient opposés à la croisade et à la domination française. Tomiez et Palazis, deux gentilshommes de Tarascon, invoquent, dans leurs sirventes, les secours du roi d'Aragon pour le comte de Toulouse; ils dévouent à l'infamie ceux qui abandonnent ce prince. Un sirvente de Guillaume de Frigueras est un long cri de guerre contre Rome, parce que c'est dans Simon de Montfort, soutenu par Rome, que Frigueras voit l'auteur de tous les maux de sa patrie. Ce sirvente a vingt strophes, qui commencent chacune par le mot *Rome*, et ce mot ramène chaque fois une suite de reproches outrageants. Le poëte accuse Rome de tout : du sang versé dans la Palestine et des succès des Turcs.

Les chants des nouveaux troubadours prouvent évidemment que les Provençaux haïssaient les Français et leur domination. Si la province fût demeurée à part, elle serait toujours restée un peuple à part, avec son nom, sa langue, ses arts, son génie propre; sa réunion à la couronne lui enlevait tous ses titres et sa nationalité. Dès lors, la poésie des troubadours ne fut plus qu'une complainte haineuse, une protestation contre la perte de la liberté des peuples du Midi et l'ascendant toujours croissant de la France. Leurs pensées se tournèrent cependant vers les croisades; pour s'absoudre de penser comme les hérétiques qu'ils défendaient, ils prêchèrent la guerre sainte; ils espéraient aussi par ce moyen éloigner de leur sol les vainqueurs qui l'opprimaient. Ce sont leurs chants qui ranimèrent le zèle des derniers croisés, et emportèrent si loin l'héroïsme de saint Louis.

Peu à peu disparurent les troubadours, et leur langue si sonore et si harmonieuse. Cette langue avait réveillé l'enthousiasme, l'imagination et le génie dans tous les pays de notre Europe; elle avait été entendue avec admiration, non-seulement en France, en Italie et en Espagne, mais encore dans les cours d'Angleterre et d'Allemagne. Maintenant elle n'est plus que la réunion de divers dialectes, parlés par les peuples du Midi; en sorte que le Gascon, le Languedocien et le Provençal ne croient plus parler le même langage. La langue provençale est la base du piémontais; elle est parlée dans une partie de l'Espagne, dans la Sardaigne et dans les îles Baléares. Mais dans ces divers pays, tous les hommes qui ont reçu une certaine éducation l'abandonnent pour le castillan, l'italien et le français; et ils rougiraient presque de s'exprimer quelquefois comme ces poëtes qui ont fait la gloire de leur patrie, et auxquels nous devons en grande partie la poésie moderne.

CHAPITRE XXVII.

Réunion du Languedoc à la couronne de France.

La mort d'Alphonse et de Jeanne livra leurs domaines à Philippe III, qui consomma la réunion définitive de la province à la couronne de France. Alors succomba la nationalité des peuples du Midi, nationalité bien marquée par une civilisation à part et une langue particulière, de laquelle est venu le nom de Languedoc. Pendant bien des siècles, les contrées méridionales de la France furent considérées comme faisant partie de la Provence ; mais au XIIIe siècle, elles furent désignées sous le nom de Languedoc, parce que dans la langue qui y était parlée, *oui* se disait *oc*, tandis que cette même locution s'exprimait par *oïl* dans les pays du nord, où la langue s'appelait *d'oïl*. Cette nationalité du Languedoc fut enveloppée dans la vaste unité catholique et dans l'unité française, dont elle dut accepter les mœurs et le génie plus sévère. Mais il fallut longtemps avant que la fusion des esprits et des principes fût consommée, et que la haine que se portaient réciproquement les peuples du Midi et ceux du Nord s'éteignît entièrement.

L'administration royale, en prenant possession du Languedoc, l'avait trouvé dans une situation prospère ; le commerce y était florissant ; la bourgeoisie était riche, puissante, presque l'égale de la noblesse. Elle se réunissait souvent dans ces assemblées dont nous avons vu l'origine, et Philippe le Bel, dans un voyage qu'il fit à Toulouse en 1303, convoqua pour la première fois les véritables états généraux de la province. Ces états, qui d'abord n'eurent pas de lieu déterminé pour leur réunion, adoptèrent par la suite la ville de Montpellier.

Au XIV° siècle, le Languedoc eut beaucoup à souffrir de l'invasion du prince de Galles, des ravages des Grandes-Compagnies, et de l'administration désastreuse des ducs d'Anjou et de Berri, frères de Charles V. Mais tous les détails de cette période appartiennent à l'histoire de France proprement dite. Le Languedoc fut cependant moins malheureux que ne l'était à cette époque le nord de la France, déchiré par d'horribles guerres civiles. Il jouit du repos jusqu'au moment où éclatèrent les guerres de religion, au XVI° siècle. Il eut alors pour gouverneur Henri de Montmorency-Damville. Celui-ci fut d'abord l'adversaire des protestants ; mais ensuite, en querelle avec la cour et les Guises, il transigea avec les calvinistes, se fit chef du tiers-parti, et acquit dans la province une influence considérable. A la nouvelle de la Saint-Barthélemy, Toulouse vit d'horribles massacres, dont on célébra tous les ans l'anniversaire par des processions et des feux de joie. Ce fut en vain que plusieurs ordonnances royales défendirent ces démonstrations scandaleuses ; les Toulousains les continuèrent jusqu'en 1789.

Pendant la guerre de la Ligue, le Languedoc prit parti contre Henri III. Après la mort du duc de Guise, assassiné aux états de Blois, les ligueurs de la province se portèrent aux derniers excès. Le premier président Durante, ennemi déclaré des hérétiques, mais fidèle à son roi, fut assassiné ; son corps, tout sanglant, fut traîné par les pieds, avec une corde, jusqu'au milieu de la place Saint-Georges ; et comme il n'y avait pas de potence, on le mit au pilori, en attachant derrière lui le portrait de Henri III. Les uns lui arrachaient la barbe, les autres le tiraient par le nez, en lui disant : « Le roi t'était cher ; te voici maintenant avec lui. » L'avocat général Daffis fut également massacré. Toulouse fit célébrer des services pour le duc de Guise et se soumit au duc de Mayenne, qui nomma lieutenant général de la Ligue, en Languedoc, le grand prieur de Joyeuse, en remplacement de son père. Lorsque l'assassinat de Henri III fut connu à Toulouse, on remercia Dieu publiquement de sa mort, et l'on fit serment d'égorger le premier qui parlerait de recevoir Henri IV. Les Toulousains prièrent aussi solennellement pour Jacques Clément, et n'ouvrirent leurs portes à Henri IV qu'en 1596, trois ans après son abjuration, et lorsque le duc de Mayenne et tous les chefs des ligueurs eurent conclu un accommodement avec le roi. La soumission de Toulouse et l'édit de Nantes rétablirent la paix dans le Languedoc.

Cette tranquillité fut troublée sous Louis XIII par les tentatives que fit, en 1621, le duc de Rohan ; puis en 1632, par celles de Montmorency, qui, profitant de l'ascendant dont il jouissait par sa famille et par son titre de gouverneur, essaya de faire soulever le Languedoc contre le roi. Mais, vaincu et fait prisonnier à Castelnaudary, il fut mis à mort. Richelieu supprima dans cette province les gouverneurs militaires, dont le pouvoir était devenu dangereux, et mit à leur place des intendants. Louis XIV maintint ce genre de gouvernement, mais le divisa en trois lieutenances générales. Les troubles de la Fronde n'eurent pas d'écho dans le Languedoc ; les Toulousains, éclairés par l'expérience du malheur, ne prirent aucune part à cette guerre civile ; ils restèrent fidèles au roi. Cependant une partie de la province se ressentit de la révolte des *Camisards* et des exécutions ordonnées contre eux. Les impôts onéreux qu'exigeaient les guerres continuelles que le roi avait à soutenir, produisirent la misère. Les états surent par leurs soins intelligents remédier aux maux du pays ; ils stimulèrent le commerce et l'industrie par des encouragements sagement distribués ; et lorsque éclata la révolution de 1789, les états du Languedoc s'étaient acquis une réputation de sagesse qu'aucune autre administration n'atteignit. C'est au moment où ils étaient arrivés à l'apogée de leur grandeur, qu'ils cessèrent d'exister. Le Languedoc fut partagé en huit départements.

Pendant la Révolution, Toulouse, comme toutes les grandes villes de France, paya sa dette de sang à la Terreur : cinquante-trois membres du Parlement montèrent sur l'échafaud en 1794. Un mouvement royaliste qui eut lieu en 1799 agita momentanément le pays, qui jouit d'un grand calme jusqu'en 1814, époque où se livra, sous les murs de Toulouse, une bataille qui porte son nom, et qui fut une des dernières et des plus glorieuses de l'empire français.

Soult, chassé d'Espagne, battait en retraite devant Wellington ; il s'arrêta à Toulouse, résolu de tenir tête à cent mille hommes avec les vingt mille soldats qui lui restaient. Il ignorait qu'à Paris le sénat prononçait la déchéance de Napoléon et de sa famille. En peu de jours, la ville fut entourée de travaux de défense ; ils étaient terminés, lorsque l'ennemi parut. Le 10 avril, s'engagea une bataille sanglante ; l'armée française fit des prodiges de valeur, et opposa une si vigoureuse résistance à l'armée anglo-hispano-portugaise, que celle-ci fut sur le point de se retirer. Mais les Français, attaqués dans toutes leurs positions par des forces infiniment supérieures aux leurs, furent obligés d'abandonner le champ de bataille; ils n'avaient perdu que trois mille hommes, tandis que l'ennemi comptait six mille morts et douze mille blessés. Soult abandonna Toulouse dans la nuit du 11 avril, et Wellington y entra.

Les Cent-Jours causèrent une grande agitation dans Toulouse, dont les habitants étaient assez généralement royalistes. La populace, qui, dans toutes les grandes villes, est toujours exaltée dans ses affections et dans ses haines, se montra menaçante et violente; elle se porta avec fureur à l'hôtel du général Ramel, chargé du commandement de la division militaire, et, s'étant emparée de sa personne, elle le massacra.

La seconde Restauration et la monarchie de 1830 ont été pour les habitants de la Haute-Garonne des époques de calme et de prospérités, qui furent légèrement troublées par la révolution de 1848. Depuis, une grande activité agricole et industrielle procure la richesse et la tranquillité à l'ancien Languedoc.

CHAPITRE XXVIII.

—

Toulouse.

La fondation de Toulouse, la plus ancienne ville de la Gaule, est attribuée à Limoxis, fils de Japhet, ou plus généralement aux Ibères, qui lui donnèrent le nom de *Tolosa*, signifiant plateau au bord d'une rivière. C'est en effet la position du petit village qui porte encore aujourd'hui le nom de Vieille-Toulouse, et qui est à peu de distance de la ville actuelle. A quelle époque Toulouse se déplaça-t-elle, pour descendre dans la belle et vaste plaine qu'elle occupe aujourd'hui ? Ce serait difficile à dire ; ce déplacement se fit probablement insensiblement. La vieille Tolosa, après avoir été, à plusieurs reprises, livrée aux horreurs de la guerre, fut abandonnée par ses habitants, qui vinrent fonder la nouvelle Toulouse, la Toulouse romaine, telle qu'Ausone l'a chantée dans ses vers. En voici la traduction : « Je ne t'oublierai jamais, ô Toulouse, ville dans laquelle j'ai été élevé. Une vaste enceinte de briques te presse, et la Garonne baigne un côté de tes remparts ; assise entre les peuples de l'Aquitaine et de l'Ibérie, tu possèdes une immense population, et tu touches aux neigeuses Pyrénées et aux monts Cévennes, ombragés par des pins. Quatre cités sont sorties de ton sein, et cependant il paraît que tu n'as rien perdu de ton peuple, et que tu renfermes encore dans ton sein les citoyens qui y sont nés. »

Ces quatre cités sont les colonies qui se formèrent successivement sous la domination romaine.

L'influence romaine fut, pendant de longues années, seule arbitre des destinées de Toulouse et de ses dépendances; elle corrompit peu à peu tout ce qui restait à la Gaule de religion et de nationalité. Une puissante forteresse s'éleva pour imposer aux vaincus ; le château Narbonnais, flanqué de hautes et nombreuses tours, rappelait aux Toulousains que là habitaient leurs vainqueurs, et que derrière ces murs étaient détenus des rebelles. Mais le règne de ce despotisme eut sa fin; vainement il combattit pour les traditions de sa politique, de sa civilisation, de ses lois ; il fut obligé de céder devant les invasions des Francs et du catholicisme. Le christianisme arriva par les mêmes routes que les légions avaient tracées à travers les forêts.

Vers le milieu du IIIe siècle, Sernin et ses disciples s'aventurèrent sur les rives de la Garonne, et la parole du Christ commença à se faire entendre aux habitants. Sernin fut mis à mort; le sang de l'apôtre prit possession définitive de cette dernière conquête des Romains, et une église de chaume, élevée sur les reliques du martyr, servit d'étendard aux chrétiens convertis à la foi. Cette nouvelle crèche du catholicisme gaulois fut le premier fondement de la basilique qui s'éleva plus tard; mais elle fut aussi un adversaire terrible pour le château Narbonnais, qui, bâti à l'extrémité opposée de la ville, s'était étendu sans rencontrer d'ennemi à combattre. Le rôle des partisans de la petite église fut d'abord humble et timide ; on se contenta pendant longtemps de former de simples vœux pour l'abaissement de la puissance ennemie, puis surgit bientôt une explosion terrible qui vint ébranler le château inexpugnable. L'invasion des Wisigoths, en 412, transporta à Toulouse le siége d'un empire méridional. Ces nouveaux envahisseurs s'installèrent au palais Narbonnais, et ne songèrent point à le détruire. Toulouse perdit ses temples des idoles, oublia ses erreurs païennes, et tandis que les Wisigoths échafaudaient un empire arien, vaste en apparence, mais bien précaire en réalité, le catholicisme infiltrait ses principes dans la société. Si Toulouse avait ses rois, la chapelle avait ses évêques, et la sainteté d'Hilaire et d'Exupère valait bien la gloire de Théodoric et de Thorismond. La modeste chapelle changea ses mauvaises parois de terre glaise en colonnades de bois, et elle abrita dans ses murs ces hommes évangéliques qui travaillèrent avec prudence et persévérance à l'abaissement du pouvoir arien.

Bientôt parut Clovis, traversant victorieux la plaine sanglante de Vouillé, pénétrant sous les lambris dorés du palais d'Alaric, et anéantissant pour toujours une longue génération de rois. La chute de la dynastie wisigothe et la victoire du roi chrétien furent un sujet de grande joie pour l'église de Saint-Sernin; elle s'entoura de bâtiments spacieux, pour loger plus dignement les serviteurs des autels, et abriter un plus grand nombre de chrétiens proscrits qui venaient lui demander asile. De plus, comme, à cette époque, le cri de guerre retentissait sans cesse, elle se couronna de bastions, s'entoura de fossés et de palissades; ses habitants portèrent la lance et l'épée, et l'on vit se former ainsi le noyau d'une bourgade toute catholique, ennemie et rivale implacable de la ville gauloise et romaine. Tandis que la chapelle recrutait de nouvelles milices, le château, au contraire, privé de ses rois, restait debout, mais solitaire et abandonné; la terrible hache d'armes avait respecté ses murs, mais les conquérants du Nord ne purent jamais y fixer leur résidence. En vain Caribert s'était donné le titre de roi de Toulouse, en vain ses prédécesseurs y avaient nommé des gouverneurs; le Midi était pour eux une terre étrangère; ils traversaient l'Aquitaine sans presque y faire halte, laissant Toulouse ce qu'elle avait été avant Clovis, commune romaine et wisigothe.

Après avoir vu passer dans ses murs les sectateurs d'Arius et les nouveaux chrétiens de Lutèce, Toulouse devait essuyer l'irruption des enfants de Mahomet. En 721, Zama descendit les Pyrénées, à la tête de ses cohortes; mais, malgré toute sa violence, l'avalanche vint se briser contre les murs de Toulouse, et le fer d'Eudes d'Aquitaine noya l'infidèle dans son propre sang, dans la plaine de *Balat*. Quoique étouffée dès son début, l'invasion sarrasine porta, en expirant, un coup bien dur au christianisme. Saint-Sernin, séparé de la ville, abandonné à ses propres et faibles ressources, fut entouré par les mahométans, et tomba sous leurs coups. Les reliques furent enfouies dans la terre, et les voûtes de l'église, écroulées sur les caveaux, les préservèrent de la profanation des impies, jusqu'au jour où la piété d'un grand roi vint les rendre à la vénération des fidèles. Charlemagne parut; par ses ordres, Saint-Sernin se releva, plus beau, plus imposant qu'autrefois; et de nouveau il put donner asile à de nombreuses familles chrétiennes proscrites. Bientôt son enceinte ne fut plus assez vaste pour les contenir; il fallut l'agrandir. La basilique, devenue une abbaye, étendit ses bâtiments, recula ses fortifications, et devint tout à la fois un palais et une forteresse. Elle reçut dans ses murs Pépin, Charlemagne ; et c'est de là que plusieurs rois de France donnèrent leurs ordres et datèrent leurs chartes ; c'est là que Charles le Chauve prépara ses trois expéditions contre Toulouse. Le véritable siége de la puissance franque était donc dans la basilique. La ville, au contraire, restait isolée, sa population romaine, gauloise, wisigothe, ne voulant pas accepter le christianisme régénérateur.

Tout à coup la nationalité toulousaine se réveilla ; une lutte terrible s'engagea entre le château et l'abbaye. Le comte Frédelon dans le château, le roi Charles dans la basilique, s'assiégèrent réciproquement avec fureur; mais cette fois, le roi de France fut obligé de reculer devant son adversaire; Charles se retira dans l'Ile-de-France, et Frédelon, laissé seul arbitre du Languedoc, fonda la famille si puissante et si illustre des comtes héréditaires de Toulouse. Cette révolution porta un coup funeste à la puissance de l'abbaye ; son tour vint alors de se resserrer dans ses murailles, où bientôt un coup plus terrible encore la frappa. Les sectateurs de Manès pénétrèrent dans Toulouse, y furent accueillis ; ils se formèrent en bandes dévastatrices, et ces nouveaux iconoclastes détruisirent dans une orgie la basilique élevée par Charlemagne.

Pendant ce temps, le château triomphait ; il était fier de la gloire de ses comtes, et reprenait le cours de ses prospérités ; il s'entoura de remparts formidables, et devint enfin cette grande forteresse, ce vaste palais qui pouvait abriter sept cents hommes d'armes, et recevoir magnifiquement, au dire des chroniqueurs, toute la noblesse du Languedoc.

Le sanctuaire catholique, au contraire, demeurait enseveli sous ses ruines. Mais le principe vital n'était pas éteint, le tronc coupé n'attendait que quelques beaux jours pour s'élancer vers le ciel en rejetons plus vigoureux. Au XIe siècle, Pierre-Roger, évêque de Toulouse, et saint Raymond entreprirent de le reconstruire. La grandeur de leur ouvrage fit presque bénir le sacrilége des Manichéens ; c'est la magnifique basilique que l'on admire encore aujourd'hui.

L'ardente piété de Raymond de Saint-Gilles fit croire un moment à une fusion complète entre les deux partis jusqu'alors ennemis. Mais Toulouse, conservant toujours ses vieilles rancunes, repoussait tout empiètement ecclésiastique, dans la crainte qu'il ne portât atteinte à ses libertés communales ; aussi le château et la basilique continuèrent-ils à rester indépendants l'un de l'autre. La population, devenue trop considérable pour continuer à être restreinte dans la ville, se porta au dehors ; des faubourgs s'agglomérèrent autour de son enceinte, et lui firent comme un point d'appui. Saint-Sernin, ne pouvant établir ses habitants dans la ville même, bâtit des cloîtres, des abbayes, des chapelles dans chacun des faubourgs. On vit s'élever des Carmes, des Augustins, des Augustines, des Bénédictins, les Frères de la Pénitence, la chapelle de Saint-Pierre, enfermant, pour ainsi dire, Toulouse dans un cercle de petites forteresses. Et tandis que la ville avait des tribuns, une milice, des forteresses, un beffroi, un Capitole, le bourg de Saint-Sernin, devenu une ville importante, avait aussi ses magistrats civils. L'évêque lui-même quittait parfois sa cathédrale pour venir habiter l'abbaye. L'histoire nous montre la ville et le bourg de Saint-Sernin comme deux grands corps grandissant à l'envi l'un de l'autre, s'élevant comme deux ennemis constamment sur la défensive. Le premier, indépendant, jaloux de ses libertés communales, redoutait les prêtres, les nobles, et les moines, qu'il repoussait de son sein ; il conservait à peine quelques églises, et accueillait successivement les ariens, les manichéens, les vaudois. Le second, au contraire, animé par la foi, désireux de propagande, se glorifiait de sa basilique, et conservait religieusement les reliques de saint Exupère, de saint Hilaire, etc.

Ces principes d'opposition, loin de s'effacer avec le temps, semblaient s'enraciner de plus en plus ; la haine réciproque éclatait sous le plus léger prétexte ; les habitants s'irritaient entre eux par la dénomination de *Cives* et de *Burgenses* ; ils formaient deux corporations presque toujours armées : celle des blancs pour les *Cives*, celle des noirs pour les *Burgenses*. Milices toujours prêtes au combat, elles se provoquaient jusque dans les processions, et se battaient aux cris de : *Vive Bourg! vive Toulouse!* Cette lutte enracinée n'avait besoin que d'un prétexte pour prendre un développement terrible ; la guerre des Albigeois le lui fournit ; et dans cet effort suprême, les partisans du château et de la vieille ville succombèrent.

On vit sortir de ce palais jadis si redoutable les derniers comtes, seigneurs du Languedoc, chargés des anathèmes de Rome. Cependant, ce monument féodal avait un aspect si imposant, que les massacreurs de Béziers eux-mêmes n'osèrent pas l'abattre tout d'un coup ; ils se contentèrent, comme mesure de prudence, de le battre en brèche et de l'isoler de la ville, en ouvrant de nouveaux fossés. Depuis lors, ce pauvre palais, pris et repris par les Toulousains et les catholiques, vit tomber l'une après l'autre ses plus hautes tours, sous la flamme et le fer des assaillants; il n'offrit plus qu'un aliment à la destruction et à la vengeance. Amaury de Montfort lui porta le dernier coup ; il fit combler ses fossés, abattre ses principales défenses, et démantela les remparts de la ville ; depuis ce jour, il ne fut plus qu'une ruine. Au XVI siècle, Bachelier, élève de Michel-Ange, en démolit les derniers vestiges, pour bâtir des églises et des cloîtres. Aujourd'hui, lorsque le voyageur arrive du côté de Narbonne, la dernière chose qu'il parvient à découvrir, après beaucoup de questions faites aux Toulousains qui le comprennent à peine, c'est une grande masure solitaire, mutilée, ravagée par les rats, transformée en moulin, et habitée par quelques pauvres familles. On dirait que chaque pierre porte le stigmate de la malédiction ; et il serait difficile de reconnaître dans ces restes épars et transformés les derniers vestiges du formidable château Narbonnais.

La chute de cette antique forteresse rendit la basilique triomphante. Toulouse était ouverte ; plus de murs, plus de tours ; il ne restait qu'à prendre possession de cette magnifique conquête. En peu de temps on vit s'élever au centre de la ville plus de quarante couvents, de tous les ordres, de l'un et de l'autre sexe ; quatre confréries de pénitents noirs, bleus, blancs et gris ; vingt-six hôpitaux, vingt collèges. Les anciens remparts furent abattus ; une nouvelle enceinte entoura la ville et le bourg, et compléta l'alliance forcée du vainqueur et du vaincu.

Peu à peu les vieilles inimitiés s'effacèrent, les rancunes disparurent ; bientôt il n'y eut plus que les enfants du bourg et de la ville, qui se battaient pendant les Rogations, aux cris injurieux de *Bourgauds* et de *Cives*. De cette fusion sortit une nouvelle civilisation et un nouveau peuple, qui eurent leur gloire et leur éclat. Toulouse se repeupla et retrouva la richesse, l'élégance et le goût des lettres ; on vit renaître de nouveau la poésie, les sciences, les beaux-arts ; et ils brillèrent d'autant plus, qu'ils étaient inspirés par les lumières du christianisme.

Les capitouls (1) tinrent à honneur de faire revivre l'éclat de l'ancienne poésie provençale ; et firent tous leurs efforts pour rallumer le feu sacré. Quelques rimeurs peu célèbres avaient pris à Toulouse le titre de troubadours ; ils s'assemblaient chaque semaine dans le jardin des Augustins, pour y lire mutuellement leurs vers. En 1323, ils résolurent de former une espèce d'académie, à laquelle ils donnèrent le nom de *collége de la gaie science*. Les capitouls s'associèrent à

---

(1) Magistrats appelés ailleurs échevins ; leur origine remontait à 1152.

ces réunions ; et pour leur faire prendre de l'extension, ils décidèrent de donner une fête publique. Ils firent annoncer dans toutes les villes du Languedoc que le premier jour de mai 1324, on décernerait une violette d'or à l'auteur de la meilleure pièce de vers en langue provençale. L'appel fut entendu ; au jour fixé on vit accourir de nombreux champions au tournoi poétique, qui eut pour spectateurs tout ce que Toulouse possédait de nobles chevaliers, de bourgeois instruits, de professeurs et de belles dames. Le lendemain, on décerna la violette à Arnaud Vidal, de Castelnaudary, pour sa chanson en l'honneur de Notre-Dame. Telle fut l'origine des Jeux Floraux. Les capitouls, désirant favoriser un concours si honorable et si avantageux pour leur cité, décidèrent que la violette d'or serait donnée désormais aux frais de la ville ; et quelques années plus tard, ils ouvrirent aux Jeux Floraux une salle du palais. C'est encore là que siége aujourd'hui l'académie toulousaine. Vers le même temps, on ajouta à la violette d'or trois autres prix : le souci, l'églantine et l'amaranthe.

Au XVe siècle, la peste et les séditions avaient fait tomber les Jeux Floraux en désuétude. Alors parut Clémence Isaure, illustre et riche Toulousaine, que l'on croit issue des anciens comtes de Toulouse ; elle reconstitua les Jeux Floraux, et laissa à la ville des fonds considérables pour fournir aux frais des concours annuels de poésie. C'est ainsi qu'on lui attribue généralement l'établissement des Jeux Floraux, dont elle n'a été que la seconde fondatrice, en relevant un établissement dont l'origine l'avait devancée. Clémence Isaure mourut en 1513, à l'âge de cinquante ans. On ne sait rien de sa vie.

En 1695, Louis XIV fit subir des réformes au collége des Jeux Floraux, qui fut érigé en académie. La langue française y fut adoptée. Mais cette assemblée, entourée d'un cérémonial et d'une majesté presque royale, perdit la simplicité et la gaîté qui faisaient le charme de la première institution, ainsi que l'indiquait le nom de *gaie science* qui lui avait été donné. Désormais, les citoyens furent privés du plaisir d'entendre lire publiquement les ouvrages ; ils ne virent plus partir pompeusement du grand consistoire trois capitouls avec leurs habits de cérémonie, pour aller, au bruit des tambours, des trompettes et des hautbois, chercher les prix déposés sur le maître-autel de la plus ancienne église et destinés aux vainqueurs. Ceux-ci ne furent plus couronnés publiquement ; aussi ne les vit-on plus aller rendre hommage de leurs succès au pied des autels. La suppression de cette cérémonie causa de profonds regrets. En 1725, le nombre des académiciens fut porté à quarante. Plus tard, un édit attribua les quatre fleurs au discours, à l'ode, à l'épître et à l'élégie. Le sonnet fut toujours réservé à la Vierge, avec le lis d'argent pour récompense. On y ajouta encore la primevère pour l'apologue.

L'académie toulousaine, suspendue pendant la Révolution, a été rétablie en 1806, et subsiste toujours ; ses règlements sont toujours nommés *cours d'amour*, et le nom de troubadour s'y fait encore entendre. Les prix se distribuent maintenant le 3 mai, avec un cérémonial qui rappelle faiblement la pompe avec laquelle étaient couronnés les rimeurs du jardin des Augustins.

Si l'amour de la poésie a brillé dans le Languedoc, on peut dire aussi que la jeunesse toulousaine était douée à un haut degré du génie musical; dans aucune ville de France, il n'existe des oreilles plus sensibles à l'harmonie ; le Toulousain chante pour ainsi dire en naissant. Pour se faire une idée de son goût exquis et de l'expression de ses chants, il faut l'avoir entendu pendant ces belles nuits d'été où des centaines de groupes parcourent les rues en faisant entendre des accents pleins de charme et de sentiment.

Au moyen-âge, Toulouse avait pris un air de grandeur ; presque toute la population avait la prétention d'être noble, et cette prétention s'était manifestée dans la forme des édifices ; partout on élevait de vastes habitations flanquées de tours et de tourelles ; ce qui avait fait donner à la ville le nom de *Turrita Tolosa*. Toutes ces habitations furent détruites à la suite du traité de Meaux (1229) ; le château du Bazacle fut seul conservé ; il servit un instant de résidence aux gouverneurs que les rois de France envoyaient pour remplacer les anciens comtes. Il fut ensuite abandonné, et sur ses fondations on éleva le moulin qui porte son nom. La Toulouse romaine et la Toulouse du moyen-âge ont aujourd'hui entièrement disparu ; il est peu de grandes villes, en France, qui aient perdu aussi complétement toute trace de ses anciens monuments. Les antiquaires du Midi croient retrouver l'ancienne Tolosa, capitale des Tectosages, dans une petite commune de deux cent soixante-quatre habitants, située à dix kilomètres au sud de Toulouse, sur une colline, et près de la rive droite de la Garonne ; aussi lui a-t-on donné le nom de Vieille-Toulouse.

Toulouse est aujourd'hui une grande et assez belle ville, fort agréablement située sur la rive droite de la Garonne. Un beau pont en pierres de taille la fait communiquer avec le grand faubourg de Saint-Cyprien ; au nord de ce faubourg sont des jardins, des promenades, de belles habitations, qui le séparent du canal du Midi. La jonction de ce canal à celui de Brienne est un des plus beaux points de vue qu'offre Toulouse aux étrangers. La ville se présente agréablement du côté de la Garonne, par les beaux quais qui bordent le fleuve ; du côté de la campagne, elle est entourée de larges boulevards et de l'allée Saint-Michel, s'étendant jusqu'au canal du Midi, qui paraît destiné à devenir, un jour, la limite naturelle de la ville. L'intérieur de Toulouse ne répond pas à sa belle position, ni par le nombre de ses édifices, ni par l'élégance de leur architecture ; presque toutes les maisons sont bâties en briques rouges ; les plus anciennes de la ville basse sont construites en bois. Les rues sont étroites et tortueuses ; ce qui nuit à la salubrité de l'air, sous un ciel dont les ardeurs tendent sans cesse à le corrompre. Bien des améliorations se font dans le but de remédier à cet inconvénient.

Les principaux monuments sont les suivants :

Le Capitole, ou l'hôtel de ville, est situé à peu près au centre de Toulouse, sur la place qui porte le même nom ; il est composé de quatre corps de bâtiment. Celui où se trouve la grande entrée est orné de huit colonnes en marbre rouge de Carrare ; il est surmonté d'un fronton triangulaire, sur lequel figuraient autrefois les médaillons de Louis XIII, de Napoléon et de Louis XVIII. Depuis la révolution de 1830, on y a substitué en lettres dorées ces devises : *Liberté et ordre public*. Sur les côtés, on voit deux génies ; et aux extrémités, la Force et la Justice. Sur les frontons des corps latéraux, on voit les armes de la ville et plusieurs statues, parmi lesquelles on remarque celle de Clémence Isaure.

La cathédrale, dédiée à saint Etienne, est digne de fixer l'attention par la variété de son architecture. La plus ancienne construction est la nef, bâtie vers le commencement du XIIIe siècle par les ordres de Raymond VI, comte de Toulouse ; ses armes sont sculptées sur une des clefs de la voûte. Le grand portail, d'un style tout différent, a été construit par Pierre Dumoulin, archevêque de Toulouse. On remarque au-dessus une grande rosace, dont les compartiments sont sculptés fort délicatement. Le chœur, brûlé vers le commencement du XVIIe siècle, a été reconstruit en 1612. Le maître-autel, placé dans un angle de la nef, est d'ordre corinthien ; les colonnes, les frises, les panneaux sont en marbre de Languedoc.

L'église de Saint-Sernin ou de Saint-Saturnin est un des plus beaux monuments de Toulouse, bien que son extérieur ne réponde pas au grandiose de l'intérieur. Sa forme est celle d'une croix latine ; elle date du XIe siècle. Bâtie dans le style roman, elle est entourée de grilles en fer, à l'alignement desquelles est une porte dont la sculpture est de Nicolas Bachelier. Son clocher est surmonté d'une flèche élégante, s'élevant avec hardiesse dans les airs. Avant d'entrer dans l'église, on remarque dans une petite salle les tombeaux des comtes de Toulouse, dont il reste à peine quelques fragments. Cette église est vaste ; elle compte cinq nefs dans sa partie longue, et trois dans sa partie transversale. La coupole, dont la voûte est ornée de peintures d'un très-beau style, est soutenue par quatre piliers. Autour du chœur sont des chapelles et un grand nombre de reliquaires ; les marches, les dalles, les panneaux du chœur sont en marbre. Un élégant baldaquin, soutenu par des colonnes en marbre, surmonte le maître-autel, qui est très-élevé, et sous lequel existent des caveaux, où l'on descend par deux escaliers : ils renferment des châsses fort anciennes, entre autres celle de saint Sernin. Ce temple rappelle autant que possible la majesté divine ; tout y est grand ; aucune sculpture n'y retrace l'image de quelque apôtre ou de quelque saint ; Dieu seul paraît remplir l'immensité de cette basilique. C'est à Saint-Sernin que s'est faite la bénédiction des bannières en 1096, avant le départ des croisés pour la terre sainte. On y voit encore, dans une des chapelles, le christ et la croix qu'ils portèrent à Jérusalem.

L'église de la Dorade est un édifice moderne, dont l'intérieur est fort beau, mais les bas côtés ne sont pas en rapport avec la nef principale. On croit généralement que Clémence Isaure y fut inhumée. C'est pour cela que la bénédiction des fleurs destinées au vainqueur du concours des Jeux Floraux a lieu tous les ans dans cette église.

L'église de Notre-Dame de Dalbade paraît être une construction très-ancienne ; elle n'a qu'une porte gothique, dont les sculptures sont assez curieuses. Elle possède les tombeaux des chevaliers Gérard, chevaliers de l'ordre de Malte. C'est aussi dans cette église que la duchesse de Montmorency vint réclamer le corps de son époux à Louis XIII et à Richelieu, qui assistaient au service funèbre célébré en l'honneur du comte.

L'église de Saint-Pierre se fait remarquer par son dôme, d'un très-bon goût, surmonté d'une statue en plomb, de très-grande dimension ; l'intérieur a été décoré par plusieurs artistes toulousains.

L'église du Tour a une origine fort ancienne ; elle est bâtie sur le lieu où saint Sernin fut martyrisé. Ce temple n'était au Ve siècle qu'un oratoire. Saint Exupère, alors évêque de Toulouse, en fit une église, dont le nom rappelle le martyre du patron de la ville de Toulouse. Les dernières constructions appartiennent au XIV⁰ et au XV⁰ siècles; elles sont du genre gothique.

L'hôtel de la préfecture, anciennement l'archevêché, est remarquable par sa masse imposante; c'est le plus bel édifice moderne de Toulouse, après le Capitole. L'intérieur est très-riche; les appartements, la salle du Synode et les jardins méritent surtout de fixer l'attention.

Le musée est établi dans le beau vaisseau de l'église des Augustins; on y arrive par des cloîtres, où l'on retrouve quelques fragments de sculptures antiques.

La place du Capitole est vaste, ornée de quatre belles fontaines placées à chacun de ses angles. La place La Fayette est circulaire, environnée de bâtiments uniformes, et décorée d'une magnifique fontaine. La place de la Trinité, le cours Dillon, la magnifique avenue de la Porte-Neuve, l'Esplanade, le Jardin public et le Jardin des Plantes, le plus vaste et le plus beau de France, après celui de Paris, complètent ce qu'il y a de plus curieux à Toulouse.

FIN DU LANGUEDOC.

PROVENCE.

CHAPITRE Ier.

Les Ligures.

La contrée qui a reçu le nom de Provence était habitée dans les temps les plus reculés par une nation barbare, appelée Ligures par les Latins. Les historiens ne disent rien de bien positif sur l'origine des Ligures. On croit qu'ils appartenaient aux peuples ibériens, et que leur séjour primitif était au sud-ouest de l'Espagne. Au XVIe siècle avant notre ère, forcés par les Gaulois de franchir les Pyrénées, ils s'étendirent depuis ces montagnes jusqu'à l'embouchure de l'Arno. La côte comprise entre le Var et le Rhône fut dès lors désignée sous le nom de Celto-Ligurie. La nation celto-ligurienne se divisait en peuplades indépendantes; et chacune d'elles avait son chef. La plus nombreuse et la plus redoutable était celle des Saliens. Le Rhône séparait ces peuples des *Volces Arécomiques*, qui habitaient la partie orientale du pays appelé plus tard Languedoc.

L'histoire parle des Ligures comme d'un peuple sans art, sans police, sans demeure fixe. Enfants aventureux d'une nature grossière, ils établissaient leur résidence au gré du caprice ou du besoin; dormaient habituellement couchés sur la terre, rarement dans des cabanes, et quelquefois dans des cavernes. Les habitants des côtes vivaient de pêche et de piraterie; corsaires hardis et féroces, ils choisissaient une nuit d'orage pour se précipiter sur leur proie, se riaient des tempêtes, et revenaient déposer leur butin dans les îles voisines du rivage. D'autres erraient dans les montagnes et les forêts. Infatigables chasseurs, ils poursuivaient les bêtes fauves, et luttaient avec elles de force et d'agilité. Pour eux, une valeur sans pitié était le seul titre de noblesse, la seule vertu digne de l'homme; ils poussaient au plus haut point le mépris de la mort; un Ligure aurait rougi de paraître sans ses armes, qui étaient ses compagnes fidèles, et qu'on enterrait avec lui. Aussi tous les différends se décidaient-ils par un combat meurtrier; la force tenait lieu de droit, et la victoire légitimait la violence. Les crânes des ennemis tués étaient pour les vainqueurs des trophées précieux, des témoignages de gloire dont leurs familles s'enorgueillissaient. On en faisait des coupes réservées pour les grands festins.

Les Ligures étaient de petite taille, d'une complexion riche, mais nerveuse; le son de leur voix était fort rude. Ils laissaient flotter leur longue chevelure, et avaient pour vêtement une tunique de peau de bête, retenue au milieu du corps par une ceinture en cuir. Ils étaient sobres et durs au travail; mais ils ternissaient ces qualités par la perfidie, la fourberie et l'intérêt; ils étaient curieux, vains, légers et téméraires. Les femmes n'avaient rien de la faiblesse de leur sexe; elles se livraient comme les hommes aux plus rudes travaux; mais elles étaient pour leurs maris des compagnes et non des esclaves. Les Ligures n'exerçaient pas, comme les Gaulois, un despotisme sans limites sur leurs personnes; loin de là, les Liguriennes étaient investies d'un pouvoir de conservation et d'un ministère de paix. Elles intervenaient dans les querelles, et les jugeaient avec tant d'équité et de raison, qu'on établit l'usage d'appeler les femmes aux délibérations qui avaient pour but de décider la paix ou la guerre.

Il est probable que les Ligures professaient la religion des Gaulois. Comme eux, ils avaient une idée de Dieu et de l'immortalité de l'âme; mais ils mêlaient à leurs cérémonies religieuses les scènes sanglantes du culte druidique. Les druides, quoique sacrificateurs barbares, étaient armés du glaive de la loi et de la puissance ; ils imposaient leurs volontés à tous ; et ces guerriers avides de périls, ces hommes jaloux de leur indépendance, rejetant le plus léger joug, reculaient de terreur devant l'anathème des druides, et écoutaient religieusement leurs oracles.

Tel était le pays des Ligures, lorsqu'un jour parut à l'horizon une flotte ionienne, s'avançant à pleines voiles vers ces côtes inhospitalières. Elle portait des enfants de la Grèce ; leur langage était harmonieux, leurs manières civilisées. Cette terre inculte allait, par leurs soins, se couvrir d'habitations, de temples et de monuments ; et les arts qu'ils apportaient de leur patrie allaient dissiper la nuit de l'ignorance. Ce grand bienfait était dû à Phocée.

Cette ville, fondée par l'archonte athénien Nélée, environ 1080 avant Jésus-Christ, trouvait dans son commerce maritime une source de prospérités : ses vaisseaux lui apportaient sans cesse les tributs des pays lointains ; ses navigateurs s'étaient rendus célèbres par leurs longues courses et leurs entreprises périlleuses. Ceux de Tyr étaient les seuls qui pussent rivaliser avec eux. Phocée, d'abord soumise à des rois, puis république aristocratique, sagement gouvernée par un sénat, avait fondé Chalcédoine, à l'entrée du Bosphore de Thrace ; elle avait aussi établi d'utiles comptoirs en Italie, en Sicile, en Corse, et jamais elle ne laissait échapper l'occasion d'étendre ses relations commerciales.

De jeunes Phocéens, au retour d'un voyage sur les côtes ligurienncs, affirmèrent qu'une colonie fondée en ces lieux procurerait de grands avantages à leurs compatriotes. Le sénat discuta le projet, l'approuva, et fit équiper une flotte, qu'il plaça sous le commandement de Simos et de Protès. Cette flotte mit à la voile pour sa destination. Arrivés à l'endroit où ils voulaient établir leur colonie, les Phocéens envoyèrent Protès auprès de Nannus, chef de la tribu ligurienne la plus voisine, pour gagner son amitié et obtenir l'autorisation de bâtir une ville.

Protès, accompagné de quelques Phocéens, arriva chez Nannus le jour même où ce chef barbare devait marier sa fille. Celle-ci n'avait pas encore fixé son choix. C'était au milieu d'une fête, à la fin d'un banquet, qu'elle devait choisir son époux parmi les convives, en offrant à l'un d'eux un vase rempli d'une certaine boisson : telle était l'antique coutume ibérienne conservée chez les Ligures. L'étonnement des convives fut grand, lorsqu'à la fin du repas, ils virent la jeune Gyptès poser le vase devant Protès, et le proclamer ainsi son époux. Nannus confirma ce choix, croyant y reconnaître un ordre de ses dieux.

Les Phocéens obtinrent facilement la concession du terrain nécessaire pour la fondation d'une colonie. Se mettant à l'œuvre avec ardeur, ils construisirent une petite ville sur une presqu'île attenante au continent par une langue de terre étroite. Le sol de la presqu'île était sec et pierreux; Nannus y joignit quelques cantons du littoral encore couverts de forêts épaisses, mais où la terre parut aux Phocéens parfaitement propre à la culture des arbres de l'Ionie. Cette ville nouvelle reçut le nom de *Massilie*, et fut bâtie à peu près au même endroit où Marseille est aujourd'hui. Massilie, protégée par Nannus, se fortifia, s'agrandit, et couvrit bientôt tout le promontoire de ses maisons de bois et de chaume. Les Massiliens n'en eurent pas d'autres pendant longtemps; ils réservaient le marbre pour les édifices publics.

La forme de leur gouvernement fut oligarchique, et l'autorité se trouva concentrée dans les mains de quelques magistrats qui l'exerçaient sans abus. La pêche, le trafic et la navigation satisfirent tous les besoins de ces industrieux Phocéens. Ils construisirent une citadelle et y placèrent le temple de Diane. Plusieurs divinités de l'Ionie eurent aussi des autels. Au sein de la cité naissante, tout respirait l'intelligence et la fécondité. Autour d'elle tout changea d'aspect. Les campagnes stériles se couvrirent des vignes de la Phocée, des grenadiers de Samos, des oliviers et des myrtes de l'Attique.

L'héritier du pouvoir de Nannus ne le fut pas de sa bienveillance pour Massilie. Comanus, son fils, ne put voir sans inquiétude et sans méfiance un établissement étranger sur la terre de ses aïeux. Cependant il dissimulait ses sentiments, et rien n'indiquait qu'il voulût recourir à la force des armes. Mais un Ligure excita sa jalousie et ses craintes en lui faisant entrevoir qu'un jour ces étrangers pourraient bien lui faire la loi. Comanus, frappé de cette observation, jura d'anéantir la nouvelle Phocée par la trahison. La colonie, dans une sécurité parfaite, se préparait à célébrer la fête de Flore. Déjà commençaient les réjouissances publiques et les cérémonies religieuses, lorsque des Liguriens vinrent à Massilie sous le prétexte d'assister à ce spectacle solennel. Comanus fit monter sa suite dans des chariots couverts de feuillage, et se mit lui-même en embuscade dans les montagnes voisines; il devait pénétrer dans la ville lorsque ses émissaires lui en ouvriraient les portes. C'en était fait de Massilie et de la colonie, si une jeune Ligurienne n'eût révélé le complot à un Phocéen, qui s'empressa de le dévoiler aux magistrats. Les Ligures qui se trouvaient dans la ville furent mis à mort. Les Grecs sortirent sans bruit de leurs murs, lorsque la nuit fut close, tombèrent à l'improviste sur les ennemis et les taillèrent en pièces. Comanus perdit la vie avec sept mille des siens.

La défaite et la mort de Comanus excitèrent la fureur de toutes les peuplades liguriennes. Des cris de vengeance retentirent de toutes parts ; une ligue formidable, dirigée par un chef nommé Catumandas, jura la ruine de la cité grecque, qui ne dut son salut qu'à un secours inespéré. Alors sortaient des Gaules deux hordes de guerriers, de femmes et d'enfants, conduites, l'une par Sigovèse, l'autre par Bellovèse. Cette dernière était arrivée au pied des Alpes, et y campait depuis quelques jours, quand elle vit arriver à elle des députés de Massilie assiégée par la confédération des Ligures. Bellovèse prit sous sa protection la colonie menacée. Conduit par les députés, il marcha contre les Ligures, tomba sur eux à l'improviste, les mit en déroute, aida les Phocéens à reprendre les terres qui leur avaient été enlevées, et leur en conquit de nouvelles. Après cette expédition, Bellovèse passa les Alpes et fonda la Gaule Cisalpine.

CHAPITRE II.

Marseille. — Aix.

Les Ligures, vaincus par Bellovèse, ne furent plus tentés d'inquiéter Massilie. Mais tandis qu'elle jouissait d'une paix profonde, un orage terrible grondait sur la métropole. Cyrus, qui, en Orient, marchait de victoire en victoire, vint, en 543 avant Jésus-Christ, mettre le siége devant Phocée, qui se défendit vaillamment ; toutefois, une plus longue résistance devint inutile, il fallut capituler. Mais les Phocéens, trop fiers dans leur malheur, ne voulurent point subir une domination étrangère. Ils enlevèrent leurs richesses, leurs statues, leurs dieux domestiques, les transportèrent sur leurs vaisseaux, s'y embarquèrent avec leurs familles, et, ne laissant aux Perses qu'une ville déserte, ils firent voile vers Massilie.

Ainsi, cette seconde émigration, qui eut lieu soixante ans après la première, vint agrandir la nouvelle cité gauloise, qui prit dès lors un rang distingué parmi les républiques les mieux organisées et les plus florissantes. Massilie ne tarda pas à laisser derrière elle l'antique Phocée, sa métropole; elle créa un grand conseil de six cents sénateurs, dont le pouvoir était très-étendu. Il sortit de ce conseil des lois sages qui assuraient la paix dans les familles, mais qui restèrent inhumaines pour les esclaves. On y reconnaissait cet esprit d'avarice et cette sécheresse de sentiments qui dominent toujours chez les nations commerçantes.

Bien que Marseille s'occupât principalement de commerce, elle ne négligeait pas la science militaire, et était toujours en mesure de résister aux peuplades guerrières qui l'environnaient. Elle n'attaquait jamais, mais elle se défendait. Les Carthaginois voyaient avec envie cette prospérité croissante; ils ne voulaient pas qu'on leur contestât la suprématie sur mer; aussi plusieurs fois, en pleine paix, s'emparèrent-ils de quelques vaisseaux grecs. Les Marseillais les punirent en détruisant leur flotte. Les Ligures, de leur côté, ne cessaient d'infester les côtes par leurs pirateries; ils n'étaient pas plus tôt chassés d'un repaire, qu'ils en formaient un autre, et trouvaient dans leurs défaites de nouveaux motifs de haine et de vengeance. Pour les contenir, Marseille étendit sa colonisation; elle fonda un grand nombre d'établissements, qui devinrent pour la plupart des villes florissantes, et se prolongeaient depuis le pied des Alpes Maritimes jusqu'au cap Saint-Martin. De ce côté, cette ligne s'étendait jusqu'aux colonies carthaginoises, de l'autre elle touchait à la république romaine. Le petit port de Monaco formait la limite de l'est; venait ensuite Nice, bâtie sur la rive gauche du Var; puis Antibes, Saint-Gilles et plusieurs autres villes.

Marseille donna le jour à deux célèbres navigateurs, Pythéas et Euthyménès. Ces hommes, pauvres et obscurs, éprouvèrent le besoin de sortir de la foule, et la gloire ne leur fit pas défaut. On croit qu'ils vivaient du temps d'Alexandre. Pythéas parcourut les côtes orientales et occidentales de l'Europe, depuis le Tanaïs jusqu'à la presqu'île scandinave. En même temps son compatriote partait des Colonnes d'Hercule pour explorer les côtes occidentales de l'Afrique. De grands avantages pour les sciences naturelles et géographiques résultèrent de ces voyages.

La civilisation marseillaise grandissait aussi. Elle répandait ses bienfaits dans l'intérieur de la Celto-Ligure. Les mœurs s'y adoucissaient, l'agriculture y faisait de rapides progrès. Parmi les villes liguriennes on distinguait Arles, qui probablement fut fondée la première. La plus grande obscurité enveloppe le berceau de cette ville célèbre; mais il est certain que sa fondation est postérieure à l'arrivée des Phocéens. Sa destinée fut brillante; les anciens parlent de ses richesses, de sa grandeur et de sa gloire; l'Occident est plein de ses souvenirs, et son nom est écrit sur d'imposantes ruines. Après Arles venaient Avignon, Tarascon, qui durent leur origine à des Ligures également fondateurs d'Orange, de Cavaillon et de Sisteron.

Les Marseillais établirent des comptoirs dans presque toutes les villes liguriennes ; on y parlait l'ionien autant que l'idiome indigène ; aussi les mœurs et la langue sonore de la Grèce se répandirent-elles au sein des contrées liguriennes, et se mêlèrent-elles à la religion cruelle de ces peuplades belliqueuses, et à leur langage sans harmonie.

Marseille devint bientôt l'Athènes des Gaules. Au sein de ses écoles brillait le feu sacré des arts et des sciences, et les étrangers avides d'instruction y accouraient en foule. La littérature grecque dut à des grammairiens marseillais une des premières et des plus correctes révisions des poëmes homériques. Belle destinée de la colonie phocéenne ! Tous les hommes illustres de l'antiquité prononcèrent son nom, qui se trouva ainsi mêlé aux grands débats de l'univers. Rome l'honora du titre de sœur, et ce fut une sœur toujours fidèle. Les Marseillais fournirent aux Romains des secours utiles dans des circonstances critiques. La prise de Rome par les Gaulois de Brennus excita dans Marseille une douleur universelle. La ville recueillit l'argent du trésor public, les citoyens y joignirent leurs épargnes, et cette généreuse rançon fut envoyée en Italie pour la délivrance du Capitole. Les Romains récompensèrent leurs alliés en leur accordant le droit de siéger parmi les sénateurs dans les fêtes publiques.

Mais bientôt Rome agrandie va franchir les limites du Latium ; on va la voir porter au loin la terreur de ses armes et s'avancer en conquérante sur le sol ligurien. Ses légions couvriront le sol de leurs tentes, de leurs aigles, et la Ligurie recevra la langue et les lois de la superbe Rome.

Les Marseillais vivaient depuis plus de vingt ans dans une étroite amitié avec les Romains, lorsqu'ils sollicitèrent leur protection contre les tribus liguriennes qui assiégeaient Nice, Antibes, et menaçaient Marseille. Le sénat envoya une armée, qui repoussa les barbares dans les montagnes et les força à demander la paix. Le proconsul Sextius, à qui était due cette victoire, céda le territoire conquis aux Marseillais, puis prit ses quartiers d'hiver à quelques lieues au nord de Marseille, près de la petite rivière appelée aujourd'hui l'Arc. La pureté de l'air, la beauté du site, entrecoupé de collines couvertes d'antiques forêts, l'abondance des sources d'eaux vives et surtout d'eaux thermales, que les Romains recherchaient beaucoup, tous ces avantages séduisirent Sextius ; il établit un camp fortifié dans ce beau pays, qui porta le nom d'*Aquæ Sextiæ*, ou les eaux de Sextius. Les soldats bâtirent d'abord des cabanes en bois, ensuite des maisons. C'est ainsi que furent jetés les fondements de la ville d'Aix, premier établissement romain dans la Ligurie.

Rome ne s'en tint pas à ce premier succès ; elle continua ses conquêtes, s'avança dans le pays qu'occupaient les Auvergnats et les Allobroges, et soumit ces peuples. Les Romains, maîtres de cette importante partie des Gaules, lui donnèrent le nom de Transalpine, et ensuite celui de Province romaine, nom qui s'est conservé dans celui de *Provence*. Cette nouvelle province fut bornée au nord par le lac de Genève et le Rhône, jusqu'à son confluent avec la Saône, à l'orient par les Alpes, au sud par la mer et la république marseillaise, à l'occident par la Garonne. Elle fut confiée au consul Martius Rex. Pour consolider cette conquête, le sénat décida qu'il fallait établir à Narbonne une colonie romaine, qui adoucirait ces peuples encore barbares et serait pour la république un boulevard contre les dangers du dehors. Narbonne devint la capitale de la province, qui prit le nom de Narbonnaise. Il y eut alors Gaule Cisalpine et Gaule Narbonnaise. La domination romaine ne s'y consolida qu'avec peine, et toujours elle parut dure à des peuples qui se révoltaient contre le moindre joug et étaient passionnés pour l'indépendance. Ceux qui étaient au pied des Alpes Maritimes excitèrent surtout les Romains par leurs révoltes continuelles ; ils finirent par être enveloppés par l'armée du consul Martius. Ils se battirent en désespérés ; mais voyant enfin qu'il était impossible de prolonger la résistance, ils mirent le feu à leurs habitations et se précipitèrent au milieu des flammes, après avoir égorgé leurs femmes et leurs enfants. Ceux qui furent faits prisonniers se donnèrent la mort, les uns par le fer, les autres en refusant toute nourriture. Un historien assure qu'il n'y en eut aucun, même parmi les plus jeunes, chez qui l'amour de la vie fût assez fort pour lui faire supporter l'esclavage.

Marseille, dont les destinées étaient intimement liées à celles de Rome, dut éprouver une forte commotion de la lutte que soutint cette république contre les Cimbres et les Teutons. Durant cette guerre, elle fournit de puissants secours à son alliée ; elle célébra avec enthousiasme le triomphe de Marius à Aix, où il extermina les Teutons.

La révolte de Sertorius, ses tentatives contre la république furent une nouvelle occasion pour les Marseillais de soutenir les troupes romaines. Les partisans de Sertorius, qui s'étaient soulevés dans la Narbonnaise, regardant Marseille comme complice de la tyrannie romaine, s'avancèrent contre elle, pour la punir de sa fidélité à leurs oppresseurs ; mais le gouverneur Fontéius accourut au secours de cette ville et la délivra.

CHAPITRE III.

Siége de Marseille.

Marseille, s'associant toujours aux gloires de Rome, fournit de nombreux secours à César pendant sa conquête des Gaules; aussi le consul reconnaissant agrandit-il le territoire déjà bien vaste de cette république alliée, et lui fit-il des concessions favorables à ses intérêts commerciaux. Mais lorsque César et Pompée devinrent rivaux, Marseille n'hésita pas dans le choix du parti qu'elle devait embrasser. Le conseil des Timouques était une assemblée aristocratique; sa politique était de ne voir Rome et son gouvernement que dans l'enceinte du sénat; or, le sénat marchait avec Pompée, le seul représentant du pouvoir légitime. César, quoique maître de l'Italie, ne parut aux yeux des Marseillais qu'un usurpateur et un traître. Suivant donc l'impulsion généreuse de leur antique fidélité, ils firent avec ardeur des préparatifs de défense, réparèrent les fortifications et les murailles, armèrent plusieurs galères, et attendirent ainsi César, bien résolus de braver son courroux et de résister à ses armes.

Le triumvir ne tarda pas à se présenter à la tête de trois légions (49) et demanda une conférence. Quinze des principaux citoyens se rendirent près de lui ; il les reçut avec son amabilité ordinaire, leur dit qu'ils devraient plutôt suivre l'exemple de toute l'Italie que la volonté d'un seul homme, et les exhorta vivement à engager leurs compatriotes dans sa cause. Les députés rentrèrent dans la ville ; le conseil s'assembla, mais ne changea rien à sa première délibération ; seulement, pour gagner du temps, il renvoya les députés porter sa réponse à César. Elle était ainsi conçue : « Nous savons que le peuple romain est divisé en deux partis ; mais il ne nous appartient pas de décider de quel côté est la justice. César et Pompée ont des titres égaux à notre reconnaissance ; car ils nous ont comblés de bienfaits et sont les protecteurs de notre république. L'un a agrandi notre territoire, l'autre nous a accordé des avantages non moins précieux. Nous devons donc conserver une neutralité complète, et ne recevoir dans nos murs ni l'un ni l'autre. »

Cette réponse aurait pu satisfaire César, si elle eût été sincère ; mais dans le même moment où on la lui transmettait, Domitius Enobarbus, lieutenant de Pompée, entrait dans le port avec une petite flotte de sept vaisseaux. On lui donna le commandement de la ville et la direction de la guerre. César, irrité, fit approcher ses légions des remparts de Marseille, bloqua le port, puis, laissant le commandement de l'armée et la conduite du siége à Trébonius, il partit pour l'Espagne.

Le siége de Marseille fut plus long que César ne l'avait prévu. Dix-sept galères marseillaises offrirent le combat à la flotte romaine ; celle-ci eut l'avantage. Les Marseillais perdirent neuf galères, et les huit autres rentrèrent dans le port en très-mauvais état. Trébonius avançait en même temps ses préparatifs du côté de la terre ; il entreprit d'immenses travaux de siége ; mais les assiégés, animés d'une audace patriotique, trouvèrent moyen de détruire toute cette construction, sur laquelle les Romains fondaient leurs espérances.

La résistance héroïque des Marseillais frappa Pompée d'admiration ; il envoya à leur secours Nasidius, un de ses lieutenants, avec une flotte de dix-sept vaisseaux. A cette nouvelle, tous sentirent redoubler leur courage ; on répara les galères anciennes, on en construisit de nouvelles, et l'on se prépara à opérer une jonction avec Nasidius. Le jour du départ, toute la population se pressa sur les quais ; et lorsqu'un vent favorable enfla les voiles de la petite flotte et l'éloigna du rivage, le peuple, les mains levées vers le ciel, accompagna de ses vœux ardents tous ses braves défenseurs.

Brutus, qui commandait la flotte romaine, se mit à leur poursuite ; néanmoins il ne put les empêcher de joindre la flotte de Nasidius. Il résolut alors de leur livrer un combat immédiat. Les Marseillais et leurs alliés ne le refusèrent pas ; ils firent des prodiges de valeur ; mais la fortune leur fut infidèle. Deux galères se heurtèrent avec violence et furent englouties dans les flots ; Nasidius s'enfuit lâchement vers l'Espagne ; une galère marseillaise le suivit, cinq furent coulées à fond, quatre furent prises, et une de celles qui restaient fut envoyée à Marseille pour y porter la nouvelle fatale. Une profonde douleur s'empara de tous les esprits, mais ne changea pas leurs résolutions ; le siége continua.

Trébonius livra des assauts, repoussa des sorties et parvint à saper une partie des remparts. Alors les Marseillais se virent réduits aux dernières extrémités. N'attendant plus leur salut que de la commisération de Trébonius, ils lui envoyèrent des députés pour le supplier de ne pas livrer la ville à la fureur de ses troupes. « Lorsque César arrivera d'Espagne, ajoutèrent-ils, nous lui ouvrirons nos portes aux conditions qu'il lui plaira de nous dicter ; mais que dès maintenant les hostilités soient suspendues, et que le sang cesse de couler. » Trébonius leur accorda la trêve demandée, malgré les murmures de ses soldats, qui espéraient trouver dans le pillage de la ville le prix de leurs fatigues.

La situation de Marseille était alors affreuse ; elle était décimée par la famine et par les maladies pestilentielles, conséquence du blocus et de la mauvaise nourriture. Les citoyens ne pouvaient plus compter sur leurs forces abattues, ni sur leur courage chancelant ; ils ressemblaient à des fantômes se traînant à grand'-peine au bord de leur tombeau.

Sur ces entrefaites, César revient vainqueur de l'Espagne, qu'il a soumise en quarante jours ; les Marseillais se rendent à sa discrétion. Le conquérant des Gaules n'avait jamais voulu la destruction de Marseille ; il avait même expressément recommandé à Trébonius de ne pas souffrir que la ville fût emportée d'assaut. Il lui semblait qu'une honte ineffaçable ternirait sa gloire, s'il permettait que cette ville si florissante et si célèbre fût pillée et saccagée. Il pensa qu'il serait plus digne de lui de se montrer clément ; il laissa à Marseille son indépendance et ses lois ; il se contenta de lui enlever ses armes, ses vaisseaux, ses machines de guerre, son trésor public et toutes ses colonies, à l'exception de Nice, qui, pendant la lutte, s'était déclarée pour lui. Toutes les vastes possessions de la province furent réunies à la Narbonnaise. Marseille, réduite à son territoire primitif, resta une petite république marchande, désormais étrangère aux intérêts de Rome. Elle perdit son influence politique, mais conserva sa renommée littéraire et ses mœurs policées.

Du sein de ses écoles sont sortis une foule d'hommes distingués dans tous les genres. Parmi eux on cite : Erathosnène, astronome, mathématicien et historien des Gaules ; Lucius Photius, qui ouvrit à Rome une école d'éloquence ; Valerius Caton, poëte et grammairien ; Cornélius Gallus, né à Fréjus, ami de Virgile, et rival de Tibulle et de Properce dans l'élégie. Auguste l'éleva aux premières charges de l'empire et lui confia le gouvernement de l'Egypte, réduite nouvellement en province romaine. Malheureusement les honneurs et l'ambition le perdirent ; l'ambition le poussa à conspirer contre son bienfaiteur. Auguste se contenta de le bannir ; mais le sénat, plus sévère, le condamna à mort. Gallus échappa à l'ignominie du supplice en se tuant de sa propre main.

CHAPITRE IV.

État de la Province sous les Romains.

Vers la fin du siége de Marseille, César fit jeter les fondements de Fréjus, où l'on ne voyait que la réunion de quelques cabanes de Ligures. Cette ville, destinée à hâter la ruine de la puissance marseillaise, acquit en peu de temps beaucoup d'importance. Auguste, devenu empereur, en fit un des grands arsenaux de l'empire, l'embellit de palais magnifiques, et y fit construire un aqueduc et un amphithéâtre.

Plusieurs villes de la province prenaient également un essor rapide d'accroissement et de prospérité. Cimiers, chef-lieu d'une province nouvelle, qu'Auguste avait formée des peuples des Alpes Maritimes, devenait une cité importante; elle renfermait une foule de familles patriciennes, et elle effaça bientôt Nice.

Sur les bords du Rhône s'élevait Arles, surnommée la petite Rome des Gaules. Un commerce actif lui fournissait des ressources inépuisables, et les flottes de la Méditerranée sortaient de ses chantiers. On trouvait dans cette cité tout ce que l'Arabie, l'Afrique, l'Espagne et les Gaules produisaient de plus précieux.

Une immense population, active et laborieuse, se pressait dans son sein. Sur ce sol était venu s'implanter le génie de Rome : ici c'était le palais impérial aux colonnades magnifiques, là des portiques majestueux, des thermes élégants. La célébration des jeux scéniques attirait la foule au théâtre. Partout on voyait du marbre, des décorations, chefs-d'œuvre d'une architecture inimitable. La célèbre Vénus, dite d'Arles, était la divinité de la ville. Au milieu de ces ouvrages consacrés par les arts, apparaissait le vaste amphithéâtre ou arène, bâti, à ce que l'on croit, par le père de l'empereur Tibère, questeur de Jules César, et qui conduisit plusieurs colonies dans les Gaules. Dans l'enceinte de ce monument de la grandeur des Romains, vingt-quatre mille spectateurs y trouvaient place, pour assister aux combats de gladiateurs et de bêtes féroces. La multitude, avide de ces sortes de spectacles, prenait plaisir à voir les combattants, couverts de blessures, nager quelquefois dans leur sang mêlé à la poussière.

Arles avait aussi ses Champs-Elysées. C'était une plaine située au midi de la ville et couverte de magnifiques sarcophages, qui témoignaient de la vanité humaine, même au delà de la vie; vaste et immense musée où dormaient des générations éteintes. La coutume de brûler les morts, que les Phocéens avaient apportée de la Grèce, et qui s'était introduite chez les Romains, subsista jusqu'au règne des empereurs chrétiens.

Orange possédait aussi des monuments; on y admirait les remparts, les bains publics, les aqueducs, le cirque, qui l'emportait sur les autres constructions par sa magnificence; enfin, un arc de triomphe qui a longtemps excité les investigations des savants et des antiquaires. A quelle époque fut-il érigé? En l'honneur de quel homme? On l'ignore; mais ce qui est certain, c'est son origine romaine.

Carpentras, Saint-Remi, Cavaillon, qui avaient reçu des Romains dans leur enceinte, possédaient également des arcs de triomphe. Avignon, fidèle au culte de Diane, avait bâti sur le lieu le plus élevé de la ville un temple superbe à cette déesse. Aix avait pris de l'accroissement. Forcalquier avait une certaine importance. Toulon n'existait pas encore au temps d'Auguste.

La république de Marseille, régie par ses anciennes institutions, mais sans puissance territoriale, se maintenait encore indépendante, sous la protection des Romains. Il fallait que ses lois renfermassent en elles un germe fécondant de stabilité et de durée; car, dans l'antiquité comme dans les siècles les plus modernes, nous ne voyons aucun peuple conserver si longtemps la même forme de gouvernement. Marseille ne faisait point de bruit dans le monde ; étrangère aux grands intérêts des nations, elle subissait les conséquences de son attachement à Pompée, et trouvait dans sa nullité politique les conditions d'une existence paisible. A côté de l'ancienne cité grecque s'était élevée une ville latine, appelée aussi ville haute ; elle était soumise au gouverneur de la Narbonnaise. Le latin y était la langue dominante, tandis que la ville basse continua à se servir du dialecte ionien ; ce qui fit perdre aux écoles marseillaises leur grande influence.

Marseille et toutes les colonies romaines qui l'avoisinaient ressentirent, comme toutes les provinces des Gaules, le contre-coup des révolutions qui agitèrent l'empire. Pendant cette longue suite d'empereurs que la sédition élevait au trône et qu'elle renversait ensuite, chaque ville prit parti pour un empereur. La province ne recouvra quelque calme que lorsque les Gaules et la Narbonnaise eurent le bonheur d'être gouvernées par Constantin. Il fixa sa demeure à Trèves ; cependant, il résidait souvent à Arles, où il avait un beau palais et une partie de ses troupes.

Maximien-Hercule, son beau-père, ayant échoué dans la tentative qu'il avait faite à Rome de ressaisir la couronne, abdiqua une seconde fois, et se retira à Arles auprès de son gendre, qui lui fit rendre tous les honneurs dus à son rang. Mais pour Maximien, ne pas régner, c'était ne pas vivre ; le repos tourmentait son âme inquiète, ardente, et dévorée du besoin de commander aux hommes. Profitant d'un moment où Constantin combattait les barbares sur le Rhin, il se fit proclamer empereur pour la troisième fois à Trèves. Constantin accourut pour réprimer cette révolte ; Maximien s'enfuit et vint s'enfermer dans Arles, qu'il n'eut pas le temps de mettre en état de défense. Il en sortit bientôt et se réfugia à Marseille.

Constantin, voulant en finir promptement, ne fit pas le siége de cette ville, mais résolut de la prendre d'assaut et commanda l'attaque. Maximien paraissant sur les remparts, Constantin lui reprocha sa perfidie ; le vieillard s'emporta et proféra des paroles injurieuses. Tandis qu'il exhalait sa fureur, une des portes de la ville s'ouvrit ; les soldats de Constantin y entrèrent et s'emparèrent du traître. L'empereur, respectant ses jours, le conduisit à Arles et le traita avec égards. Maximien, que ne désarma pas cette clémence, médita de nouveaux complots. Brûlant du désir de verser le sang de Constantin, il choisit pour confidente sa fille Fausta. Celle-ci dévoila son crime, tout en feignant d'en faciliter l'exécution. Elle promit à Maximien de laisser ouverte la porte de l'appartement où couchait son époux. La nuit était fixée, et le vieillard assassin devait lui-même enfoncer le poignard dans la poitrine de son ennemi. Mais le complot fut découvert; et pour convaincre Maximien de son crime, on plaça dans la couche impériale un malheureux eunuque. Maximien, pénétrant dans l'appartement, s'avança près de son lit, et plongea son épée dans le sein de l'esclave. Au même instant l'empereur parut, suivi de ses soldats; le meurtrier resta glacé d'étonnement et d'effroi. Contraint de choisir le genre de mort qu'il préférait, il prit une corde, et, l'attachant à une poutre, il s'étrangla, l'an 310.

Maxime, fils de Maximien, ne tarda pas à être défait par Constantin, qui posséda seul le pouvoir. Cet empereur, après avoir vaincu tous ses ennemis par le règne et la croix du Christ, embrassa le christianisme, fit cesser toutes les persécutions, et rétablit l'ordre et la paix dans toutes les provinces romaines.

CHAPITRE V.

―

Les Apôtres de la Provence.

La Provence était depuis plus d'un siècle une province romaine, lorsque le christianisme y parut. Ce fut donc peu de temps après la prédication de l'Evangile qu'elle reçut un rayon de la lumière qui venait éclairer le monde. Cette lumière lui fut apportée par Lazare, que Notre-Seigneur avait ressuscité, par Marthe et Marie-Madeleine, ses sœurs, et leurs compagnons Trophime et Maximin. Ces fidèles disciples du Christ débarquèrent à Marseille, qui était alors loin de pressentir les bénédictions que Dieu lui envoyait.

Les nouveaux apôtres se dispersèrent dans la province, et, guidés par l'Esprit-Saint, ils prêchèrent l'Evangile aux païens. Lazare resta à Marseille, Maximin alla à Aix, et Trophime à Arles. Avignon et Tarascon furent évangélisés par Marthe et Marie-Madeleine. Cette illustre pénitente prit une part active aux travaux de l'apostolat dans cette contrée ; aussi son souvenir s'y est-il conservé ; et il y est respecté et vénéré depuis dix-neuf siècles.

Des lieux solitaires, des cryptes souterraines virent célébrer dans l'ombre les augustes mystères de la religion. Un petit troupeau se forma autour de Lazare :

le temps et la grâce de Dieu firent fructifier ses paroles. Marseille s'émut au bruit de la prédication de la nouvelle doctrine ; la persécution arriva. Lazare est pressé de sacrifier aux idoles ; sur son refus, il est soumis à de cruelles tortures, frappé de verges, et enfin a la tête tranchée. Il fut le premier saint et le premier martyr de Marseille, comme il en avait été le premier évêque. L'époque exacte de sa mort est inconnue.

Maximin, évêque d'Aix, n'était pas moins zélé pour la conversion des âmes; le jeûne, la prière et la prédication l'occupaient jour et nuit ; aussi une abondante moisson fut-elle le fruit de ses travaux. L'Eglise d'Aix brilla d'un grand éclat, et de nombreux miracles couronnèrent les œuvres de ce saint prélat. Il était secondé dans ses prédications par sainte Madeleine, que son ardent désir de gagner des âmes à son divin Sauveur arrachait de temps en temps aux douceurs de la contemplation. Elle éclairait les incrédules, et confirmait les fidèles dans la foi par ses paroles, toujours animées de la charité divine qui embrasait son cœur. Elle était pour tous un modèle de la vie chrétienne : aux pécheurs, elle racontait sa conversion ; aux pénitents, elle parlait de l'étendue de la miséricorde divine ; enfin elle cherchait à faire pénétrer dans le cœur des fidèles cette charité pour le prochain qu'elle savait si bien mettre en pratique. Mais les travaux de l'apostolat ne pouvaient suffire pour remplir le cœur de celle qui avait tant aimé son divin Sauveur ici-bas, et qui n'existait que par la pensée de le revoir un jour. La même grâce qui l'avait fait tomber aux pieds de Jésus-Christ, qui l'avait rendue le premier témoin de sa résurrection, la conduisit dans une retraite où Dieu devait la mettre en possession de cette part qu'elle avait préférée, et qui ne pouvait lui être enlevée : cette part était la contemplation dans la solitude.

Sainte Madeleine, par l'ordre de Dieu, se retira dans une caverne située sur le penchant d'une montagne escarpée, où il n'y avait ni une goutte d'eau, ni le plus petit brin d'herbe. Le Seigneur tenait sans doute à montrer par là qu'il voulait nourrir sa fidèle servante seulement d'aliments célestes. Elle habitait constamment cette grotte; son occupation était de prier et de louer le Seigneur. La Sainte-Baume fut ainsi le Thabor de Marie-Madeleine ; elle partageait sa vie entre les austérités de la pénitence et les saintes extases ; sept fois par jour elle était transportée au sommet du rocher qui abritait sa grotte, pour y entendre les chœurs célestes chantant les louanges de Dieu. Elle passa ainsi trente années de sa vie.

Dans la plaine qui s'étendait au pied de la Sainte-Baume, saint Maximin avait bâti un oratoire, où il aimait à venir se recueillir, au milieu des travaux de son ministère. Les deux saints, poussés sans doute par une inspiration divine, et placés non loin l'un de l'autre, unissaient par la pensée leurs ferventes prières. Avertie de l'heure où elle devait passer de ses extases terrestres à la béatitude céleste, Marie-Madeleine voulut, pour la dernière fois, recevoir sous la forme du pain eucharistique le corps et le sang de Jésus-Christ. Un ange la transporta dans la plaine. Un pilier, appelé le *saint pilon*, rappelle au voyageur cette circonstance de la vie de sainte Madeleine ; on la voit au sommet de la colonne, soutenue par des anges qui semblent la transporter d'un lieu à un autre. A quelques pas de là s'élevait le modeste oratoire de saint Maximin. L'évêque y attendait Marie ; il lui donna la communion, puis elle s'endormit dans le Seigneur. Maximin déposa son corps dans un tombeau d'albâtre, et prépara aussi pour lui-même une sépulture, tout près des restes précieux qui devaient appeler sur ce coin de terre ignoré tant de bénédictions.

De son côté, Marthe annonçait l'Evangile dans les villes d'Avignon, d'Arles, dans les bourgs et les villages situés sur les bords du Rhône. Elle rendait témoignage de tout ce qu'elle avait vu, touchant la personne du Sauveur, et de tout ce qu'elle avait appris de sa bouche. Comme preuve de la vérité de ses paroles, Dieu lui accorda le don d'opérer des miracles. Souvent, par ses ferventes prières et par la vertu du signe de la croix, elle ressuscitait les morts, rendait la vue aux aveugles, la parole aux muets, l'ouïe aux sourds ; elle guérissait les lépreux, les paralytiques, et toutes sortes de maladies. Marie-Madeleine opérait aussi des miracles éclatants. On admirait dans les deux sœurs une beauté noble qui inspirait le respect. Leurs paroles étaient si persuasives et si entraînantes, qu'aucun incrédule ne pouvait y résister ; on les quittait toujours pénétré de l'amour divin, ou versant des larmes de repentir.

Marthe s'était fait construire un oratoire dans le désert de Tarascon. Là, elle exerçait l'hospitalité chrétienne, et ne sortait que pour aller secourir les indigents. Pendant sept années qu'elle vécut dans cette solitude, des racines et des fruits furent toute sa nourriture ; encore ne se permettait-elle l'usage de ces aliments qu'une fois par jour. Elle était toujours nu-pieds ; son vêtement était grossier ; elle portait sur son corps un cilice très-dur ; des branches d'arbres sur lesquelles elle étendait une couverture lui servaient de lit, et une pierre était l'oreiller où elle reposait sa tête. Lorsqu'elle sentit sa fin approcher, elle se fit lire la passion de notre Sauveur ; et quand on fut arrivé à l'instant où Jésus-

Christ remet son âme entre les mains de son Père, elle poussa un soupir et rendit son âme à Dieu, dans la soixante-cinquième année de son âge, huit jours après la mort de sa sœur Madeleine. Son corps fut embaumé, et l'on vit accourir de toutes parts des chrétiens reconnaissants, qui venaient chanter les louanges de celle qui avait répandu tant de bienfaits autour d'elle.

Le souvenir de ces illustres apôtres de l'Evangile s'est religieusement conservé dans la Provence. Tarascon vénère le tombeau qui renferme les reliques de sainte Marthe; et malgré les mutilations qu'a subies le marbre qui les recouvre, on y reconnaît la scène qui représente la résurrection de Lazare. Marseille voit encore dans les caveaux de l'antique abbaye de Saint-Victor, fondée par le prêtre Cassien au IV⁰ siècle, la crypte où s'assemblaient les premiers chrétiens, et où reposa le corps de Lazare, jusqu'au jour où, pour le soustraire aux profanations de l'islamisme, on le transporta dans l'église d'Autun. Dans ces caveaux, ou catacombes de Marseille, on voit un autel qui porte le nom de sainte Marie-Madeleine; deux tombeaux, réunis dans une même crypte, rappellent que sainte Madeleine et saint Maximin y reposèrent. Le tombeau du saint représente la mission apostolique qui lui fut donnée par Jésus-Christ; celui de la sainte rappelle diverses circonstances de la vie de Notre-Seigneur. A Aix, on voyait encore, au commencement de ce siècle, un oratoire vénéré où Madeleine priait avec Maximin; il portait le nom de Saint-Sauveur.

Mais ni Aix ni Marseille ne devaient être les lieux destinés à perpétuer la gloire et le souvenir de sainte Madeleine; c'est à la Sainte-Baume qu'ils sont conservés. Au fond de cette grotte, derrière une grille, s'élève un roc sur lequel Madeleine allait prier. Ce lieu conserve une invariable sécheresse, au milieu de terres toujours humides. Au dehors de la grotte, sur le sommet de la plus haute montagne, est un endroit désigné comme étant celui où Madeleine était transportée chaque jour; une chapelle, appelée le Saint-Pilon, y attire un grand nombre de pèlerins. Pendant mille ans, du IV⁰ au XIII⁰ siècle, les Cassianites établis à la Sainte-Baume et à Saint-Maximin furent les gardiens de ces lieux vénérés et des reliques qui y étaient conservées. Ils surent les soustraire aux ravages des barbares et des Sarrasins, qui couvrirent la province de ruines pendant plus de trois cents ans. Au XV⁰ siècle, on éleva une magnifique basilique, où vinrent se prosterner des papes, des rois et des princes. La garde en fut confiée aux frères prêcheurs. Les dévastations révolutionnaires ont respecté les deux monuments élevés par la foi des princes et des peuples à Marie-Madeleine.

Cette grotte, ce tombeau, cette crypte, cette basilique, ce monastère, tout ce qui rappelle enfin la gloire de la sainte pénitente, est encore debout, mais dans un grand état de dénûment et de pauvreté. On ne monte à la Sainte-Baume que par des degrés de pierres mutilées.

Saint-Maximin offre le même aspect d'indigence et de grandeur. Le cloître, resté inhabité pendant plusieurs siècles, est enfin rendu aux enfants de saint Dominique.

La Provence eut encore d'autres apôtres. Saint Trophime, ami de saint Lazare, fut le premier évêque d'Arles : il se distingua par son zèle et sa sainteté.

Marseille fut la ville qui montra le moins d'empressement à embrasser le christianisme ; elle tenait au polythéisme grec, qui lui rappelait sa mère-patrie, et était peu disposée à subir l'influence d'une religion si opposée au luxe et à la mollesse. Aussi, lorsque les persécutions vinrent fondre sur l'Eglise naissante, Marseille se livra à de si grandes rigueurs contre les premiers chrétiens, qu'on eût dit qu'elle avait perdu tout sentiment d'humanité. Sous la persécution de Valérien, en 259, saint Pons fut une des plus illustres victimes. Né à Rome, d'une famille patricienne, et converti à la foi chrétienne par le pape Pontien, il se réfugia dans la province des Alpes-Maritimes, pour soustraire sa tête à la hache des persécuteurs. Cimiers et Nice furent les témoins de son zèle apostolique. Claude, préfet de cette province, le fit comparaître devant son tribunal, et le menaça des plus cruels supplices, s'il ne sacrifiait pas aux dieux de l'empire. Pons refusa avec courage et persévérance et expira dans les tortures.

Marseille, pour plaire à Maximien, qui avait ordonné une nouvelle persécution, fit rechercher les chrétiens avec une ardeur infatigable ; tous ceux que l'on découvrait étaient impitoyablement égorgés. Saint Victor, légionnaire distingué par sa noblesse et sa bravoure, fut un des plus illustres martyrs. Genez à Arles, et saint Mitre à Aix, furent également victimes de leur foi ardente.

Le feu des persécutions s'éteignit. L'Eglise d'Arles, fondée par Trophime, brilla au premier rang des Eglises gauloises, et l'évêque de cette ville jouit du droit de suprématie sur tous les prélats de la Narbonnaise. Ce droit lui fut accordé en considération des missionnaires illustres qui s'arrêtèrent à Arles. Les fidèles et le clergé étaient appelés à nommer les évêques, qui étaient élus à la majorité des suffrages. Les dignités sacerdotales ne conféraient aucun pouvoir politique et ne procuraient ni grandeur ni richesses ; jusqu'alors elles n'avaient donné à ceux qui en étaient revêtus que le privilége d'avoir la première place au martyre.

Telle était, en 312, la situation du christianisme dans la Provence, lorsque Constantin, après avoir vaincu son rival Maxence, embrassa la religion chrétienne, qu'il protégeait déjà depuis quelque temps. Les chrétiens jouirent alors d'une influence beaucoup plus étendue ; on les vit partout, à la cour, à l'armée, dans les diverses magistratures.

L'Eglise était à peine délivrée des persécutions, qu'elle fut déchirée par les hérésies. La tâche des évêques fut de les combattre, et alors s'ouvrit l'ère des conciles. En 314, Constantin convoqua dans la ville d'Arles une de ces assemblées pour juger Donat, dont le schisme désolait l'Eglise. Le concile de Nicée se réunit pour frapper Arius. Plusieurs autres se succédèrent à Valence et à Aquilée. Tous avaient pour but de poser d'une manière solide et inattaquable les fondements de la doctrine catholique ; leurs décisions firent cesser les divisions, et désormais l'Eglise put étendre ses rameaux bienfaisants.

Le clergé marchait alors à la tête de l'humanité ; c'était dans son sein que se réfugiaient les vertus, les talents et les intelligences supérieures ; c'était lui qui donnait les enseignements salutaires ; il consolait en montrant l'espérance d'une autre vie, il faisait briller aux yeux des malheureux la perspective d'un bonheur ineffable au sein d'une gloire éternelle. Le désir de s'élever au-dessus des aspirations du monde et de respirer dans des régions plus pures, loin du tumulte, des violences et des guerres, donna naissance à des associations de chrétiens qui se retirèrent dans la solitude pour y garder le silence, s'y livrer à la prière, et enfin se rapprocher davantage de Dieu. C'est l'origine des monastères en Occident. Les ordres monastiques prirent naissance en Orient ; les grottes de Thèbes reçurent de nombreux anachorètes ; mais saint Martin, ami d'Hilaire, fut le premier des moines de la Gaule et le fondateur de la célèbre abbaye de Marmoutier. Parmi les hommes illustres formés dans ce monastère, on doit citer Eros, évêque d'Arles. Il fut toujours dans le diocèse le père des orphelins, l'appui des veuves et la consolation des affligés. Saint Honorat, après avoir vécu quelque temps dans le creux d'un rocher, se fixa dans l'île de Lérins, qui est aujourd'hui l'île Saint-Honorat. Il y bâtit un monastère qui jouit en Europe d'une grande célébrité ; la règle qu'on y suivait n'est pas parvenue jusqu'à nous.

Au commencement du ve siècle, Cassien vint donner aux ordres monastiques de la Narbonnaise plus d'importance et plus d'éclat. Il naquit, à ce que l'on croit, en Provence. Il entra fort jeune au couvent de Bethléem en Judée, puis visita les solitaires de la Thébaïde. Il se lia à Constantinople avec saint Jérôme ; mais lorsque cet illustre patriarche fut exilé, Cassien vint s'établir à Marseille, où il fonda deux monastères célèbres, l'un d'hommes, l'autre de filles. Le premier fut l'abbaye de Saint-Victor ; le second, celle de Saint-Sauveur. Il y mit en vigueur les règlements orientaux, et gouverna, dit-on, jusqu'à cinq mille religieux. Castor, évêque d'Apt, fonda un monastère dans son diocèse, et pria Cassien de lui communiquer la règle des moines orientaux. C'est alors qu'il publia son ouvrage des *Institutions monastiques*, son livre des *Conférences*, et les entretiens qu'il avait eus avec les solitaires d'Egypte. Cassien se laissa cependant entraîner dans un semi-pélagianisme, qui fut combattu par saint Augustin.

En 426, Honorat, le fondateur de l'abbaye de Lérins, devint évêque d'Arles. Son premier soin fut d'enlever de la maison épiscopale toutes les richesses qu'il y trouva, et de les consacrer à des aumônes. L'Eglise d'Arles ne le posséda pas longtemps ; ce vénérable pontife tomba malade, à la suite de trop grandes austérités ; tant que ses forces le lui permirent, il exhorta et édifia ses amis qui fondaient en larmes. Comme on le priait de désigner celui qu'il croyait le plus digne de lui succéder, il montra Hilaire, son disciple bien-aimé, et rendit le dernier soupir le 16 janvier 429. Ses funérailles furent un triomphe ; une foule immense l'accompagna jusqu'à sa dernière demeure ; le préfet des Gaules, des magistrats, des généraux assistèrent à son convoi funèbre. Hilaire prononça une oraison funèbre, regardée comme son chef-d'œuvre. Le peuple, dans l'exaltation de sa vénération, s'empara des vêtements du défunt, les mit en pièces ; chacun en emporta un petit fragment et le conserva comme une relique.

Le choix d'Honorat fut confirmé par les suffrages unanimes du clergé et du peuple. Hilaire, âgé seulement de vingt-huit ans, était digne de son élévation ; sa jeunesse ne servit qu'à rehausser ses mérites et ses vertus éclatantes. Jaloux de marcher sur les traces de son maître, il distribua ses biens aux pauvres avec tant de profusion, qu'il devint pauvre lui-même ; on le vit se servir d'un calice de verre, après avoir fait rompre les vases d'or et d'argent pour subvenir aux besoins des malheureux. Il portait le même habit dans les chaleurs de l'été comme dans les rigueurs de l'hiver, et il marchait toujours nu-pieds. Il avait le don de la prédication ; il se servit toujours de son talent pour annoncer les grandes vérités, pour défendre l'innocence opprimée et foudroyer le crime heureux. Nul ne sut mieux que lui régler l'emploi du temps ; quelquefois il faisait trois choses en même temps : lisait, dictait et travaillait. Il cultiva aussi les lettres et les sciences profanes, composa quelques pièces de vers ; mais le seul de ses ouvrages qui nous soit parvenu, c'est l'oraison funèbre d'Honorat.

Le christianisme donnait ainsi une nouvelle force à la Gaule. Cependant bien des désordres existaient encore. Les pauvres étaient écrasés par les riches, et l'avarice régnait en souveraine. Salvien, que Bossuet a surnommé le saint et éloquent prêtre de Marseille, a dépeint avec tant d'énergie les malheurs de son temps, qu'il a mérité d'être appelé le nouveau Jérémie. On a de lui des traités sur la Providence et les lettres.

Depuis que Constantin avait divisé l'empire en quatre préfectures et les Gaules en sept provinces, le préfet du prétoire avait établi sa résidence à Trèves ; mais, après la ruine de cette ville par les Germains, le siége du magistrat suprême fut transféré à Arles. Cette ville devint la métropole des Gaules, et c'était certainement un gouvernement plus important que celui de la plus puissante des monarchies modernes. Rien ne manqua plus à cette riche et populeuse cité : les sept provinces y tinrent leurs assemblées annuelles. Les troubles qui eurent lieu sous les successeurs de Julien et de Jovien, ainsi que les négligences des gouverneurs, firent tomber cet usage en désuétude. L'empereur Honorius le remit en vigueur ; les sept gouverneurs étaient tenus d'y envoyer des représentants, s'ils ne pouvaient s'y rendre eux-mêmes. La puissance romaine s'établissait ainsi par un long travail ; mais elle était destinée à tomber bientôt sous les coups des barbares, et le glaive allait détruire ce que le glaive avait fondé.

CHAPITRE VI.

Invasion des Barbares.

Le dernier jour de l'année 406, une armée formidable de barbares franchissait le Rhin. Les Vandales ravagèrent Orange, Carpentras, Avignon, et vinrent mettre le siége devant Arles. Le gouverneur de la Viennoise, qui s'appelait Marius, nom fatal aux barbares, défit Crocus, roi des Vandales, s'empara de sa personne, le chargea de chaînes, le promena de ville en ville pendant plusieurs jours, et lui infligea enfin un supplice ignominieux. Arles, délivrée de cette première invasion, fut bientôt troublée par les querelles des empereurs, Constance, Constantin, et de tous les usurpateurs qui revêtaient la pourpre. A l'avénement de Jovien, elle recouvra quelque tranquillité. Les Goths, après avoir ravagé Rome, tentèrent plusieurs incursions en Provence; mais elles furent infructueuses, Aétius les repoussa. Théodoric fit enfin la paix avec l'empereur Valentinien. Alors la Provence put jouir de quelques années de calme.

En 439, Hilaire, évêque d'Arles, convoqua plusieurs conciles, afin de s'occuper du sort des esclaves. L'invasion des peuples du Nord avait multiplié le nombre de ces malheureux; la charité chrétienne s'efforça d'alléger le poids de leurs chaînes et travailla à l'abolition de la servitude : œuvre sublime qui semblait présenter d'insurmontables obstacles, parce que l'esclavage était une chose, et il n'y a pas de réforme plus difficile à opérer que celle qui attaque la propriété. Le christianisme parvint cependant à abolir l'esclavage, qui, sous le paganisme, appesantissait son joug de fer sur la plus grande partie de l'humanité. Saint Hilaire, qui fut l'instigateur de toutes les bonnes œuvres et l'âme des conciles, mourut en 449, à l'âge de quarante-huit ans, usé par ses austérités et ses travaux apostoliques. Arles le pleura comme un père. Les accents de sa douleur trouvèrent un écho dans la Gaule entière; le peuple se pressa à ses funérailles, triste et silencieux. Les juifs eux-mêmes vinrent lui rendre un pieux hommage.

Euric, successeur de Théodoric, resta fidèle à son serment à l'empereur; mais en 476, lors de la prise de Rome par les Hérules, il se crut délié de ses engagements. Il s'empara de Marseille, et conquit sans résistance tout le pays situé entre la Durance, la mer et les Alpes Maritimes. Il mourut à Arles en 488.

La Provence ne resta que quelques années aux Wisigoths; les Bourguignons et les Francs la leur disputèrent, et en 536 elle passa définitivement à Théodebert, à Childebert et à Clotaire, qui se la partagèrent. Dès ce moment, la Gaule entière leur appartint, à l'exception de la Septimanie, qui resta encore aux Wisigoths.

La Provence, sous la domination successive des Goths, des Bourguignons et des Francs, ne fut soumise par ces conquérants qu'à une occupation militaire; elle conserva ses lois, ses usages, ses mœurs; et quoique les Goths et les Bourguignons fussent ariens, ils ne persécutèrent pas les populations catholiques. Arles vit sur son siége épiscopal Césaire, dont les lumières et la sainteté brillèrent d'un vif éclat. Il a laissé des homélies qui donnent une idée des pratiques superstitieuses mêlées à des actes de paganisme auxquels se livraient encore les Provençaux, et que saint Césaire s'efforça de détruire. Les Francs n'eurent pas de peine à se maintenir en Provence : tous les vœux et toutes les sympathies les y appelaient depuis le baptême de Clovis. Les Provençaux étaient très-attachés à la communion romaine; aussi préféraient-ils la domination des Francs, devenus catholiques, à celle des autres peuples des Gaules qui étaient ariens. La Provence, qui, dans le partage fait entre les quatre fils de Clotaire, était échue à Caribert, roi de Paris, fut ensuite divisée entre Sigebert, roi d'Austrasie, et Gontran, roi de Bourgogne. Le sort donna Marseille au premier, et Arles au second. Ces deux villes devinrent les capitales de deux provinces; l'une forma la province austrasienne, et l'autre la province bourguignonne.

La guerre éclata bientôt entre Gontran et Sigebert. Le roi d'Austrasie voulait enlever la province d'Arles à son frère; deux de ses généraux s'emparèrent de la ville et y proclamèrent roi Sigebert. Mais ce succès fut court. Celse, général de Gontran, reprit la ville, tailla en pièces l'armée austrasienne, dont les débris périrent en franchissant le Rhône à la nage.

Une terrible invasion ne tarda pas à désoler la Provence. Elle fut prédite par un pieux anachorète, vénéré comme un saint pour ses grandes austérités. Il vivait dans une grotte près de Nice; un lit de feuilles recevait son corps exténué par des pratiques de pénitence. On dit qu'un jour, frappé d'une lumière surnaturelle, il sentit son cœur fortement ébranlé par une émotion inconnue ; puis, comme un nouveau Jérémie, il jeta sur la terre de Provence un regard prophétique, et versa des larmes amères en voyant dans un avenir rapproché les calamités affreuses qu'entraînerait à sa suite une nouvelle invasion de barbares. Cette irruption venait du côté des Alpes.

Les Lombards, peuples sortis de la Scandinavie, puis fixés dans la Pannonie, avaient été introduits en Italie par l'eunuque Narsès, premier ministre de Justinien. Ils donnèrent leur nom à la contrée dans laquelle ils s'établirent en 568 ; et Alboin, leur roi, en mettant sur sa tête une couronne de fer, voulut exprimer l'inflexibilité de son caractère et la force de son gouvernement. Non contents de plusieurs possessions en Italie, les Lombards parurent bientôt sur la cime des Alpes, s'élancèrent sur la Provence bourguignonne, et la mirent à feu et à sang. Le patrice Amat marcha à leur rencontre, et leur livra un combat dans lequel il perdit la vie. Les ennemis vainqueurs rentrèrent en Italie, chargés de riches dépouilles, et poussant devant eux un grand nombre de prisonniers. Fiers de ce premier succès, ils reparurent bientôt du côté d'Embrun. Mais Mummol, plus heureux que son prédécesseur Amat, les mit en déroute et en fit un grand carnage. L'année suivante, les Lombards tentèrent une troisième invasion. Cette fois ils étaient secondés par les Saxons, qui étaient venus s'associer à leur fortune. Déjà campés sur le territoire de Riez, ils faisaient dans la Bourgogne des excursions dévastatrices, pillaient les villes, enlevaient le bétail et emmenaient des esclaves. Mummol tomba sur eux avec une armée de Bourguignons habitués à vaincre sous ses ordres, et en moissonna des milliers par le glaive. La nuit seule put mettre fin à ce carnage horrible. Le lendemain, les barbares implorèrent la clémence du vainqueur; ils lui abandonnèrent tout leur butin, et reprirent le chemin de la Lombardie.

La partie de ce beau pays d'Italie envahie par les Lombards et les Saxons ne pouvait suffire à l'ambition de ces deux peuples. Des différends s'élevèrent entre eux à l'occasion du partage du butin ; les Saxons, mécontents de leurs lots, rentrèrent dans les Etats de Sigebert, les uns par Nice, les autres par Embrun. Ces deux bandes, réunies sur le territoire d'Avignon, marchèrent alors ensemble ; mais bien qu'elles ne se présentassent pas en conquérantes, elles s'en arrogèrent tous les priviléges, même ceux que le droit des gens n'autorise pas. Les Saxons ruinèrent les campagnes, coupèrent les blés, arrachèrent les vignes, abattirent les oliviers, et ne se montrèrent qu'animés du génie de la destruction. Ils arrivèrent ainsi sur les bords du Rhône, où Mummol les attendait. Ce patrice leur déclara qu'il ne leur laisserait passer le fleuve que lorsqu'ils auraient réparé tous les dommages qu'ils avaient causés. Forcés de payer une forte rançon, ils traversèrent ensuite le Rhône pour se rendre en Auvergne.

Les Lombards, quoique affaiblis par le départ des Saxons, se crurent encore assez forts pour tenter une nouvelle entreprise sur le royaume de Gontran. Ils formaient alors une fédération ; trois des chefs principaux entrèrent en même temps dans la province bourguignonne et dans la province austrasienne. Amon se présenta devant Marseille. Il trouva cette ville si bien défendue, qu'il vit l'impossibilité de s'en rendre maître ; il se dirigea alors sur Aix. Les habitants se rachetèrent du pillage et de la captivité moyennant 22 livres d'argent pesant. De leur côté, les deux autres chefs, Zabon et Rhodanus, laissaient sur leur passage des traces de leur fureur et de leur barbarie. Les Provençaux découragés appelèrent à leur secours le vaillant général sur le bouclier duquel la rage des barbares était toujours venue se briser impuissante. Mummol accourut, attaqua d'abord Rhodanus, le blessa et le força à fuir avec cinq cents hommes. Rhodanus parvint à joindre Zabon, et tous deux retournèrent à Embrun. Mummol vint les y trouver ; il attaqua, renversa, accabla les bandes ennemies, qui se retirèrent en Italie, réduites à un petit nombre de soldats. Au bruit de cette défaite, Amon se hâta de repasser les Alpes, et les deux provinces, bénissant Mummol, leur libérateur, purent enfin trouver le calme et la sécurité.

Cimiers, capitale de la province des Alpes Maritimes, fut détruite par le fer et le feu dans une de ces invasions lombardes. Il ne resta rien de cette ville célèbre. Nice, quoique livrée aux flammes, put cependant se relever de ses ruines.

CHAPITRE VII.

La Provence sous les Rois francs de la première et de la deuxième race.

La mort de Sigebert, poignardé par deux émissaires de Frédégonde, fit passer le trône d'Austrasie à Childebert, âgé seulement de quatre ans. Le jeune roi fut adopté par son oncle Gontran. Ce prince se fit céder par son neveu une partie de Marseille, c'est-à-dire la ville basse, afin d'avoir à sa disposition un port de mer. En même temps Mummol le quitta pour entrer au service de Childebert. Lorsque le roi d'Austrasie eut atteint sa majorité, il voulut reprendre à son oncle la portion de Marseille qu'il lui avait cédée, et lui en fit faire la sommation. Gontran, pour toute réponse, barra le passage aux troupes austrasiennes. Childebert trouva néanmoins le moyen de faire arriver à Marseille le duc Gondolphe. L'expédition réussit, et il s'ensuivit nécessairement une grande mésintelligence entre l'oncle et le neveu.

Mummol saisit avec empressement une occasion qui se présenta de susciter des embarras à son ancien maître. Un fils inconnu de Clotaire vivait à Constantinople; il y nourrissait le désir de réclamer à Gontran une partie de l'héritage de son père. Mummol se servit de ce jeune ambitieux comme d'un instrument utile pour renverser du trône le roi de Bourgogne. Il engagea Gondewald à venir en Provence, où de nombreux partisans l'attendaient, disait-il. Gondewald, séduit par cet espoir, s'embarqua en 583, avec des sommes considérables que lui avait fournies l'empereur; il aborda à Marseille, fut reçu avec de grands honneurs par l'évêque, qui le fit conduire à Avignon auprès de Mummol. Gondewald se tint d'abord caché dans une petite île du Rhône, puis il en sortit, entra dans Avignon et prit publiquement le titre de roi. Mummol, Didier, gouverneur de Toulouse, et plusieurs autres ennemis de Gontran, l'élevèrent sur le pavois. La fortune semblait lui promettre de brillants succès, lorsque l'arrivée de Leudégisile, connétable de Gontran, changea la face des affaires. Il fallut fuir devant les forces du roi de Bourgogne et se réfugier dans Comminges. Leudégisile promit la vie à Mummol, s'il voulait lui livrer Gondewald. L'ancien patrice, ternissant par une lâcheté une vie glorieuse, souscrivit à cet acte déshonorant, qui ne le sauva pas. Il livra Gondewald, que l'on poussa dans un précipice, où il eut la tête écrasée. On ouvrit ensuite les portes de la ville à l'armée de Gontran, qui la pilla et la livra aux flammes. Leudégisile, s'étant emparé de Mummol et de ses confidents, envoya un courrier au roi de Bourgogne pour connaître sa volonté touchant les prisonniers. Gontran répondit qu'ils devaient tous mourir. Mummol fut percé de deux coups de lance, et ses biens furent distribués aux pauvres. Les autres expirèrent dans divers supplices.

A la guerre vint se mêler une grande catastrophe : un affreux tremblement de terre se fit sentir en Provence; des secousses violentes se renouvelèrent à différents intervalles, depuis les Pyrénées jusqu'aux frontières de l'Italie, le long du littoral de la mer. Des fragments de rochers, détachés des montagnes, roulèrent dans les vallées, écrasant tout ce qui se trouvait sur leur passage; partout les habitants, glacés d'épouvante, abandonnèrent leurs maisons ébranlées pour camper au milieu des campagnes. Après ces bouleversements de la nature, une peste survint, dévasta toute la Provence en 586, et recommença ses ravages deux ans après. Apportée à Marseille par un vaisseau marchand, elle s'étendit en France et en Italie. Les malheureux qui en étaient atteints poussaient des hurlements effroyables, et expiraient au milieu de douleurs intolérables.

La famine joignit aussi ses horreurs à la désolation générale. Au milieu de ces calamités publiques, les relations sociales cessèrent, les liens de famille se rompirent. Les champs et les villes n'offraient plus qu'un triste spectacle de toutes les misères humaines réunies. Les peuples adressèrent d'abord des prières au ciel, qui parut sourd à leur voix; puis ils demandèrent des miracles à des imposteurs. Des charlatans trompèrent par leurs mensonges une foule de gens crédules; il y en eut un principalement qui acquit une grande célébrité : c'était un fou qui était bûcheron dans le Berri. Il se disait inspiré de Dieu et envoyé par lui pour soulager les maux qui affligeaient le peuple. On eut foi à sa mission prétendue divine; on croyait qu'il rendait la santé par la puissance de ses enchantements, par la magie de ses paroles mystérieuses; on disait qu'il était maître du secret de pouvoir donner la vie ou la mort. Cet insensé trouva la fin que méritaient ses impostures : il fut tué.

De touchantes exhortations du souverain pontife aux Provençaux les ramenèrent à des sentiments plus chrétiens; ils comprirent enfin que c'était à Dieu qu'ils devaient demander du secours, du courage et de la résignation.

La mort frappa Gontran en 593. Il s'était réconcilié avec son neveu Childebert, son fils d'adoption, en lui restituant la ville basse de Marseille. Les deux couronnes d'Austrasie et de Bourgogne se trouvant ainsi réunies sur la tête de Childebert, les provinces marseillaise et arlésienne ne formèrent plus qu'un corps politique avec elles. Mais ce ne fut pas pour longtemps; car Childebert mourut trois ans après, en laissant deux fils en bas âge, Théodebert et Thierry, sous la tutelle de Brunehaut, leur aïeule. Théodebert eut l'Austrasie, et Thierry la Bourgogne. Marseille appartint au premier et Arles au second. Clotaire réunit encore sous son seul sceptre les possessions franques et provençales. Ses fils renouvelèrent les partages. En 639, Nice secoua le joug des rois francs, se sépara de la Provence et se proclama indépendante. Cependant, sentant son isolement et sa faiblesse, elle se mit sous la protection de la république de Gênes.

Lorsque Pépin d'Héristal s'empara du pouvoir sous le faible Thierry, et assura sa puissance en rendant le duché d'Aquitaine héréditaire dans sa famille, les habitants du Midi, attachés au sang de Clovis, ne voulurent pas se soumettre à la domination austrasienne. Les provinces en deçà de la Loire et la Bourgogne méridionale se constituèrent en État particulier sous le gouvernement d'un chef aquitain, Eudes. Toulouse fut la capitale de ce nouvel État. Mais Charles-Martel, à son avénement au pouvoir, rompit cette ligue, et la Provence tout entière rentra sous sa domination. Parurent bientôt les Sarrasins. Vaincus à Poitiers par Charles-Martel, ils ne renoncèrent pas au dessein de s'étendre dans une autre direction; la situation de la Provence leur parut une occasion favorable.

Mauronte, duc de Marseille, impatient de s'affranchir du joug de Charles-Martel, s'était uni à quelques autres gouverneurs de la Bourgogne méridionale, aussi résolus que lui de se soustraire à l'obéissance des Francs. Ils formèrent une ligue secrète avec Yusef-Abdérame, lui promirent de lui laisser passer le Rhône et de lui livrer certaines places, s'il voulait les aider dans leurs tentatives. Avignon fut cédée aux Sarrasins comme première exécution du traité. Les habitants de cette ville, indignés du marché infâme qui les livrait ainsi aux ennemis de leur foi, voulurent résister par la force des armes; ils allèrent à la rencontre des Sarrasins et leur disputèrent le passage de la Durance; mais il fallut céder devant le nombre, et les vainqueurs entrèrent dans la ville. Ivres de sang et de fureur, ils brisèrent les monuments des arts, livrèrent aux flammes les édifices, profanèrent les objets du culte catholique, et osèrent fouiller dans les sépultures. Non contents de faire des esclaves, ils écorchèrent des prisonniers, et laissèrent à chaque pas des traces de leur rage exterminatrice. Arles opposa quelque résistance; mais bientôt elle se rendit, et ne put échapper aux horreurs du pillage. Les Sarrasins brisèrent le tombeau de saint Césaire, détruisirent les temples de fond en comble, les palais, les travaux de génie. Les anciens chefs-d'œuvre de l'architecture romaine tombèrent sur le sable ou roulèrent dans les eaux du Rhône, mutilés par le fer et par le feu. L'amphithéâtre dégradé fut transformé en citadelle; on y éleva des tours, et l'on y mura des arceaux. Aix n'eut pas un sort plus heureux; ses habitants, saisis de terreur, s'enfuirent dans les montagnes. Les Sarrasins ruinèrent entièrement la ville abandonnée et en rasèrent les remparts.

Marseille ne fut pas mieux traitée. Là, du moins, il n'y eut pas beaucoup de monuments à détruire; car l'ancienne république marseillaise avait été sobre de ces fastueuses constructions que les Romains élevaient dans toutes leurs colonies; elle n'employa jamais ses richesses que pour faire prospérer son commerce. Les barbares démolirent l'abbaye de Saint-Victor. L'abbesse de Saint-Sauveur, la vertueuse Eusébie, eut le courage de se couper le nez et de se déchirer le visage, pour faire horreur aux Sarrasins. Ses compagnes imitèrent son exemple, sans manifester la moindre émotion; elles furent toutes massacrées. Les Sarrasins se jetèrent ensuite sur le monastère de Lérins, où Parcaire gouvernait sept cents moines. A leur approche, l'abbé assembla ses religieux et leur proposa la fuite ou la mort; tous jurèrent de mourir pour leur foi. Parcaire cacha alors toutes les reliques du monastère, et renvoya en Italie trente-six jeunes moines et seize enfants élevés par ses soins, dans la crainte qu'ils n'eussent pas assez de force pour résister à la torture; les autres se préparèrent au sacrifice. Les barbares pillèrent d'abord l'abbaye, renversèrent les autels et se saisirent des moines; aucun d'eux ne faiblit dans cette épreuve suprême, nul ne renia sa foi; frappés, torturés, mutilés, ils tombèrent noyés dans leur sang. Quatre des plus jeunes furent épargnés, pour tomber dans l'esclavage; mais ils parvinrent à s'échapper et se hâtèrent de retourner au milieu des ruines de leur monastère pour donner la sépulture à leurs frères martyrs. Ils allèrent ensuite en Italie chercher les trente-six moines que Parcaire y avait envoyés, réparèrent les murs du couvent et le peuplèrent de nouveau.

Charles-Martel arriva en 737 pour délivrer le pays de la présence des barbares. Il investit Avignon, principale place des ennemis, et l'enleva de vive force; ses troupes irritées en brûlèrent la plus grande partie, et passèrent au fil de l'épée la garnison musulmane. Charles-Martel attaqua ensuite les Sarrasins dans leurs autres cantonnements, leur reprit tout le butin qu'ils avaient fait, les culbuta, les mit en fuite, en extermina un grand nombre, et força les autres à se réfugier dans les Alpes avec l'infâme Mauronte, qui avait vendu sa foi, sa religion, sa patrie et la liberté.

Bientôt une révolte de Saxons obligea Charles-Martel à retourner sur le Rhin. Mauronte et les Arabes, profitant de son absence, descendirent de leurs montagnes. D'autres bandes venues de la Septimanie entrèrent aussi dans la Provence, qui jeta de nouveau le cri d'alarme. Charles-Martel revint sur ses pas, et se ligua avec Luitprand, roi des Lombards. Les deux princes agissant de concert, unirent toutes leurs forces contre l'ennemi commun. Les Sarrasins furent tous écrasés, et Mauronte, poursuivi jusque dans les cavernes et les rochers voisins de la mer, se réfugia sur les côtes de Nice. Ce succès acquit à Charles-Martel toute la Provence. Sous son gouvernement, les barbares n'osèrent plus rien entreprendre; ils ne dépassèrent plus leurs cantonnements de la Septimanie. Les Provençaux reconnaissants restèrent fidèlement attachés à Charles-Martel.

Pépin, qui lui succéda, continua à maintenir les Sarrasins; aussi la Provence se crut-elle un moment délivrée pour toujours de ces voisins redoutables. Il n'en fut pas ainsi sous le règne de Charlemagne. En 788, les Maures d'Espagne franchirent les Pyrénées, se jetèrent sur le midi de la France, le mirent à feu et à sang, puis passèrent le Rhône et se répandirent dans la Provence. Charlemagne envoya à son secours Guillaume d'Aquitaine, qui poursuivit les Maures, les extermina, et en délivra la France entière. La mort de l'empereur causa de vifs regrets aux Provençaux, et le pays se ressentit des troubles qui agitèrent le règne de Louis le Débonnaire et celui de son fils. Après la bataille de Fontenay, le traité de Verdun fit passer la Provence à Lothaire, roi d'Italie; mais à la mort de ce prince, un démembrement s'opéra; la Provence, qui jusqu'alors avait subi tant de vicissitudes politiques, prit une forme nouvelle et jouit d'une existence propre.

CHAPITRE VIII.

Premier Royaume de Provence.

CHARLES. — En 855, quelques jours avant sa mort, Lothaire Ier partagea ses Etats entre ses trois fils, Louis, Lothaire et Charles. Il donna à Louis l'Italie; à Lothaire II, l'Austrasie et cette partie de la Bourgogne supérieure qui fut appelée depuis Bourgogne transjurane, et ensuite Franche-Comté ; Charles eut dans son lot les districts enfermés entre la Durance, les Alpes, le Rhône et la Méditerranée, avec les comtés d'Uzès, de Viviers et de Lyon : tout ce territoire fut érigé en royaume de Provence, dont Charles fut le premier roi. Ce prince fixa sa résidence à Lyon. Son règne fut troublé par quelques invasions de Maures et de Normands, et par l'ambition de Charles le Chauve, qui tenta de s'emparer des Etats de son neveu. Mais le nouveau roi sut défendre sa couronne. Il mourut en 863 sans laisser d'enfants.

De grandes contestations s'élevèrent entre les deux frères du roi défunt. Un nouveau partage eut lieu. Lothaire II eut les comtés du nord, et Louis II la Provence proprement dite ; mais il ne prit pas le titre de roi. Ce premier royaume cessa ainsi d'exister pendant seize ans.

En 875, Louis mourut sans laisser d'enfants mâles. Charles le Chauve se hâta de passer en Italie pour prévenir Louis le Germanique. Il reçut la pourpre impériale des mains de Jean VIII et prit à Pavie la couronne de fer. Dès ce moment il conserva la Provence jusqu'à ce qu'un usurpateur vint la lui enlever, pour rétablir un royaume en sa faveur.

Deuxième Royaume de Provence.

Boson. — Boson, fils de Bovon, comte des Ardennes, dut principalement son élévation à sa sœur Richilde, femme de Charles le Chauve. Comblé de faveurs et de dignités, il suivit l'empereur en Italie, et tint la place d'honneur au conseil de Pavie, qui confirma l'élection faite par le pape. Charles retourna en France ; mais le duc resta dans cette ville pour gouverner l'Italie au nom de l'empereur. La même année il perdit sa femme. La rumeur publique l'accusa de l'avoir empoisonnée pour épouser Hermengarde, fille de Louis II. Cette princesse, fille d'empereur, et qui avait été fiancée à un empereur grec, ne pouvait vivre, disait-elle, si son mari n'était pas roi; aussi le pressa-t-elle vivement d'en prendre le titre. Boson, poussé par des instances qui répondaient si bien à ses vues ambitieuses, ne songea plus qu'à se faire un royaume de la Provence et d'une partie de la Bourgogne.

La mort de Charles le Chauve et de Louis le Bègue, l'agitation qu'entraîna en France l'avénement de Louis III et de Carloman, et les prétentions au trône de Louis le Germanique, firent supposer à Boson que le moment était favorable pour arriver à son but. Pour cela, il lui fallait l'assistance des évêques. Ceux-ci refusèrent pendant trois ans de favoriser ses projets. A force d'instances et de promesses, Boson obtint enfin la réunion d'un concile à Mantaille, près de Vienne, pour délibérer sur la question de donner un souverain à la Provence. Cette assemblée donna la couronne à Boson, et en 879 il reçut dans la cathédrale l'onction sacrée.

Boson accorda des grâces et des faveurs, répandit des bienfaits pour gagner l'affection générale. Mais un trône nouveau est nécessairement entouré de périls ; le roi en fit l'expérience. Jean VIII reconnaissait les droits des princes francs, et désapprouva formellement l'usurpation de Boson. Tous les princes français, également irrités contre l'usurpateur, résolurent de lui faire la guerre. La première place qu'ils attaquèrent fut celle de Mâcon, qui se vit obligée de se rendre. Ils assiégèrent ensuite Vienne, où Boson s'était d'abord enfermé. Ne s'y croyant pas en sûreté, il se retira dans les montagnes et abandonna la place à la princesse Hermengarde, sa femme, avec la meilleure partie de ses troupes. Le siége fut long. Charles le Gros n'eut pas la patience d'en attendre la fin, il passa en Italie pour recevoir la couronne impériale. Louis III vola au secours de ses États, qu'envahissaient les Normands, et vint mourir à Saint-Denis. Aussitôt son frère Carloman abandonna le siége pour aller recueillir l'héritage de son frère; il laissa le soin des opérations militaires à Richard, frère de Boson, et son mortel ennemi. Richard poussa le siége avec tant de vigueur, qu'il réduisit la ville aux dernières extrémités. Hermengarde, femme forte, reine héroïque, se défendit avec la valeur et la prudence d'un vieux capitaine; toutefois il fallut enfin céder, et la place, après deux ans de siége, se rendit à discrétion. Hermengarde et sa fille furent emmenées prisonnières à Autun. Boson fut consterné en apprenant tous ces désastres; cependant il ne perdit pas courage. Il sut profiter des embarras que causait l'envahissement des Normands pour reprendre la ville de Vienne. La mort de Carloman fit passer la couronne de France sur la tête de Charles le Gros. Ce prince ne put renverser Boson, qui, tout en perdant quelques-unes de ses possessions, conserva néanmoins la Provence proprement dite. Hermengarde et sa fille parvinrent à s'échapper des mains de Richard, et vinrent le rejoindre.

On ne sait ensuite que peu de choses du règne de Boson. Mais ce prince dut être doué de qualités supérieures; car, quelles que soient les chances d'un sort heureux, ce n'est jamais sans caractère, sans énergie et sans talent, qu'un fondateur de dynastie se maintient dans son ouvrage. Quelques auteurs lui donnent les titres de tyran et d'usurpateur. On ne peut nier que Boson n'ait été un usurpateur, puisque, soit par des présents, soit par des menaces, il força les grands à lui donner un royaume auquel il n'avait aucun droit. Mais comme sa domination n'a été ni injuste ni cruelle, et qu'il a su gagner l'affection de ses soldats, qui ne l'ont jamais abandonné, même au milieu de ses revers, il ne doit pas être flétri du nom de tyran. Il mourut roi en 887, laissant le trône à son fils Louis, qu'il avait eu d'Hermengarde.

Louis l'Aveugle. — Louis, âgé de dix ans, succéda à son père, sous la régence d'Hermengarde, qui administra avec vigueur et habileté. Ce jeune prince, descendant, par sa mère, de Charlemagne, fut conduit près de son parent Charles le Gros, qui le reconnut pour son fils adoptif et son vassal. Il l'investit du gouvernement de Provence, à la condition de le tenir sous l'obéissance légitime de la couronne de France. Cependant Hermengarde, pour rendre l'élection de son fils plus régulière, songea à le faire couronner. Elle éprouva d'abord quelques difficultés; mais la mort de Charles le Gros vint les trancher. Bernoin, évêque de Vienne, sollicita et obtint la permission du pape, pour couronner Louis. L'élection solennelle eut lieu à Valence, en 890. Louis ne dut pas son élévation à sa naissance, car les évêques n'avaient voulu donner à Boson qu'une royauté à vie et non héréditaire; il la dut aux grandes espérances que donnait son caractère, et aux heureuses qualités dont il était doué.

La Provence fut augmentée du Lyonnais et du Viennois. Hermengarde aurait bien voulu en repousser encore plus loin les limites; mais Rodolphe, roi de la Bourgogne transjurane, arrêta son ambition.

Si de petites conquêtes échappaient à Louis, un royaume se présentait à lui. C'était celui d'Italie, auquel il avait des droits par son aïeul maternel. Se persuadant qu'il n'avait qu'à se présenter en Italie pour en faire la conquête, il réunit toutes ses forces et s'avança à la tête de son armée jusqu'aux Alpes. Il en trouva tous les passages interceptés par les troupes de Bérenger. Bientôt enveloppée de toutes parts, l'armée de Louis fut obligée de se rendre à la discrétion de celui qu'elle voulait détrôner. Bérenger n'accorda à Louis la liberté qu'à la condition qu'il renoncerait pour toujours à ses prétendus droits sur l'Italie. Le jeune roi, pour se tirer des mains de son ennemi, accepta les conditions qui lui furent imposées. Rendu à la liberté, il reprit le chemin de ses États avec son armée, humiliée d'avoir été vaincue sans combattre, et bien résolue de se venger à la première occasion.

L'ambition gâte malheureusement le cœur des hommes les plus sages, les aveugle et les précipite souvent vers leur ruine. Louis, troublé par des rêves de gloire, et excité par sa mère à sortir de son inaction, ne tint aucun compte de la foi jurée. Il rassembla de nouvelles troupes et se prépara à rentrer en Italie. Plus heureux ou plus habile que la première fois, il avança sans obstacles, assiégea et prit Pavie, battit en plusieurs rencontres l'armée de Bérenger, et se fit reconnaître roi, en 900. Poussant ensuite plus loin ses conquêtes, il arriva à Rome, et obtint du pape la couronne impériale. Mais la fortune inconstante allait encore le trahir, et du faîte des grandeurs où elle l'avait si promptement élevé, elle allait le faire descendre, pour le plonger dans un abîme de malheurs et d'humiliations. Louis se rendit à Vérone; là, se croyant en sûreté, il licencia la meilleure partie de ses troupes, et ne retint pour sa garde qu'un petit nombre de soldats.

Bérenger avait des partisans dans la ville; il apprit bientôt qu'elle était sans défense. Il arriva du fond de la Bavière et se présenta devant Vérone; il y fut introduit par la perfidie de l'évêque et des principaux habitants; sa garde provençale fut corrompue, et l'on s'empara de Louis sans avoir à verser une goutte de sang. Bérenger ne pouvait plus compter sur les nouvelles promesses que lui ferait l'empereur, et il ne voulait cependant pas s'exposer à être détrôné une seconde fois. Ne voulant pas prononcer contre Louis un arrêt de mort, il lui fit crever les yeux. Telles étaient encore les mœurs barbares de cette époque, qu'on regardait comme une grâce un supplice plus affreux que la mort, mais qui condamnait un prince à toute nullité politique. L'infortuné Louis fut renvoyé dans ses Etats de Provence, et il n'est plus question de lui dans l'histoire, qui lui a donné le surnom d'Aveugle.

Hugues. — Ce prince était fils de Thibaut, comte d'Arles. L'empereur, ne pouvant plus gouverner par lui-même depuis qu'il était aveugle, l'avait mis à la tête des affaires, avec le titre de duc. Cette charge, que Hugues exerça pendant plusieurs années, du vivant du roi, lui donna une grande autorité dans le pays. Aussi, à la mort de Louis, se fit-il reconnaître roi de Provence sans difficulté. Il soutint son élévation par ses grandes qualités, ses lumières et sa valeur; mais très-ambitieux, il jeta aussi les yeux sur l'Italie. Bérenger s'était fait beaucoup d'ennemis par sa mauvaise conduite; il fut détrôné et bientôt après assassiné. Les seigneurs offrirent la couronne à Rodolphe II, roi de Bourgogne. Bientôt las du gouvernement de ce prince, ils tournèrent leurs regards vers Hugues. Le roi de Provence s'embarqua aussitôt à Marseille, suivi de la plus grande partie de sa noblesse provençale, aborda en Italie, et fut sacré roi par l'archevêque de Milan.

Rodolphe, qui était alors en Bourgogne, ne put opposer aucune résistance à son compétiteur. Cependant Hugues, connaissant l'humeur inconstante des Italiens, prit des mesures pour que sa royauté naissante ne vînt pas se briser contre l'écueil des révolutions. Il chercha des appuis au dehors, se fit de puissants alliés, et ne négligea rien pour donner à ses peuples une haute opinion de son caractère; aussi fut-il très-aimé au commencement de son règne. Mais il sortit des voies honorables dans lesquelles il était entré, et commit des fautes qui le perdirent complétement dans l'esprit des Italiens. On pensa à rappeler Rodolphe. Ce prince se disposait à rentrer en Italie, lorsque Hugues fit avec lui un traité, par lequel il lui abandonnait la Provence, à la condition qu'il ne l'inquiéterait plus dans la jouissance du royaume d'Italie.

Un traité honteux que Hugues fit quelque temps après avec les Sarrasins lui aliéna entièrement l'affection de ses sujets. Abandonné de ses courtisans, trahi par ses amis, accablé de mépris et de haine, il laissa à Lothaire un trône chancelant, puis alla s'ensevelir au fond d'un cloître de la Bourgogne. Après Hugues, il n'y eut plus de royaume de Provence séparé ; il fut, depuis, confondu avec le royaume de Bourgogne transjurane, ou avec celui qu'on appela ensuite royaume d'Arles.

CHAPITRE IX.

—

Royaume d'Arles.

RODOLPHE II. — Il est beaucoup parlé, dans les annales du xe siècle et des siècles suivants, du royaume d'Arles. Cependant rien n'est moins connu que ce royaume. Les uns l'ont cru aussi ancien que celui de Boson, les autres veulent qu'il n'ait commencé qu'après la mort de Lothaire. On n'est pas plus d'accord sur son étendue que sur son origine. Mais il est à peu près certain que sa création ne date que de l'époque où Hugues céda la Provence à Rodolphe. Le nom de royaume d'Arles vient de ce que le comté d'Arles était le domaine particulier de Hugues.

CONRAD LE PACIFIQUE. — Conrad, fils aîné de Rodolphe, succéda à son père, qui mourut l'an 937. Le règne de ce prince, qui dura cinquante-sept ans, fut calme et paisible. Sa douceur et la sollicitude qu'il témoigna pour le maintien du repos public, lui firent donner le surnom de Pacifique. En 963, Conrad épousa Mathilde, sœur de Lothaire, roi de France ; il en eut quatre enfants : deux fils et deux filles.

Rodolphe III. — Rodolphe était le fils aîné de Conrad. C'était un prince pieux et bienfaisant, mais peu capable d'occuper un trône et de défendre ses Etats. Comme il n'avait pas d'enfants, il désigna pour son héritier Conrad le Salique, fils de Henri de Franconie, empereur d'Allemagne. Rodolphe mourut en 1032. Le royaume d'Arles fut dès lors confondu avec l'Empire, dont il devint pour ainsi dire une province.

Conrad le Salique. — Quoique Rodolphe eût légué son royaume à l'empereur, Eudes II, comte de Champagne, et neveu du roi défunt, ne voulut pas reconnaître cette disposition et entreprit de défendre ses droits. Une lutte violente s'engagea entre les deux compétiteurs. Eudes, vaincu, périt dans une action, et son armée, après des prodiges de valeur, fut obligée de prendre la fuite. Cette mort laissa Conrad en possession de son héritage. Mais pendant le long règne de Rodolphe et les guerres que son neveu venait de susciter, les comtes, les gouverneurs et les autres officiers s'étaient rendus maîtres et comme propriétaires de leurs places, de leurs charges et de leurs provinces. Conrad, occupé d'autres soins, ne se mit point en peine de recouvrer l'autorité ni même le territoire qu'on usurpait sur lui ; ce fut sans doute pour engager son fils Henri à redresser tous ces torts que dès l'année suivante il le fit couronner roi de Bourgogne et d'Arles, et le mit aussitôt en possession de ce royaume. Peu de temps après il lui laissa aussi celui de Germanie ; car il mourut à Maëstricht en 1037.

Henri III le Noir. — Henri ne changea rien à l'état des choses établies. Quatre ans après son couronnement, il fit un voyage à Arles ; tous les seigneurs reconnurent sa souveraineté en lui prêtant serment de fidélité ; mais cette soumission n'était qu'apparente, car ils travaillaient chaque jour à se rendre de plus en plus indépendants.

Henri IV dit le Grand. — Il n'avait que sept ans lorsqu'il succéda à son père, sous la tutelle de sa mère Agnès. Pendant son règne, agité par la querelle des investitures, il ne put rien changer aux affaires d'Arles ; et à sa mort, arrivée en 1106, il le laissa à son fils dans la même situation où il l'avait trouvé, lors de son avénement.

Henri V. — Ce prince n'entreprit également rien pour rentrer en possession de ses droits, tant il était occupé de ses affaires d'Allemagne. Il mourut en 1125, sans laisser d'enfants de son mariage avec Mathilde, fille de Henri Ier, roi d'Angleterre.

LOTHAIRE ET SES SUCCESSEURS. — La mort de Henri V causa de grands troubles dans l'Empire. Il avait deux neveux, fils de sa sœur, et ordonna qu'on leur remît les ornements impériaux, ne doutant pas que l'Empire ne dût appartenir à ses héritiers naturels. Mais son attente fut trompée. Lothaire, duc de Saxe, fut élu roi des Romains. Ce fut en vain que les neveux de Henri s'opposèrent à son élection et réclamèrent l'héritage de la maison de Bourgogne; Lothaire resta maître souverain. Il opprima tous les princes issus du sang bourguignon, et, pour leur susciter des ennemis, il inféoda le royaume d'Arles au duc de Zéringhen.

A la mort de Lothaire, en 1138, les héritiers naturels de Henri V furent successivement placés sur le trône impérial. Conrad fut le premier élu. Le célèbre Frédéric Barberousse lui succéda. Ce prince força le duc de Zéringhen à lui céder ses droits, résultant de l'inféodation faite par Lothaire. Puis il fit des tentatives pour relever cette monarchie du néant où elle était tombée; il se fit couronner à Arles, deux ans après avoir reçu la couronne impériale à Rome. Il mourut en 1190. Son fils Henri VI ne lui survécut que sept ans. Après lui, Frédéric suivit pour Arles la même politique que son grand-père. C'est le dernier empereur dont le nom soit écrit dans les chartes provençales. Son fils Conrad ne fit que paraître. Un long interrègne suivit. La postérité impériale s'éteignit en 1269 par la mort de Conradin, petit-fils de Conrad, qui porta sa tête sur un échafaud.

Rodolphe de Hapsbourg est à peine mentionné dans les chartes provençales, et ses successeurs ne s'occupèrent de la province que pour en faire un objet de trafic; ils offraient le vain titre de roi d'Arles à tous les princes dont ils voulaient obtenir quelques concessions.

Vers la fin du XIVe siècle, Avignon et le comtat Venaissin appartenaient au pape; le vicariat de Savoie jouissait d'une indépendance véritable; le Dauphiné passa sous la domination de la France; ce qui enleva à l'Empire même le droit de suzeraineté. Enfin l'empereur Charles IV fit la cession totale de ses droits sur le royaume d'Arles à Louis Ier d'Anjou, en 1265. La chute de ce petit Etat ne causa aucune émotion en Europe.

CHAPITRE X.

Comté de Provence. — Dynastie des Bosons.

Pour ne pas interrompre l'existence et l'anéantissement du royaume d'Arles, nous avons anticipé sur les dates, et nous devons revenir à l'année 934, époque de la fondation du comté de Provence. Un seigneur nommé Boson, qui n'appartenait pas à la famille du roi Boson, était gouverneur du comté de Provence, relevant du royaume d'Arles. Il parvint à se rendre indépendant, et se fit reconnaître comte titulaire de ce pays. Son règne est peu connu; on croit qu'il mourut en 968, laissant deux fils. L'aîné, Guillaume, lui succéda; il signala le commencement de son règne par de grands succès remportés sur les Sarrasins, qui ravageaient le Midi. Ce triomphe acquit à Guillaume la reconnaissance des Provençaux, qui lui décernèrent le titre de Père de la patrie.

Son fils, Guillaume II, n'hérita ni de son courage ni de sa générosité. C'était un prince faible et d'une intelligence bornée. Il mourut en 1018. Ses deux fils se partagèrent ses Etats; mais l'aîné, Guillaume III, étant mort jeune, le second, Geoffroi, s'associa les deux fils de son frère défunt, Geoffroi II et Guillaume IV. Il y eut alors une Provence orientale, gouvernée par Geoffroi, et une Provence occidentale appartenant à ses neveux. Bertrand, fils et successeur de Geoffroi, prit une part active à la querelle des investitures entre Grégoire VII et

Henri IV; il embrassa avec ardeur la cause du saint-siége, tandis qu'au contraire la ville se déclarait pour Henri. Les deux factions, acharnées l'une contre l'autre, déchirèrent le pays, et entraînèrent tant de désordres, qu'on ne trouvait de justice nulle part. Guillaume IV, qui possédait la Provence occidentale, maria sa fille au prince d'Urgel en Catalogne. Cette princesse transmit son bel héritage à son mari, qui habita peu la Provence.

Ce fut vers le même temps qu'un Provençal, nommé Gérard de Martigues, fonda à Jérusalem l'hôpital de Saint-Jean, et donna ainsi naissance à l'ordre des Hospitaliers, qui furent ensuite les chevaliers de Rhodes, et plus tard les chevaliers de Malte.

Le comte Bertrand, après avoir régné vingt-neuf ans, termina sa vie en 1092. Après lui régnèrent ensemble Gerberge et son mari Gilbert. Ce prince partit pour la première croisade ; sa longue absence est cause qu'il est peu question de son règne. Gilbert n'eut que deux filles ; l'une, Etiennette, épousa le seigneur de Baux ; Douce, la seconde, fut mariée à Raymond-Bérenger, comte de Barcelone. Raymond commença une seconde dynastie, qui remplaça celle des Bosons. Plusieurs souverainetés et seigneuries s'étaient formées du démembrement de la Provence. La plus importante était le comtat Venaissin. Il fut donné en dot par le comte de Forcalquier à sa fille Emme, qui épousa Guillaume Taillefer, comte de Toulouse. C'est par cette union que la famille des Raymond de Languedoc devint maîtresse du comtat Venaissin, renfermant Avignon, Carpentras, Vaison, Cavaillon. La principauté d'Orange fut réduite à la ville d'Orange seule. Plusieurs lieutenants envoyés par les comtes de Provence pour gouverner les cités du comté se rendirent indépendants. C'est ainsi que se formèrent les baronnies de Castellane et de Saulx, la cité de Toulon, et beaucoup d'autres baronnies qui n'eurent d'autre nom que celui de leur fief.

Parmi toutes ces familles célèbres, il y en eut une qui effaça toutes les autres par ses richesses et les grandes alliances qu'elle contracta : ce fut la maison de Baux, d'origine gothique. Après la prise d'Arles par Euric, quelques habitants des campagnes s'étaient réfugiés sur le rocher de Baux. Un chef wisigoth, que l'on croit issu du sang royal, eut pour sa part des conquêtes la pointe méridionale des Alpines, et bâtit sur le rocher le château de Baux, où il fixa sa résidence. La maison de Baux posséda en Italie des comtés, des duchés et des principautés ; elle eut des vicomtes de Marseille et des princes d'Orange. Son esprit remuant et indépendant la jetait sans cesse au milieu de tous les projets ambitieux, et son nom seul faisait souvent pencher en sa faveur les intérêts politiques. Cette baronnie comprenait toutes les terres appelées vulgairement terres Baussenques, au nombre de soixante-dix-neuf.

Mais tous ces fiefs formés par l'anarchie féodale et par la faiblesse des souverains, n'avaient pas devant eux un long avenir; tous devaient s'anéantir sous la domination d'une dynastie puissante et glorieuse, qui devait, par son éclat et ses bienfaits, gagner tous les cœurs, triompher des résistances individuelles, rapprocher toutes les parties territoriales, et fixer sur des bases solides l'unité nationale.

Maison de Barcelone.

RAYMOND-BÉRENGER Ier. — Raymond, que son mariage avec Douce faisait comte de Provence, appartenait à la maison des Bérenger, qui, par son caractère et ses talents, s'était élevée bien haut dans la carrière politique. Il régnait depuis trente-deux ans sur la Catalogne, lorsqu'il devint comte de Provence. C'était un prince bon et vertueux, administrateur éclairé, politique habile, guerrier expérimenté; il s'était signalé par les guerres qu'il avait soutenues contre les Maures. Son autorité fut reconnue sans obstacle en Provence. Mais s'il ne vit autour de lui que des vassaux respectueux, il fut obligé d'accepter avec l'investiture du comté les difficultés et les chances de la guerre contre Alphonse-Jourdain, comte de Toulouse. Fatigués l'un et l'autre de querelles qui n'amenaient aucun résultat, ils les terminèrent par un traité de partage, basé sur des concessions mutuelles. La ville d'Avignon et quelques domaines restèrent indivis.

Raymond ne vint qu'une fois en Provence; accablé d'infirmités et d'années, et sentant sa fin approcher, il envoya de fortes sommes à l'ordre des Templiers de Jérusalem, et se fit lui-même recevoir chevalier. Après avoir déposé tous les insignes du pouvoir, il mourut à Barcelone, dans la maison des Templiers, en 1131.

BÉRENGER. — RAYMOND. — L'aîné des fils du comte de Barcelone, Raymond-Bérenger II, hérita des domaines de son père en Espagne. Bérenger-Raymond II, le plus jeune, eut le comté de Provence, que déchirèrent bientôt les guerres civiles. Raymond de Baux prétendait avoir des droits au comté par sa femme. Jusqu'alors il avait gardé le silence, par prudence; mais lorsqu'il vit qu'il n'avait plus pour adversaire qu'un prince jeune et sans expérience, il crut le moment favorable pour en appeler à son droit et à ses armes. De part et d'autre on se prépara à la guerre ; les seigneurs s'armèrent et prirent parti, chacun selon ses intérêts ou ses affections, pour le jeune comte de Provence, ou pour la maison de Baux. Bérenger périt malheureusement dans un combat, et ne laissa qu'un fils en bas âge.

Raymond-Bérenger III. — Raymond-Bérenger de Catalogne, et dit le Vieux, fut le tuteur de son jeune neveu. Il passa en Provence pour défendre les droits de son pupille et continuer la guerre contre la maison de Baux. Tout semblait lui réussir, lorsque l'empereur Conrad III, suzerain de la Provence, se déclara pour les Baux. Beaucoup de seigneurs indécis s'attachèrent alors à leur cause, qui triompha pendant quelque temps. Mais ce succès fut court ; les domaines baussenques furent presque tous pillés et détruits, et cette famille, accablée de revers, se vit obligée d'implorer la clémence du vainqueur par un traité qui eut lieu en 1148 ; le seigneur de Baux renonça à tous les droits qu'il prétendait avoir sur la Provence ; et à ces conditions, on lui garantit la paisible possession de ses États. A sa mort, ses fils violèrent le traité fait par leur père, et recommencèrent la guerre ; mais la maison des Bérenger triompha une seconde fois, et les Baux n'obtinrent la paix qu'à de dures conditions. Une troisième fois ils se jouèrent encore de la foi jurée. Raymond le Vieux accourut de l'Espagne, assiégea Arles, qui tenait pour les insurgés, la prit, et en démolit les tours et les remparts. Pour cette fois, le parti baussenque fut mis dans l'impossibilité de jamais se relever.

Jusque-là, le jeune Bérenger III n'avait encore rien fait par lui-même ; il voulut marquer sa majorité par quelque action d'éclat, et médita la conquête de Nice, pour la faire rentrer sous son obéissance. Il l'investit ; mais, emporté par une ardeur imprudente, il s'avança au pied des murs, et périt percé d'un coup de flèche en 1166.

Alphonse Ier. — La mort si imprévue de Bérenger III amena de nouveaux désastres et des luttes sanglantes. Raymond V, comte de Toulouse, et Alphonse, fils de Bérenger le Vieux, comte de Barcelone et roi d'Aragon, prétendirent tous les deux avoir des droits à la succession. Dix années d'une guerre acharnée amenèrent enfin un accommodement. Le comte de Toulouse abandonna ses droits, à la condition qu'Alphonse lui paierait une forte somme et lui céderait la vicomté de Gévaudan. Le royaume d'Aragon, le comté de Barcelone et celui de Provence se trouvèrent donc réunis sous un seul maître, Alphonse Ier. La Provence passa ainsi de la branche provençale des Bérenger à la branche catalane de la même famille.

Le roi-comte poursuivit les vues de son prédécesseur sur Nice. Cette cité, après une courageuse résistance, se rendit, mais avec dignité, en traitant de puissance à puissance et en conservant ses franchises municipales (1176).

Alphonse retourna ensuite dans ses Etats d'Espagne, laissant à son frère Bérenger d'Aragon l'administration de la Provence. Ce prince mourut en combattant le comte de Toulouse, qui avait rompu la foi des traités. Alphonse le remplaça par son autre frère, Sanche; puis il ne tarda pas à venir combattre lui-même le comte de Toulouse, ligué avec le roi d'Angleterre, alors à Bordeaux.

On pilla, on brûla, on saccagea des deux côtés, et tous ces désastres aboutirent à une paix qui conserva à chaque souverain ses anciennes limites.

Alphonse fit épouser à son fils la petite-fille du comte de Forcalquier; il décida ce prince à lui assurer en dot la possession de son comté, au détriment de ses autres héritiers. Cet acte politique, mais injuste, devait amener de nouvelles querelles. Trois ans après, en 1196, Alphonse Ier mourut à Perpignan.

ALPHONSE II. — Pierre, l'aîné des fils d'Alphonse Ier, eut l'Espagne, tandis qu'Alphonse II eut le comté de Provence. Guillaume de Forcalquier ne tarda pas à se repentir d'avoir sacrifié les droits de sa famille à l'ambition d'Alphonse. Il déclara la guerre à son gendre; mais un traité définitif maintint la propriété de Forcalquier au comte de Provence, après la mort de Guillaume.

Alphonse II mourut en 1209, à Palerme, où il était allé conduire sa sœur Constance, pour épouser Frédéric II. Il laissa un fils, Bérenger IV, que son oncle et tuteur emmena en Espagne. Il le plaça sous la direction de Guillaume de Montrédon, grand maître des Templiers.

Les événements politiques ne doivent pas faire oublier Jean de Matha, gentilhomme provençal, qui mérita d'être placé au nombre des bienfaiteurs de l'humanité. Il fonda l'ordre de la Trinité pour le rachat des captifs. Le désir de briser les fers des chrétiens esclaves chez les infidèles lui fit entreprendre un grand nombre de voyages pénibles et dangereux. Lui et ses frères se virent souvent réduits aux plus cruelles extrémités pour la défense de leur foi, et dans l'accomplissement de leurs saints travaux. Le pape consacra cette belle institution par une bulle datée de 1199.

RAYMOND-BÉRENGER IV. — Pendant l'absence de son jeune souverain, la Provence ne fut pas heureuse. Indépendamment de la guerre sanglante des Albigeois, chaque ville cherchait à se rendre indépendante. Tarascon, Brignolles et Grasse se donnèrent un gouvernement consulaire. D'autres villes s'érigèrent en républiques, reconnaissant cependant la suzeraineté de l'Empire; telles étaient Nice, Avignon, Arles et Marseille. Cette dernière surtout devint puissante; les croisades influèrent beaucoup sur sa prospérité, par les relations qu'elles lui firent contracter avec les villes du Levant, et par le passage continuel des pèlerins qui se rendaient en Palestine de tous les points de l'Europe.

Lorsque Raymond-Bérenger IV eut atteint sa dix-septième année, il se rendit au milieu de ses sujets. Il trouva le pays dans une triste situation; les querelles religieuses faisaient répandre des torrents de sang; les communes se faisaient la guerre, en arborant, les unes l'étendard du pape, les autres celui du comte de Toulouse. La religion n'était pas toujours le seul prétexte des discordes et des calamités publiques; on s'armait et l'on se déchirait par ambition et par jalousie. Un sentiment d'impatience vague et de secrète inquiétude, un esprit de liberté peu éclairée, agitaient la société provençale. Les imaginations ébranlées marchaient à l'aventure, ne sachant où se fixer. Lorsque le comte arriva, il eut la sagesse de régler sa conduite sur les besoins de la situation présente; il embrassa les intérêts du saint-siége, pour se soutenir contre le comte de Toulouse et toutes les républiques naissantes qui s'étaient soustraites à son obéissance. Il se donna aussi un puissant appui par son alliance avec Thomas de Savoie, qui lui donna en mariage sa fille Béatrix, princesse remarquable par son esprit et sa beauté.

Le comte de Provence se joignit aux croisés pour combattre les Albigeois; puis, lorsque Louis VIII, roi de France, marcha en personne contre les hérétiques et vint mettre le siége devant Avignon, Raymond-Bérenger se réunit à lui. Les Avignonais furent obligés de capituler. Louis et son allié firent une entrée solennelle dans la ville le 12 septembre. Le résultat de cette alliance fut que Bérenger se sentit assez fort pour attaquer les républiques provençales les unes après les autres. Le comte marcha d'abord contre Nice, qui réclama du secours de Pise. La ville fut cependant obligée de capituler. Bérenger lui laissa ses franchises, ses priviléges, et son administration consulaire; il se contenta de recevoir l'hommage des habitants, comme comte suzerain, laissa dans Nice une forte garnison, et fortifia l'ancien château, qui devint une forteresse importante.

Ce fut ensuite le tour de Marseille d'être assiégée. Les Marseillais appelèrent à leur secours Raymond de Toulouse, qui portait une haine mortelle au comte de Provence. Ces deux ennemis jurés se trouvèrent en présence. Le comte de Toulouse ne put faire lever le siége; mais Bérenger, finissant par trouver plus de résistance qu'il n'en attendait, se décida à la retraite.

Raymond VII, sollicité par l'archevêque d'Arles, consentit à une suspension d'armes au commencement de l'année 1232. Mais au printemps il repassa le Rhône, dévasta les campagnes, et emporta la plupart des forteresses qui s'opposaient à son passage. Raymond-Bérenger, alarmé de ces désastres, implora l'assistance de l'Eglise et de l'empereur. Les légats exhortèrent d'abord, puis sommèrent le comte de Toulouse de cesser ses actes injustes et barbares; il n'obéit point; il finit seulement par accepter la médiation de l'empereur; on signa une trêve.

Aux avantages de la paix vint se joindre une grande satisfaction pour Raymond-Bérenger. En 1234, sa fille aînée, Marguerite, épousa le roi Louis IX. La joie qu'il éprouva de la voir reine de France pouvait seule le consoler de l'éloignement de cette jeune princesse, que sa beauté et ses qualités solides avaient rendue l'idole des Provençaux. Deux ans après, sa seconde fille, Eléonore, fut mariée à Henri III, roi d'Angleterre.

Raymond-Bérenger fit encore une tentative sur Marseille, mais il échoua; pour se dédommager, il se jeta dans Arles, qui chassa le vicaire général de l'Empire, et se donna au comte de Provence. Frédéric II, irrité, déclara le comte ennemi du bien public, et le mit au ban de l'Empire. Il enleva à ce prince les fiefs qu'il possédait sous sa suzeraineté impériale et les donna à Raymond de Toulouse. Ce décret ne pouvant être exécuté que par la force des armes, le comte de Toulouse entra en Provence. Pressé de près, Raymond-Bérenger appela les Français à son secours; le comte de Toulouse les attendait à leur passage, et les défit complétement dans une embuscade; il se disposait ensuite à continuer ses invasions, en attaquant Arles, lorsqu'il apprit que Louis IX faisait de grands préparatifs de guerre contre lui. Il accepta la médiation du roi d'Angleterre, conclut la paix avec le comte de Provence, et, de part et d'autre, on se rendit ce que l'on s'était pris.

Bérenger, en paix avec son terrible voisin, dirigea de nouveau ses attaques sur Marseille. Cette ville, se voyant cette fois sérieusement menacée, fit un traité par lequel elle se plaçait sous la protection du comte de Provence, moyennant qu'il reconnaîtrait l'indépendance de la cité. Le prince accepta ces conditions, puis, désirant que ses Etats ne fussent pas partagés après sa mort, il fit son testament. Il institua sa quatrième fille, Béatrix, unique héritière, et fit des legs aux trois autres princesses : les reines de France et d'Angleterre, et la duchesse de Cornouailles. Louis IX, qui convoitait la Provence pour sa famille, demanda la main de Béatrix pour son frère Charles d'Anjou ; mais Raymond préférait pour gendre le comte de Toulouse. Il mourut au milieu de ces indécisions, en 1245, à l'âge de quarante-cinq ans.

Ce prince, juste et bon, administrateur habile, vaillant chevalier, esprit éclairé, fut sincèrement regretté de ses sujets. Son règne fut agité, il est vrai ; mais il sut triompher de ses ennemis et mener à bien la plupart de ses entreprises. Il encouragea tous les établissements utiles, et protégea les arts et les lettres. La postérité l'a placé parmi les bons rois, et l'a proclamé grand.

Sous le règne de Raymond-Bérenger IV, de même que sous celui d'Alphonse, les troubadours fleurirent en Provence, avec leur cortége magique de chants et de combats, de fêtes et de folies de tous genres. Raymond les attirait et les comblait de faveurs. Ils instituèrent les *cours d'amour*, réunions si célèbres dans les annales de la littérature provençale, et qui caractérisent si bien les mœurs, les usages et l'esprit du moyen-âge. Les troubadours s'y livraient aux travaux de la gaie science, et faisaient entendre dans la brillante et sonore langue provençale des chants sous toutes les formes. Les plus célèbres troubadours provençaux sont : Carbonel et Poulet, de Marseille ; Giraud, de Cabrières ; Gui, de Cavaillon ; Jacques Motte, d'Arles ; Bertrand, d'Avignon ; Rambaud, d'Orange ; la comtesse de Die et l'empereur Frédéric II.

Cet âge glorieux et original de la Provence finit avec Raymond-Bérenger IV. Le règne sombre et impassible de Charles d'Anjou, qui arriva avec ses hommes du Nord, glaça pour ainsi dire la joyeuse Provence. A sa vue, les troubadours s'écrièrent : « Désormais les Provençaux vivront dans le deuil. Ah ! Provence, tu as perdu bonheur, joie, repos et gloire, en tombant dans des mains françaises ; mieux valait que nous fussions tous morts ! Déchirons maintenant nos bannières, démolissons les murs de nos villes et les tours de nos châteaux-forts : nous sommes sujets des Français, et ne pouvons plus porter ni écu ni lance ! »

CHAPITRE XI.

—

Béatrix et Charles Ier d'Anjou.

Béatrix, étant mineure lorsqu'elle fut reconnue souveraine de Provence, fut placée sous la tutelle de sa mère Béatrix de Savoie et d'un conseil de régence. La jeune princesse avait été promise en mariage par son père au comte de Toulouse. Néanmoins l'empereur Frédéric II la fit demander pour son fils. Le roi Jacques d'Aragon proposa aussi son héritier ; et croyant que les liens du sang lui donnaient des droits incontestables, il fit passer des troupes en Provence pour imposer sa volonté au conseil de régence. Mais Charles d'Anjou s'avança aussi avec une armée non moins formidable. L'influence de son frère, le roi de France, et les négociations habiles de la reine Blanche, lui aplanirent les difficultés ; et malgré l'opinion publique, qui se montrait contraire aux intérêts français, Charles obtint Béatrix et l'épousa le 31 janvier 1246.

Aussitôt après son mariage il visita son comté. Son amour-propre fut vivement froissé en voyant les communes indépendantes ne se montrer nullement disposées à reconnaître son autorité. Il dut donc avoir recours à la force ; mais, obligé de retourner près du roi de France pour recevoir l'investiture du comté d'Anjou, qui lui avait été donné en apanage, il se contenta pour le moment de nommer des commissaires chargés de rechercher les titres que les comtes de Provence, ses prédécesseurs, avaient eus sur les villes et les seigneuries qui prétendaient se soustraire à sa juridiction.

Charles Ier prit bientôt la croix ; il alla rejoindre son frère à Aigues-Mortes et le suivit en terre sainte, laissant le gouvernement de la Provence à son grand sénéchal, titre créé par lui.

Les républiques provençales profitèrent de l'absence du comte pour consolider leur puissance, et même pour commettre des actes d'agression que le sénéchal ne put parvenir à réprimer. A Arles principalement, les factions s'agitèrent violemment ; les corporations des arts et métiers, qui étaient admises dans les affaires publiques, se montraient souvent hostiles à la noblesse et à la bourgeoisie. Cette lutte maintenait une véritable guerre civile, que les émissaires du comte cherchaient à faire tourner à son avantage. Mais l'événement le plus fatal aux républiques, ce fut la mort de Raymond VII, comte de Toulouse, qui laissait pour héritier son gendre Alphonse, comte de Poitiers et frère de Charles d'Anjou. Désormais les cités indépendantes ne devaient plus avoir dans le nouveau comte de Toulouse un allié, mais un ennemi ; et tout le Midi subit l'influence française.

Cependant l'absence des princes croisés rassura pour un moment les trois républiques. Celle d'Arles surtout semblait n'avoir rien à craindre ; sa sécurité ne fut troublée que lorsqu'elle apprit que Charles, après avoir été captif des infidèles en terre sainte, arrivait à Aigues-Mortes (octobre 1250). Le prince, aussitôt débarqué, attaqua Arles. Les hostilités commencèrent au mois de novembre et se poursuivirent tout l'hiver. Au mois d'avril, les Arlésiens, au bout de leurs ressources, demandèrent la paix. Un traité fut conclu ; la ville se soumit à la domination du comte et à tout ce qu'il ordonnerait pour la paix publique. Le comte promit de protéger les personnes, les biens et les droits des citoyens ; d'oublier le passé, et d'ouvrir les portes aux prisonniers politiques. Le parlement fut conservé ; mais on ne tarda pas à se passer de ses décisions ; tout le pouvoir passa entre les mains du viguier du comte. Arles perdit sa souveraineté, et la république s'éteignit.

Le comte de Provence, maître d'Arles, dirigea ses troupes vers Avignon, déjà vivement pressé par son frère Alphonse. Cette ville capitula le 7 mai, à des conditions à peu près semblables à celles qu'avaient acceptées les Arlésiens. Elle fut possédée par les deux comtes, qui s'en partagèrent la souveraineté.

La ville basse de Marseille fut ensuite attaquée. Elle s'était préparée sans bruit à une sérieuse résistance; la chute d'Arles et d'Avignon ne la découragea pas. Puissante par la concorde qui régnait entre ses citoyens, fière de son origine, de ses souvenirs et de ses richesses, elle aimait trop son indépendance pour ne pas vendre bien cher la permission de la lui enlever. Tous les habitants résolurent de repousser la force par la force. Charles, qui reprochait à Marseille d'avoir donné asile à ses ennemis et d'avoir fourni des secours aux Arlésiens, s'avança à la tête de ses troupes. Les Marseillais soutinrent le choc pendant plusieurs mois; après des efforts et des sacrifices immenses, il fallut céder au nombre. Cependant cette cité ne posa les armes qu'à des conditions honorables; elle conserva le caractère de république libre, sous la haute protection honoraire du comte de Provence. Charles promit, de son côté, de n'imposer aucun tribut aux citoyens, de conserver les fortifications existantes et de ne construire aucune citadelle.

Charles fit un voyage en Flandre. Pendant son absence, les Marseillais enlevèrent, au mépris du traité de paix, quelques navires provençaux. Ils furent encouragés dans ces hostilités principalement par le comte Boniface, seigneur de Castellane et de Riez. Charles, à son retour, se prépara à punir sévèrement la révolte du comte de Castellane et la téméraire agression des Marseillais. Boniface osa marcher, enseignes déployées, contre un ennemi bien plus puissant que lui. Vaincu dans cette lutte inégale, il se réfugia dans sa ville de Castellane, défendue par un château fort. Charles vint l'assiéger. Boniface trouva le moyen de s'enfuir; mais il perdit ses fiefs, qui furent réunis pour toujours au domaine des comtes de Provence.

Délivré de cet ennemi, Charles se présenta devant Marseille; après quelques jours de siége, les habitants décidèrent de se rendre. Ils pensaient, en faisant cette soumission au commencement de la guerre, obtenir des conditions plus avantageuses que celles qui leur seraient imposées après une longue résistance. Les articles de la capitulation, appelés *chapitre de paix*, furent arrêtés à Aix, entre le comte de Provence et l'un des syndics de la république marseillaise. Par ce traité, on convint que la ville basse et ses dépendances seraient à perpétuité unies au domaine du comte et de ses successeurs. C'était enlever à Marseille sa constitution républicaine. Mais elle conserva des possessions assez étendues, et elle fut incontestablement la plus libre de toutes les cités provençales.

Charles, non content d'avoir soumis la ville basse, désirait encore la possession de la ville haute. Il proposa à l'évêque Benoît d'Alignano, maître de cette seigneurie, de l'échanger contre seize châteaux. L'évêque accepta l'offre, et la ville haute fut gouvernée par des officiers de Charles ; mais elle continua d'avoir son administration séparée de celle de la ville basse.

Chaque jour s'étendait l'influence de Charles et s'affaiblissait la résistance des communes. Tout fléchissait sous son pouvoir absolu, et cédait devant sa politique envahissante. Il achevait avec bonheur l'ouvrage que son prédécesseur, Raymond-Bérenger, n'avait fait qu'ébaucher. En peu de temps il réunit à ses domaines toutes les principautés et les seigneuries des districts provençaux. Aussi fut-il bientôt, sans contredit, le plus puissant et le plus riche des princes, après les rois de l'Europe.

La fortune, déjà si prodigue envers lui, ne tarda pas à lui donner un trône. C'était celui des Deux-Siciles, dont le pape lui offrit l'investiture, à condition qu'il en ferait la conquête par son épée. Charles hésita d'abord, parce qu'il trouvait que les conditions faites par le saint-siége ne satisfaisaient pas complétement son ambition. A force de sollicitations, il en obtint de plus avantageuses, et il accepta cette couronne avec le consentement du roi de France, Louis IX, qui lui fournit des secours pour son entreprise. Sa femme Béatrix, qui brûlait du désir de porter, comme ses sœurs, le titre de reine, mit en gage tous ses joyaux pour lui procurer de l'argent.

Après avoir achevé tous ses préparatifs, Charles s'embarqua à Marseille le 15 mai 1265, et dirigea sa route vers l'embouchure du Tibre. Le 24 du même mois, il fit, à la tête de sa petite armée, son entrée solennelle dans Rome. Peu de jours après, quatre cardinaux placèrent sur sa tête, au nom du souverain pontife, la couronne des Deux-Siciles, dans la basilique de Saint-Jean de Latran, et reçurent son hommage pour tous les pays qu'il allait conquérir. Nous ne suivrons pas Charles dans tout le cours de son expédition d'Italie ; elle appartient plutôt à l'histoire de ce pays qu'à celle de la Provence. Nous indiquerons seulement les principaux événements de cette conquête, qui allait donner au comte de Provence un trône auquel il n'avait aucun droit, et dont la possession devait faire couler des flots de sang.

Charles partit de Rome et marcha de succès en succès ; le 26 février 1266, il gagna la bataille de Bénévent, où périt Manfred, qui avait pris le titre de roi des Deux-Siciles, au préjudice de son neveu Conradin, auquel appartenait la couronne. La victoire du comte lui soumit entièrement l'Italie méridionale. Il fit son entrée triomphale à Naples avec Béatrix. Cette princesse eut à peine le temps de jouir d'une couronne qu'elle avait tant désirée ; elle mourut à Nocera, dans la

Terre de Labour. Son corps fut transporté à Aix, et enseveli dans l'église de Saint-Jean de Jérusalem, auprès de son père Raymond-Bérenger.

Charles était loin d'avoir la grande âme de son frère Louis IX. Son esprit sec et son cœur dur ne pouvaient s'accommoder d'un gouvernement juste et doux, ni d'une politique modérée. Croyant que la victoire suffit toujours pour légitimer la violence, il traita ses nouveaux sujets d'Italie comme des vaincus dont il fallait courber le front sous le poids d'un régime rigoureux. Il dépouilla les nobles du pays pour enrichir les Français et les Provençaux venus à sa suite, et augmenta toutes les charges publiques. Ce système porta ses fruits. Des murmures de mécontentement se firent entendre de toutes parts, et furent suivis de menaces. On chercha un libérateur, et tous les yeux se portèrent sur Conradin, véritable héritier du royaume des Deux-Siciles.

Ce jeune prince, qui donnait les plus belles espérances, vivait retiré à la cour du duc de Bavière, son aïeul. Il consentit à se mettre à la tête des Gibelins et de la noblesse d'Allemagne, et vint disputer à Charles d'Anjou la couronne qu'avaient portée ses ancêtres. Il eut d'abord quelques succès ; mais vaincu dans la plaine de Tagliacozzo, il fut obligé de prendre la fuite avec Frédéric d'Autriche, son fidèle cousin et ami, qui l'avait accompagné dans sa périlleuse expédition. Ils errèrent sur les montagnes, déguisés en paysans; reconnus et trahis, ils furent arrêtés et livrés à Charles d'Anjou. Celui-ci se contenta d'abord de les retenir prisonniers ; mais, prévoyant que le nom seul de ce prince, l'idole du peuple, suffirait pour soulever de nouvelles révolutions, il ne craignit pas d'acheter son repos et d'assurer sa conquête par un crime. La mort de l'infortuné Conradin fut résolue. On fit son procès ; toutes les lois de la justice et de l'humanité furent violées, et le jeune prince fut condamné à périr sur l'échafaud avec Frédéric d'Autriche. Ils furent exécutés sur la place du marché de Naples, en présence de toute la cour et d'un peuple immense, muet d'étonnement et de douleur. Frédéric mourut le premier ; Conradin le suivit. Il se mit à genoux, fit sa prière, et, se relevant, il dit avec tristesse : « O ma mère ! quelle sera votre douleur, lorsque vous apprendrez la mort de votre fils! » Il ôta son gant, le jeta au milieu de la foule, comme un symbole qui appelait la vengeance, et reçut le coup mortel. L'exécution du dernier rejeton de l'illustre famille de Souabe est une tache ineffaçable sur le nom de Charles d'Anjou.

Charles contracta un nouveau mariage avec Marguerite de Bourgogne. Son ambition se trouva bientôt trop à l'étroit dans le royaume des Deux-Siciles; il convoita l'Italie entière, pour s'élancer de là à la conquête de l'Orient. Mais il fut arrêté dans ses projets d'envahissement par la nécessité où il se trouva de suivre Louis IX dans la dernière croisade qu'il entreprit. Le peu d'empressement que Charles mit à partir fit qu'il n'arriva devant Tunis que lorsque le roi de France n'existait plus ; il abandonna promptement l'Afrique, après avoir exigé des musulmans un tribut au profit du royaume des Deux-Siciles.

De retour dans ses Etats, Charles travailla sans relâche à l'agrandissement de sa domination, qui devenait colossale. On le vit un instant roi absolu de Naples et de la Sicile, comte souverain de Provence, duc d'Anjou, sénateur de Rome, vicaire impérial en Toscane, gouverneur de Bologne, tout-puissant dans les villes de la Romagne et de la Marche Trévisane, seigneur de plusieurs cités du Piémont. Le pape et l'empereur virent qu'il était temps de mettre un frein à cette ambition formidable ; ils forcèrent Charles à retirer ses troupes de plusieurs provinces, et, après avoir été pendant plusieurs années l'arbitre de toute l'Italie, il se trouva restreint au seul royaume des Deux-Siciles.

Le roi-comte, déçu dans ses espérances de souveraineté italienne, tourna alors ses vues d'un autre côté ; il poursuivit avec ardeur un projet que son ambition rêvait depuis longtemps : la conquête de l'empire d'Orient. Charles avait marié sa fille Béatrix à Philippe, fils unique de Baudouin II, que Michel Paléologue avait détrôné. Renverser ce prince de son trône et opérer la réunion de l'Eglise grecque à l'Eglise romaine, tel était le dessein que méditait Charles. Il arma des vaisseaux, réunit des troupes, demanda des secours à ses alliés, négocia avec Jean Dandolo, doge de Venise, qui s'engagea à lui fournir quarante galères. Mais c'était en vain qu'il s'agitait ; le temps de ses prospérités était passé. Un désastre imprévu, rapide, épouvantable, vint le frapper comme un coup de foudre au milieu de ses préparatifs de guerre et de ses rêves de grandeur.

Jean de Procida, fidèle ami de la maison de Souabe et ennemi juré de Charles d'Anjou, excitait dans le secret tous les mécontents, et persuadait en même temps au roi et à la reine d'Aragon que les Deux-Siciles leur appartenaient. Ils armaient pour en chasser l'usurpateur, lorsque, le 30 mars 1282, éclata à Palerme le soulèvement qui entraîna les *Vêpres siciliennes*, massacres tristement célèbres dans l'histoire. Tous les Provençaux qui avaient suivi Charles furent impitoyablement égorgés. Le roi accourut pour défendre ses possessions ; mais Pierre d'Aragon ne tarda pas à arriver avec une soixantaine de galères, commandées par Roger de Loria, excellent amiral. La lutte s'engagea entre le roi d'Aragon et Charles d'Anjou ; elle fut toute au désavantage du comte de Provence. Son fils, le prince de Salerne, fut fait prisonnier ; il ne dut la vie qu'à l'influence de la reine d'Aragon ; cette princesse calma le ressentiment des habitants de Messine, qui voulaient le mettre à mort, en expiation du meurtre du jeune Conradin.

Charles négocia en vain la délivrance de son fils ; rien ne devait lui réussir ; la fortune l'avait abandonné, la révolte triomphait partout. Cette décadence rapide de son pouvoir et de ses Etats était pour lui une humiliation profonde, qui lui était d'autant plus pénible, que l'âge n'avait pas affaibli ses facultés. Son activité naturelle se consumait en vains efforts ; son courage se débattait, mais il était impuissant sous la main de fer du malheur qui s'appesantissait sur lui. Ses souffrances morales étaient affreuses ; aussi le conduisirent-elles au tombeau. A l'approche de l'heure suprême, il protesta qu'il avait accepté le royaume des Deux-Siciles plus dans l'intérêt de l'Eglise que pour son avantage personnel. Il reçut les derniers sacrements, et témoigna un grand repentir de ses fautes. Il mourut à Foggia, dans la Pouille, le 7 janvier 1285, à l'âge de soixante-cinq ans. Il en avait régné trente-neuf en Provence et dix-neuf à Naples. Il laissa le royaume de Naples sous la garde de son neveu, le comte d'Artois, et confia au roi de France l'administration des comtés de Provence, du Maine et de l'Anjou, pendant la captivité de son fils, le prince de Salerne. Il eut de sa première femme, Béatrix de Provence, trois autres fils qui moururent avant lui, et trois filles. Il n'eut point d'enfants de Marguerite de Bourgogne, sa seconde femme.

Charles d'Anjou était un prince froid, au regard fier et menaçant. Il parlait peu, mais agissait beaucoup, souriait rarement et dormait à peine. Ses mœurs étaient non-seulement irréprochables, mais exemplaires ; il ne prenait aucune part aux plaisirs et aux amusements de la cour. Les Provençaux le haïssaient profondément, parce qu'ils ne le connaissaient guère que pour lui payer des impôts rigoureux. Ils se plaignaient de l'abandon dans lequel il les laissait ; car Charles ne se montrait que rarement en Provence, et entraînait avec lui en Italie tous les seigneurs et les barons, qui donnaient de la vie au pays et y dépensaient leur fortune. Cette émigration porta un coup funeste aux lettres, aux arts et à la langue ; aussi les Provençaux exprimaient-ils hautement leur aversion pour la maison d'Anjou et leur attachement pour le roi d'Aragon, qui, disaient-ils, avait seul droit à la souveraineté de la Provence.

CHAPITRE XII.

Charles II. — Robert.

Les états généraux s'assemblèrent pour aviser aux moyens d'obtenir la liberté du prince de Salerne, reconnu comte de Provence sous le nom de Charles II. Pierre d'Aragon était mort, en laissant son royaume à son fils Alphonse, et la Sicile à son autre fils Jacques. Dans le cas de la mort d'Alphonse, Jacques devait lui succéder, et la Sicile passer à son troisième fils Frédéric. Les Provençaux sollicitèrent la médiation du roi d'Angleterre pour la délivrance de Charles II. Edouard Ier s'entendit avec Alphonse, et arrêta les conditions suivantes : le royaume de Sicile devait être cédé à Jacques, et celui de Naples rester à Charles de Provence. Ce dernier s'engageait à faire renoncer Charles de Valois, son cousin, aux droits sur l'Aragon qui lui avaient été légués par le pape Martin IV. En dédommagement de cette renonciation, Charles devait recevoir du roi d'Aragon 20,000 livres pesant en argent ; mais en retour il laissait trois de ses fils en otage, avec cinquante des principaux gentilshommes provençaux. Si, au bout de trois ans, le comte de Provence n'avait pas exécuté la convention, il serait tenu de retourner en prison, et la Provence retomberait sous le pouvoir de la maison d'Aragon.

Le pape Nicolas IV, successeur d'Honoré IV, indigné de ce qu'on disposât sans son consentement du royaume de Sicile, dont il était suzerain, comme ses prédécesseurs, rejeta les conditions proposées, et les conférences furent rompues. Sur la fin de l'année suivante, on les reprit à Champfranc, dans les Pyrénées. On s'en tint aux mêmes clauses, et Charles II recouvra la liberté. Il se rendit aussitôt en Provence et fit son entrée solennelle à Aix et à Marseille en 1289. Les Provençaux, touchés de ses malheurs, lui donnèrent des marques sincères d'affection et de fidélité. Après avoir consacré ses premiers moments à quelques actes d'administration, il se hâta de se rendre à Paris, pour engager le comte de Valois à souscrire à l'abandon de ses prétendus droits sur l'Aragon ; toutes ses instances furent inutiles. Il ne fut pas plus heureux près du pape pour la Sicile ; Nicolas IV fut inflexible, et délia Charles de ses serments. Le jeune prince, désespéré de ne pouvoir tenir les engagements qu'il avait contractés, pensa que l'honneur lui faisait une loi d'aller reprendre les chaînes de sa captivité. Après avoir fait prévenir le roi d'Aragon, il se rendit sans armes dans les Pyrénées, suivi de quelques chevaliers également désarmés, pour se constituer prisonnier. Personne ne s'étant présenté pour le recevoir, il se crut dégagé de sa parole et retourna en Italie, où il reçut des mains du pape la couronne des Deux-Siciles.

Une brillante succession échut à la maison de Charles II ; Marie, sa femme, était sœur et unique héritière de Ladislas III, roi de Hongrie, qui mourut à cette époque. Les deux époux, alors très-occupés de reconquérir la Sicile, possession à laquelle ils attachaient une grande importance, ne se sentirent pas assez forts pour accepter une nouvelle couronne, qu'il fallait aussi disputer à des compétiteurs ; ils la cédèrent donc à Charles-Martel, leur fils aîné, alors âgé de dix-huit ans. Ce prince fut couronné roi de Hongrie, à Naples, par le légat du pape.

Charles tenait toujours à remplir autant que possible les conditions du traité de Champfranc. Pour décider le comte de Valois à renoncer à son vain titre de roi d'Aragon, il lui donna en mariage sa fille aînée Marguerite, avec les comtés du Maine et d'Anjou pour dot. Puis il parvint à réunir en conférence à Tarascon deux légats du pape, les ambassadeurs de Philippe le Bel, ceux d'Alphonse, les agents du comte de Valois, et se rendit lui-même à cette assemblée. Une paix solide fut établie entre tous ces princes. Il fut décidé que l'île de Sicile serait restituée à Charles, et que dans le cas où Jacques d'Aragon refuserait de la lui rendre, le roi son frère ne lui prêterait aucun secours. Les otages que Charles II avait livrés au roi d'Aragon recouvrèrent la liberté, et Philippe le Bel céda à Charles ses droits de seigneurie sur la moitié de la ville d'Avignon, dont il était le maître.

Le roi d'Aragon, qui s'était engagé à restituer la Sicile à Charles, pensait obtenir sans peine cette concession de son frère Jacques. Mais ce prince, croyant à la légitimité de ses droits, et surtout enhardi par l'affection des Siciliens, refusa son consentement, et il se disposait à se défendre les armes à la main, lorsque Alphonse mourut. Jacques prit possession du royaume d'Aragon, et crut alors plus avantageux pour lui de s'y affermir que de retenir la Sicile qu'on lui disputait les armes à la main. Il sacrifia donc sans peine les droits de son plus jeune frère Frédéric, à qui la Sicile revenait par le testament du roi Pierre. Jacques fit un traité avec Charles II ; il lui céda cette île, et ce prince, en retour, lui donna en mariage sa seconde fille Blanche, avec une dot considérable. Les Siciliens, qui détestaient la maison d'Anjou, ne se soumirent point à ce traité. Ils reconnurent Frédéric pour leur roi, et déclarèrent la guerre à Charles. On se battit avec animosité, jusqu'à ce que l'épuisement des forces décidât les deux partis à entrer en accommodement. Il fut convenu entre Charles et Frédéric que ce dernier garderait, avec le titre de roi, le gouvernement de la Sicile, mais qu'à sa mort, elle reviendrait à la maison d'Anjou. Pour gage de cette réconciliation, Eléonore, fille de Charles II, épousa Frédéric, en 1302.

L'année suivante, le pape Clément V transféra le siége pontifical à Avignon. Charles, quoique possesseur de cette ville, ne s'opposa point à cette translation ; il vint même en Provence pour visiter le souverain pontife. Il fixa son séjour à Aix, et profita des bienfaits de la paix pour donner tous ses soins au gouvernement. Instruit à l'école du malheur, il était juste et compatissant ; il rendit ses peuples heureux, autant que les circonstances le lui permirent. Il diminua les impôts, supprima les abus, et fit subir une réforme salutaire à toutes les branches de l'administration. Il obtint par des moyens de conciliation, par une sage politique, ce qu'il n'aurait pas obtenu par les armes. Plusieurs seigneurs du Piémont reconnurent sa suzeraineté.

En 1308, Charles quitta Marseille pour retourner en Italie. L'année suivante, au mois de mai, il mourut au Château-Neuf, près de Naples. Il était âgé de soixante-trois ans, et laissait une postérité nombreuse. En 1297, il avait institué héritier de son royaume et de ses comtés son second fils Robert, duc de Calabre.

parce que la branche aînée de sa famille occupait le trône de Hongrie. Son corps fut transporté à Aix, dans l'église du couvent de Saint-Barthélemy, dont il était le fondateur. Le peuple paya à sa mémoire un juste tribut de regrets.

Robert, faisant valoir le testament de son père, prit le titre de roi de Naples et de comte de Provence. Il lui fut disputé par Carobert, roi de Hongrie, fils et successeur de Charles-Martel, et qui réclamait cette succession de son grand-père comme chef de la branche aînée des fils de Charles II. Mais Carobert, jeune, sans expérience, et forcé de résider en Hongrie, eut moins d'influence que son frère, qui était plus connu en Provence, et soutenu par le pape. Aussi fut-il obligé de renoncer à ses prétentions. Robert reçut le serment de fidélité de ses trois comtés unis de la Provence, de Forcalquier et du Piémont; puis, au mois de juin 1310, il partit pour Naples, où l'établissement de son autorité ne rencontra aucun obstacle.

L'Italie était alors déchirée par les factions implacables des Guelfes et des Gibelins, par la vieille querelle des papes et des empereurs. Henri VI, qui occupait le trône impérial, était à la tête du parti gibelin; considérant Robert comme le chef du parti guelfe et son plus dangereux ennemi, il envahit ses Etats, et osa le sommer de venir lui rendre compte de sa conduite. Le roi de Naples méprisa cet ordre; Henri le déclara déchu de son trône, comme coupable de lèse-majesté; en même temps il délia les Napolitains et les Provençaux de leur serment de fidélité, et leur défendit de prêter aucun serment d'obéissance à leur ex-souverain. Puis, s'alliant à Frédéric de Sicile, ils attaquèrent Robert sur divers points et le battirent. Mais la mort de l'empereur, arrivée en 1313, changea la face des affaires. La maison d'Anjou reprit sa prépondérance, et le pape institua Robert vicaire général de l'Empire, pendant l'interrègne qui exista jusqu'à l'avénement de Louis IV, duc de Bavière.

Les querelles des Guelfes et des Gibelins se continuèrent encore pendant bien des années, et Robert fut plusieurs fois obligé de passer en Italie; cependant la Provence fut toujours sa résidence de prédilection. En 1328, il perdit son fils, le duc de Calabre, qui n'avait que trente ans. Ce prince avait eu de Marie de Valois, sa seconde femme, une fille nommée Jeanne, et une autre princesse nommée Marie, qui coûta la vie à sa mère.

Robert, déjà fort avancé en âge, et se voyant sans héritier mâle, ne pouvait se consoler de la perte de son fils. Il cessa de prendre part aux affaires de l'Italie, laissa Frédéric jouir paisiblement de ses possessions dans la Péninsule, et négocia des traités avec le comte de Savoie et le marquis de Montferrat, qui profitaient de toutes les circonstances pour entamer les frontières du Piémont. Il chercha dans la culture des lettres un adoucissement à ses chagrins. Puis il s'occupa de régler sa succession, pour que son sceptre ne passât point entre des mains étrangères. Il changea l'ordre d'hérédité établi par Charles II, unit à perpétuité le royaume de Naples et les comtés de Provence, de Forcalquier et de Piémont; désigna pour son héritière sa petite-fille Jeanne; et dans le cas où elle mourrait sans enfants, il lui substitua sa sœur Marie. Pour mieux affermir la couronne sur la tête de sa petite-fille, il proposa à son neveu Carobert, roi de Hongrie, de marier Jeanne à André, son second fils, et Marie à Louis, le prince héréditaire. Le roi de Hongrie accepta avec empressement cette alliance. Il conduisit lui-même à Naples le jeune André, qui n'était alors âgé que de sept ans. Le 26 septembre 1333, les fiançailles furent célébrées avec une pompe vraiment royale; des ambassadeurs de toutes les puissances de l'Europe vinrent féliciter Robert et assistèrent à la cérémonie.

La mort du roi de Sicile, arrivée en 1337, vint troubler le repos dont jouissait Robert. Pierre, fils de Frédéric, prit possession de la couronne sicilienne. Robert le somma de restituer cet État, d'après les conditions signées autrefois entre Frédéric et Charles II. Sur le refus de Pierre, Robert l'attaqua avec des forces considérables. Son entreprise ne fut pas heureuse, et il fut obligé de se retirer et de laisser la Sicile à Pierre. Le roi de Naples chercha de nouveau des distractions dans l'étude, s'entoura d'hommes de lettres et les combla de ses bienfaits. Pétrarque surtout jouit à sa cour des plus grandes faveurs.

Ce poëte célèbre vivait alors en Provence, dans sa délicieuse retraite de Vaucluse, près d'Avignon. Aucun favori des muses ne reçut un plus large tribut d'hommages. Sa renommée grandit encore lorsqu'il chanta Laure, la dame de ses pensées. Cette charmante Provençale, ainsi associée à l'immortalité du poëte, était fille d'Audibert de Noves, chevalier d'Avignon. Elle avait épousé Hugues de Sades, fils d'un des syndics de la ville. Modèle de fidélité conjugale, elle ne partagea point les sentiments qu'elle avait inspirés à Pétrarque; et ce fut toujours de loin, et dans les termes les plus respectueux, que le poëte la célébra dans ses vers. Pétrarque n'était âgé que de trente-six ans, lorsqu'il reçut le plus grand honneur qu'un simple citoyen puisse recevoir sur la terre. Le 23 août 1340, le sénat de Rome l'invita à se rendre dans l'ancienne capitale de l'univers, pour être couronné au Capitole, au milieu de tout l'éclat d'une pompe triomphale. Le même jour, le chancelier de l'Université de Paris l'invitait de son côté à venir dans cette ville, où l'on se proposait de lui offrir une couronne de lauriers. Pétrarque ne pouvait hésiter entre ces deux honneurs : Rome avait toutes ses sympathies ; la patrie des beaux-arts, la ville éternelle, avec tout le prestige de sa grandeur passée et présente, devait nécessairement électriser son âme et enflammer son génie. Aussi ne pouvait-il comprendre que les papes eussent abandonné la terre sacrée du Latium, pour venir habiter une obscure petite ville du comté de Provence. Il se décida donc pour Rome. Mais avant de ceindre son front des lauriers de la poésie, il voulut subir un examen, que personne n'avait cependant le droit de lui demander ; et il choisit pour juge le roi Robert, regardé comme le souverain le plus instruit de l'Europe. Il s'embarqua à Marseille et fit voile pour Naples, où il arriva au mois de mars 1341.

Le poëte donne lui-même les détails suivants sur son examen. « Robert, dit-il, fixa le jour solennel, et il me retint à l'épreuve depuis midi jusqu'au soir. Mais comme, en traitant chaque matière, nous la voyions s'accroître, il recommença l'examen pendant les deux jours suivants. Ainsi, après avoir pendant trois jours secoué mon ignorance, il me déclara digne du laurier poétique. »

Le roi voulait engager Pétrarque à recevoir sa couronne à Naples, mais il ne put vaincre sa résistance ; ce poëte avait hâte d'aller à Rome, qui depuis douze siècles avait oublié ce qu'était la solennité d'un triomphe. La cérémonie fut fixée au 8 avril 1341. Ce jour-là, Pétrarque, vêtu d'une robe de pourpre, présent de Robert, et suivi d'un brillant cortège de jeunes patriciens issus des premières familles romaines, monta au Capitole, comme y montaient jadis les consuls et les dictateurs, au bruit des instruments de musique, et entouré d'un peuple enthousiaste. Arrivé dans la salle de justice, il se retourna vers la foule qui l'accompagnait : « Que Dieu conserve, dit-il, le peuple romain, le sénat et la liberté ! » Puis il mit un genou en terre devant le sénateur qui posa sur sa tête une couronne de lauriers, et le peuple fit entendre les cris de : « Vivent le Capitole et le poëte ! »

Robert, sentant sa fin approcher, assembla autour de lui les grands officiers du royaume, et confirma en leur présence le testament qu'il avait déjà fait. Il destina au recouvrement de la Sicile les sommes qui se trouvaient dans sa caisse d'épargnes, et défendit à ses successeurs de consentir à aucune paix avec la maison d'Aragon, jusqu'à ce que l'île fût rentrée sous son obéissance. Il nomma des exécuteurs testamentaires, tuteurs du jeune André, lesquels devaient aussi former le conseil de la princesse Jeanne, jusqu'à ce qu'elle eût atteint l'âge de vingt-cinq ans : elle n'en avait alors que seize. A la tête de ce conseil était la reine dona Sanche.

Les derniers jours de Robert furent empoisonnés par des soucis domestiques. La politique seule avait formé l'union de Jeanne et d'André; bien que ces deux époux fussent encore très-jeunes, ils se haïssaient déjà, et cette antipathie mutuelle faisait pressentir de grandes calamités publiques pour l'avenir. Le roi mourant manda sa petite-fille, et, la serrant entre ses bras, il lui donna de touchants et sages conseils. Trois jours après, le 19 janvier 1343, il mourut à Naples, âgé de soixante-quatre ans, après en avoir régné trente-trois. Pétrarque composa en son honneur une épitaphe dans laquelle il célébrait son caractère et ses vertus. Ces éloges, bien mérités, étaient surtout, de la part du poëte, l'expression d'une noble reconnaissance.

CHAPITRE XIII.

—

Jeanne I".

Après les obsèques de Robert, Jeanne fut proclamée reine, au milieu des fêtes publiques et des acclamations du peuple napolitain. On ne salua pas André du nom de roi. Le conseil de régence ne voulait le reconnaître que comme l'époux de la souveraine. Mais les Hongrois de la suite du prince et surtout un cordelier, Robert, qui avait été chargé de son instruction, et qui s'était emparé de toute sa confiance, travaillaient de concert pour donner à leur maître un pouvoir dont ils espéraient profiter. Ainsi, tandis que le conseil de régence publiait des édits au nom de Jeanne, le moine Robert conduisait la main d'André pour lui faire signer des ordres opposés. Cette rivalité divisa les esprits et jeta bientôt le trouble dans le royaume. De plus, l'accord ne pouvait exister entre les deux jeunes époux. Jeanne joignait aux grâces de la jeunesse un esprit brillant, une grande sensibilité de cœur, des talents cultivés ; mais aussi, malheureusement, elle était vive, légère, coquette et avide de plaisirs, plus qu'il ne convenait dans la position élevée où la Providence l'avait placée. Le prince de Hongrie à qui elle était unie avait une âme commune, un caractère grossier, des mœurs d'une rudesse repoussante ; orgueilleux sans lumières, irascible sans dignité, jaloux à l'extrême, il ne montrait que des penchants honteux. Une si grande différence dans les caractères et les sentiments devait nécessairement éloigner Jeanne et André l'un de l'autre ; aussi leur mésintelligence ne fit que croître, et les intrigants spéculèrent sur leurs faiblesses et leur inexpérience. Mais les plus ambitieux s'attachèrent à Jeanne, persuadés que son parti dominerait toujours sur celui du prince hongrois.

La cour continua de résider à Naples, et la Provence, privée d'un souverain, fut en proie aux dévastations des seigneurs qui se disputaient le pouvoir. Avant de voir la reine-comtesse revenir au milieu des Provençaux, nous sommes obligés de la suivre pendant quelque temps en Italie, le théâtre de ses crimes et de ses malheurs.

André, soutenu par son frère Louis, roi de Hongrie, obtint enfin le titre de roi de Naples. Le mauvais usage qu'il fit de son autorité augmenta le nombre des mécontents. A leur tête étaient les fils des deux frères du roi Robert : Charles, duc de Duras, et Louis, duc de Tarente ; tous deux cousins germains de Jeanne, ils soutenaient sa cause, et luttaient avec vigueur contre le parti hongrois. Bientôt un complot se forma contre la vie d'André. Jeanne n'y prit pas une part très-directe ; mais elle laissa agir les conjurés sans essayer de les détourner de leurs coupables intentions. Dans la nuit du 18 septembre 1345, André fut traîtreusement assassiné. Ce meurtre souleva l'indignation de toute l'Europe. Le pape Clément VI se chargea de faire rechercher les auteurs de ce grand crime. La dame de Cabanes, favorite de la reine, le sénéchal et des gardes du palais de cette princesse, reconnus coupables, furent condamnés à périr dans les plus cruels supplices. On ne put prouver positivement la culpabilité de Jeanne ; mais elle se trahit elle-même, par l'impatience qu'elle montra de se choisir un autre époux selon ses goûts et ses penchants. Elle n'attendit pas que le temps de son deuil fût expiré, ni que le pape eût accordé la dispense nécessaire pour épouser son cousin Louis de Tarente, soupçonné aussi de ne pas être étranger à la fin tragique d'André. Ce manque de dignité souleva l'opinion générale contre elle. Le roi de Hongrie resta convaincu, comme un grand nombre de Napolitains, que Jeanne était complice de la mort de son frère, et il jura d'en tirer vengeance. Ce fut en vain qu'elle lui écrivit pour se justifier, elle ne reçut pour toute réponse que ces mots : « Jeanne, ta conduite passée et présente prouve évidemment que tu as pris part au meurtre de ton mari ! »

Le roi de Hongrie, plein de ressentiment, déploya dans une diète un drapeau noir sur lequel la mort d'André était représentée, et il sut inspirer à sa noblesse belliqueuse les sentiments qui l'animaient intérieurement. En 1347, il entra en Italie à la tête d'une armée puissante, pénétra dans le royaume de Naples, et marcha en vainqueur irrité, de succès en succès. Jeanne, se voyant sans moyen de défense, s'embarqua le 15 janvier 1348, pour se réfugier dans son comté de Provence. Sa fuite laissa le royaume au pouvoir du roi de Hongrie, qui fit mourir immédiatement le duc de Duras, auquel il ne pardonnait pas d'avoir épousé la princesse Marie, sœur de Jeanne, et qui lui avait été destinée et promise par le roi Robert.

Jeanne arriva heureusement au port de Nice ; elle partit immédiatement pour Marseille, où elle fut accueillie avec de grands honneurs. La reine-comtesse, satisfaite de l'expression de la fidélité marseillaise, confirma les anciennes franchises et fit cesser la distinction qui existait entre la ville haute et la ville basse, lesquelles ne formèrent plus qu'une seule cité, jouissant des mêmes droits et réglée par la même administration. De Marseille, Jeanne se rendit à Aix ; puis alla au-devant de son époux, Louis de Tarente, et de sa sœur Marie, veuve du duc de Duras. Ces deux fugitifs, après avoir erré longtemps sur les côtes de l'Italie pour se soustraire à la vengeance du vainqueur, débarquèrent à Aigues-Mortes. La reine les joignit à Avignon. Les cardinaux vinrent à sa rencontre ; on la plaça sous un dais magnifique, et elle entra comme en triomphe dans la ville. Clément VI donna le titre de roi à Louis de Tarente, et lui rendit les honneurs dus à la majesté souveraine. Avignon avait acquis alors une grande importance par la résidence de la cour pontificale ; on y comptait plus de quatre-vingt mille âmes. Quoique cette ville appartînt aux comtes de Provence, chaque pontife l'avait embellie, et on y avait fait construire un palais somptueux pour lui servir de résidence.

Le roi de Hongrie envoya des ambassadeurs à Clément VI pour le supplier de retenir Jeanne prisonnière, et de nommer des commissaires chargés d'examiner sa conduite touchant le crime qu'on lui imputait. Le pape n'accueillit que modérément cette prière ; néanmoins il désigna trois cardinaux pour interroger la reine. Jeanne leur déclara qu'elle ne devait rendre compte de ses actions qu'à Dieu, mais que pour satisfaire tous les princes de l'Europe qui avaient les yeux attachés sur elle, elle répondrait au pape et au consistoire en présence des ambassadeurs hongrois, dont elle ne redoutait point les accusations calomnieuses.

Elle y parut en effet le lendemain, non pas comme une humble accusée, mais dans la fière attitude d'une reine accoutumée à ne recevoir que des hommages et sûre d'obtenir un triomphe de plus. Cette reine de vingt et un ans était aussi éloquente que belle. Charles II et Robert, dont on bénissait la mémoire, semblaient être autour d'elle comme une protection invisible ; ils rappelaient de glorieux souvenirs qui la rendaient un être inviolable et sacré. L'adresse avec laquelle elle se défendit lui gagna tous les suffrages. Elle vit avec orgueil l'émotion qu'elle causait ; personne ne l'interrogea, et les ambassadeurs de Hongrie ne furent écoutés qu'avec indignation. Jeanne, pour prouver que la mémoire d'André n'avait pas cessé de lui être chère, fit composer un poème à la louange de ce prince et le fit souvent répéter devant elle.

Les années 1347 et 1348 virent la Provence ravagée par deux fléaux horribles, la famine et la peste. Des inondations prolongées amenèrent une disette telle, que non-seulement on vit des malheureux brouter l'herbe sauvage ou dévorer les animaux immondes, mais encore des mères exaspérées par la faim déchirer leurs enfants et manger les lambeaux de leur chair palpitante. La peste survint l'année suivante, et dura seize mois ; elle fit tant de victimes, que sur six personnes, une seule échappait à la mort ; et souvent l'horreur et l'effroi que causait la vue des pestiférés poussèrent à jeter ces malheureux dans la fosse avant qu'ils eussent rendu le dernier soupir. Le pape Clément VI, au milieu de ces effroyables calamités, remplit auprès des malheureux tous les devoirs inspirés par la charité chrétienne et par le zèle apostolique. Il ne se contenta pas d'accorder des indulgences à ceux qui secouraient les malades et aux prêtres qui leur administraient les sacrements ; il donna des sommes considérables pour le salaire des médecins voués au service des pauvres, et pour l'enlèvement des cadavres gisant dans les rues d'Avignon. La populace, dans son exaspération et son désespoir, voulut trouver des causes extraordinaires à l'horrible fléau ; elle finit par accuser les juifs d'empoisonner les puits et les fontaines. Cette accusation étant accréditée, on se précipita sur les malheureux juifs ; ils furent brûlés impitoyablement ; les enfants mêmes au berceau ne furent point épargnés. Le pape, pour arrêter ces cruautés abominables, fut obligé de prendre les israélites sous sa protection.

Durant ces calamités publiques, la reine Jeanne et son époux Louis de Tarente vivaient paisiblement à Villeneuve-lès-Avignon, dans le palais du cardinal Napoléon des Ursins. Ils y attendaient une occasion favorable pour retourner à Naples. Elle ne tarda pas à se présenter. Louis de Hongrie, fuyant devant la peste qui ravageait aussi l'Italie, était rentré dans ses Etats, après avoir pourvu à la sûreté de ses conquêtes et laissé des garnisons dans les places les plus importantes. Mais bientôt tout se ressentit de son absence ; les troupes hongroises, mal payées, commencèrent à se débander ; et les Napolitains, fatigués de la domination étrangère, désiraient le retour de Jeanne, dont ils avaient vu le départ avec indifférence. Ils lui envoyèrent des députés pour la conjurer de revenir au milieu d'eux, lui promettant de l'aider de tout leur pouvoir à reconquérir sa couronne. Jeanne ne se fit pas prier longtemps ; elle mit tout en œuvre pour assurer le succès de son entreprise. La Provence, toujours dévouée à sa cause, lui fournit des troupes ; le pape lui accorda la dîme de tous les biens ecclésiastiques en Provence ; et cette princesse vendit tous ses bijoux. Ces ressources ne lui suffisant pas encore, elle vendit un de ses domaines, Avignon, qui depuis quelque temps formait un comté séparé du reste de la Provence. Elle était persuadée que Clément VI ne serait pas fâché de joindre à ses possessions italiennes une ville devenue depuis plusieurs années la résidence du saint-siége, et que ses prédécesseurs avaient embellie de plusieurs beaux édifices. Jeanne ne se trompait pas ; le pape méditait en effet depuis longtemps cette acquisition, dont il reconnaissait tous les avantages. D'un autre côté, il n'était pas fâché d'aider la reine à chasser du royaume de Naples les Hongrois qui le désolaient. Les négociations ne rencontrèrent donc aucune difficulté, et moyennant 80,000 florins en or de Florence, environ 800,000 fr. de notre monnaie actuelle, Clément VI devint possesseur d'Avignon et de son territoire (1348).

Au mois d'août de la même année, Jeanne et le prince de Tarente partirent de Marseille avec des galères génoises et des troupes levées en Provence. Quelques jours après la reine entrait en triomphe dans sa capitale, mais non dans son palais, toujours occupé par les Hongrois. Louis parvint à les en chasser, et les força de se retirer dans la Pouille, où il les poursuivit encore. La lutte continua pendant un an avec une fortune balancée. La cause de Jeanne fut tout à coup bien affaiblie par l'apparition du roi de Hongrie en Italie. Il traversa le royaume de Naples en maître, soumit des villes, fit des siéges ; cependant, blessé deux fois, fatigué des frais immenses que lui coûtait cette guerre lointaine, il commençait à désespérer de pouvoir se maintenir dans le royaume de Naples. Néanmoins il ne voulait pas en sortir sans avoir fait sentir à Jeanne les effets de sa vengeance. Il demandait toujours au pape justice de la mort de son frère ; le souverain pontife répondait qu'il ne croyait pas la reine coupable. Toutefois il consentit, après qu'une trêve de quelques mois eut été conclue, à faire examiner de nouveau dans un consistoire la conduite de la reine. Si elle était jugée coupable, elle devait perdre son royaume ; si elle était reconnue innocente, le roi de Hongrie devait renoncer à toutes ses conquêtes, moyennant une indemnité de guerre. Les deux parties intéressées devaient s'éloigner du lieu de la procédure et s'y faire seulement représenter. La cour pontificale, entièrement dévouée à la maison de Provence, désirait disculper Jeanne sans trop blesser le roi de Hongrie, opiniâtre dans son ressentiment. Les commissaires nommés par la princesse trouvèrent le moyen de persuader que si Jeanne avait eu quelque part à l'assassinat de son mari, ce n'était que par la force des circonstances et contre sa volonté ; dès lors, elle fut déclarée innocente de l'accusation qui pesait sur elle depuis si longtemps. Le roi de Hongrie, obligé de reconnaître cette sentence, fut éloigné pour toujours ; il retira ses troupes, et une paix solide fut signée entre lui et la princesse. Il reconnut aussi Louis de Tarente comme roi de Naples. Puis il fit déclarer par ses ambassadeurs que, ne voulant pas vendre le sang de son frère, il tenait Jeanne quitte des 300,000 florins convenus pour payer les frais de la guerre.

La reine s'empressa de rentrer avec son époux à Naples, où elle fut couronnée. Le duc de Tarente ne le fut qu'après elle, et ne reçut pas l'onction sainte. Il fut même spécifié par le saint-père que le couronnement de Louis de Tarente ne lui acquerrait aucun droit au trône ; que si Jeanne mourait la première, le royaume de Naples appartiendrait à la princesse Françoise, née de son second mariage, ou à tel autre de ses enfants qui lui survivrait ; et à leur défaut, à la princesse Marie, conformément au testament de Robert.

La Provence fut de nouveau privée de ses souverains pendant un certain temps. Jeanne promut à la dignité de sénéchal un Italien nommé Aimeric Rollandi. Ce choix était contraire aux coutumes du pays, qui n'admettaient que des gentilshommes provençaux à l'exercice de cette haute fonction. Les barons et les bourgeois de concert se soulevèrent ; Marseille se montra, au contraire, soumise aux volontés de la reine. La guerre civile éclata entre les Marseillais et le reste de la Provence. De grands désordres s'ensuivirent. Jeanne sentit la nécessité de les faire cesser, en destituant Rollandi, qu'elle remplaça par un baron provençal, de Castellane, seigneur de Fos, auquel succéda bientôt Raymond d'Agault. Cette satisfaction donnée aux désirs nationaux ne fit pas cesser immédiatement les troubles. Il existait une haine profonde entre les princes de la maison de Tarente, auxquels la reine accordait toutes les faveurs, et les princes de la maison de Duras, qu'elle tenait éloignés des affaires. Louis de Duras, comte de Gravines, demeurait à Naples pour fomenter la discorde. Son frère Robert vint en Provence en 1355, et rallia sous ses drapeaux une foule de mécontents et d'aventuriers. Il s'empara du château de Baux, dont il fit le centre de la révolte, et le pays fut désolé par des actes de brigandage. Philippe de Tarente, frère du roi, était alors gouverneur de Provence ; il essaya d'abord la voie de la modération avant d'en venir aux armes ; mais n'ayant pas réussi, il leva des troupes et vint assiéger le château de Baux. Il l'emporta sans rencontrer beaucoup de résistance, et passa au fil de l'épée la plus grande partie de la garnison.

Bientôt parurent en Provence une foule de soldats débandés après la bataille de Poitiers et la captivité du roi Jean. Ils avaient à leur tête Arnould de Servale, nommé communément l'Archiprêtre. Leur passage était marqué par le pillage et le meurtre. Le gouvernement de Provence, ne pouvant repousser par la force ces brigands vagabonds, prit des mesures pour les affamer. Arnould se replia sur Avignon, où le pape Innocent VI, successeur de Clément, se vit obligé de composer avec lui. Ces bandes dévastatrices allèrent exercer leurs ravages dans les provinces voisines, et ne tardèrent point à être appelées à prêter assistance à Amiel et à Raymond de Baux, qui ne rougirent pas de les prendre comme auxiliaires pour servir leur vieille rancune contre les souverains de Provence. Ces deux seigneurs n'ignoraient pas la faiblesse de la cour de Naples et le mécontentement des barons provençaux, qui murmuraient d'obéir à une princesse toujours éloignée de leur pays ; aussi conçurent-ils l'espoir d'opérer un changement, auquel le peuple se prête facilement dans les jours de calamité publique. Ils voulurent tenter la fortune ; mais comme les ambitions particulières se cachent toujours sous le masque des intérêts généraux, les seigneurs de Baux, en s'armant contre le pouvoir légitime, invoquaient le bien du pays. Pour rendre à la Provence le bonheur et la liberté, il fallait, disaient-ils, la séparer du royaume de Naples. Ils levèrent donc l'étendard de la révolte au nom de l'affranchissement national, et les Provençaux se divisèrent en deux partis : celui de l'union et celui de l'indépendance. Les Marseillais, qui avaient formé avec Naples des relations commerciales fort utiles à leurs intérêts, repoussaient l'idée de la séparation ; ils embrassèrent avec ardeur le parti de la reine et formèrent une ligue avec Arles, Toulon, Nice, Hyères et Grasse, également fidèles à la cause royale. Ils implorèrent le secours du comte d'Armagnac, lieutenant du roi de France en Languedoc. D'Armagnac entra en Provence avec une colonne de deux mille cinq cents hommes. L'insurrection croissait en force et en audace. Une troupe d'indépendants s'empara de Saint-Maximin ; les insurgés s'avancèrent ensuite sur Marseille, conduits par Antoine de Baux, prévôt de la cathédrale, et frère du comte d'Avelin. Ils firent quelques ravages sur le territoire. Les habitants, armés en masse, mirent la ville en bon état de défense, repoussèrent les assaillants et s'emparèrent d'Aubagne, dont le comte d'Avelin était seigneur. La reine, en témoignage de sa reconnaissance, donna à la commune de Marseille le village de Saint-Marcel.

Jeanne, malgré tout son désir, ne pouvait prêter des secours efficaces aux Provençaux ; elle avait fort à faire pour maintenir l'agitation qui fermentait continuellement dans son royaume. Aussi les Provençaux se trouvèrent-ils souvent abandonnés à eux-mêmes pour résister aux nombreuses bandes de brigands qui ravageaient sans cesse le territoire. Après le traité de Bretigny entre la France et l'Angleterre, des soldats restés sans emploi formèrent des compagnies organisées pour des courses aventureuses. Des étrangers et des malfaiteurs se joignirent à ces bandes dévastatrices et se donnèrent divers chefs. On les appela les *Tard-Venus*, parce que d'autres brigands les avaient précédés sur le théâtre de leurs pillages. Ils se divisèrent en deux corps ; l'un se saisit du château d'Ance, entre Lyon et Mâcon, et s'y fortifia pour ravager à son aise le Mâconnais, le Lyonnais et le Beaujolais ; l'autre s'avança vers la Provence. Arrivées au pont Saint-Esprit, ces compagnies élurent un capitaine général qui se faisait nommer *ami de Dieu et ennemi de tout le monde*. Innocent VI publia contre ces malfaiteurs une croisade qui ne les intimida guère. Heureusement le marquis de Montferrat, alors en guerre avec le duc de Milan, les prit à sa solde ; mais en traversant la Provence, ils l'inondèrent de sang et essayèrent de piller Nice. La courageuse résistance des Niçards arrêta l'audace des Tard-Venus, qui poursuivirent leur marche sur le Montferrat.

CHAPITRE XIV.

Louis de Duras.

Pendant que la Provence était ainsi agitée et déchirée, le royaume de Naples ne l'était guère moins. Louis de Duras et le comte de Minerbino, l'un des plus puissants vassaux de la couronne, entretenaient toujours la rébellion. Cet état de choses n'empêcha pas cependant Jeanne et Louis de Tarente de tenter une expédition en Sicile. Le roi don Louis était mort, laissant la couronne à son frère Frédéric, âgé de treize ans, et d'une santé chancelante. Les partisans de la maison d'Anjou s'agitaient, et déterminèrent Jeanne et son époux à traverser le détroit et à entrer dans Messine, avec quatre galères provençales et un petit corps de troupes. Ils commencèrent le siége de Catane ; mais après sept mois de séjour dans l'île, le roi et la reine furent obligés de retourner à Naples, toujours inquiétés par Louis de Duras et Minerbino. Le frère du roi parvint à se saisir de ce dernier, et le fit pendre. Louis de Duras, forcé de se rendre, fut enfermé dans un château, où il mourut en 1360. La même année, le comte d'Avelin mourut en Provence. L'Archiprêtre en était sorti, et, malgré son titre de chef de brigands, était parvenu à obtenir de prendre du service dans les armées du dauphin, régent de France, pendant la captivité du roi Jean.

Le royaume de Naples et la Provence, triomphant ainsi des factieux et des brigands, retrouvèrent la paix. On crut que le gouvernement napolitain en profiterait pour disputer la Sicile à la maison d'Aragon. Mais le roi passa subitement des affaires aux pratiques de la plus ardente dévotion; au retour d'un pèlerinage à Amulfe, il fut atteint de la fièvre, et vint mourir à Naples. Il n'était encore que dans sa quarante-deuxième année. Jeanne, après tant d'agitations, désirait la paix, et sentait qu'elle devait la procurer à ses sujets par le sacrifice de ses prétentions sur la Sicile. Le gouvernement sicilien fit de son côté des concessions; il reconnut la suzeraineté du royaume de Naples, promit de payer un tribut annuel de 3,000 onces d'or, et s'engagea à entretenir en temps de guerre cent lances pour la défense de ce royaume. Le souverain pontife confirma ces accords par une bulle, en réservant toutefois les droits du saint-siége sur le royaume de Sicile, comme arrière-fief.

Jeanne n'avait que trente-cinq ans; aussi voulut-elle prendre un nouvel époux qui pût l'aider et la soutenir, s'il en était besoin. Elle choisit Jacques d'Aragon, qui avait les titres de roi titulaire de Majorque, de comte de Roussillon et de Cerdagne, mais qui ne possédait aucun de ces Etats. Son père en avait été dépouillé en 1348 par le roi d'Aragon, à qui il avait refusé de rendre hommage. Jacques était sans crédit et sans ressource, et traînait en Europe une existence brisée par l'infortune. Jeanne, se rappelant les tracasseries que lui avait suscitées l'ambition de Louis de Tarente, déclara que son nouvel époux ne s'assiérait pas avec elle sur le trône de Naples; que rien ne se ferait en son nom, qu'on l'appellerait seulement roi de Majorque, et qu'il aurait les duchés de Calabre pour l'entretien de sa maison. Le mariage fut célébré au mois d'avril 1365. Jacques se contenta de ce qui lui avait été accordé; il ne prit aucune part à l'administration des affaires.

Le pape Innocent VI était mort. Son successeur, Urbain V, simple abbé de Saint-Victor de Marseille, était né dans le Gévaudan. Il se décida à faire un voyage en Italie, malgré les sollicitations de Charles V, roi de France, et des cardinaux qui tenaient au séjour d'Avignon, et qui craignaient que le saint-père ne se décidât à rétablir le saint-siége à Rome. Ce pontife alla d'abord visiter Montpellier, et partit le 30 avril 1367 pour Marseille. Sa présence causa la plus grande joie aux habitants; mais tous les honneurs dont on l'entoura ne lui firent point oublier l'antique monastère de Saint-Victor, qu'il avait gouverné avec tant de sagesse, et où l'on conservait encore le souvenir des vertus qu'il y avait pratiquées. Il alla se prosterner dans la chapelle de ce cloître, qui lui rappelait de doux souvenirs, et il y répandit bien des larmes d'attendrissement. Tandis qu'il se laissait aller au bonheur de retrouver ces jours de calme et de paix de sa jeunesse, au milieu des bons religieux, le port de Marseille se remplissait de vaisseaux destinés à le transporter en Italie.

Urbain V s'embarqua le 17 août sur une galère napolitaine, avec le sacré collége. Suivi d'une flotte nombreuse, il sortit du port de Marseille pour entrer dans celui de Toulon. Pétrarque, qui pensait que le saint-père avait un peu cédé aux instances qu'il lui avait si souvent réitérées, a peint avec enthousiasme ce départ pour Rome, siége unique et suprême de la foi chrétienne, et où le souverain pontife doit résider comme prince de toute la catholicité. Le pape fut reçu triomphalement dans la ville éternelle. Jeanne ne tarda pas à venir lui rendre hommage. De Lusignan, roi de Chypre, était aussi à Rome avec toute sa famille, pour solliciter des secours contre les infidèles. Il assista avec Jeanne à la solennité du dimanche *Lœtare*. Ce jour-là, selon un antique usage, le pape bénissait une rose d'or, et l'offrait à la personne la plus distinguée qui se trouvait à la cour. Urbain la donna à Jeanne. Les cardinaux n'approuvèrent pas ce choix; ils prétendaient qu'il n'y avait pas d'exemple d'une si grande faveur accordée à une reine en présence d'un roi. « On n'a jamais vu non plus, répondit le saint-père, un abbé de Saint-Victor sur la chaire de Saint-Pierre. » La reine jouit avec orgueil du triomphe qu'elle venait de remporter.

Mais sa joie fut bientôt troublée : elle apprit que Louis, comte d'Anjou, frère du roi de France, et gouverneur du Languedoc, se disposait à envahir la Provence avec ses troupes, commandées par Bertrand du Guesclin. Louis d'Anjou invoquait en sa faveur les prétendus droits de l'Empire sur le royaume d'Arles, droits qui lui avaient été cédés par l'empereur Charles IV. Sans déclaration de guerre, il passa le Rhône au mois de mars 1368, et assiégea Arles et Tarascon. Les Arlésiens se défendirent avec tant de courage, que le comte d'Anjou fut obligé de lever le siége au bout de vingt jours. Les Tarasconnais ne furent pas si heureux. Du Guesclin prit leur ville, à la faveur d'une intelligence entretenue avec quelques bourgeois. Mais il ne jouit pas longtemps de sa conquête. Aix et Marseille se liguèrent pour résister à l'invasion française. Toute la noblesse du pays courut aux armes. Le gouverneur de Provence vint à son tour assiéger

Tarascon, le reprit, refoula les ennemis en Languedoc, et renferma dans le château d'Orgon les traîtres qui avaient livré leur patrie. Dès le commencement des hostilités, Jeanne en avait témoigné un grand étonnement. Comment Louis ravageait-il un pays dont il pourrait un jour être le souverain sans tirer l'épée? Car, disait-elle, n'ayant pas d'enfants, elle choisirait certainement son successeur dans la maison de France. Louis, séduit par cette vague espérance, et menacé des censures du pape, licencia son armée.

Jeanne ne trouva pas dans son mari, Jacques d'Aragon, la reconnaissance qu'elle devait en attendre. Il l'avait quittée pour aller guerroyer en Espagne, à la tête d'une poignée de gens déterminés. Ce prince, le plus grand aventurier qui fût alors dans le monde, devint le triste jouet de la fortune. Il traîna en Castille, en Aragon, en France même, la vie errante pour laquelle il semblait né, et mourut de chagrin en 1374.

Jeanne, après trois mariages malheureux, ne recula pas devant un quatrième. Le 25 mars 1376, elle donna sa main à Othon, duc de Brunswick. Cette union, qui pouvait donner des successeurs à la reine, excita la colère de Charles de Duras, fils de Louis, et petit-fils de cet autre Charles de Duras dont le roi de Hongrie avait ordonné la mort. Ce jeune prince était le dernier des princes du sang; car toute la postérité, autrefois si nombreuse, de Charles d'Anjou s'était éteinte. Il était aussi l'unique héritier de Louis, roi de Hongrie, qui l'avait appelé près de lui pour le former à l'art de la guerre. Jeanne lui avait donné en mariage sa nièce Marguerite, fille de sa sœur Marie, avec promesse de l'adopter pour son fils, et de lui léguer sa couronne. Mais Charles ne s'élevait que pour consommer la ruine de sa bienfaitrice; des événements inattendus allaient bientôt conduire cette princesse à une triste fin.

Après trois ans de séjour à Rome, Urbain V manifesta le désir de retourner à Avignon. L'alarme fut générale; on s'efforça de changer ses intentions, mais ce fut en vain. Quittant la ville éternelle, il arriva à Marseille le 16 septembre 1370, et rentra le 28 à Avignon, au milieu des acclamations d'un peuple ivre de le revoir. Peu de temps après, il tomba malade; sentant sa fin approcher, il abandonna toutes les affaires de ce monde et ne s'occupa plus que du salut de son âme; il donna des marques d'une piété fervente, fit sa profession de foi catholique, et voulut que toutes les portes de son palais restassent ouvertes, afin que chacun pût le voir. Il était couché sur un lit sans ornement, vêtu de ses habits monastiques, qu'il n'avait jamais quittés, et tenait dans sa main un crucifix. Il expira le 19 décembre, à l'âge de soixante et un ans. Selon ses désirs, son cœur fut porté à Marseille dans l'abbaye de Saint-Victor, à laquelle il avait fait de grandes largesses.

Grégoire XI lui succéda ; il résida d'abord comme lui à Avignon ; mais, vaincu par les prières des Romains, il se décida à transférer le saint-siége dans la capitale du monde chrétien. Il partit d'Avignon en 1376 et fut reçu à Rome avec des transports de joie. Moins de deux ans après, il rendait le dernier soupir au Vatican.

Après sa mort, le conclave fut forcé d'élire au milieu d'une émeute populaire l'archevêque du Bari, sous le nom d'Urbain VI. Cette élection n'étant pas généralement approuvée et acceptée, un autre conclave se réunit à Fondi, protesta contre l'élection d'Urbain, qui n'avait pas été libre, et choisit un cardinal de Genève, qui fut reconnu pape sous le nom de Clément VII et couronné de suite en présence d'Othon de Brunswick et des ambassadeurs de la reine Jeanne. Alors commença le déplorable schisme qui désola l'Eglise latine pendant un demi-siècle. Elle se divisa entre les deux rivaux. Clément VII fut reconnu par la France et tous ses feudataires, par l'Aragon, le royaume de Naples, la Sicile, le comté de Provence et de Forcalquier, Avignon et le comtat Venaissin. Le parti d'Urbain VI parut un moment l'emporter, et Clément VII s'enfuit à la cour de Naples, où Jeanne le reçut avec le respect dû au chef suprême de l'Eglise. Urbain publia contre la reine une bulle foudroyante, dans laquelle il la déclarait schismatique, hérétique, privée de tous ses Etats, délia ses sujets du serment de fidélité, et promit des indulgences à tous ceux qui s'armeraient contre elle. La populace de Naples s'insurgea ; mais le duc de Bruswick l'écrasa à la tête de la noblesse, la fit rentrer dans le devoir, et les coupables périrent dans les supplices.

Cependant Clément VII, ne se croyant pas en sûreté à Naples, s'embarqua avec ses cardinaux sur des galères provençales, et aborda à Marseille le 10 juin 1379. Il se rendit à Avignon, où il fixa sa résidence.

Urbain, irrité de l'appui que Jeanne avait donné à l'élection de Clément VII, chercha partout à soulever des ennemis contre elle. Il en trouva bientôt un très-puissant : c'était ce même Charles de Duras auquel Jeanne avait fait épouser sa nièce. Séduit par les promesses d'Urbain, il quitta la Hongrie à la tête d'une armée de dix mille hommes, et courut à Rome pour y recevoir l'investiture du royaume de Naples. Le pontife ne la lui donna qu'à des conditions onéreuses ;

néanmoins il le couronna solennellement au commencement de l'année 1381, et se prépara à l'aider de tout son pouvoir pour le triomphe d'une cause commune.

Jeanne, effrayée de ce soulèvement, appela près d'elle le duc de Brunswick, qui était à Tarente, et convoqua toute la noblesse pour l'engager à défendre sa couronne. Les états assemblés délibérèrent sur les nécessités de la guerre, mais n'accordèrent que de faibles subsides. Jeanne, pressée par la gravité des circonstances, adopta pour son fils le prince français Louis, comte d'Anjou; elle lui fit expédier des lettres-patentes qui le déclaraient héritier de tous ses États d'Italie et de France; puis elle le pressa de venir défendre une cause qui était devenue la sienne propre. Le comte d'Anjou était alors régent avec ses frères, durant la minorité de Charles VI, son neveu. Il se rendit à Avignon pour demander au pape Clément VII la confirmation des lettres de Jeanne, mais il ne se pressa pas d'aller à son secours. Aussi le prince de Duras, qui se faisait déjà appeler Charles III, obtenait-il des succès faciles dans tout le royaume de Naples, et marchait-il en triomphateur. A son approche, Jeanne se retrancha dans le Château-Neuf, la plus forte citadelle de la ville. Là, elle attendit des galères de Provence qui devaient venir à son secours. Charles de Duras entra dans Naples sans opposition, et forma aussitôt le siége du Château-Neuf. La situation de la reine devenait des plus critiques; les secours tant désirés n'arrivaient pas; le comte d'Anjou semblait oublier qu'il avait en Italie une mère adoptive à défendre et un usurpateur à chasser. Charles pressait le siége. Jeanne, en proie aux horreurs de la famine, et ne voyant autour d'elle que des scènes de désolation et de mort, négocia une trêve de cinq jours seulement, et promit de se rendre, si, pendant ce délai, Othon de Brunswick ne venait pas à son secours. La trêve fut accordée; elle rendit un moment d'espoir à Jeanne, qui s'empressa d'écrire à Othon de tenter un dernier effort pour la sauver. « Rendez-moi ma couronne, lui disait-elle, ou du moins épargnez-moi l'humiliation de tomber entre les mains du bourreau qui me la ravit. Mes sujets de Provence m'ont abandonné; sur vous seul reposent maintenant toutes mes espérances. »

Othon parut devant Naples, bien résolu de vaincre ou de mourir; mais sa mauvaise fortune lui refusa l'un et l'autre. Ce fut en vain qu'il se battit en désespéré, au milieu des escadrons ennemis; blessé, renversé de son cheval, il fut contraint de se rendre. Dès ce moment, tout fut perdu pour Jeanne, qui se vit dans la nécessité de se mettre à la discrétion d'un misérable qu'elle méprisait, d'implorer la clémence d'un ingrat qu'elle haïssait. Que cette nécessité dut être humiliante et douloureuse pour elle ! Elle s'y soumit cependant, et fit prévenir Charles de Duras qu'elle était sa captive. Celui-ci s'empara à l'instant du château. La vue de Jeanne le pénétra d'abord de honte ; il ne put dissimuler le trouble de sa conscience, qui augmenta encore lorsque la reine lui dit : « Je ne vous rappellerai pas mes bontés; il ne faut pas qu'une prisonnière humilie son vainqueur. L'univers nous contemple et nous juge. Souvenez-vous, si vous le pouvez, que je suis votre reine, et traitez mon époux en prince de son rang. » Duras, confus, balbutia quelques paroles de respect, puis laissa l'infortunée Jeanne dans le château, et ordonna de la traiter comme au temps de sa puissance. Il lui conserva le vain titre de reine, et garda pour lui seul toute l'autorité.

Cinq jours après la reddition du château, dix galères provençales, armées à Marseille, parurent en vue du port de Naples. La reine ne pouvait plus rien attendre de cette assistance tardive. Cependant elle témoigna le désir de parler en particulier au commandant de ces galères. Charles y consentit. Il voulait sans doute, par cette complaisance, désarmer la colère des Provençaux, et il espérait peut-être que sa captive le désignerait de nouveau pour son héritier légitime. Son espérance fut déçue. Le caractère de Jeanne était bien changé. Faible et légère sur le trône, elle se montra fière et forte dans la captivité. Son cœur, égaré par la passion et par des flatteurs méprisables, s'était purifié sous les coups de l'adversité, et son âme s'était relevée pleine d'énergie et de courage. C'était l'heure de l'expiation de ses crimes ! Les capitaines provençaux, descendus à terre, furent introduits dans l'appartement de Jeanne, et son oppresseur en sortit pour la laisser quelques moments en pleine liberté.

La reine, d'une voix pleine de dignité et de calme, leur traça le tableau de ses souffrances et de ses humiliations. Ensuite elle leur dit que s'ils n'étaient pas arrivés assez à temps pour prévenir les injures dont on l'avait accablée, elle comptait du moins sur eux pour les venger. Elle leur ordonna et les conjura même de ne jamais reconnaître l'usurpateur de sa couronne, mais d'obéir à son fils adoptif, le comte d'Anjou. Elle leur recommanda surtout de tenir pour faux, ou arraché par la violence, tout acte par lequel elle paraîtrait donner le sceptre au plus vil des tyrans. Les Provençaux tombèrent aux genoux de la reine, et lui promirent tout ce que peut inspirer un dévouement inviolable. Voyant qu'ils ne pouvaient rompre ses chaînes, ils remontèrent sur leurs vaisseaux et reprirent la route de Marseille.

Charles, trompé dans ses espérances, accabla Jeanne de nouvelles rigueurs, et la fit conduire sous bonne escorte au fort Saint-Ange, sur le mont Gargano. Alors les comtes de Fondi, d'Ariano, de Caserte, seuls grands vassaux de la couronne fidèles à la reine captive, coururent en France se joindre au comte d'Anjou, lui prêtèrent serment de fidélité, et implorèrent de prompts secours.

En présence de si graves événements, Louis d'Anjou se décida à partir de Paris, accompagné de plusieurs seigneurs français. Il passa par le Languedoc, dont il était gouverneur, et arriva à Avignon le 22 février 1382. Clément VII le reçut comme le libérateur tant désiré de la reine, le nomma gonfalonier de l'Eglise, pour combattre au nom du saint-siége, et le pressa de marcher immédiatement contre l'oppresseur de Naples. Le comte d'Anjou avait emporté de France de grands trésors, qu'on n'avait pas osé lui disputer; il les employa à lever une armée formidable. Il entra dans la Provence, qu'il trouva agitée par deux partis opposés et bien prononcés. L'un soutenait le prince français, l'autre voulait le combattre. Arles, Marseille, Sisteron, Draguignan, Grasse et Digne, accoururent sous ses drapeaux; mais plusieurs villes et plusieurs seigneurs refusèrent de le reconnaître, parce qu'ils craignaient l'influence de la politique française. La position de Louis était donc grave et difficile. Les états de Provence, assemblés extraordinairement à Aix, décidèrent de repousser le prince, et les habitants se préparèrent à la résistance. Le pape Clément VII lança contre eux les foudres de l'Eglise, et l'armée du comte d'Anjou se présenta devant la capitale, dont elle forma le siége. La ville résista pendant plusieurs mois, mais enfin elle reconnut Louis d'Anjou en qualité de prince de Tarente, titre qu'avaient toujours porté les héritiers présomptifs de la couronne de Naples.

Le prince se disposait à passer les Alpes, lorsque Charles de Duras, agité par ce trouble et ces terreurs qui poursuivent toujours les oppresseurs, au faîte même de leur puissance usurpée, crut que le temps était venu d'immoler sa captive. On le vit cependant hésiter devant l'exécution de ce forfait inique. Il sentait bien qu'il allait couvrir son nom d'infamie; mais la soif de régner et la menaçante entreprise du duc d'Anjou excitaient sa haine et sa colère. Il consulta le roi de Hongrie, l'implacable ennemi de Jeanne. Ce prince était vieux, mais son animosité n'était pas éteinte. Trente-huit années écoulées depuis le meurtre d'André n'avaient pas assoupi son désir de vengeance; il appelait encore de tous ses vœux le jour où il verrait Jeanne immolée aux mânes de son frère! Aussi sa réponse fut-elle conforme aux désirs de Charles de Duras, qui ne recula plus devant un crime. Le 22 mai 1382, quatre soldats hongrois entrèrent dans la chapelle du fort Saint-Ange, pendant que Jeanne y faisait sa prière, et l'étranglèrent au pied de l'autel. D'autres ont dit que Jeanne fut étouffée sous des coussins, pieds et poings liés. Elle était dans sa cinquante-sixième année. Son corps fut enterré secrètement dans l'église de Saint-François, qu'elle avait fait bâtir sur le mont Gargano.

En présence de ce drame sanglant, en voyant le courage et la résignation de cette reine dans l'infortune, on est tenté d'oublier ses fautes. Sans doute, elles sont bien atténuées, et l'on reporte toute son indignation sur le prince perfide et ingrat qui s'est fait le meurtrier de sa bienfaitrice, pour assurer son usurpation.

CHAPITRE XV.

Deuxième Maison d'Anjou.

Louis Ier. — Le pape Clément VII, profondément attristé du meurtre de Jeanne, fit célébrer dans la cathédrale d'Avignon de magnifiques obsèques, auxquelles assista le duc d'Anjou, qui ne songea plus dès lors qu'à venger la mort de la reine et à disputer son héritage à son assassin. Ce prince, à la tête d'une armée, entra le 17 juillet 1382 dans le royaume de Naples par les Abruzzes, dont il occupa tous les forts et où il trouva un grand nombre de seigneurs napolitains disposés à secouer le joug de Charles de Duras. Alors se formèrent deux partis bien prononcés : le *parti des Angevins* et la *faction des Duras*. Cette rivalité entraîna une guerre sanglante, qui se poursuivit pendant deux ans avec acharnement. Louis eut d'abord quelques succès ; mais la disette et des maladies épuisèrent son armée, et il était réduit à la plus extrême détresse lorsqu'il mourut, dévoré d'inquiétudes et de désespoir, au château de Bari, le 27 septembre, à l'âge de quarante-six ans. Il laissa deux fils en bas âge sous la tutelle de leur mère, Marie de Blois, fille puînée de Charles de Blois, duc de Bretagne. L'aîné, qui portait aussi le nom de Louis, hérita de tous les droits de son père sur le royaume de Naples. Il eut la souveraineté du comté-uni de Provence et de Forcalquier et conserva le comté du Maine et le duché d'Anjou, apanage de sa famille.

Louis II. — Après la mort de Louis Ier, son armée se dispersa ; mais son parti ne s'éteignit point. Alors qu'on le croyait abattu pour toujours, il puisa des forces dans son malheur même et se releva avec plus d'énergie que jamais. Le nouveau roi était à peine âgé de huit ans, et se trouvait alors à Angers auprès de sa mère. Cette princesse se prépara à le conduire en Provence, où sa présence était bien nécessaire, la situation du pays étant fort triste. Charles de Duras y avait envoyé Balthasar Spinoli, en qualité de sénéchal, avec un corps de troupes napolitaines. Spinoli s'empara d'Aix, y fixa sa résidence et répandit partout la terreur. La plupart des communes provençales, craignant la vengeance d'un inexorable ennemi, reconnurent le gouvernement de Duras et formèrent une ligue sous le nom d'*union d'Aix*. Les villes de Marseille, d'Arles, de Pertuis, et quelques autres moins considérables, restèrent fidèles à la seconde maison d'Anjou.

Marie de Blois et le jeune Louis, son fils, arrivèrent à Avignon en 1385. Ils furent accueillis avec de grands honneurs par le pape Clément. Marie leva aussitôt des troupes pour tâcher d'abattre en Provence la faction des Duras, qui se montrait de plus en plus audacieuse. Elle partit d'Avignon au mois de décembre et fit son entrée à Arles. Les habitants passèrent avec elle un traité par lequel ils s'engageaient à ne jamais faire la paix avec Charles de Duras, l'assassin de leur bonne reine Jeanne, dont ils chérissaient la mémoire. Marie établit le siége de l'administration provençale à Marseille, et durant toute l'année 1386 elle dirigea ses forces contre Aix, que les partisans de Duras défendaient vaillamment. Le succès était encore incertain lorsque le roi de Hongrie vint à mourir, ne laissant que deux filles fort jeunes. Charles de Duras, appelé à lui succéder, fut proclamé roi à Bude. Il ne jouit pas longtemps de son nouveau trône : il fut assassiné. Son fils Ladislas, âgé de onze ans, lui succéda au royaume de Naples, sous la régence de sa mère Marguerite. La mort de Charles de Duras contribua puissamment à pacifier la Provence. Aix, n'étant plus soutenue par Marguerite, se décida à accepter un traité par lequel elle reconnaissait la souveraineté de la maison d'Anjou, à condition qu'elle conserverait ses priviléges. Ce traité fut lu avec pompe, le 1er octobre 1387, dans l'église de Notre-Dame de Consolation. Marie de Blois, ayant à ses côtés le jeune Louis II, en jura l'observation, la main droite sur l'Évangile, en présence de son cousin le prince Louis de Bourbon, des trois consuls d'Aix et de plusieurs seigneurs provençaux.

Le comté de Nice, la petite viguerie de Puget-Théniers, Barcelonette et sa vallée, ne reconnurent pas le traité d'Aix et restèrent fidèles à la cause de Ladislas. Au commencement de l'année 1388, le sénéchal de Provence pour Louis II passa le Var à la tête d'un corps de troupes et vint investir Nice. Les habitants réclamèrent l'assistance de Marguerite; mais cette princesse ne pouvant leur fournir des secours, leur permit de se choisir un souverain quelconque, pourvu qu'il n'appartînt pas à la maison d'Anjou, et à condition de revenir sous l'obéissance de Ladislas ou de ses héritiers, si, dans le délai de trois ans, ceux-ci pouvaient rembourser au prince choisi tous les frais de guerre, d'occupation et de défense. Les Niçards, après avoir délibéré, se donnèrent à Amédée VII, comte de Savoie, qui jouissait d'une grande renommée de sagesse et de valeur. Ce prince parut bientôt devant Nice avec une armée. Les troupes provençales, dans l'impossibilité de tenter le combat, repassèrent le Var. Un traité définitif de donation céda Nice à Amédée; la viguerie de Puget-Théniers, Barcelonette et sa vallée, se donnèrent aussi à lui. La maison de Savoie avait déjà obtenu de Louis Ier la cession du comté de Piémont. Ainsi, l'ancienne province des Alpes Maritimes se trouva séparée pour toujours de l'ancienne Narbonnaise seconde. La détermination des Provençaux était fondée sur ce que leur soumission à la maison d'Anjou ne pouvait que les entraîner dans des troubles, tandis que le gouvernement de Savoie, tranquille et doux, leur offrait des garanties avantageuses pour leurs intérêts.

Le comte Amédée, après avoir pris possession du territoire de Nice, repassa les Alpes. Marie de Blois profita de son absence pour essayer d'opérer un mouvement en sa faveur dans le comté de Nice. Tous ses efforts dans cette tentative malheureuse furent infructueux, et elle fut obligée d'en venir à une trêve de douze ans qui maintenait le *statu quo* entre la Provence et la Savoie.

La situation de Naples appela bientôt l'attention de Marie. L'imprudente et cupide administration de Marguerite avait soulevé contre elle les Napolitains. La discorde régnait partout; le pouvoir de Ladislas était méconnu. Le parti de la maison d'Anjou, reprenant des forces, invita le jeune comte de Provence à se rendre à Naples pour y prendre possession du trône. Cette prière fut accueillie par le conseil de Marie de Blois. Le 20 juillet 1390, Louis II, accompagné du légat de Clément VII et de plusieurs seigneurs provençaux, partit de Marseille avec vingt vaisseaux, et fit son entrée dans Naples au milieu des honneurs et des acclamations générales. Il semblait qu'il n'avait eu qu'à se montrer pour saisir la victoire.

Pendant l'absence du jeune comte, la Provence fut vivement agitée par une révolte du vicomte de Turenne, qui ne s'était soumis qu'avec regret à la maison d'Anjou. Il excita la révolte, souleva bien des villes et fit couler des flots de sang. Marie de Blois ne pouvait arrêter le cours de ces affreux brigandages ; partout ce n'était qu'assassinats, embrasements, profanations des monastères et des églises. La situation de la Provence était affreuse, lorsque Raymond de Turenne, enfin vaincu, périt en traversant le Rhône.

Peu de temps après Louis II revint de Naples. Son expédition, semblable à celle de son père, avait commencé par de brillants succès et avait fini par d'affreux revers. Obligé de quitter l'Italie, il revint en Provence. Son retour et la mort de Raymond de Turenne répandirent la joie dans tout le pays et y ramenèrent le calme. Louis s'efforça de réparer les dommages causés par la guerre et tourna un regard de regret vers la portion de territoire qui s'était donnée à la Savoie ; il entama des négociations avec Amédée VIII ; elles n'eurent pour résultat qu'une trêve de douze années, pendant laquelle on devait s'occuper de vérifier les droits réciproques.

Depuis longtemps Louis négociait son mariage avec Yolande, fille puînée de Jean Ier d'Aragon. Cette union fut célébrée dans la ville d'Arles, le 2 décembre, et le comte put jouir auprès de cette charmante princesse des douceurs de la paix. Aussi ne prit-il qu'une part bien indirecte aux affaires du schisme. Mais il ne put résister au désir de paraître de nouveau sur le champ de bataille qui lui était ouvert. Quoique Ladislas régnât dans Naples sans contradiction, son ambition n'était pas satisfaite ; il visait à la conquête de l'Italie entière. Les Florentins, attaqués par lui, appelèrent le comte de Provence, en l'engageant à faire encore valoir ses droits sur l'héritage de la reine Jeanne. Au mois de juillet 1409, Louis partit donc de Marseille avec plusieurs galères et arriva à Pise, où il reçut du pape l'investiture du royaume de Naples et de Jérusalem. Il engagea la lutte avec Ladislas et la prolongea deux ans avec des succès divers. Au mois de mai 1411, il attaqua son ennemi avec impétuosité, le défit et le força à la fuite. Il ne sut pas profiter de la victoire, et laissa à Ladislas le temps de se fortifier ; et les maladies ayant affaibli son armée, il se vit obligé de la reconduire à Rome, puis de se rembarquer pour la Provence, qui pendant son absence avait été inquiétée par les Génois et par le roi d'Aragon, engagé dans la querelle des papes. Yolande avait cependant su parer au danger et maintenir son autorité.

Ladislas étant mort, les Napolitains engagèrent Louis II à faire une nouvelle tentative sur l'Italie; mais le comte, peu satisfait du résultat de ses premières expéditions, ne voulut point en entreprendre une nouvelle. D'ailleurs, il avait besoin de veiller à la conservation de ses comtés d'Anjou et du Maine, que les Anglais menaçaient d'envahir. Il résidait à Angers quand il fut atteint de la maladie qui l'emporta, à l'âge de quarante ans, au mois d'août 1417. Ce prince laissa de sa femme Yolande trois fils et trois filles. L'aîné lui succéda dans le comté d'Anjou et dans le comté-uni de Provence et de Forcalquier. Louis II méritait d'être regretté. Sa mort fut pour les Provençaux un sujet de douleur d'autant plus légitime, qu'ils avaient à craindre les désastres d'une minorité.

Louis III. — Le successeur de Louis II n'avait à son avénement que quatorze ans. Sa mère Yolande fut reconnue tutrice et régente. Louis III portait le titre de roi de Naples, comme tous les comtes de Provence ses prédécesseurs depuis Charles Ier. Néanmoins Jeanne II, sœur de Ladislas, occupait le trône. Elle le déshonorait tellement par ses goûts dépravés et laissa prendre un si grand ascendant à un favori, qu'il y eut un soulèvement à Florence. On y proclama Louis III roi de Naples. Le comte de Provence était alors auprès du Dauphin, retiré à Poitiers, tandis que Henri V d'Angleterre régnait à Paris sous le nom du malheureux Charles VI, son père. Louis III quitta son cousin pour aller tenter la fortune sur une terre où son père et son aïeul n'avaient éprouvé que des revers. Il arma une flotte à Marseille et à Gênes, et parut devant Naples le 15 août 1420.

La reine Jeanne, inquiète du danger qui la menaçait, fit entendre à Alphonse V d'Aragon que, n'ayant pas d'enfants, elle disposerait de ses Etats en sa faveur, s'il lui prêtait secours. Alphonse, séduit par une pareille promesse, accourut avec une armée. Louis, n'ayant que des forces inférieures, fut obligé de reculer. Jeanne adopta en effet le roi d'Aragon et le proclama son héritier; mais elle ne tarda pas à s'en repentir. Le pouvoir d'Alphonse devint si absolu et prit un tel accroissement, que la reine reconnut qu'elle s'était donné un maître ambitieux. Elle regretta de ne pas avoir adopté Louis; elle aurait par cette adoption réuni les titres de la maison de Duras et ceux de la maison d'Anjou; et cette fusion aurait certainement mis fin à la guerre civile. La conduite violente du roi d'Aragon envers Jeanne décida cette princesse à revenir sur ses dispositions. Elle révoqua l'adoption d'Alphonse V pour cause d'ingratitude, lui substitua Louis III, et notifia cet acte à toutes les cours de l'Europe. Louis III, héritier présomptif de la couronne, eut le commandement de la Calabre. Il s'y fit aimer par la douceur de son caractère.

Alphonse, irrité contre Jeanne, chercha à lui susciter des ennemis. Voyant qu'il ne pouvait lutter avec succès contre elle, il se décida à regagner la Catalogne. Toutefois, en se retirant, il voulut sur sa route châtier Marseille, qui servait avec zèle les intérêts de Louis III. Il se présenta devant cette ville le 23 novembre 1423, l'assiégea et s'en empara. Elle fut livrée à tous les désastres d'une cité prise d'assaut. Quatre cents maisons furent incendiées et éclairèrent pendant la nuit des scènes affreuses de vol et de carnage. Les malheureux qui purent se réfugier dans les églises furent épargnés; car Alphonse, avant l'assaut, avait ordonné à ses soldats de respecter les temples et les choses saintes. Son premier soin, en entrant à Marseille, fut de rechercher les reliques de saint Louis, évêque de Toulouse, fils du comte Charles II. On attribuait à ce saint plusieurs miracles; et ses restes mortels, objet de la vénération publique, reposaient dans une châsse que plusieurs rois avaient tour à tour enrichie. Cette châsse, d'une valeur considérable, était habituellement déposée dans le monastère des frères mineurs; mais on l'avait cachée dans une maison particulière. Comme le roi d'Aragon tenait beaucoup à posséder ces reliques, on explora toute la ville, ou fouilla dans tous les asiles les plus secrets, et on les trouva enfin. Alphonse, en possession de ce trésor, parut ne plus avoir rien à faire à Marseille. Trois jours après son entrée dans cette ville, il remit à la voile pour la Catalogne. Il fit déposer sur la galère les reliques qu'il emportait comme un témoignage de son triomphe.

Le départ des Aragonais ne rendit pas le calme à la malheureuse cité. Les paysans des villages voisins y vinrent en foule pour piller. Des Marseillais même n'eurent pas honte de se joindre à eux; mais pour ne pas être reconnus, ils se noircissaient le visage. Ce déguisement leur fit donner le nom de *Mascaras*.

Après de si tristes catastrophes, Marseille fut couverte d'un voile de deuil; on put croire un instant même qu'elle était déchue pour toujours de sa puissance et de sa prospérité commerciale; mais, grâce aux ressources immenses de son commerce, on la vit en peu de temps réparer ses pertes. La comtesse Yolande, qui gouvernait en l'absence de son fils, s'empressa de venir au secours des habitants et les aida puissamment à réparer les maux qui avaient pesé sur eux. La ville, qui ne pouvait se consoler de la perte des reliques de saint Louis, réclama instamment la restitution de ces restes vénérés ; mais ses démarches n'eurent aucun succès; Alphonse V les garda et les déposa dans la cathédrale de Valence.

Pendant ces événements, Louis III vivait toujours relégué dans le duché de Calabre, sans prendre aucune part aux affaires publiques. En 1430, il se rendit au sacre de son beau-frère Charles VII, et le secourut ensuite contre les Anglais. Après s'être signalé par son courage, il retourna en Italie. Sa position y était cependant assez extraordinaire. La reine Jeanne, quoique l'ayant adopté, continua de le tenir en exil dans le gouvernement de Calabre, parce qu'elle voulait rester libre dans sa conduite. Son favori ayant été assassiné, le comte de Provence se flatta qu'il allait enfin être rappelé à la cour pour y jouir des prérogatives réservées à l'héritier présomptif de la couronne. Mais il ne put obtenir la permission de revenir à Naples et fut obligé de se soumettre aux caprices de la reine. Il se résigna à rester en Calabre et s'y maria avec la princesse Marguerite, fille d'Amédée VII de Savoie et de Marie de Bourgogne.

Par les ordres de Jeanne, il entreprit en 1434 une guerre contre le duc de Tarente, le plus puissant des feudataires napolitains ; il le vainquit, mais ne jouit pas longtemps de sa victoire. Une fièvre violente le saisit à Cosenza. Sentant que sa fin approchait, il fit son testament, désigna pour son successeur René d'Anjou, son frère, et laissa pour douaire à sa femme plusieurs seigneuries provençales. Il mourut au mois de novembre de la même année, âgé de vingt-huit ans. Louis III résida peu en Provence. Toute l'administration resta constamment entre les mains de sa mère Yolande.

Jeanne II ne survécut qu'un an à Louis III. Le roi d'Aragon fit des tentatives près d'elle pour lui faire confirmer sa première adoption, mais ce fut en vain. Jeanne désigna pour lui succéder au trône de Naples le nouveau comte de Provence, René d'Anjou.

CHAPITRE XVI.

René d'Anjou, dit le Bon.

Lorsque le testament de Louis III appela René, duc de Bar, à la possession du comté de Provence, il était prisonnier du duc de Bourgogne. Il s'était engagé dans une guerre contre le comte de Vaudemont, prince lorrain, qui lui disputait la Lorraine, donnée à sa femme Isabelle, fille unique et héritière de Charles II, duc de cette province. Le comte de Vaudemont, secouru par le duc de Bourgogne, eut l'avantage. Défait à Bulgnéville en Lorraine, blessé au visage et fait prisonnier, René fut conduit au château de Dijon avec son jeune fils, en 1431.

Le duc René, qui, de tous les princes de son temps, était le plus versé dans les lettres et dans les arts, chercha dans la poésie et la peinture des distractions contre l'ennui de sa dure captivité. C'est dans sa prison qu'on lui apprit qu'il était comte de Provence et que la mort de Jeanne II le faisait roi de Naples. Ne pouvant gouverner ses Etats, il en confia l'administration à sa femme Isabelle. Cette princesse, douée d'une âme forte, se rendit aussitôt en Provence, où régnait un calme parfait.

Il n'en était pas de même dans le royaume de Naples. Deux partis, celui des

Angevins et celui des Aragonais, s'y agitaient toujours et soutenaient chacun de leur côté les droits de René et ceux d'Alphonse d'Aragon. Naples se déclara pour René d'Anjou et pressa vivement la régente de venir prendre elle-même les rênes de l'Etat jusqu'à ce qu'il plût au ciel de terminer la captivité de son époux. Isabelle, se décidant à passer en Italie, partit de Marseille au mois de septembre 1436 et débarqua le 18 octobre à Naples. Elle y fut reçue avec enthousiasme et de grands honneurs, et fut proclamée reine. Appelée par le vœu général, sa cause semblait devoir triompher. Mais le duc de Milan, qui s'était d'abord déclaré pour elle, et qui même, dans une rencontre, avait fait prisonnier le roi d'Aragon, changea tout à coup de politique ; il se laissa subjuguer par Alphonse V, qui savait attirer à lui tout ce qui l'entourait. Isabelle, privée de cet allié, se trouva dans une situation critique.

Heureusement, l'intervention du pape Eugène IV et de la cour de France hâta l'élargissement du roi-comte. Cette liberté fut payée bien cher ; car le prisonnier ne l'acquit qu'au prix de 200,000 florins (1,930,000 fr. de la monnaie actuelle) ; mais il conserva la Lorraine, quoiqu'on ne lui eût déclaré la guerre que pour lui enlever cette province. Le mariage futur de sa fille Yolande avec Ferri, fils aîné du comte de Vaudemont, son compétiteur, fut l'une des principales conditions du traité conclu à Bruxelles, le 28 janvier 1437. Après avoir donné ses premiers soins à la Lorraine, René visita l'Anjou, où il conclut le mariage de Jean, son fils aîné, avec Marie de Bourbon, nièce du duc de Bourgogne.

Les vœux les plus ardents l'appelaient en Provence. Il s'empressa de satisfaire le désir de ses nouveaux sujets. Il arriva à Arles le 7 décembre, au milieu d'une foule immense, ivre d'enthousiasme et de joie. Pendant plusieurs jours on se livra à des réjouissances populaires. L'antique métropole des Gaules étala ses ornements de fête, et l'archevêque ordonna une procession générale qui parcourut toute la ville en portant les reliques de ses premiers pasteurs, saint Césaire et saint Honorat. Les Arlésiens ne se contentèrent pas de simples démonstrations ; ils firent à René un don assez considérable, afin de contribuer de tout leur pouvoir aux frais de sa rançon et au recouvrement du royaume de Naples

René se rendit ensuite à Aix, puis à Marseille. Son entrée dans ces villes fut un véritable triomphe ; partout la joie publique se manifesta avec les mêmes transports.

Il s'occupa immédiatement de la guerre de Naples et en pressa les préparatifs.

Il s'embarqua le 15 avril 1438, emmenant avec lui toutes les troupes qu'il avait pu rassembler. Il parut devant Naples le 9 mai ; trois jours après il entra dans sa capitale, monté sur un cheval blanc, revêtu de ses habits royaux, la couronne sur la tête et le sceptre à la main. Mais Alphonse n'était pas disposé à le laisser ainsi paisible possesseur de cette ville. Les troupes aragonaises campaient dans la plupart des provinces napolitaines. Les deux compétiteurs se disputèrent le terrain. Pendant un an, les pertes et les avantages se balancèrent. Alphonse parvint enfin à mettre le siége devant Naples, qu'il réduisit à la famine. René fit alors partir sa femme et ses enfants pour la Provence ; mais lui, resta dans sa capitale ; il parcourait les rues pour ranimer le courage des habitants, partageait toutes leurs privations et leurs souffrances. Il conservait l'espoir de faire lever le siége, lorsque la trahison vint rendre ses efforts inutiles. Un maçon indiqua à Alphonse un aqueduc abandonné par lequel il pouvait entrer dans la ville. Le roi d'Aragon, profitant du perfide avis, pénétra dans Naples par différents endroits. En vain le courageux René s'élance sur les ennemis, en renverse plusieurs, se fraie un passage sur leurs corps, il ne peut arrêter leur envahissement. Un soldat catalan s'attache aux pas de René, le menace d'un poignard et le somme de se rendre ; le comte se débarrasse de ce téméraire par un coup de sabre qui fait rouler sa main dans la poussière. Le prince, privé de plusieurs chevaliers qui viennent d'être pris, court s'enfermer dans le Château-Neuf. La ville est pillée ; l'heureux Alphonse y fait son entrée sur un char de triomphe, attelé de quatre chevaux blancs ; de riches tapisseries ornent les principales rues, et l'encens fume devant le vainqueur. Triste inconstance et instabilité des sentiments humains ! Aujourd'hui on rendait à Alphonse les mêmes honneurs que l'on avait rendus la veille à son compétiteur heureux.

René, ne voulant pas prolonger les souffrances du peuple, s'embarqua sur une galère génoise, emmenant avec lui les débris de son armée, et fit rendre aux Aragonais les deux forteresses qu'il avait encore en sa possession. Il prit la route de Marseille, où il débarqua au commencement de novembre. Ses malheurs excitèrent en Provence un intérêt général. La dignité avec laquelle il supportait son infortune inspira le respect et le dévouement ; aussi lui offrit-on de toutes parts des dons pour continuer la guerre. Il se contenta de repousser les Catalans qui menaçaient les côtes provençales et dédommagea les seigneurs napolitains qui avaient abandonné leur patrie pour le suivre et s'attacher à sa fortune.

En 1443, voyant la Provence dans une paix profonde, il se décida à visiter ses différents États, où sa présence était réellement nécessaire. La Lorraine était agitée par des divisions intestines ; les Anglais faisaient des progrès dans le Maine et l'Anjou. Il parcourut ces provinces et se rendit ensuite à la cour de France, où il conclut un traité de paix avec Charles VII et Henri VI d'Angleterre. Ce fut pendant ces négociations qu'on arrêta le mariage de la princesse Marguerite, la seconde fille de René, avec le prince anglais. Cette union fut célébrée à Nancy en même temps que celle d'Yolande, sa fille aînée, avec Ferri de Vaudemond. Le roi de France y assista ; le duc de Suffolk y vint au nom du roi d'Angleterre. Charles VII, que René conduisit jusqu'à Châlons, lui témoigna son amitié et sa reconnaissance en décidant le duc de Bourgogne à rendre quelques places de la Lorraine qu'il possédait encore et à faire remise des sommes stipulées dans l'acte de rançon du 28 janvier 1437.

René fixa momentanément sa résidence dans l'Anjou, sans négliger pour cela le gouvernement de Provence. Lorsqu'il apprit, en 1446, qu'une sécheresse affreuse avait détruit les récoltes, il fit tous les sacrifices possibles pour alléger les souffrances des malheureux que le fléau avait frappés. Il ne tarda pas à quitter l'Anjou, et vint successivement séjourner à Aix, à Marseille, à Arles. En 1449 il fixa sa cour au château de Tarascon, terminé par Louis II cinquante ans auparavant. Tarascon devint alors le centre des plaisirs et des fêtes. René quitta cependant bientôt ce séjour pour aller aider Charles VII à reprendre aux Anglais les places qui leur restaient encore en France. Il partit avec son fils le duc de Calabre, son gendre Ferri de Vaudemont, et l'élite de la noblesse provençale. Rouen ouvrit ses portes à cette armée. Charles VII y fit son entrée solennelle le 11 novembre 1449, ayant à sa droite le comte de Provence. La Normandie entière fut soumise par les armes françaises. La Guyenne subit le même sort, et bientôt il ne resta presque rien aux Anglais.

René n'acheva pas cette rapide et glorieuse campagne, parce que ses affaires le rappelèrent dans le duché d'Anjou. Il le quitta de nouveau pour retourner à Aix, qui réclamait sa présence. Une peste violente ravageait la Provence ; souverain bon et bienfaisant, il vint dicter lui-même les mesures nécessaires à prendre dans cette affreuse calamité, et partagea avec ses sujets tous les dangers du terrible fléau.

René semblait avoir oublié ses droits sur le royaume de Naples, lorsque des événements imprévus vinrent réveiller en lui le désir de les faire valoir. L'Italie entière était en proie aux discordes civiles. Milan, Venise, Gênes, Florence et le roi d'Aragon se faisaient la guerre. Sforza, duc de Milan, et les Florentins engagèrent le comte de Provence à venir les joindre, lui promettant de l'aider à faire la conquête de Naples. René, instruit par les leçons de l'expérience et du malheur, hésita à se laisser séduire par les promesses d'une gloire si incertaine. Il consulta le roi de France, qui l'encouragea dans cette entreprise et lui fournit même quelques soldats. Dès lors il n'hésita plus, se mit en route au mois de septembre 1453 et entra en Lombardie. Il fut reçu au camp de Sforza avec d'autant plus de joie, qu'on l'attendait avec impatience. L'armée alliée obtint d'abord quelques succès; néanmoins René ne tarda pas à être désabusé complétement dans son espoir de conquérir Naples; et, malgré toutes les instances de Sforza, il fut inébranlable dans sa résolution de rentrer en Provence. Seulement, comme il lui importait de tenir Alphonse en échec, il promit que son fils, le duc de Calabre, viendrait l'année suivante occuper sa place en Italie. Ce prince arriva, en effet, à Milan en février 1454, à la tête de trois cents gentilshommes. Il fut bientôt découragé par l'inconstance de ses alliés. Puis le désir de la paix gagna tous les partis intéressés. Le traité de Lodi fut signé, et le duc de Calabre revint en Provence, sans avoir recueilli le moindre fruit de son expédition.

René avait perdu depuis deux ans Isabelle de Lorraine. Au mois de septembre 1455, il contracta, à Angers, un second mariage avec Jeanne, fille de Gui XIII, comte de Laval, descendant d'un des premiers barons de la cour de Louis le Débonnaire. Un mois après il se rendit en Provence avec sa jeune épouse, qui fut comblée de présents par les Provençaux. Il croyait pouvoir jouir en paix de son bonheur intérieur; mais les affaires d'Italie devaient être pour lui un sujet de péripéties continuelles. La seigneurie de Gênes s'étant donnée à Charles VII, le roi de France désigna pour son lieutenant le duc de Calabre, fils de René. Ce prince partit en février 1458 avec dix galères provençales et arriva à Gênes. Alphonse V se disposait à le combattre lorsqu'il mourut au mois de juin. Il laissait la couronne de Naples à Ferdinand, son fils naturel; mais les barons ne voulurent pas reconnaître son autorité et tournèrent leurs regards vers le duc de Calabre, qui entreprit de disputer Naples au nouveau roi. Ces efforts mutuels se poursuivirent avec acharnement pendant plusieurs années. En 1460, le duc de Calabre obtint un succès brillant à Sarno, où l'armée aragonaise fut mise en pleine déroute et faite en grande partie prisonnière. Cette victoire aurait probablement livré le royaume de Naples au vainqueur, s'il se fût présenté aussitôt sous les murs de la capitale; mais il perdit son temps et ses forces à réduire les petites villes de la Campanie, et ne profita pas des secours que lui envoyaient les Provençaux.

Charles VII, trouvant que les affaires d'Italie ne marchaient pas assez vite à son gré, et irrité de ce qu'une partie des Génois s'étaient révoltés contre lui, demanda à René de se mettre lui-même à la tête de l'armée provençale. Le comte partit de Marseille au mois de juillet 1461 et arriva à Savone. Il attaqua aussitôt les hauteurs environnantes de Gênes. La victoire paraissait pencher de son côté, lorsqu'un corps auxiliaire de Milanais, accouru au secours des assiégés, leur assura le succès. L'armée provençale, renversée sur le revers des collines, fut acculée sur le rivage et complétement défaite. Deux mille cinq cents hommes restèrent sur le champ de bataille, et un grand nombre de fuyards se noyèrent en voulant gagner leurs vaisseaux à la nage. René, découragé, retourna en Provence, laissant son fils dans le royaume de Naples, où la guerre se continua. Elle était presque restreinte dans la Pouille lorsque parut Scanderbeg, le célèbre champion de la foi chrétienne. Ce vaillant et redoutable capitaine vint au secours du fils d'Alphonse d'Aragon, dont il avait souvent obtenu l'assistance. Ferdinand, grâce à ce renfort, recouvra bientôt l'avantage. Le duc de Calabre, repoussé sur tous les points, trahi et sans ressources, se vit forcé de chercher un asile dans l'île d'Ischia.

Au printemps de 1464, René partit de Marseille avec dix galères pour secourir son fils ; mais, après avoir délibéré avec lui sur l'état de leurs affaires, ils sentirent tous deux que leur cause était à jamais perdue et qu'il fallait renoncer à la conquête chimérique du trône de Naples. Ils se rembarquèrent donc et retournèrent à Marseille.

Ainsi finit le règne des comtes de Provence dans le royaume des Deux-Siciles. Deux siècles s'étaient écoulés depuis que l'investiture en avait été donnée à Charles I*er* par le pape Clément IV. Et cette possession, tantôt réelle, tantôt fictive et purement honoraire, avait été sans cesse troublée par des orages et des calamités de toute espèce. Les souverains-comtes y trouvèrent, il est vrai, l'occasion de déployer, les uns une valeur brillante, les autres de douces vertus ; mais cet avantage fut acquis aux dépens de la tranquillité des peuples, qui eurent beaucoup à souffrir pendant les luttes continuelles que soutinrent les rois compétiteurs les uns contre les autres.

Le royaume de Naples perdu, René regretta plus vivement la séparation définitive des pays démembrés en faveur d'Amédée VII de Savoie. Bien que le temps eût paru sanctionner cette séparation, René la trouvait illégale ; ne voulant pas laisser croire par son silence qu'il l'autorisait, il protesta devant la cour de Savoie contre l'acte de cession et la somma de faire restitution. Le comte de Savoie répondit que ses titres de possession étaient irrécusables et solennels, et qu'il saurait les maintenir avec l'aide de Dieu et de son épée. René fut donc obligé de renoncer à ses prétentions, qu'il était loin de vouloir soutenir par les armes ; car il ne s'en sentait pas la force.

Il désirait ardemment la paix. Néanmoins, il se trouva de nouveau engagé dans une autre guerre. Les Catalans, indignés de ce que Jean II, roi d'Aragon, avait fait périr son fils, le comte de Viane, pour ne pas lui céder la Navarre qui lui revenait légitimement, se séparèrent du royaume d'Aragon et appelèrent au trône René, qui, par sa mère Yolande, était petit-fils de Jean Ier, roi d'Aragon. La régence de Barcelone envoya une ambassade au comte de Provence pour lui offrir la couronne. René accepta en faveur de son fils, le duc de Calabre, les offres de la régence. L'année suivante, le duc franchit les Pyrénées à la tête de huit mille Provençaux, Angevins et Lorrains. Il attaqua l'infant don Ferdinand, que Jean II avait nommé vice-roi en Catalogne, et le mit en pleine déroute. Un grand nombre de villes se soumirent à lui ; et bien qu'il eût donné des preuves de sa valeur, il fit plus de conquêtes par sa justice et par sa magnanimité que par la puissance de ses armes. Chéri du peuple catalan, il en recevait les plus grandes marques d'affection toutes les fois qu'il paraissait dans les rues de Barcelone. Ce bon prince avait donc devant lui un brillant avenir, lorsqu'une maladie contagieuse l'emporta à Barcelone, le 16 décembre 1470, à l'âge de quarante-cinq ans. Sa mort mit fin en Espagne à la résistance des Catalans et aux dernières espérances du parti d'Anjou.

René perdit toutes les joies de ce monde en perdant ce fils, l'idole de son cœur, l'appui de sa vieillesse. La religion, dans le sein de laquelle il se réfugia, put seule adoucir ses douleurs. Accablé de dégoûts et de lassitude, désabusé des vanités mondaines, des grandeurs périssables, il résolut de rester désormais étranger à tous les événements politiques. Il s'était retiré dans le château de Beaugé en Anjou, lorsque le roi de France Louis XI, sans autre droit que celui du plus fort, jeta sur cette belle province un œil de convoitise comme sur une proie facile à saisir. Sous un prétexte frivole, il couvrit de soldats la route de Tours à Angers, et lui-même entra comme un allié dans la capitale de l'Anjou. Mais tout à coup il somma le gouverneur du château de lui en ouvrir les portes, y installa une garnison et se proclama maître de la province. René ne s'émut point de cette trahison. Chez lui c'était un parti pris de se soumettre aux événements ; d'ailleurs sa position lui en faisait une loi. Il se contenta de dire : « Quelque douloureux que soit pour moi la perte de mon pays d'Anjou que j'aime tant, quelque mauvais que soit le tour du roi de France, je ne lui ferai pas la guerre ; car, à mon âge de soixante-cinq ans, on ne s'adonne plus aux armes. Je me suis proposé de passer le reste de mes jours en paix et repos d'esprit ; je le ferai, s'il est possible. Mais Dieu, qui est le vrai juge, jugera entre lui et moi. »

Tournant alors ses regards vers la Provence, le seul de ses Etats qui lui offrit désormais un asile assuré, il se hâta de quitter le pays qui l'avait vu naître. Pendant qu'il se dirigeait vers sa destination, Louis XI lui envoya demander l'abandon de ses autres domaines, moyennant une pension viagère de 60,000 florins ; puis en même temps il fit passer des troupes en Champagne, afin de s'emparer du duché de Bar. René, qui n'était pas de force à lutter contre le roi de France, se borna à protester contre ces usurpations. Il arriva en Provence vers la fin de l'année 1473. Il résida d'abord au modeste château de Gardanne, puis il fixa son séjour à Aix. Un nouveau chagrin, la perte de son frère, le comte du Maine, vint rouvrir toutes les blessures de son cœur. Dès lors il concentra toutes ses affections sur son jeune neveu Charles, le fils de ce frère qu'il regrettait tant, et lui donna en mariage Jeanne de Lorraine, sa petite-fille. Puis il songea à régler sa succession. Le duc de Bourgogne et le roi de France la convoitaient avec une égale ardeur ; mais ni l'un ni l'autre n'avait l'espoir d'être nommé héritier par René, qui pouvait et devait choisir pour lui succéder ou son neveu Charles du Maine, ou son petit-fils René II, fils de la princesse Yolande et de Ferri de Vaudemont. Le vieux roi donna la préférence à un prince de sa maison ; il n'aimait pas les princes de Lorraine, qui avaient été la cause de ses premiers malheurs. Au mois d'août 1474 il convoqua à Aix les députations des états et leur donna connaissance du testament dont il avait posé les bases. Charles du Maine fut accepté pour l'héritier futur du comte de Provence. Le jeune prince se rendit à Arles, où il fut reçu avec honneur. Les autres villes applaudirent à l'acte qui leur promettait pour souverain un prince de la maison d'Anjou.

Louis XI ne pouvait rien désirer de mieux pour le moment. Charles du Maine lui était dévoué ; de plus, il était maladif et jusqu'alors sans postérité ; dès lors ce roi si astucieux pouvait espérer que la succession de René ne serait entre les mains de Charles qu'un dépôt passager qui lui reviendrait bientôt. Sentant néanmoins qu'il avait intérêt à ménager René, il changea de politique à son égard. Il lui rendit le duché d'Anjou, ne poursuivit point son entreprise contre le duché de Bar, et se montra rempli de bienveillance pour les ministres provençaux. Cependant René II, petit-fils du comte de Provence, ne tarda pas à se rendre près de lui, dans l'espoir sans doute d'influencer son grand-père en sa faveur. Ce jeune prince de Lorraine venait de se couvrir de gloire à la célèbre bataille de Morat et devant Nancy. La grâce, la noblesse et l'affabilité du vainqueur de Charles le Téméraire charmèrent la plupart des seigneurs provençaux. Charles du Maine était bon, juste, pieux, mais il ne pouvait soutenir le parallèle avec son parent de Lorraine, doué de qualités brillantes. Pour Charles on avait de l'estime, pour René II c'était de l'enthousiasme; et le vieux comte le partageait tellement, que l'on crut un instant que sa succession serait dévolue à son petit-fils. Il fut un moment, en effet, sur le point de changer ses dispositions testamentaires; mais il les maintint cependant, et Louis XI eut recours à toute sa ruse ordinaire pour l'y affermir. René II, déçu dans ses espérances, se hâta de quitter le Midi.

En 1479, la peste ravagea de nouveau la Provence. La vue de tant de malheureuses victimes du fléau destructeur brisa le cœur de René; sa charité et sa bienfaisance le portèrent à rendre lui-même aux pestiférés des soins qui achevèrent d'épuiser ses forces déjà bien affaiblies. Il ne se dissimula pas qu'il touchait au terme de son existence; il renouvela ses dispositions en faveur de Charles du Maine, désignant après lui, s'il ne laissait pas d'enfant mâle, le roi Louis XI pour son héritier. Il fit appeler sa femme Jeanne de Laval, son neveu Charles et tous ses fidèles serviteurs. Les voyant tous réunis autour de son lit, il leur adressa les plus touchants adieux et donna en particulier les plus sages conseils à son successeur. Il lui recommanda d'aimer ses peuples comme il les avait aimés lui-même; de n'oublier jamais l'assistance que les Provençaux lui avaient fournie en tous ses besoins. « Souvenez-vous, ajouta-t-il, que Dieu veut que les rois lui ressemblent bien plus par leur débonnaireté que par leur puissance. » Ensuite, brisant, pour ainsi dire, tous les liens qui l'attachaient au monde, il voulut rester seul avec son confesseur et n'eut plus de pensées que pour le ciel. Il exhala son dernier soupir sans douleur et sans agonie, le 10 juillet 1480, à deux heures après midi, à l'âge de soixante-douze ans, dans la quarante-septième année de son règne.

Aucun prince ne reçut à sa mort un plus large tribut de regrets sincères, d'hommages solennels. Le deuil fut général en Provence; partout l'on voyait des drapeaux funèbres, partout l'on entendait le panégyrique touchant du bon roi. Ses restes inanimés furent exposés pendant trois jours à la vénération du peuple, et le 14 juillet on célébra magnifiquement ses obsèques. Les rues étaient tendues de noir, et le silence religieux de la multitude attristée n'était interrompu que par le son des cloches et par la voix des prêtres. La cérémonie dura jusqu'au soir, et le corps fut déposé dans la métropole de Saint-Sauveur. René, par une de ses dispositions testamentaires, avait ordonné sa translation à Angers, *auprès de la reine Isabelle, son épouse chérie.* La population d'Aix témoigna un vif mécontentement lorsqu'elle apprit que Jeanne de Laval se disposait à obéir aux dernières volontés de son époux. L'archevêque d'Aix, Charles du Maine et plusieurs seigneurs intercédèrent auprès de la princesse pour la faire renoncer à son projet. Elle parut céder à leurs instances, mais pendant la nuit elle fit enlever le cercueil, qui fut transporté à Angers. Cependant les entrailles de René restèrent déposées au pied de l'autel des Grands-Carmes, à Aix, et un magnifique mausolée fut élevé dans la capitale, comme monument de reconnaissance et d'amour pour le prince qu'on pleurait.

Toutes les traditions représentent René comme le meilleur des princes; toutes les chroniques sont pleines de son éloge et le nomment le *bon roi René*. Dans l'Anjou comme dans la Provence, il n'y eut qu'une voix pour célébrer ses touchantes et nobles vertus. Ses mœurs étaient simples et pures. Son ameublement n'était pas plus somptueux que celui d'un simple bourgeois, et il exigeait qu'on lui rendît exactement compte de l'emploi de ses revenus. Cependant il était quelquefois libéral sans mesure, et ne mettait point de bornes à ses largesses quand il voulait récompenser ses serviteurs. Mais son excessive générosité ne nuisait qu'à ses propres domaines, séparés de l'Etat; car il n'en diminuait pas moins les impôts. Il s'occupa beaucoup de l'administration de la justice, simplifia les ruineuses règles de la procédure civile, proscrivit les actes usuraires et tous les jeux de hasard. Il usa de sévérité envers les blasphémateurs et s'attacha à faire dominer les bonnes mœurs, qu'il regardait comme indispensables pour assurer le bien général et le bonheur particulier.

René prit une grande part au mouvement intellectuel du XIVe siècle, et se fit un honneur de figurer en première ligne parmi les hommes qui mirent la main aux œuvres littéraires de cette époque. Il aimait beaucoup les fêtes et les spectacles, et souvent on le voyait passer trop subitement et trop facilement des jeux profanes aux cérémonies religieuses. Roi sage et grave, on était étonné quelquefois de le trouver frivole. C'était une conséquence de la mobilité de ses pensées et de l'esprit d'originalité dont était empreint son caractère. Dans sa vieillesse, il avait constamment la tête couverte d'un bonnet de velours noir; ses cheveux étaient coupés en rond; il avait une fraise en fourrure brune et une longue robe; il tenait ordinairement un chapelet dans ses mains. Tout cet ensemble lui donnait une tournure monacale, qui ne détruisait cependant pas ce caractère d'aménité dont étaient empreints ses traits. La mémoire de René est chère aux Provençaux, qui ne le désignent jamais que sous le nom du *bon roi René*.

CHAPITRE XVII.

—

Charles III. — Réunion de la Provence à la couronne de France.

Le comte du Maine, désormais comte de Provence sous le nom de Charles III, fit convoquer à Aix les états généraux. Il y reçut les hommages et le serment des prélats, des seigneurs et des communautés de Provence, y confirma les franchises accordées à différentes villes par ses prédécesseurs, et ordonna que le pays fût en tout régi comme par le passé. Reconnu dans toute la Provence, il s'adonna entièrement à l'administration de son Etat.

De même que ses prédécesseurs, Charles III ne renonçait pas à la conquête du royaume de Naples; mais, sentant l'impossibilité de l'entreprendre, il voulut du moins assurer la conservation de ses droits. Dans ce but, il envoya une ambassade à Rome pour solliciter du pape Sixte IV l'investiture du royaume des Deux-Siciles comme sa propriété par droit héréditaire. Le souverain pontife, qui sentait que la sûreté de l'Italie dépendait de celle des provinces napolitaines, ne voulait nullement y soulever de nouvelles tempêtes; aussi ne donna-t-il aucun espoir aux envoyés de Charles. Ceux-ci obtinrent cependant acte de leur présence et de la réquisition d'investiture, pour servir en temps et lieu à leur seigneur et maître. Sixte IV, cédant à leurs instances, consentit à cette formalité insignifiante qui n'engageait en rien la cour romaine. Il ne se dissimulait point que la cause des comtes de Provence était à jamais perdue dans les Deux-Siciles.

Charles III dut se contenter de cette concession du saint-père et renoncer à toute tentative en Italie. Il avait d'ailleurs à se défendre en Provence contre René II, duc de Lorraine, qui vint lui disputer la possession du comté-uni, auquel il prétendait avoir droit plus que lui. Le duc entraîna dans son parti plusieurs seigneurs provençaux; mais Charles III, soutenu par Louis XI, qui lui envoya une armée auxiliaire, soumit promptement tous les révoltés. Reconnu et obéi partout, il régna désormais en paix.

En 1481, Charles III perdit sa femme, Jeanne de Lorraine, qui mourut à Aix. Cette mort le plongea dans une profonde affliction. Sa santé, déjà faible, s'altéra dès ce moment d'une manière sensible. Il alla passer l'hiver à Marseille pour y respirer un air plus doux. Sa maladie de langueur empirant chaque jour, il pensa à ses dernières dispositions. Il fit plusieurs legs dictés par l'amitié, par la reconnaissance et par un sentiment religieux, puis il institua héritiers universels de ses Etats le roi Louis XI, le dauphin et tous leurs successeurs à la couronne de France, les priant toutefois de maintenir la Provence dans ses prérogatives et coutumes. Il mourut le lendemain 11 décembre. Son corps fut exposé pendant six jours sur un lit d'honneur, à la vue du peuple marseillais. On le transporta ensuite à Aix, sur un chariot couvert de velours noir, et on l'inhuma, suivant ses intentions, dans la cathédrale de Saint-Sauveur.

Ainsi fut consommée la réunion de la Provence à la monarchie française. Cette belle et florissante province retourna dans le domaine de ses premiers et anciens maîtres, les rois de France. Ce beau fleuron de la couronne en avait été détaché six cents ans auparavant, en 879, par l'ambition de Boson, roi d'Arles. La sagesse et la prudence de Charles III d'Anjou, dernier comte de Provence, l'y fit rentrer. Depuis longtemps les deux nations tendaient à se rapprocher; l'ordre naturel devait finir par donner à la France la Méditerranée pour une de ses limites.

CHAPITRE XVIII.

La Provence sous les Rois de France.

L'histoire de la Provence finit ou du moins se restreint considérablement au moment de sa réunion à la couronne de France. Elle se trouve confondue dans l'histoire de la monarchie ; aussi nous ne pouvons désormais que signaler les événements principaux qui ont eu quelque influence sur les destinées de cette province.

Louis XI fut généralement reconnu en Provence comme comte souverain. Il confia l'administration de ce pays à Palamède de Forbin, qui y exerça, en qualité de gouverneur et de lieutenant général, des pouvoirs étendus semblables à ceux d'un vice-roi, en confirmant cependant les priviléges des villes. Quelques gentilshommes embrassèrent le parti du duc de Lorraine, petit-fils de René, qui réclamait comme un héritage légitime la souveraineté du comté de Provence, aliéné à son préjudice. Ses raisons pouvaient être bonnes ; mais pour les faire prévaloir, il fallait recourir à la force des armes, et ce prince était trop faible pour soutenir la lutte avec quelque avantage. Son parti, après quelques démonstrations stériles, put se convaincre de son impuissance et n'osa pas lever la tête. Mais lorsque Louis XI mourut, en 1483, il n'avait pas encore rempli auprès de la nation provençale les formalités nécessaires pour consommer l'union du pays à la couronne. Le duc de Lorraine crut le moment favorable pour faire valoir ses droits, et, se berçant d'un vain espoir, il alla réclamer le comté aux états généraux du royaume, qui étaient réunis à Aix. Son parti souleva bien des orages; la question fut vivement agitée, et la guerre civile était sur le point d'éclater. Mais les états généraux se prononcèrent pour l'union légale et définitive du comté de Provence à la monarchie française. Charles VIII, qui avait succédé à Louis XI, accepta pour lui et ses successeurs l'offre des états de Provence, aux conditions fixées par cette assemblée nationale. Les trois ordres déclarèrent alors au milieu des plus vifs applaudissements *qu'ils confirmaient et ratifiaient l'union*. Cet acte solennel, fait en toute liberté, selon les maximes fondamentales et les règles constitutionnelles du pays, fut le complément indispensable du testament de Charles III, et assura l'indépendance politique de la Provence. Dès ce moment les agitations se calmèrent; les intérêts particuliers disparurent devant l'expression de la volonté nationale, et le parti lorrain, perdant ses dernières illusions, expira sans murmure.

Le dernier comte de Provence avait transmis ses droits aux rois de France, ou, si l'on veut, ses prétentions à la couronne des Deux-Siciles. Les revers des souverains comtes dans la Péninsule italienne, les flots de sang provençal si souvent répandus sur cette terre, ne furent pas des motifs assez puissants pour arrêter les princes français, toujours rebelles aux leçons de l'expérience. Louis XI, dévoré de soucis et ruiné par les maladies, n'entreprit rien contre le royaume de Naples. Le temps et la volonté lui manquèrent. Mais Charles VIII, plus jeune, plus chevaleresque, tourna de ce côté ses pensées ambitieuses. Il passa en Italie. Comme au temps des comtes de Provence, après quelques beaux succès, vinrent des revers déplorables. Il fit la conquête du royaume de Naples, le perdit presque aussitôt, et mourut au moment où il faisait de nouveaux préparatifs de guerre. Louis XII, son successeur, se laissa aller comme lui à des espérances chimériques et porta les armes en Italie. Il y soutint une lutte longue sans obtenir le résultat qu'il poursuivait. La Provence, étrangère à ce mouvement, s'occupait de réformer l'administration de la justice. Un parlement fondé sur de nouvelles bases fut établi à Aix.

Louis XII mourut le 1er janvier 1515, après avoir vu ses affaires ruinées en Italie. François Ier, son successeur, annonça au parlement de Provence, comme à tous ceux du royaume, son avénement au trône. Il porta immédiatement ses armes dans le Milanais, et débuta par la célèbre bataille de Marignan, gagnée sur les Suisses. Après la réduction de tout le Milanais, il laissa ses troupes en Italie et vint visiter la Provence, dans les derniers jours de 1515. Il y avait été précédé par Louise de Savoie, sa mère, la reine son épouse, sa sœur la duchesse d'Alençon, le seigneur de Montmorency, l'évêque de Paris, et plusieurs grands dignitaires du royaume. Il entra en Provence par Sisteron ; le lendemain il se rendit à Manosque, puis alla visiter la célèbre grotte de la Sainte-Baume, et se rendit à Marseille. Son entrée y fut signalée par des fêtes brillantes et se fit au milieu des acclamations populaires. Toute la noblesse de Provence s'y était rendue pour présenter ses hommages au roi. Elle le suivit à Aix, où il assista à une audience du parlement. François Ier, après avoir vu Arles, Tarascon, prit la route d'Avignon.

La paix semblait devoir régner en Provence, lorsqu'elle fut envahie par le connétable de Bourbon, à la tête d'une armée impériale. Celui-ci, traître à son roi et à son pays, poussait l'empereur Charles-Quint et le roi d'Angleterre Henri VIII à continuer la guerre contre François Ier. Il leur persuada de franchir les frontières de la France. L'empereur l'autorisa à entrer en Provence. François Ier se hâta de mettre cette frontière en état de défense ; il envoya à Marseille le maréchal de Chabannes, et chargea l'amiral La Fayette d'aller, avec une flotte de trente-trois vaisseaux, protéger les côtes de la Méditerranée. Les Marseillais se préparèrent à repousser les attaques de l'ennemi. Tous ceux qui étaient en état de porter les armes s'enrôlèrent volontairement. On répara les murailles, on les garnit d'artillerie ; on rasa dans les faubourgs et dans la campagne les édifices où l'ennemi pouvait s'abriter. Les églises et les monastères ne furent pas épargnés. Les femmes, oubliant leur faiblesse, travaillèrent aux fortifications de la ville et montrèrent le plus grand enthousiasme patriotique.

Le connétable de Bourbon, se disant comte de Provence, titre qu'il avait obtenu de Charles-Quint, s'avança vers le Var avec son lieutenant, le marquis de Pescaire, tandis qu'une flotte impériale de seize galères longeait le rivage pour protéger l'armée et transporter sa grosse artillerie. Cette flotte rencontra à la hauteur de Nice l'escadre commandée par La Fayette. L'amiral français fit échouer trois galères ennemies, que Pescaire brûla aussitôt pour qu'elles ne tombassent point au pouvoir des Français, et fit un grand nombre de prisonniers, qu'il envoya à Marseille. Au commencement de juillet 1524, Bourbon passa le Var avec une forte armée. Le général Lannoy devait lui amener des renforts d'Italie. Le connétable trouva les frontières gardées par des troupes presque entièrement composées de paysans levés à la hâte, qui aux premiers coups de fusil se débandèrent; rencontrant peu de résistance, il franchit les limites et arriva assez promptement devant Aix. Après trois sommations, le premier consul, Honoré de Puget, lui porta les clefs de la ville, en le suppliant de lui conserver ses franchises et ses priviléges. Le connétable en promit le maintien, et, se voyant maître de la capitale, il vint mettre le siége devant Marseille, le 19 août. Les Marseillais lui opposèrent une vive résistance. Les femmes, qui s'étaient déjà distinguées par leur zèle, travaillèrent avec tant d'ardeur à une fortification, qu'on lui donna le nom de *Tranchée des Dames*. On l'appelle aujourd'hui le *Boulevard des Dames*.

Les Impériaux attaquèrent avec quelques succès, firent une brèche aux remparts et entreprirent l'assaut au milieu d'une mêlée horrible. Dès ce moment, la délivrance de Marseille et de la Provence fut assurée. Le connétable de Bourbon se vit dans la nécessité de battre en retraite. Sa position n'était pas tenable; les vivres commençaient à lui manquer; puis les maréchaux de Chabannes et de Montmorency s'avançaient avec des forces considérables. Abandonné du marquis de Pescaire, Bourbon fut contraint de fuir à travers la Provence, si rapidement conquise et si vite perdue. Dans la nuit du 28 au 29 septembre, après quarante jours de siége, il leva son camp et marcha dans la direction du Var, poursuivi de près par les paysans et les milices françaises. L'armée impériale repassa le fleuve dans un tel état de détresse, que les consuls de Nice osèrent lui refuser l'entrée de la ville. Les Impériaux se jetèrent sur les faubourgs et sur les campagnes environnantes, pillant les maisons, coupant les arbres, se livrant à tous les excès. L'approche de l'armée française précipita leur fuite.

Le connétable avait à peine levé le siége de Marseille, que des bandes sorties de cette ville allèrent piller Aix pour la punir de la facilité avec laquelle elle avait ouvert ses portes à l'ennemi. Les Marseillais donnèrent à leurs voisins le nom de *Bourbonnais*. Cette dénomination injurieuse était encore en usage deux siècles après. François Ier ne tarda pas à venir en personne à Aix; pour donner un salutaire exemple, il priva les consuls de la robe rouge pendant douze ans et fit trancher la tête à Honoré de Puget, comme coupable de trahison et de révolte. Cet acte de sévérité fut généralement approuvé.

Le roi de France, après sa défaite de Pavie, suivie d'une dure captivité, et enfin de sa mise en liberté par le traité de Cambrai, conclut le mariage de son second fils Henri, duc d'Orléans, avec Catherine de Médicis, nièce du pape Clément VII. La ville de Marseille fut choisie pour la célébration de ce mariage. François Ier s'y rendit le 8 octobre 1533, avec ses trois fils, la reine, le duc et la duchesse de Vendôme. Il y fut suivi par les plus grands officiers du royaume et par les ambassadeurs des puissances européennes. Le 11 du même mois, une flotte de dix-huit galères et de six vaisseaux, sous le commandement du duc d'Albanie, entra dans le port de Marseille. Elle portait le souverain pontife et une partie du sacré collège. Clément VII fut reçu par la cour de France avec la plus grande magnificence. Le 28, il consacra l'union de Catherine et de Henri au milieu de fêtes splendides. Il nomma quatre cardinaux français et donna sa bénédiction, ainsi que l'absolution générale, au peuple marseillais. Le 10 novembre, il partit, escorté par vingt-deux galères. Quelques jours après, le roi, suivi de sa cour, quitta aussi la ville.

Malgré l'insuccès de l'expédition du connétable de Bourbon en Provence, Charles-Quint en méditait une seconde. Cette fois, il résolut de marcher en personne à la tête de ses troupes, pour saisir de sa propre main l'ancienne couronne des rois d'Arles, qui flattait son ambition. Aussitôt que François Ier eut connaissance des intentions de Charles-Quint, il mit de nouveau la Provence en état de défense. Il établit à Avignon le quartier général de l'armée française, et en donna le commandement au maréchal de Montmorency; il confia le gouvernement de Marseille à Antoine de la Rochefoucauld, et chargea Bonneval de la défense d'Aix. Les habitants travaillèrent avec ardeur à leurs fortifications. Dans un moment de dévouement patriotique, on résolut d'affamer toute la contrée, du Var au Rhône, pour enlever à l'ennemi les moyens de subsistance. Plusieurs seigneurs donnèrent l'exemple en portant eux-mêmes la dévastation sur toutes leurs terres. Ils eurent partout des imitateurs, et cet acte presque barbare fut accompli comme un immense sacrifice fait au bien public. Les habitants d'Aix mirent le feu à tous leurs approvisionnements et ne gardèrent que ce qui leur était strictement nécessaire.

La flotte impériale, conduite par André Doria, le plus célèbre marin du XVIe siècle, s'empara par capitulation de la place d'Antibes et ravagea toute la côte jusqu'aux environs de Marseille. La ville d'Hyères seule fut épargnée, l'amiral de Charles-Quint ayant pour elle une affection particulière. Quelques vaisseaux de Nice et de Gênes, qui accompagnaient cette armée navale, retournèrent chargés de butin.

C'était une invasion bien autrement redoutable que celle du connétable de Bourbon. L'empereur avait cinquante mille hommes. Le 21 juillet 1536, il arriva devant Nice, accompagné du duc de Savoie et d'une foule de princes et de généraux qui servaient sous ses ordres. Béatrix, duchesse de Savoie, et son fils, Emmanuel-Philibert, allèrent à sa rencontre avec l'évêque, le gouverneur et les consuls de Nice. On présenta aux deux souverains les clefs de la ville, avec des couronnes de laurier, au milieu des plus bruyantes acclamations. L'armée campa sur les collines qui s'étendent en demi-cercle depuis Cimiers jusqu'au Var. Les régiments de la garde occupèrent les faubourgs de Nice, et l'intérieur de la ville fut destiné à la cour et aux principaux généraux.

Le 25 juillet, l'empereur ordonna le passage du Var, qui se fit sans résistance. Le comte de Tende mit le feu à la ville de Grasse, qu'il ne pouvait défendre; Fréjus et Draguignan se rendirent à la première sommation; Brignolles et Saint-Maximin furent livrés au pillage. Charles-Quint prit ensuite la route d'Aix. Pendant sa marche, les bourgeois et les paysans qui étaient en armes sur les montagnes ne cessèrent de harceler les Impériaux, en tombant à l'improviste sur eux; les Impériaux, de leur côté, brûlèrent des populations entières réfugiées dans les bois, sans les admettre à la soumission. Cinq gentilshommes provençaux, dévoués et courageux, s'embusquèrent au village du Muy, avec trente paysans et quinze soldats, dans une tour qui dominait un défilé où devait passer l'armée ennemie; ils étaient résolus à faire une décharge de mousqueterie sur l'empereur. Bientôt ils virent s'avancer un groupe de seigneurs au milieu desquels s'en trouvait un qui paraissait dominer les autres, et que l'on semblait escorter. C'était un capitaine espagnol, nommé Garcia Lazzio, monté sur un cheval de Naples et couvert d'un riche manteau d'écarlate. Tout semblait indiquer que c'était Charles-Quint lui-même. Les hommes en embuscade, ne le connaissant pas, tirèrent sur Lazzio et l'étendirent sur la place. L'empereur, qui se trouvait à peu de distance, fit abattre la tour à coups de canon, et les cinquante Provençaux, victimes de leur dévouement à leur patrie, furent tous massacrés.

Charles-Quint et le duc de Savoie firent leur entrée dans la capitale de la Provence, le 9 août, avec un faste éblouissant. L'empereur portait sur sa cotte d'armes un manteau de damas blanc; sa tête était couverte d'une toque surmontée de plumes blanches et violettes. Il descendit à l'archevêché, qu'il avait choisi pour son logement. Le lendemain, il se rendit avec toute sa cour à l'église métropolitaine de Saint-Sauveur, où il se fit couronner roi d'Arles et de Provence par Jérôme d'Arsagis, évêque de Nice, qui l'avait accompagné. Il voulut que ses troupes gardassent la plus sévère discipline et qu'elles eussent surtout du respect pour les choses saintes. Il plaça des corps de garde aux portes des maisons religieuses et fit pendre un soldat qui avait volé des vases sacrés. Malgré le bon ordre qui régnait à Aix, l'archevêque, les consuls, la plupart des nobles et des bourgeois notables avaient pris la fuite. Le parlement avait aussi quitté la ville; et pendant que les magistrats se trouvaient ainsi éloignés de leur siége habituel, le duc de Savoie fit incendier le palais de justice, dans le dessein de détruire les chartes et les titres qui y étaient renfermés, et sur lesquels les rois de France, successeurs des souverains comtes de Provence, s'appuyaient pour réclamer le comté de Nice, la vallée de Barcelonette et la viguerie de Puget-Théniers. Le duc fut trompé dans son attente; car la partie la plus importante des archives avait été placée hors de l'atteinte des incendiaires, par les soins du maréchal de Montmorency.

L'empereur tint solennellement dans le palais comtal un lit de justice, dans lequel il abolit les statuts et les priviléges du pays, les tribunaux et le corps municipal de la ville d'Aix. Il remplaça le parlement par un sénat composé de jurisconsultes qui lui étaient dévoués. La nouvelle cour souveraine, dès qu'elle fut installée, confisqua par arrêt les biens des malheureux habitants que la terreur avait dispersés; elle changea toutes les dignités, donna de nouvelles formes de gouvernement et alla jusqu'à faire de nouvelles divisions dans le territoire provençal, en créant des marquisats, duchés, principautés, etc. Pour couronner dignement tous ces actes d'une puissance usurpatrice, un prêtre napolitain, nommé Copel, monta en chaire dans l'église de Saint-Sauveur, et prononça le panégyrique du prince en termes si magnifiques, qu'il le mit au-dessus de Constantin, de Justinien, de Charlemagne. Il le compara à Josué, traita le roi François Ier de Philistin, de Pharaon, et dit enfin que la Provence était la terre promise. L'empereur donna l'archevêché d'Aix à ce prédicateur si zélé pour sa cause.

L'armée ennemie poursuivit son envahissement, mais elle rencontra une vive résistance. Il n'y avait nulle part d'actions décisives, mais des combats de tous les jours, des engagements continuels. Les soldats étaient massacrés; les communications interrompues. Les Provençaux faisaient à l'ennemi une guerre de partisans, guerre toujours plus funeste aux envahisseurs que celle qui peut se terminer par une bataille rangée. Des maladies causées par des chaleurs excessives vinrent faire de terribles ravages dans l'armée impériale, et l'affaiblirent beaucoup, tandis que François Ier, au contraire, réunissait à Avignon des forces considérables qui croissaient chaque jour, les paysans se levant en masse pour défendre leur pays. Tout annonçait donc que l'expédition de Charles-Quint aurait des résultats aussi désastreux que celle du connétable de Bourbon. L'empereur, voyant enfin le danger de sa position, se décida à la retraite. Elle commença le 11 septembre, dans le plus affreux désordre. L'artillerie et les équipages furent abandonnés; l'armée impériale, harcelée dans sa marche par la population des campagnes, poursuivie par les troupes du roi, joncha de morts et de blessés la route qu'elle suivit d'Aix à Fréjus. Cette armée, naguère si fière et si nombreuse, perdit les deux tiers de ses soldats; et Charles-Quint, obligé de fuir, n'échappa qu'à grand'peine aux coups de ces Provençaux qu'il s'était vanté de subjuguer si facilement. Suivi du duc de Savoie, il se hâta de repasser le Var et de gagner Gênes.

Cette invasion laissa après elle des traces ineffaçables. Aix surtout avait beaucoup souffert. Les remparts et les principaux édifices étaient détruits. On ne voyait partout que des scènes de douleur et de misère. Le grand nombre de cadavres laissés dans les rues y produisait une affreuse infection. Le commerce et l'industrie semblaient anéantis; le cours de la justice elle-même paraissait suspendu. Le sort des autres villes n'était pas meilleur. La Provence entière avait à déplorer des désastres; aussi le deuil était universel, la souffrance commune.

François Ier, accompagné de son fils, le dauphin, du cardinal de Lorraine et du maréchal de Montmorency, parcourut plusieurs villes et s'efforça de réparer les maux qu'avait causés l'invasion. Néanmoins, lorsque les états généraux lui demandèrent une diminution d'impôts, il s'y refusa, non par manque d'humanité, mais parce que le mauvais état de ses finances s'opposait à toute générosité de sa part. Les Provençaux durent donc faire de durs sacrifices; et cette fois comme toujours, la guerre laissa après elle des traces sanglantes et des blessures toujours longues et difficiles à cicatriser.

CHAPITRE XIX.

Troubles religieux.

La province respirait à peine lorsqu'elle fut agitée par des querelles religieuses. Un reste des anciens Vaudois et Albigeois s'était retiré sur la rive gauche de la Durance, dans le territoire limité par cette rivière et par la montagne de Léberon à la frontière orientale du comtat Venaissin. Ces sectaires, attirés par le seigneur de Cental, vinrent habiter les bourgs de Mérindol, de Cabrières, et plusieurs autres, au nombre de vingt-quatre. Peu nombreux, on ne les trouvait pas assez dangereux pour les inquiéter ; aussi exerçaient-ils leur culte sans obstacle ; leur erreur n'inspirait que du mépris et de la pitié.

Mais surgit tout à coup la réforme, qui remua l'Allemagne et la Suisse. Les Vaudois voulurent alors entrer en communion avec les Eglises germaniques. Animés de la passion du prosélytisme, ils s'efforcèrent de propager leurs doctrines, les imposèrent par la violence, et réduisirent en cendres la ville de Manosque. Ils firent de Mérindol le chef-lieu de leur Eglise, et y tinrent des assemblées ; ils se donnèrent des chefs de la ligue, et, dépassant bientôt les limites dans lesquelles ils étaient resserrés, ils pénétrèrent dans la Provence et y répandirent leur hérésie.

L'autorité ecclésiastique porta plainte au parlement d'Aix. Cette cour rendit un arrêt qui enjoignait à tous les sujets du roi de chasser les hérétiques de leurs terres. Le comte de Cental, au lieu d'exécuter cet ordre, se déclara le protecteur des religionnaires, qui, ainsi encouragés, eurent la témérité de faire des courses dans le comtat Venaissin. Le pape en écrivit à François Ier et publia en même temps une bulle qui déférait les Vaudois aux juges séculiers. Le roi donna alors l'ordre au parlement de rendre un second arrêt défendant aux hérétiques de tenir aucune assemblée et recommandant aux seigneurs des lieux de s'y opposer. Les Vaudois, toujours plus exaltés et plus audacieux, parvinrent à chasser le seigneur de Cabrières de son château et s'y retranchèrent. Des protestants poursuivis pour leur croyance vinrent se joindre à eux. Aussi vit-on chaque jour grossir le nombre de ces sectaires. Le roi ordonna alors (mars 1538) de les *pousser à bout*. On leur accorda néanmoins de nouveaux délais pour rentrer dans l'obéissance et dans l'ordre. Le parlement d'Aix reculait devant les conséquences d'une proscription générale. Mais toutes les voies de conciliation étant épuisées sans résultat, la cour rendit le fameux édit de Mérindol. Elle condamna par contumace dix-neuf personnes au supplice du feu, avec confiscation de leurs biens, et bannit à perpétuité leurs femmes et leurs enfants. Elle ordonna de plus que les villages de Mérindol, de Cabrières, et autres lieux qui avaient servi de retraite aux hérétiques, seraient détruits, les maisons rasées jusqu'aux fondements, avec défense d'en construire de nouvelles.

L'exaltation fut alors au comble parmi les Vaudois. Ils s'assemblèrent à Mérindol, se donnèrent une organisation militaire, choisirent pour chef Taxil Marron, qui fut plus tard exécuté à Avignon; coururent la campagne et pillèrent un couvent de Carmes sur les terres papales, après avoir repoussé les soldats envoyés contre eux.

L'arrêt de Mérindol fut un instant suspendu; une amnistie même fut proposée aux Vaudois. Tous les moyens de persuasion étaient employés pour les ramener dans le sein de l'Eglise catholique. Une mission fut prêchée dans leurs églises. Ils résistèrent à toutes les sollicitations, se refusèrent à toute abjuration, et poursuivirent leurs ravages et leurs violences. Le parlement ordonna alors l'exécution de son arrêt et décida une expédition catholique contre les hérétiques. Elle partit d'Aix (1545), sous la conduite du capitaine Paulin. Il parcourut tous les villages hérétiques jusqu'à Mérindol, les détruisit tous par le fer et le feu, et passa au fil de l'épée la population entière. Après cette expédition, l'armée catholique se dirigea sur le bourg de Cabrières, que les Vaudois avaient fortifié. Il se défendit avec vigueur, mais il fut enfin forcé de se rendre à discrétion ; les murailles furent détruites et la plus grande partie des habitants tués. Toute la contrée hérétique devint un théâtre de désolation et de mort. La terre, arrosée de sang, demeura sans culture. Les fugitifs, errant dans les bois, y périrent en grande partie. Quelques-uns gagnèrent l'Allemagne ou la Suisse. Les biens furent confisqués pour servir à l'entretien des fortifications de diverses places ; les récoltes vendues payèrent les frais de la guerre. Les femmes et les enfants, emmenés prisonniers, furent dispersés dans les grandes villes pour y être instruits dans la religion catholique.

L'expédition terminée, les commissaires retournèrent à Aix, en traînant à leur suite un grand nombre de prisonniers. Ils rendirent compte à l'assemblée de la mission dont ils avaient été chargés. Leur conduite fut approuvée. François Ier crut devoir la sanctionner aussi par lettres-patentes. Pourtant la voix de l'humanité s'élève avec force contre ce drame horrible de Mérindol et de Cabrières, et l'histoire refuse de pardonner au parlement d'Aix de l'avoir ordonné. L'arrêt était cruel, il est vrai ; cependant, en considérant la lenteur que l'on mit à le faire exécuter, les efforts tentés pour ramener les Vaudois, l'obstination de ces sectaires à persévérer dans leur erreur, à la répandre même par la violence, et en songeant aux malheurs qui devaient résulter de la propagation de l'hérésie, ne peut-on pas trouver une cause atténuante à ce terrible arrêt? La postérité ne pourrait-elle même pas en absoudre le parlement, si malheureusement on n'avait pas la certitude que parmi ceux qui le dictèrent, plusieurs n'écoutèrent que leurs intérêts personnels, leurs haines particulières, plutôt qu'un véritable zèle pour la religion?

L'anéantissement des Vaudois ne termina pas les troubles religieux. La réforme, qui faisait chaque jour des progrès, malgré les coups dont elle était frappée, pénétra dans la Provence. Des hommes influents l'embrassèrent et donnèrent ainsi au protestantisme la consistance d'un parti redoutable. Deux frères, Antoine et Paul de Richien, seigneurs de Mauvans, allumèrent le feu des guerres religieuses, et ce fut un vaste incendie qui dura près d'un demi-siècle. Pendant tout cet espace de temps, les catholiques et les protestants se combattirent avec acharnement, éprouvant tour à tour les diverses chances de la fortune. Peu de villes échappèrent à ces luttes sanglantes et à ces tristes représailles.

La cour de France, embarrassée et fatiguée de ces guerres intestines, recourut à un acte de tolérance et rendit, en 1563, un édit qui proclamait l'oubli du passé et la liberté religieuse. Mais les catholiques provençaux, esprits à imagination ardente, défenseurs intrépides de la foi orthodoxe, se soulevèrent contre cet édit. Les états généraux, entraînés par l'opinion publique, déclarèrent qu'ils s'opposeraient au rétablissement des prêches, qu'ils ne souffriraient pas que l'hérésie vînt s'asseoir triomphante à côté des autels de la vraie religion. Ce fut en vain que l'édit fut présenté au parlement ; celui-ci ne tint aucun compte des volontés du roi et reconnut même le culte catholique comme seul permis en Provence. Le roi, bien résolu à ne pas fléchir, envoya des commissaires pour conférer avec les membres du parlement. Ceux-ci firent quelques concessions ; mais comme elles étaient insuffisantes aux yeux de Charles IX, ce prince prononça la suspension du parlement d'Aix et nomma à la place des anciens magistrats deux présidents et douze conseillers soumis au grand conseil de Paris. Il confia en même temps les rênes du gouvernement de Provence au comte de Tende, protecteur des réformés, qui saluèrent son retour avec enthousiasme. Néanmoins le comte ne put parvenir à réunir un nombre suffisant de membres pour reconstituer une assemblée nationale. Les anciens membres refusèrent constamment leur concours au gouvernement français et attendirent dans le silence que les événements fussent plus propices à leurs idées religieuses.

Charles IX vint visiter la Provence. Il entra dans Avignon le 24 septembre 1564, avec sa mère Catherine de Médicis, son frère le duc d'Alençon, le jeune Henri de Bourbon, qui fut plus tard Henri IV, les cardinaux de Guise et de Bourbon, le connétable de France Anne de Montmorency, et plusieurs autres seigneurs. L'ancien parlement s'empressa d'envoyer des députés au roi pour justifier sa conduite. Ces députés, accueillis favorablement, obtinrent que deux maîtres des requêtes iraient à Aix pour y prendre des informations sur des faits qui devaient servir de base à la justification des membres de l'assemblée. Le roi, continuant sa route, fit son entrée à Aix le 20 octobre. Il visita ensuite Saint-Maximin, la Sainte-Baume, Toulon, puis Marseille, où on lui fit une réception brillante. Après y avoir passé huit jours, il se dirigea vers Arles. Les Arlésiens l'accueillirent en rivalisant de magnificence avec les Marseillais. La cour s'arrêta trois semaines dans cette antique métropole des Gaules, et les combats de taureaux remplacèrent les jeux sanglants de l'amphithéâtre. Ce fut dans cette ville que Charles IX se décida à rétablir dans leurs charges les anciens membres du parlement de Provence, et fit rédiger par le président un acte de tolérance et de concorde. Le roi et sa cour quittèrent Arles le 7 décembre, passèrent à Tarascon, et traversèrent le Rhône pour entrer dans le Languedoc. Pendant ce voyage, Charles IX, se trouvant à Salon, voulut voir le vieux Michel Nostradamus, qui habitait cette ville, et dont le nom est resté si populaire, qu'il doit occuper une place dans les annales de la Provence.

Michel de Nostradamus naquit à Saint-Remi le 14 décembre 1503. Son père était notaire. Son bisaïeul maternel, médecin et conseiller du roi René, lui enseigna les éléments du latin et des mathématiques. Après avoir achevé sa philosophie au collége d'Avignon, il alla étudier la médecine à Montpellier, puis vint s'établir à Agen, où il se maria. Ayant perdu au bout de quelques années sa femme et les deux enfants qu'elle lui avait donnés, le séjour d'Agen lui devint insupportable. Pendant douze ans, il parcourut la Guyenne, le Languedoc et l'Italie, revint en Provence et finit par se fixer à Salon, où il épousa une jeune fille de très-bonne famille. Des maladies contagieuses qui affligèrent les villes d'Aix et de Lyon lui fournirent l'occasion d'employer quelques remèdes secrets qui eurent beaucoup de succès. Il fut appelé dans ces deux villes par une délibération solennelle des autorités. Les uns le vénéraient comme un prophète aimé du ciel; les autres soutenaient qu'il avait commerce avec le démon; d'autres enfin le traitaient de visionnaire extravagant ou d'imposteur audacieux.

Cet homme, dont la renommée a été si grande, s'était livré de bonne heure à l'étude de la médecine, et il avait obtenu une réputation que ses confrères ne virent pas sans jalousie. Les tracasseries qu'il essuya de leur part l'obligèrent à s'éloigner de la société. Vivant seul avec ses livres, en tête à tête avec les souvenirs de sa jeunesse et de son âge mûr, son imagination ardente s'exalta tellement, qu'il crut avoir véritablement le don de connaître l'avenir. Il écrivit d'abord ses prédictions dans un style énigmatique; mais, pensant qu'elles auraient un caractère plus prophétique s'il les mettait en vers, il en composa autant de quatrains, dont il publia sept *centuries* à Lyon en 1555. Ce recueil eut un succès inimaginable, que l'auteur lui-même n'avait sans doute pas prévu. Catherine de Médicis voulut voir cet homme extraordinaire dont chacun racontait des choses merveilleuses. Elle l'appela à la cour et l'accueillit avec la plus grande distinction. Elle l'envoya à Blois pour tirer l'horoscope des jeunes princes et le combla de présents. Nostradamus, de retour en Provence, augmenta son recueil de trois centuries et en donna une seconde édition en 1558. L'année suivante, Henri II mourut dans un tournoi, d'une blessure à l'œil faite en rompant une lance avec le comte de Montgomeri. Les partisans de Nostradamus se persuadèrent qu'il avait prédit ce triste événement dans ce quatrain de sa première centurie :

> Le lion jeune le vieux surmontera ;
> En champ bellique, par singulier duel,
> Dans cage d'or les yeux lui crèvera ;
> Deux plaies une, puis mourir : mort cruelle.

La réputation de l'astrologue était immense lorsque Charles IX et sa suite arrivèrent devant Salon, le 17 octobre 1564. Les autorités avaient prié instamment Nostradamus de se joindre à eux et de parler à Sa Majesté pour sa réception ; mais il s'en excusa, en disant « qu'il voulait saluer Sa Majesté hors de la tourbe populaire, étant très-certain qu'il serait averti, requis et demandé. » En effet, il fut mandé près du roi, qui le garda dans sa chambre. Catherine l'entretint longtemps. Il lui prédit que le duc d'Anjou serait roi de France. Ayant examiné attentivement le prince de Béarn, il lui prédit également qu'après bien des traverses, il succéderait à Henri III.

Charles IX, pendant son séjour à Marseille, y fit venir Nostradamus, lui donna 200 écus d'or et le nomma son médecin ordinaire, avec gages, prérogatives et honneurs accoutumés. L'astrologue ne jouit pas longtemps de ces faveurs royales. Il mourut à Salon le 2 juillet 1566, et fut inhumé dans l'église des Cordeliers. Le peuple de cette ville crut pendant longtemps qu'il se fit enfermer tout vivant dans son caveau avec une lampe, du papier, de l'encre, des plumes et des livres, et qu'il menaça de la mort quiconque aurait la hardiesse d'ouvrir ce caveau. Cette croyance fut fort utile aux spéculateurs qui donnèrent de nouvelles éditions des *centuries* de Nostradamus avec de nouveaux quatrains applicables aux événements récents. Les curieux ne recherchent cependant que les anciennes éditions, comme étant les seules qui puissent réellement lui être attribuées.

Le calme rétabli en Provence fut de courte durée. Les deux partis, catholique et protestant, étaient animés l'un pour l'autre d'une haine mortelle et d'une commune défiance. Les religionnaires, voyant dans toutes les dispositions de la cour des sujets de crainte, se soulevèrent, et la guerre recommença avec fureur. Elle se poursuivit pendant plusieurs années. L'affreux massacre de la Saint-Barthélemy, en 1572, ne fit qu'exaspérer encore plus les esprits. La mort de

Charles IX, l'année suivante, ne les calma point. Les discordes civiles, toujours plus envenimées, semblaient prendre un caractère permanent. L'édit de Henri III, en 1576, qui permettait le libre exercice de la religion *prétendue réformée*, apporta quelques instants de paix; mais une malheureuse rivalité entre le maréchal de Retz, gouverneur de Provence, et le comte de Carces, grand sénéchal, renouvela les calamités qui depuis si longtemps pesaient sur la Provence. Les catholiques, mécontents des édits de pacification, s'agitèrent de tous côtés, firent entendre des cris de guerre, se placèrent ouvertement sous la bannière du comte et prirent le nom de *Carcistes*. Les protestants, à leur tour, se rangèrent sous la protection du gouverneur et furent appelés *Razats*, du nom de leur chef, le maréchal de Retz. Celui-ci, fatigué des tracasseries que lui suscitait son adversaire, quitta son gouvernement, qu'il céda au comte de Suze. Le nouveau gouverneur entra en Provence au mois d'août 1578, et la lutte commencée entre le comte de Carces et le maréchal de Retz se continua plus vive que jamais. L'anarchie devint générale et alarma tellement le comte de Suze, qu'il quitta furtivement Aix et se retira à Avignon.

On pouvait espérer que son départ calmerait les partis; mais il n'en fut rien. Ce fut en vain que le parlement fit tous ses efforts pour rétablir l'ordre et la tranquillité publique, qu'il proposa un accommodement; les Carcistes et les Razats refusèrent de déposer les armes. La modération ne pouvait exister dans deux partis si fortement irrités l'un contre l'autre. Tout respirait la guerre civile; elle fomentait partout, dans les villes et dans les campagnes, dans tous les rangs, dans toutes les professions, au sein même du foyer domestique. L'air et le sol en semblaient imprégnés. Elle était devenue un besoin pour la plupart des capitaines, qui s'en faisaient un moyen de satisfaire leur ambition; et si le comte de Carces eût voulu prêter l'oreille à des propositions de paix, ses partisans s'y seraient sans doute opposés. Aussi, tandis que l'assemblée des communes s'efforçait de mettre fin aux hostilités, le pays restait en proie aux plus grands désordres. Le parlement d'Aix, voyant que des flots de sang allaient encore couler, recourut à l'autorité protectrice de Catherine de Médicis, lui fit un tableau touchant des malheurs qui depuis si longtemps accablaient la Provence, et la supplia de calmer par sa présence les passions déchaînées. La reine chargea l'abbé de Gadagne de porter à Aix une ordonnance par laquelle elle enjoignait à tous les gentilshommes, capitaines et gens de guerre, de déposer les armes, d'évacuer les places qu'ils occupaient, et de se retirer dans leurs foyers, ne leur laissant pour obéir à ses ordres qu'un délai de huit jours.

Le 5 juin de la même année 1579, Catherine de Médicis se rendit à Marseille, accompagnée du cardinal de Bourbon, des princes de Condé et de Conti, et de Henri d'Angoulême, grand prieur de France. Les Carcistes, forcés d'obéir aux volontés de la reine, déposèrent les armes et abandonnèrent leurs positions. Les Razats suivirent leur exemple ; mais ce ne fut qu'après avoir démoli à Brignolles la maison du seigneur de Vins. Catherine de Médicis travailla sérieusement à réconcilier les partis. Elle entendit leurs plaintes réciproques, s'efforça de redresser leurs griefs, et se concilia leur affection commune par des paroles bienveillantes. Le prince Henri d'Angoulême, qui avait la confiance des deux factions, et qui la méritait sous tous les rapports, fut installé dans la charge de gouverneur de Provence.

Le 25 juin, Catherine de Médicis quitta Marseille et alla à Aix. Le comte de Carces et les chefs razats s'y rendirent pour présenter leurs respects à la reine. Le 1er juillet, elle les réunit dans le château de Beauvoisin, maison de campagne située à une demi-lieue de la ville. Elle les fit s'embrasser, voulut qu'ils jurassent de maintenir désormais entre eux la concorde et l'amitié. De plus, elle exigea leur promesse de prendre le grand prieur Henri d'Angoulême pour arbitre de tous les différends qui pourraient survenir entre eux. Toutes choses étant ainsi arrangées à la satisfaction de chacun, la reine partit d'Aix le 6 juillet et arriva à Avignon le 9. Deux jours après, elle eut aussi le bonheur de réconcilier les principaux citoyens d'Arles, que divisaient les élections municipales et les croyances religieuses.

Henri d'Angoulême, installé dans ses fonctions de gouverneur, prit les plus sages mesures pour tâcher de prévenir le retour des troubles et des jalousies. On célébra par des fêtes cette heureuse pacification. Tous les cœurs s'ouvraient à l'espérance, lorsqu'un fléau terrible vint étendre ses ravages sur la malheureuse Provence. La peste fut apportée à Cannes par un vaisseau venu du Levant au mois de février, et de là elle se répandit dans la province entière. On dit qu'elle s'y développa d'abord sous les apparences d'une coqueluche faisant couler par le nez une humeur fétide, qui se changeait promptement en vers. Cette maladie contagieuse eut des effets si horribles et si prolongés, qu'elle est connue dans l'histoire sous le nom de *grande peste*. Le nombre des victimes fut immense ; les cadavres, amoncelés pêle-mêle, restèrent sans sépulture, exhalant dans les airs une affreuse infection. On déserta les lieux habités ; les campagnes incultes n'offrirent plus que l'effrayant tableau d'une hideuse misère, et la famine vint bientôt se joindre au fléau destructeur.

C'est au milieu de la désolation générale que parut tout à coup à Aix, pour servir les malades, un ermite qui se faisait nommer frère Valery de Sainte-Colombe. Cet homme, âgé d'environ cinquante ans, avait la tête et les jambes nues, portait une robe de bure et laissait pendre à sa ceinture de corde un crucifix et un grand chapelet. Ses discours semblaient dictés par l'amour de Dieu et du prochain. Son aspect vénérable n'inspirait que des sentiments de piété et de respect. Le peuple d'Aix le vénéra comme un ange de salut, comme un envoyé du ciel. Frère Valery soigna les pestiférés avec le plus grand dévouement. Il était, disait-on, si savant, qu'au premier regard qu'il jetait sur un malade, il jugeait s'il était réellement atteint de la contagion, et s'il en mourrait. Ce qui fit croire à la multitude que la vie et la mort étaient entre ses mains, et qu'il donnait l'une ou l'autre à qui bon lui semblait. Aussi cherchait-on avec empressement à se le rendre favorable. On fit faire son portrait, et chacun s'en munit comme d'un préservatif infaillible. Sa renommée s'étendit au loin, et on ne le désigna plus que sous le nom du *saint ermite*.

La peste cessa au commencement de 1582. Mais bientôt le changement qui s'opéra dans les vêtements et dans la manière de vivre du frère Valery, et sa conduite scandaleuse, purent convaincre que ce n'était qu'un faux ermite. A l'enthousiasme qu'il avait excité succédèrent des cris de haine. On fut persuadé qu'il se faisait donner de fortes sommes de ceux qu'il soignait; qu'il faisait mourir ceux dont il convoitait les richesses, et qu'il avait propagé et entretenu le fléau pour en tirer avantage. En 1588, il fut condamné à être brûlé sur la place des Prêcheurs, « pour sa vie scandaleuse, pour les maléfices et sortiléges dont il était accusé et convaincu, et particulièrement pour avoir entretenu la maladie contagieuse en Provence. »

CHAPITRE XX.

—

La Ligue.

La formation de la *sainte Ligue*, dont Henri III se déclara d'abord le chef, et qui n'en était pas moins hostile à la royauté, fut un nouveau sujet de discordes pour les Provençaux, toujours disposés à la révolte. L'ancien parti des Carcistes se déclara pour la Ligue et se donna pour chef Hubert de la Garde, seigneur de Vins, neveu du comte de Carces, mort en 1582. Le seigneur de Vins, gentilhomme issu d'une ancienne famille, s'était fait une grande renommée à la bataille de Jarnac. Il avait des talents militaires, une âme ambitieuse, et n'attendait qu'une occasion favorable pour se faire valoir. Il embrassa avec ardeur le parti de la Ligue, réunit en secret des forces assez considérables, et, lorsqu'il crut le moment venu de lever le masque, il fit dire, le 5 avril 1585, au gouverneur Henri d'Angoulême « qu'il prenait les armes, non pour son propre intérêt, mais pour celui des princes catholiques, et pour le soutien de la religion, que les prétendus réformés voulaient troubler. » Après cette déclaration, il se mit en campagne à la tête de ses partisans, et la guerre commença entre les ligueurs provençaux et le parti du gouvernement qui restait fidèlement attaché à la cause du roi. Elle se poursuivit avec des chances diverses, mais toujours avec acharnement;

et quoique les ligueurs eussent vu deux de leurs chefs, Dariez et Boniface, pris et pendus à une potence comme rebelles, ils ne se découragèrent pas de cet échec. Ils trouvèrent un appui dans le comte de Sault et fixèrent leur quartier général aux Mées, tandis que le gouverneur était établi à Tourves. Ils s'observaient mutuellement, épiaient l'occasion de se surprendre, et la saisissaient aussitôt qu'elle se présentait.

Le roi, croyant qu'une concession désarmerait les ligueurs, révoqua au mois de juillet de la même année tous les édits précédemment rendus en faveur des protestants. Ce nouvel édit, publié dans la ville d'Aix, satisfit les catholiques, mais donna l'alarme aux protestants. Tous ceux qui jusque-là étaient restés rangés sous la bannière royale, prirent une attitude hostile et coururent aux armes. Les ligueurs les plus ardents ne les déposèrent point, parce qu'ils suspectaient la sincérité de Henri III; de sorte qu'il y eut alors trois partis en présence : le parti de la Ligue, le parti du roi, et celui des protestants. Le but que s'était proposé Henri III par son nouvel édit ne fut donc pas atteint, et le gouverneur Henri d'Angoulême n'eut plus à combattre seulement les ligueurs, mais encore les protestants, qui l'attaquaient avec un acharnement égal, sous des bannières opposées. Il se vit entouré d'ennemis qui ne lui tinrent aucun compte de sa sage administration.

Altavitès, député de Marseille, gentilhomme jouissant d'un grand crédit, et ardent ligueur, écrivit à la cour de France une lettre pleine d'injures contre le gouverneur. Cette lettre fut mise sous les yeux du roi et renvoyée à Henri lui-même. Ce prince, emporté par la colère, courut à la chambre d'Altavitès, le trouva assis sur son lit, lui montra la lettre, lui reprocha sa lâcheté, et, sans attendre ses excuses, il lui passa son épée au travers du corps. Altavitès, rassemblant ses forces presque éteintes, tira un poignard de dessous son chevet et en frappa le prince dans le bas ventre. Les gardes qui avaient suivi Henri percèrent aussitôt Altavitès de mille coups, et jetèrent son cadavre par la fenêtre. L'un d'eux tua d'un coup de carabine d'Arène, premier consul de Marseille, qui, se trouvant près de son collègue, était témoin inoffensif de cette scène effrayante. On transporta le gouverneur dans son palais, où il mourut le lendemain dans d'horribles souffrances. Sa mort et celle des deux députés remplirent la ville de tumulte et d'effroi. Les portes furent fermées; on éleva des barricades dans plusieurs rues, et ce fut avec peine que les magistrats parvinrent à calmer l'émotion populaire. Le parlement d'Aix prit les rênes du gouvernement, continua ses séances et décida que les funérailles du gouverneur seraient faites avec la plus grande pompe, et que l'on déposerait ses restes dans la chapelle du roi René. Pour d'Altavitès, son cadavre fut traîné sur une claie et jeté à la voirie. Cependant, en frappant le prince, il n'avait qu'usé du droit de défense légitime; aussi la décision du parlement fut trouvée injuste et souleva l'indignation des ligueurs.

La mort de Henri d'Angoulême porta un rude coup au parti des *Bigarrats* (1), dont il était le soutien; et dès ce moment les ligueurs eurent le dessus. Le pouvoir passa entre leurs mains sans secousse ni violence. Les états généraux, sentant la nécessité de choisir un chef de renom populaire, réunirent leurs suffrages sur le seigneur de Vins, qui fut proclamé général de toutes les milices provinciales. Il organisa ses troupes pour combattre les protestants et les Razats réunis. Après les avoir poursuivis dans toutes les directions, il se décida à mettre le siége devant le château d'Allemagne, résidence patrimoniale du général en chef des huguenots de Provence. Le baron d'Allemagne accourut pour défendre sa place d'armes. Les forces considérables qu'il avait avec lui effrayèrent les capitaines catholiques, qui furent d'avis qu'on levât immédiatement le siége. De Vins, comme général en chef, ne fut pas de cet avis; il représenta que l'honneur des catholiques était trop engagé et qu'ils se couvriraient de honte en prenant la fuite sans coup férir, à la première vue de l'armée protestante; que le pays attendait d'eux plus de confiance, plus d'énergie, plus de courage. Dès lors on ne songea qu'à combattre. La lutte fut sanglante et se termina par la déroute complète des ligueurs. Le seigneur de Vins, désespéré, chercha vainement la mort au milieu des rangs ennemis; on l'entraîna dans un asile retiré.

Dans cette funeste journée, les catholiques firent des pertes considérables et eurent un grand nombre de prisonniers. De plus, ils perdirent dix-huit drapeaux, que les protestants suspendirent aux tours du château d'Allemagne en signe de triomphe. Mais ils payèrent bien cher leur victoire; leur général fut tué en poursuivant les fuyards, et ils ne jouirent pas longtemps des fruits de leurs succès.

Le duc d'Epernon fut envoyé en Provence comme gouverneur. Le roi l'investit de pouvoirs très-étendus, avec mission de pacifier le pays le plus qu'il

---

(1) Tiers-parti formé d'anciens Razats et d'anciens Carcistes modérés, et dans lequel s'était fondu le parti royaliste.

lui serait possible, et mit sous ses ordres une armée de quinze mille hommes. Le nouveau gouverneur fit son entrée à Aix le 21 septembre 1586. Il y fut reçu sous un arc de triomphe élevé en son honneur. Trois cents enfants portaient de longs roseaux, au bout desquels flottaient des banderoles, et faisaient retentir l'air des cris de : *Vive la messe! vive le roi! vive Dieu!* Le lendemain, d'Epernon se rendit au parlement. Il blâma avec véhémence la nomination du seigneur de Vins au commandement général des troupes provençales; mais sur les représentations qu'on lui fit, il fut forcé de reconnaître que cette nomination avait été dictée par des circonstances impérieuses.

Le nouveau gouverneur, pour atteindre le but de sa mission, devait se placer entre les huguenots et les catholiques ardents. Il fallait désarmer les deux partis, en les courbant sous le joug modérateur de l'autorité royale. La défaite du seigneur de Vins et la mort du baron d'Allemagne aplanissaient bien des difficultés. Les capitaines protestants, privés de direction, ne suivaient plus que leur impulsion personnelle. Les uns firent leur soumission, les autres sortirent du pays, et les huguenots de Provence ne possédèrent bientôt plus que la ville de Seyne. Le duc d'Epernon proposa à Bougerel, gouverneur de cette place, de se rendre à des conditions avantageuses. Sur son refus, il fit assiéger la place et la força de se rendre à discrétion. La Provence se trouva presque pacifiée. Mais la prospérité ne revint pas sitôt. La peste y apporta de nouveau la désolation; elle ravagea Marseille et Aix pendant plus de six mois.

Le duc d'Epernon, rappelé près du roi, fut remplacé par son frère Bernard de Nogaret, seigneur de La Valette.

D'Epernon, en quittant la Provence, y laissait encore beaucoup d'éléments de désordre et une organisation administrative peu solide; aussi, après son départ, les esprits ne tardèrent-ils pas à s'agiter de nouveau. Arles, Marseille, et même Aix, excitées par les plus fougueux ligueurs, s'ébranlèrent, et la guerre civile se ralluma. Le seigneur de Vins fut de nouveau le chef de son parti. Il parvint à s'emparer d'Aix dans un moment où La Valette en était absent; il y fut porté en triomphe, et la Ligue devint de nouveau maîtresse de la capitale. Alors ce ne fut plus dans toute la Provence que confusion et désolation. La Valette convoqua les états généraux à Pertuis, et l'on vit alors deux parlements rivaux en présence. Les partis en venaient sans cesse aux mains partout où ils pouvaient se rencontrer; des combats continuels avaient lieu, sans porter aucun de ces coups décisifs qui terminent les guerres civiles. Henri III se tourna un moment contre

La Valette; toutefois, sentant qu'il devait ménager le frère du duc d'Épernon, il le maintint gouverneur de la Provence.

Mais La Valette avait un adversaire terrible dans le seigneur de Vins, véritable type de constance et de bravoure. Il était l'idole de ses soldats et remuait selon ses désirs toute une population. Le parlement lui-même, qui l'avait élevé, cédait à l'ascendant de ce grand caractère. L'acharnement des deux partis était égal, mais leurs forces ne l'étaient pas. Les ligueurs étaient maîtres des trois premières villes du pays, Aix, Arles et Marseille, tandis que les royalistes ne possédaient que des villes bien moins importantes. La noblesse était partagée entre les deux partis, mais la grande majorité du clergé tenait pour la Ligue. Néanmoins, les succès étaient presque toujours balancés, et de part et d'autre on en était venu à des rigueurs impitoyables. Les vainqueurs se montraient cruels dans l'ivresse de la victoire, oubliant qu'un revers pouvait les atteindre le lendemain, et les exposer à de terribles représailles de la part de leurs ennemis.

C'est au milieu de cet état de choses que l'on apprit la mort de Henri III, assassiné à Saint-Cloud le 1er août 1589, par Jacques Clément. Toutes les communes de Provence soumises à La Valette se déclarèrent pour Henri IV, et le parlement royal de Pertuis rendit la justice en son nom. Les autres communes rangées sous l'autorité du seigneur de Vins et le parlement de la Ligue siégeant à Aix proclamèrent, comme tous les ligueurs français, le vieux cardinal de Bourbon, sous le nom de Charles X, et prêtèrent obéissance au duc de Mayenne, nommé lieutenant général du royaume pendant la détention du cardinal. On put prévoir alors que la guerre allait se poursuivre plus vive et plus terrible que jamais. Le seigneur de Vins s'y prépara et sollicita l'aide du prince Charles-Emmanuel Ier, duc de Savoie, qui promit de fournir des secours en hommes et en munitions. La Valette, pour contrebalancer un peu l'assistance du duc de Savoie, recourut au maréchal de Montmorency, gouverneur du Languedoc, qui mit à sa disposition quelques troupes. Les deux armées s'ébranlèrent, et le seigneur de Vins ne tarda pas à venir mettre le siège devant Grasse. Il en pressa avec vigueur tous les travaux et garda toujours pour lui l'honneur du poste le plus périlleux. Le 20 novembre, il visitait une de ses batteries lorsqu'il fut atteint, au milieu du front, d'un coup d'arquebuse qui le renversa par terre, privé de mouvement et de vie, au moment où l'épaisseur de la fumée produite par un feu terrible obscurcissait l'air; en sorte qu'on n'a jamais pu savoir si le coup était parti de la place assiégée ou du camp des assiégeants. Quoi qu'il en soit, la mort de ce chef déterminé, enlevé dans la force de l'âge, répandit la consternation dans le parti catholique, qui perdait son héros. Il y eut des prières solennelles pour le repos de son âme ; on lui fit à Aix des obsèques magnifiques, et l'on prononça dans l'église métropolitaine une oraison funèbre où il était appelé *le fort* qui défendait et sauvait Israël. Le duc de Savoie, qui reconnaissait le mérite du seigneur de Vins, partagea l'affliction des ligueurs et adressa au parlement d'Aix une lettre de condoléance.

Le parlement ligueur, malgré les regrets qu'il donnait au seigneur de Vins, ne voulut pas pourvoir à son remplacement : la grande puissance du général l'avait trop blessé. Toutefois, en dépit de la jalousie des magistrats, une autre personne recueillit la succession politique de de Vins, et le parlement subit bientôt l'influence d'une femme célèbre dans les annales de la Provence, par le rôle qu'elle sut jouer au milieu des circonstances les plus difficiles et par l'empire qu'elle exerça sur les imaginations. C'était Christine d'Aguère, d'une ancienne maison de Bourgogne, épouse de François-Louis d'Agault-Montauban, comte de Sault. Elle était belle-sœur du seigneur de Vins. La nature lui avait donné un caractère et un courage au-dessus de son sexe. Chez elle, l'ambition se faisait pardonner, parce qu'elle n'était que la conscience de son mérite personnel. Souple et prévoyante, elle épiait tous les événements, savait les mettre à profit, et possédait surtout au degré le plus élevé la connaissance du cœur humain. Ardente et vive dans ses croyances religieuses, elle mit au service de la Ligue toutes ses facultés. Jouissant d'un crédit extraordinaire et d'une popularité immense, elle tint bientôt dans ses mains tous les ressorts du gouvernement, qu'elle fit mouvoir à son gré. La noblesse, le peuple, les capitaines et les soldats courbèrent tous devant elle un front respectueux.

A l'instigation de la comtesse de Sault, le parlement sollicita de nouveau le secours du duc de Savoie. Cette délibération des états ne plut pas à tous les ligueurs. Le comte de Carces surtout en témoigna son mécontentement, beaucoup moins par esprit de fierté nationale que par haine contre Christine, dont il s'efforçait de contrarier toutes les vues, parce qu'il trouvait qu'elle avait usurpé le pouvoir qui lui revenait de droit, à lui, fils du premier chef du parti catholique. Il chercha donc à lui susciter des ennemis, excita la population marseillaise, à laquelle il fit crier : « Vivent la messe et les fleurs de lis ! A bas les Savoyards ! » Il insinua à ses partisans que s'il fallait recourir à la protection d'une puissance étrangère, il valait mieux s'adresser au pape ; que l'indépendance du pays serait beaucoup moins menacée. Marseille adopta sa pensée, et la protection du saint-père fut demandée. Les secours étrangers ne pouvaient pas manquer aux ligueurs provençaux, car leur insurrection contre l'autorité royale tenait en éveil bien des ambitions, et il y avait concurrence. Le roi d'Espagne Philippe II, qui aspirait à la domination de l'Europe, n'eût certainement pas été fâché d'avoir un prétexte pour intervenir dans cette querelle. Le duc de Lorraine, cet héritier malheureux de René d'Anjou, faisait offrir aux ligueurs une petite armée commandée par le comte de Vaudemont, son fils. Sixte-Quint ne rejetait pas un agrandissement du comtat Venaissin, dont le flattaient les ambassadeurs de Marseille et d'Arles. Mais Charles-Emmanuel de Savoie prit l'avance. Il avait sur les autres un grand avantage, celui d'être appelé par la comtesse de Sault, et d'avoir déjà fourni quelques secours. Il annonça au parlement qu'il serait bientôt en Provence, et cette assemblée, docile instrument de Christine, le nomma généralissime.

Fidèle à sa promesse, le duc de Savoie arriva à Nice le 14 octobre 1590. Un mois après, il était à Aix, où il fit une entrée des plus solennelles. On lui rendit de grands honneurs; la multitude se pressait sur son passage et se montrait tellement ivre d'enthousiasme, qu'elle semblait être atteinte de folie. Elle saluait le duc comme un libérateur bien-aimé, voulait embrasser ses genoux, le pan de son habit. Des arcs de triomphe étaient dressés partout; on y représentait la Religion alarmée implorant le secours du duc. Les consuls lui offrirent les clefs de la ville, et le clergé, allant au-devant de lui, le conduisit processionnellement à l'église métropolitaine. La comtesse de Sault s'empressa d'aller le saluer. Le duc lui témoigna toute sa gratitude et l'assura qu'il ne se dirigerait que par ses conseils.

Charles-Emmanuel, pour justifier la confiance qu'on lui témoignait, pourvut à tous les soins de l'administration et régla les opérations militaires. Il les poussa avec vigueur, et, malgré quelques échecs que les ligueurs éprouvèrent dans la haute Provence, il resta maître du parti royaliste, toujours dirigé par La Valette. La comtesse de Sault, de son côté, conservait toute son influence et son pouvoir. Son premier enthousiasme pour le duc de Savoie ne tarda pas à se tourner en animosité. Elle découvrit en lui des projets ambitieux qui se manifestaient par des dédains pour les intérêts du pays et pour l'indépendance provençale. Elle lui reprochait de trop ménager le parlement, de témoigner trop d'amitié au comte de Carces, et de ne plus avoir pour elle la même confiance ni les mêmes égards qu'à son arrivée en France. Elle essaya de le ramener à d'autres sentiments, et se rendit près de lui à Salon Comme elle tenait de la nature une éloquence très-persuasive et qu'elle possédait l'art de remuer puissamment les esprits, elle ne doutait pas qu'elle ne parvînt à convaincre le duc des torts qu'elle lui reprochait et à obtenir de lui des concessions. Mais celui-ci, devinant le but de sa visite, se mit en garde contre toute séduction ; il l'écouta sans s'émouvoir et lui répondit sans la satisfaire. Irritée du peu de succès de cette entrevue, la comtesse résolut de se séparer ouvertement du duc de Savoie et de tourner contre lui toute son influence. Elle courut à Aix, insinua que le prince ne travaillait que pour lui-même; qu'il couvrait des projets de conquête sous le voile du désintéressement et de la religion ; que, pour arriver plus sûrement à son but, il donnait à ses sujets du Piémont et de la Savoie, ou à des Espagnols, la garde des places conquises sur les royalistes, bien qu'il eût promis de ne mettre dans les garnisons que des soldats provençaux. Ces bruits, semés avec adresse et présentés avec les dehors d'un patriotisme indigné, soulevèrent contre le duc des ressentiments nombreux.

Christine fit nommer à Aix des consuls hostiles à Charles-Emmanuel ; mais celui-ci ne leur laissa pas le temps de conspirer contre lui; le 15 octobre 1591, il pénétra par la force dans la ville, et les Carcistes, prenant les armes pour lui, crièrent : « Vive Son Altesse ! A bas la comtesse ! » Puis ils se dirigèrent vers l'habitation de la dame de Sault pour l'arrêter. Plus fière encore dans le malheur qu'au sein de la prospérité, elle s'avança au-devant d'eux, la tête haute, avec l'expression du mépris, dans la noble attitude que lui donnait l'usage du commandement. « Voilà donc, s'écria-t-elle, la récompense de mes bons offices ! Je suis maltraitée par ceux-là mêmes à qui j'ai sauvé la vie. Mais faites ce qui vous est commandé ; je ne suis pas assez dénuée de courage pour vous demander merci, à vous ni à celui qui vous envoie. Si ma mort est résolue, j'ai, grâce à Dieu, assez de parents et d'amis dans le monde pour qu'elle ne reste pas sans vengeur. Et vous, continua-t-elle en se tournant vers les membres du parlement, vous qui tenez le pouvoir du roi, et qui ne l'avez reçu que pour faire respecter le sien, n'avez-vous pas honte de servir l'ambition d'un prince étranger ? » Ces hommes se retirèrent intimidés par un langage aussi ferme.

Mais peu de temps après, un chevalier plus hardi entra dans les appartements de la comtesse et la constitua prisonnière, avec le jeune seigneur de Créqui, son fils, et les laissa sous la garde de quelques soldats piémontais.

Charles-Emmanuel écrivit aux consuls de Marseille pour justifier sa conduite en cette circonstance. Ils ne lui répondirent qu'en l'accusant de tyrannie et d'usurpation, et ils exhortèrent les habitants à résister vivement à ses projets ambitieux. On décida d'un commun accord de conserver la ville à la couronne de France, de ne jamais obéir au duc de Savoie, de ne recevoir d'ordres que du duc de Mayenne, jusqu'à ce qu'on eût un roi catholique.

La comtesse de Sault, toujours prisonnière et surveillée de près, menacée d'être envoyée dans les Etats du duc de Savoie, crut prudent de tenter une évasion. Elle y parvint à l'aide d'un déguisement, et gagna Marseille. Au premier bruit de sa disparition, le duc fit faire les plus minutieuses recherches dans Aix; voyant qu'elles étaient inutiles, il les fit cesser et dissimula son courroux.

La guerre civile continua entre Charles-Emmanuel et le gouverneur La Valette. Le duc essuya un rude échec à Vinon; dès ce moment, toutes ses espérances de succès parurent s'évanouir. Cependant, La Valette ne jouit pas longtemps de son triomphe; il périt d'un coup d'arquebuse reçu à Roquebrune, près de Fréjus, le 11 février 1592. Sa mort causa une grande joie aux Marseillais; ils firent à cette occasion des réjouissances publiques, auxquelles la comtesse de Sault ne manqua pas d'assister. La situation de la ville de Marseille était réellement singulière. En révolte contre l'autorité royale et livrée tout entière à la Ligue, elle faisait néanmoins scission avec les ligueurs provençaux conduits par le duc de Savoie; elle faisait cause à part, et se maintenait indépendante.

Le duc ne gagna rien à la mort du gouverneur; ses affaires ne s'améliorèrent point. Il ne tarda pas à comprendre qu'il ne pouvait plus tenir en Provence, où il avait déjà englouti des sommes énormes, perdu ses meilleurs soldats dans des actions sans gloire, et ruiné sa renommée de bravoure. La plupart des ligueurs, par un sentiment d'inconstance ou de nationalité, se détachaient peu à peu de lui, et le parti de Henri IV, ce parti tout français, croissait en force. Charles-Emmanuel ne songea plus qu'à regagner ses Etats, en laissant néanmoins le commandement de quelques troupes au comte Martinengo, pour être toujours en mesure d'agir selon les circonstances, ou tout au moins pour mieux observer les événements qui pourraient tourner à son avantage par les chances de la politique et de la guerre. Le 30 mars 1592, il partit d'Aix et reprit la route de Nice avec le reste de son armée.

CHAPITRE XXI.

Les Cascaveous.

Après la mort de La Valette, le commandement général de l'armée du roi fut donné momentanément à Lesdiguières. Peu de temps après, Henri IV donna le gouvernement de la Provence au frère du duc, à d'Epernon. De son côté, le parlement d'Aix, après le départ de Charles-Emmanuel, élut le comte de Carces commandant général des ligueurs provençaux, qui tous jurèrent de ne jamais obéir à un roi hérétique et défendirent, sous peine de mort, de faire aucune proposition de paix au roi de Navarre. La guerre se poursuivit donc et se compliqua de plus en plus. Le duc de Savoie, qui n'avait pas renoncé à ses projets d'agrandissement, avait repassé le Var et s'était emparé d'Antibes. De Carces, toujours ennemi de la comtesse de Sault, essaya de s'emparer de Marseille ; il échoua dans son entreprise ; mais la comtesse, victime de l'inconstance populaire, fut forcée de sortir de cette ville. Casaulx, qu'elle avait élevé au faîte des dignités municipales, s'était aussi tourné contre elle. Privée de son ascendant et de son influence, elle se rangea alors sous les drapeaux du gouverneur de Provence. Triste rôle pour une femme qui naguère était presque souveraine et recevait les hommages des courtisans les plus empressés ! Jamais elle ne se releva de cette disgrâce; admise à la cour de Henri IV, elle y mena une vie obscure, et l'histoire ne cite plus son nom, resté néanmoins célèbre en Provence.

Pendant que les partis continuaient de se poursuivre avec acharnement, quelques personnes moins prévenues commençaient à entendre les conseils de modération et de sagesse. Royalistes et ligueurs suspendirent les hostilités; et pendant la trêve, des députés s'assemblèrent à Saint-Maximin. Mais dès la première séance on vit combien il serait difficile de rapprocher les esprits divisés sur tant de questions délicates; et après de longs débats infructueux, on ne pensa plus qu'à recourir à la force des armes. Le duc d'Epernon exerça les fonctions de gouverneur avec une sévérité qui dégénérait souvent en cruauté impitoyable. Après la victoire, il ne cherchait qu'à faire pénétrer dans tous les cœurs la terreur de son nom. Il fit tomber tout le poids de sa colère sur la ville d'Aix, siége du gouvernement ligueur et défendue par le comte de Carces. Le duc ne s'attendait pas à trouver une si vive résistance; jamais les ligueurs n'avaient montré tant d'exaltation, ni plus de confiance en eux-mêmes; de plus en plus irrités contre le gouverneur, ils dirigèrent un jour deux pièces de canon sur sa tente et ils les pointèrent si juste, que le boulet alla frapper un seigneur assis auprès du duc, et brisa la table et les meubles. D'Epernon, qu'on croyait mort, n'était que blessé grièvement. Lorsqu'il fut guéri, on parla de nouveau d'un armistice. On en discutait les conditions, lorsqu'on apprit, le 23 août 1593, que le roi Henri IV avait abjuré publiquement à Saint-Denis et que Mayenne avait signé une trêve de trois mois. C'était l'événement le plus heureux qu'on pût désirer; aussi le peuple d'Aix fit-il éclater des transports de joie. Une foule immense parcourait les rues, pleurant et s'embrassant avec une véritable ivresse. Le parlement publia solennellement la conversion du roi et la trêve générale. Le son des cloches et le bruit des fanfares appelèrent dans l'église métropolitaine tous les fidèles, qui y accoururent pour remercier Dieu de la fin de tant de malheurs.

Le jour même, le comte de Carces et le duc d'Epernon suspendirent les hostilités et convinrent d'envoyer chacun de leur côté un député à leur chef: le duc d'Epernon au roi, et le comte de Carces au duc de Mayenne, afin qu'on réglât à Paris la conduite qu'ils devaient tenir en Provence. Mais à Paris les hostilités n'étaient que suspendues entre Henri IV et le duc de Mayenne. Les esprits exaltés refusaient de croire à la sincérité de la conversion de leur roi; les chaires retentissaient de déclamations contre lui, et le pape n'avait point encore accepté son abjuration. Dans cet état de choses, il était presque impossible d'établir une paix solide. La pacification de la Provence était d'autant plus difficile, que la conduite du duc d'Epernon et ses exactions mécontentaient même les personnes de son parti. Il blessait sans cesse l'orgueil national des Provençaux, en accordant toutes ses faveurs aux étrangers dont il était entouré. La noblesse provençale était trop fière pour pardonner ces outrages ; aussi les esprits étaient-ils dans une disposition telle, que la présence du duc ne pouvait que nuire à l'autorité royale elle-même. Les seigneurs provençaux de l'un et de l'autre parti, comprenant qu'il était de leur intérêt de se rapprocher, promirent d'oublier réciproquement leurs querelles et de se réunir contre l'ennemi commun. C'était bien ce que voulait Henri IV, qui avait résolu de destituer d'Epernon, mais qui ne pouvait le faire qu'avec beaucoup de ménagements, attendu que ce seigneur jouissait d'un grand crédit et était soutenu par le connétable de Montmorency, son parent. Néanmoins il ordonna à Lesdiguières d'appuyer de toutes ses forces les gentilshommes provençaux contre le duc.

D'Epernon résista vigoureusement à toutes les attaques dirigées contre lui, entretint les troubles et la guerre en Provence, et persista à rester dans son gouvernement. Ce fut en vain qu'un commissaire royal lui déclara que la volonté du prince était qu'il sortît de la Provence, parce qu'il en avait donné l'administration à un autre. D'Epernon répondit qu'ayant acquis ce gouvernement aux dépens de sa fortune, au prix du sang de La Valette son frère, de celui de ses amis, de ses meilleurs soldats, il ne voulait pas l'abandonner, et qu'il plaçait sa confiance dans son bon droit et dans ses armes. Le commissaire lui ayant dit que s'il n'obéissait pas promptement, le roi viendrait lui-même pour le punir de sa résistance : « Qu'il vienne, répliqua le duc, transporté de fureur, et je lui servirai de fourrier, non pour marquer les logements, mais pour les brûler sur son passage. » Cependant il fut obligé de signer une trêve de deux mois ; mais elle fut peu respectée par les gens les plus exaltés.

Au mois de septembre, Henri IV, vainqueur du duc de Mayenne au combat de Fontaine-Française, put enfin s'occuper des affaires de Provence ; il ordonna à d'Epernon de remettre son gouvernement à Charles de Lorraine, duc de Guise, fils du *Balafré*. Le rappel du duc d'Epernon excita dans la ville d'Aix un contentement général, qui s'accrut encore par la nouvelle que la cour de Rome venait de se réconcilier avec le roi. Toutes les villes de Provence se déclarèrent pour Henri IV et lui prêtèrent serment de fidélité. Des réjouissances publiques semblèrent jeter un voile sur tous les malheurs qui avaient désolé le pays pendant tant d'années. D'Epernon, abandonné de la plupart de ses partisans, ne céda pas encore toutefois à sa mauvaise fortune, et voulut prolonger une lutte désespérée pour lui. Le nouveau gouverneur, installé dans ses fonctions, prit des mesures pour faire échouer toutes les nouvelles tentatives du duc rebelle, qui, se voyant en butte à la haine générale et même à la trahison, comprit quil était inutile de prodiguer son courage au service d'une cause perdue. Il trouva moyen de sortir du pays sans compromettre son caractère et sa réputation.

Une ville importante était encore rebelle au roi; c'était Marseille, où Charles Casaulx, soutenu par la faveur populaire, maintenait son indépendance. Prévoyant que le duc de Guise allait tourner contre lui toutes ses forces, il sentit la nécessité de recourir à l'assistance d'une puissance étrangère; il choisit l'Espagne, auxiliaire intéressée des ennemis de Henri IV. L'intention de Casaulx n'était pas de vendre sa ville natale aux Espagnols; il avait donné des preuves de son patriotisme par la manière dont il avait défendu Marseille contre l'ambition du duc de Savoie. Quelle était donc sa politique? Qu'attendait-il pour reconnaître le roi de France? Mayenne s'était soumis; la Ligue était anéantie; la cour de Rome tendait une main bienveillante au roi. Qu'attendait donc Casaulx pour se soumettre aussi? Une pensée d'ambition le dominait. Il savait que Marseille avait jeté autrefois un grand éclat dans le monde, comme cité indépendante; que ses institutions républicaines lui avaient procuré bonheur, gloire, richesses; il voulait essayer de rétablir les mêmes lois, le même régime populaire, sous la protection de l'Espagne, dont l'appui serait nécessaire à cette nouvelle république pour la sûreté de son commerce et l'honneur de son pavillon.

Ce fut en vain que son fils Fabio le conjura de ne pas prolonger une résistance qui l'exposait à tant de périls, il resta inflexible. Se croyant chargé de la grande mission de faire revivre la liberté marseillaise, il avait juré de la remplir, et il voulait tenir sa parole, quoi qu'il advînt. Il repoussa donc toutes les offres qui lui furent faites au nom du roi, disposé à payer cher sa soumission. Pour montrer au peuple qu'il ne voulait à aucun prix de l'amitié de Henri IV, il fit brûler son image sur la place de la Bourse. N'écoutant que son fanatisme politique et la vengeance, il condamna à l'exil une foule de compatriotes et confisqua leurs biens; il ordonna un grand nombre de supplices, répandit partout la terreur, et souilla son drapeau par d'indignes excès. Il opposa une vive résistance au duc de Guise; mais il ne tarda pas à tomber victime d'une trahison. Pierre Libertat, qui avait été un de ses plus zélés partisans, abandonna subitement sa cause et entretint en secret des intelligences avec le duc de Guise, auquel il promit de livrer la ville. Accompagné de quelques amis dévoués, il profita d'un jour où Casaulx était retenu chez lui par une indisposition pour pénétrer dans ses appartements, l'aborda en lui disant : « Il faut crier : Vive le roi ! » et au même instant lui porta un coup mortel. Le cadavre ensanglanté de Casaulx fut chargé d'injures et d'opprobres ; il devint le jouet d'une troupe d'enfants qui le traînèrent dans les rues. Et cette populace qu'il avait fait mouvoir à son gré contre les royalistes, l'insulta et pilla son hôtel. Ses partisans se dispersèrent. La flotte espagnole qui était venue pour le soutenir s'éloigna rapidement de Marseille.

Cette révolution si prompte et si décisive ne coûta la vie qu'à Charles Casaulx, à trois de ses amis, et à cinq ou six soldats du duc de Guise.

Le même jour, le duc entra dans la ville au milieu des cris de *vive le roi !* Des drapeaux blancs flottèrent aux fenêtres ; les emblèmes de la royauté reçurent partout des hommages ; des réjouissances publiques célébrèrent l'heureuse réconciliation de la ville avec le souverain légitime. Henri IV, en apprenant cet événement, en ressentit une telle joie, qu'il s'écria, dit-on : « C'est maintenant que je suis roi. » En effet, la possession de Marseille était pour lui le plus heureux des événements ; car, si les Espagnols s'étaient maintenus dans cette cité importante, ils en auraient fait un point d'appui pour fomenter des troubles civils en France.

La Provence entière se soumit. Le duc d'Epernon essaya encore, mais en vain, de la troubler. Les Espagnols, malgré le traité de Vervins signé avec la France, tentèrent aussi infructueusement de s'emparer de Marseille. La paix se rétablit partout ; la justice, la sagesse et la bienfaisance de Henri IV lui gagnèrent promptement tous les cœurs de ses nouveaux sujets. Ils le bénissaient et s'estimaient heureux de vivre sous son règne si paternel, lorsqu'il expira le 14 mai 1610, sous le couteau de Ravaillac. La nouvelle de sa mort causa une profonde affliction parmi tous les Provençaux. La douleur était peinte sur tous les visages ; les larmes coulaient de tous les yeux, et de toutes parts retentissait l'éloge du bon roi Henri. Le peuple, triste et silencieux, couvrait la place du Palais et encombrait les rues. Par ordre du premier président du parlement d'Aix, les huissiers parurent aux fenêtres de la grande salle, crièrent trois fois d'un ton lugubre : « Peuple, le roi est mort ! Notre bon roi est mort ! » Puis, reculant de quelques pas et revenant encore aux fenêtres, ils poussèrent cet autre cri : « Vive le roi Louis XIII, fils de Henri IV, roi de France et de Navarre, comte de Provence, de Forcalquier et des terres adjacentes, longuement et heureusement régnant ! »

L'avénement du nouveau roi ne troubla pas la tranquillité de la Provence. Le parlement continua de siéger sous la présidence de Duvair, qui fut nommé garde des sceaux en 1616 et sacré évêque de Lisieux l'année suivante. Les Provençaux, heureux sous son administration, éprouvèrent de vifs regrets en le voyant s'éloigner. En 1622, Louis XIII vint visiter le Midi. Dans toutes les villes qu'il traversa, il promit le maintien de la constitution provençale et des franchises communales; aussi fut-il accueilli avec le plus grand enthousiasme; et lorsqu'il s'éloigna, il dit à ceux qui l'entouraient : « J'ai été reçu à Arles comme un gentilhomme, à Marseille comme un seigneur, mais à Aix comme un dieu. » Il visita Saint-Maximin et alla se prosterner à la grotte de Sainte-Madeleine, la Sainte-Baume.

Un fléau vint alors frapper la Provence. Au mois de mai 1629, la peste fut apportée à Digne par un négociant voyageur. Pendant quatre mois qu'elle dura, une température extraordinaire sembla favoriser le fléau. L'atmosphère paraissait embrasé, la chaleur était suffoquante, le ciel se voilait souvent de sombres nuages; enfin la nature entière était comme enveloppée d'un voile de deuil. L'inexpérience des médecins hâta le développement de cette maladie qui s'annonçait par des symptômes effrayants et égarait quelquefois l'imagination. On vit un malheureux atteint du mal pestilentiel s'imaginer qu'il pourrait voler, monter sur un lieu élevé, y prendre son essor et se fracasser la tête dans sa chute. Un père lança par la fenêtre son fils encore au berceau. Des personnes jetées dans la fosse commune au milieu des cadavres amoncelés donnèrent des signes de vie après plusieurs jours passés dans ce lieu infect. Digne ne présentait partout que des scènes de désespoir et de misère. L'épouvante glaçait les âmes, l'égoïsme desséchait les cœurs; chacun vivait dans un isolement funeste. Au milieu de la terreur générale, la cupidité se montra hideuse. Des malfaiteurs, encouragés par l'impuissance des lois, que personne ne pouvait plus faire respecter, pillèrent les maisons et s'abandonnèrent à tous les excès. Sur dix mille habitants que possédait Digne, sept mille cinq cents moururent de la peste. Les paysans qui gardaient les passages pour empêcher toute communication entre les pestiférés et les pays environnants, avaient pris la résolution barbare de livrer aux flammes cette ville dépeuplée, croyant éteindre le mal dans ce vaste embrasement. Mais ils renoncèrent à cette précaution, devenue inutile; car l'air pestilentiel avait déjà atteint les communes voisines.

La maladie se manifesta à Aix au mois de juillet et y exerça aussi d'horribles ravages. Au mois de février 1630, Marseille en fut atteinte. A l'apparition des premiers symptômes, soixante mille habitants sortirent de la ville dans un si grand désordre, que plusieurs d'entre eux furent étouffés au passage des portes, tant la foule s'y pressait. Les chemins étaient couverts de malheureux de tout âge, qui ne savaient où reposer leur tête. Neuf mille Marseillais succombèrent, et ce ne fut qu'au mois de juillet que le terrible fléau disparut enfin de la Provence.

Des divisions intestines vinrent ensuite l'agiter. Le cardinal de Richelieu, ce ministre si puissant et si impérieux, voulut empiéter sur les libertés du pays. Les états assemblés à Aix en 1628 envoyèrent au roi une députation pour réclamer le maintien de leurs droits ; mais ce fut en vain, ils ne purent rien obtenir ; et le cardinal poursuivit sa politique envahissante.

Les édits qu'il lança trouvèrent néanmoins une résistance à laquelle il ne s'attendait pas et entraînèrent plus d'une fois de graves désordres. Les mécontents, en grand nombre, s'assemblaient toutes les nuits et s'excitaient à l'insurrection pour défendre les lois foulées aux pieds ; toutefois personne n'osait lever l'étendard de la révolte. Un des membres du rassemblement rappela l'apologue ingénieux où les rats, menacés d'être surpris par le chat, décident de lui attacher un grelot au cou, afin d'être avertis de son approche. « Mais nul, ajouta l'orateur, ne se présenta pour l'attacher, quoique tous convinssent que la décision était sage. » A ces mots, le seigneur de Châteauneuf s'écria avec enthousiasme : « Eh bien ! c'est moi qui l'attacherai. » Aussitôt il mit à son chapeau un grelot suspendu à un ruban blanc. C'était se déclarer le chef de la révolte. Ses amis l'applaudirent et l'imitèrent. On distribua des grelots aux habitants d'Aix, et tous les patriotes du pays adoptèrent le même signe. Ce parti prit le nom de *Cascaveou*, qui signifie grelot en langue provençale. On délibéra sur les remontrances à envoyer à Louis XIII. Plusieurs écrits circulèrent; l'un d'eux fixa principalement l'attention ; il portait pour titre : *La Vérité provençale au Roi*, et commençait ainsi :

« Sire, je suis la Vérité, cette déesse, fille du Temps, aujourd'hui si peu connue et si fort méprisée dans le palais des rois. L'ambition et l'avarice des courtisans occupent entièrement ma place et me retiennent depuis longtemps à la porte de votre Louvre. Je me suis habillée à la provençale, et, poussée de cette humeur hardie et impatiente qui est naturelle à la nation, j'ai franchi toutes ces barrières d'iniquité et d'injustice pour vous faire mes représentations, etc. »

Suivaient en détail toutes les plaintes qu'on avait à faire contre l'autorité illimitée du ministre.

Quelque hardies que fussent ces réclamations, elles étaient justes, et dès lors pouvaient être excusées. Mais l'insurrection, quelque légitime qu'elle pût être dans un sens, ne sut pas se maintenir dans de justes bornes, et les *Cascaveous* se livrèrent à des actes coupables de vengeance. Cette confédération, dirigée par le seigneur de Châteauneuf, s'appuyait principalement sur la bourgeoisie et le peuple. Il s'en forma une autre, sous l'influence du baron de Bras, qui n'était composée que de gentilshommes. Elle mit également un grelot à son chapeau, mais adopta le ruban bleu, avec cette devise : *Vive le roi ! à bas les édits !*

Ces deux associations, qui au fond étaient animées de la même pensée, devinrent bientôt ennemies implacables ; et il y eut une collision entre les hommes au ruban blanc et ceux au ruban bleu. Ces derniers eurent le dessous ; le baron de Bras, vaincu, se sauva dans le couvent des Frères prêcheurs et se réfugia dans le clocher. La foule envahit le cloître par une brèche, en poussant des cris de mort contre de Bras. Ce fut en vain que le parlement intervint pour calmer la fureur populaire, que les religieux exhortèrent la foule à la modération ; leur voix méconnue alla se perdre au milieu des plus affreuses clameurs. Les moines crurent parvenir à les faire cesser en exposant le saint sacrement sur l'autel ; mais rien ne put imposer à cette multitude exaspérée. Alors l'un des moines, revêtu des habits sacerdotaux, prit le saint sacrement dans ses mains et s'écria, comme frappé d'une illumination soudaine : « Dieu tout-puissant, puisque le respect dû à ce saint lieu et la majesté de votre présence ne sont pas capables d'arrêter l'insolence de ce peuple obstiné, souffrez que cette même main et ce même ostensoir avec lequel vous l'avez si souvent béni servent aujourd'hui à lui donner votre malédiction. »

A ce dernier mot, les plus forcenés se prosternent en demandant miséricorde, et tous sortent du cloître dans un silence religieux. Le baron de Bras, placé sous la protection des moines, se retira quelques jours après dans son château. Mais la confédération des *Cascaveous bleus* ne put se relever de la chute qu'elle venait de faire, et les blancs exercèrent sans contrôle un pouvoir incontesté. Ils continuèrent à vouloir intimider le gouvernement par leurs représentations. Alors

Richelieu, pour en finir avec toutes ces menaces de révolte et d'indépendance effrénée, envoya en Provence Henri de Bourbon, prince de Condé, à la tête d'une armée. A son approche, la ville d'Aix, effrayée, envoya une députation jusqu'au pont Saint-Esprit pour promettre obéissance au nom de toute la Provence. Condé l'accueillit avec bienveillance, mais n'en continua pas moins de marcher jusqu'à Aix. Il somma les deux cours souveraines d'en sortir, puis convoqua une nouvelle assemblée à laquelle il imposa, au nom de la cour, un subside de 2,000,000 livres. Les états représentèrent l'impuissance du pays pour satisfaire à un impôt si rigoureux; ils obtinrent avec peine que la somme fût réduite à 1,500,000 livres. A ce prix, le gouvernement promit de rétablir plusieurs privilèges et de révoquer l'*édit des élus*, principale cause de tous les désordres.

Après la clôture de l'assemblée, le prince de Condé retourna à Paris, et le roi donna le gouvernement de Provence au maréchal de Vitry. Les promesses faites par le prince de Condé ne s'effectuaient cependant pas; l'édit était toujours en vigueur; la cour de France semblait prendre plaisir à braver la colère de la nation provençale. De plus, le maréchal de Vitry faisait peser sur la province une véritable oppression. Elle était chargée de troupes qui se considéraient en pays conquis, et qu'il fallait nourrir, sous peine de pillage. Le maréchal poussa ses exactions si loin, que le ressentiment populaire ne se contint qu'avec peine, et le parlement d'Aix délibéra de s'adresser au garde des sceaux et au roi lui-même pour obtenir que l'on mît un terme à tant de vexations injustes. Louis XIII retira au maréchal ses pouvoirs et envoya pour le remplacer le marquis de Saint-Chaumont, avec la qualité de lieutenant du roi. Mais le maréchal ne se pressa pas de partir; il resta à Aix, et de Saint-Chaumont ne put y pénétrer. Vitry, se voyant cependant poursuivi par les clameurs et la haine publiques, se décida à se rendre à Paris. Soutenu par le cardinal de Richelieu, il obtint le pardon des torts qu'on lui reprochait et revint triomphant en Provence, tandis que de Saint-Chaumont était rappelé.

La guerre extérieure vint faire diversion à tant d'agitations intérieures. Malgré le mécontentement général, les Provençaux payèrent généreusement leur dette de sang à la patrie. Le cardinal de Richelieu, poursuivant son projet d'abaissement de la maison d'Autriche, déclara la guerre à ces voisins redoutables. Les Espagnols s'emparèrent des îles d'Hyères. Toute la Provence répondit à l'appel que lui fit le roi; chacun contribua aux charges selon ses moyens; on s'imposa des sacrifices, on prit les armes, on vola sous les drapeaux français avec un tel enthousiasme, que l'on vit un vieux seigneur de Romolles, âgé de quatre-vingt-quatorze ans, se présenter pour combattre, malgré la présence et les supplications de ses trois fils.

Après un dévouement si généreux, la Provence pouvait espérer qu'on la déchargerait de l'entretien des garnisons françaises et qu'elle obtiendrait enfin qu'on fît droit à ses justes réclamations. Mais loin de là, le gouvernement menaça de nouveau la constitution et la liberté provençales. La ville d'Aix envoya au roi un consul pour lui adresser ses plaintes. Louis XIII l'écouta. Mais pour obtenir justice, il fallut faire de nouveaux sacrifices. La Provence consentit à entretenir un certain nombre de régiments ; à cette condition, le consulat d'Aix fut rétabli dans ses prérogatives.

Le moment était enfin venu où le maréchal de Vitry devait recevoir la récompense due à ses emportements et à ses excès, restés trop longtemps couverts du voile de l'oubli et de l'impunité. Rappelé à Paris pour y rendre compte de sa conduite, il espérait pouvoir se justifier aux yeux de Louis XIII, lorsqu'il fut arrêté et conduit à la Bastille, où il resta jusqu'à la mort de Richelieu. Il fut remplacé en Provence par Louis de Valois, comte d'Alais, fils du comte d'Auvergne, prince légitimé de France.

Le comte d'Alais arriva en Provence au commencement de l'année 1638. Le ministère français ne tarda pas à lui ordonner d'empiéter davantage sur les priviléges du pays. Des murmures s'élevèrent de toutes parts. La cour consentit à revoquer le nouvel édit qui soulevait tant d'indignation, mais moyennant une somme considérable. Les états généraux ne pouvaient pas éviter de faire un triste naufrage au milieu de ces attaques continuelles de la part d'une autorité absolue. La liberté provençale luttait avec désavantage contre le génie du despotisme ministériel. On tint une séance à Aix en février 1639 ; les états se prononcèrent avec énergie contre les nouveaux offices qu'on venait de créer. La cour mécontente n'osa pas cependant supprimer entièrement les états, parce qu'il était vraisemblable que la Provence ne souffrirait pas cet attentat à sa constitution. Mais elle n'en conserva que le vain fantôme. On cessa de les convoquer sans qu'aucun acte en prononçât l'abolition, et ils furent remplacés par les assemblées générales des communautés, qui exercèrent à peu près le même pouvoir et devinrent à leur tour une représentation nationale. Telle était la situation de la Provence lorsque la mort frappa Richelieu. Quelques mois après, le 14 mai 1643, Louis XIII alla le rejoindre dans la tombe.

CHAPITRE XXII.

Siége de Toulon.

La paix était difficile à se consolider au milieu d'esprits aussi remuants que l'étaient les Provençaux. Ils faisaient naître à chaque instant de nouveaux sujets de discordes intestines. La magistrature elle-même donnait au peuple le triste exemple de la désunion. Une question de préséance dans une cérémonie religieuse suffit un jour pour exciter une violente querelle entre les magistrats et les chanoines dans l'église de Saint-Sauveur. Non contents d'échanger des paroles injurieuses, ils en vinrent aux voies de fait. Les ornements sacerdotaux et les insignes de la magistrature furent foulés aux pieds ou volèrent en lambeaux. Jamais on ne vit un si grand scandale; la confusion et l'épouvante régnaient dans le temple. L'archevêque, profondément affligé, interdit aux magistrats le chœur de l'église.

Un nouveau sujet de rébellion contre le gouvernement se présenta ensuite. Mazarin, qui gouvernait en maître pendant la minorité de Louis XIV, résolut de briser la puissance parlementaire de Provence en la divisant. Il créa dans les parlements une nouvelle section qui devait partager avec l'ancienne les travaux, de telle sorte que chacune d'elles siégerait six mois seulement. En créant ainsi deux puissances rivales, le cardinal détruisait la force de ce corps si absolu et se ménageait des alliances successives avec l'un ou l'autre *semestre* : ce fut le nom porté par chacune des deux sections alternativement en exercice de ses fonctions. Un édit du mois d'octobre 1647 créa définitivement le *semestre de Provence*. Mais le parlement d'Aix, menacé dans ce qu'il avait de plus cher, son indépendance, repoussa l'édit, entra en guerre ouverte avec le ministère français et se mit à la tête de toutes les insurrections. Elles se multipliaient et se renouvelaient sans cesse ; sous le plus léger prétexte, des rixes s'engageaient entre le peuple et les soldats du gouvernement ; on élevait des barricades, on insultait les consuls parlementaires élus par le cardinal.

Une cérémonie religieuse devait avoir lieu le 20 janvier 1649. Ce jour-là, les habitants d'Aix, d'après un vœu du roi René, étaient dans l'usage de célébrer la fête de saint Sébastien, et de faire autour des remparts une procession générale pour supplier Dieu, par l'intercession du saint, de les préserver du fléau de la peste. Déjà les bannières flottaient au vent et le son des pieux cantiques remplissait l'air. Les corporations d'arts et métiers, les confréries religieuses et une longue file de personnes s'avançaient silencieusement ; le clergé sortait de la métropole ; les consuls, selon l'ancienne coutume, portaient le dais sous lequel les reliques de saint Sébastien étaient exposées à la vénération des fidèles ; tout enfin imposait le respect, lorsqu'on entendit crier : « Aux armes ! aux armes ! Vive la liberté ! A bas le semestre ! » Les consuls effrayés se cachèrent dans la sacristie ; les rangs de la procession se rompirent. On sonna le tocsin, et tous les habitants prirent les armes ; ce fut une levée en masse, prête à écraser les soldats du gouvernement qui se hasarderaient à paraître dans les rues. Le chef du soulèvement, comprenant qu'il fallait quelque chose qui entretînt la fureur populaire, prit les chaperons des consuls et les jeta au milieu de la foule. On se précipita sur ces insignes du pouvoir municipal, qui n'étaient plus que la livrée du despotisme ministériel, puisque les consuls tenaient illégalement leur charge de la cour, au lieu de la tenir du libre choix de leurs compatriotes. On traîna dans la boue ces chaperons prostitués ; on les porta au bout d'une pique comme un trophée, et ils furent bientôt déchirés et mis en lambeaux. La populace assiégea l'hôtel du gouverneur. Celui-ci, voyant que toute résistance était inutile, fut obligé de se rendre à discrétion ; il devint prisonnier des rebelles, qui ne lui permirent pas même de paraître à la fenêtre, et ils tendirent des chaînes dans les environs de son hôtel pour empêcher qu'on n'en approchât.

L'esprit de l'époque était de tourner en vaudevilles les questions et les affaires politiques les plus graves. On fit à Paris des chansons sur les événements de la journée de saint Sébastien et contre le gouverneur de Provence. Les anciens magistrats reprirent leurs droits, éloignèrent leurs adversaires, puis prêtèrent serment de fidélité au roi, pour que chacun restât bien convaincu qu'on n'avait pris les armes que contre l'arbitraire ministériel, et non contre l'autorité royale. Le parlement adressa une supplique à Louis XIV pour qu'il supprimât le *semestre* et rendît aux villes la libre élection de leurs consuls et de leurs officiers municipaux, suivant les anciens statuts. Le roi accueillit leur demande; un édit du mois de mars 1649 fit droit à leurs réclamations, et des lettres de grâce furent accordées à tous ceux qui avaient pris part au soulèvement. Le parlement enregistra cet édit, et le même jour le comte d'Alais vit cesser sa captivité. Le peuple, non content de son triomphe, se livra à une basse vengeance, que le parlement n'empêcha pas. Le comte d'Alais fut mis sur la scène. Un acteur ridicule, portant son costume, était placé entre deux planches qui le faisaient mouvoir à volonté comme une machine. A côté de lui était une femme, facile à reconnaître pour la comtesse son épouse. Les magistrats du semestre les suivaient dans un piteux et grossier équipage. A quelques pas de là, quatre paysans, vêtus de robes jaunes et rouges, couleurs de la ville, chantaient *la Farce*, œuvre indécente, tirée de l'histoire du gouverneur, de celle de sa femme et de ses partisans. Ils usaient d'un droit ancien qui permettait aux derniers du peuple de fronder dans une satire annuelle les vices privés et publics des grands du pays.

Le comte d'Alais, quoique doux et modéré, ne put supporter silencieusement des outrages si audacieux. Les hostilités recommencèrent; une rencontre entre les troupes du parlement et celles du gouverneur eut lieu au Val, près de Brignolles. Un combat s'engagea; les armées parlementaires furent dispersées; on les vit rentrer à Aix la tête baissée et la honte peinte sur leurs fronts. La consternation fut grande; mais l'espoir revint lorsqu'on vit la Provence entière prêter son appui aux vaincus. Les deux partis continuèrent de se faire la guerre et se livrèrent à des excès déplorables. Le roi, désirant mettre un terme à tant de calamités, envoya en Provence le général de Saint-Aignan, avec un traité de paix auquel il voulait que les deux partis se conformassent, sous peine de désobéissance. Il exigeait que les troupes fussent licenciées de part et d'autre. Le parlement et le comte d'Alais se soumirent, et la guerre du *semestre* fut enfin terminée en septembre 1649, après avoir été pendant plus de deux ans une source continuelle de malheurs et de désordres.

La tranquillité ne fut pas rétablie pour longtemps. La Fronde, qui troublait alors Paris, eut son retentissement dans le Midi. Des factions se formèrent. Ceux qui étaient mécontents du roi et de Mazarin se mirent du parti des princes du sang et prirent le nom de *Sabreurs*, parce que leur chef, le baron de Saint-Marc, portait un grand sabre et menaçait souvent ses adversaires en disant : *Je les sabrerai*. Ceux qui se prononcèrent pour la cour eurent le nom de *Canivets*, ou *taille-plumes*, parce qu'ils étaient plus paisibles. Les deux factions se firent une guerre à outrance. Le marquis d'Aiguebonne, alors gouverneur de la Provence, n'était pas en état d'arrêter l'effervescence ; le roi le rappela et le remplaça par Louis de Vendôme, duc de Mercœur, qu'il jugeait le plus capable de calmer les esprits. Il arriva à Aix le 8 mai 1652. Il croyait que son autorité allait être reconnue sans obstacles dans la Provence entière; mais plusieurs villes lui refusèrent l'obéissance, et il fut obligé de recourir à la force. Il parvint cependant à soumettre les plus récalcitrants et à apaiser les murmures. On déposa les armes, et une amnistie, accordée pour tous les délits politiques commis depuis le mois de septembre 1651, termina cette guerre civile, qui n'avait jamais pris des proportions formidables, parce que les causes étaient en elles-mêmes trop futiles pour donner une conviction réelle à des esprits plus remuants que mal intentionnés.

Le comte d'Alais, qui avait jusque-là conservé son titre de gouverneur, s'en démit volontairement. Le roi le donna au duc de Mercœur, qui s'était déjà concilié l'affection populaire. Sa nomination définitive fut accueillie avec enthousiasme et donna lieu à des réjouissances publiques.

Cependant l'habitude prise de contrôler si facilement les actes du gouvernement et de se révolter sous le plus léger prétexte contre l'autorité souveraine, avait laissé des traces fâcheuses ; et il était facile de voir que, malgré la soumission générale, peu de chose suffirait pour soulever de nouveau ce peuple si mobile, et pour réveiller des haines qui n'étaient qu'assoupies. Aussi voyait-on surgir à chaque instant des querelles particulières, dans lesquelles le gouverneur était obligé d'intervenir. Pendant plusieurs années les jours de parfaite sécurité furent rares.

Marseille n'avait pas été non plus exempte de troubles ; néanmoins jusque-là sa situation politique et commerciale avait été florissante. La constante bienveillance des rois de France sauvegardait sa marine marchande, ses intérêts commerciaux, ses ressources industrielles. Ses franchises municipales avaient acquis autant de développement et d'indépendance qu'elles pouvaient raisonnablement en attendre d'un gouvernement monarchique, et elle était sans contredit plus heureuse qu'elle ne l'eût été sous un régime républicain. Malheureusement, l'esprit de liberté et de turbulence avait aussi gagné les Marseillais, et ils ne cherchaient qu'un prétexte pour résister à l'autorité. Une première émeute fut comprimée, mais ensuite une insurrection générale éclata. A la tête était Gaspard de Glandèves-Nioselles, puissant par les avantages de la naissance et de la fortune, et possédant le talent de dominer et d'exciter l'ardeur de ses partisans. Le duc de Mercœur ne put contenir la révolte ; la guerre civile éclata dans Marseille. Nioselles, victorieux, s'empara du pouvoir, nomma des consuls et brava ouvertement le gouvernement. Mais celui dont il méconnaissait ainsi l'autorité était alors Louis XIV. Ce prince, si jaloux de son autorité et de sa dignité, ne pouvait manquer de venger l'honneur de son trône, en infligeant à la cité révoltée un juste châtiment de sa rébellion. Il était difficile de comprendre l'aveuglement des Marseillais. Qui pouvait leur inspirer tant d'audace et d'obstination ? Le reste de la Provence les regardait avec indifférence et ne leur offrait ni secours, ni appui. Leur révolte n'avait donc aucune chance favorable. Cependant ils la poursuivaient avec fureur. Le duc de Mercœur parvint à s'emparer de la ville ; mais ce fut en vain qu'il enjoignit à Nioselles, de la part du roi, l'ordre de se rendre à la cour pour y justifier sa conduite. Nioselles n'en tenait aucun compte. Alors Louis XIV se décida à passer lui-même en Provence. Le 17 janvier 1660, il arriva à Aix. Sur la prière des consuls, il maintint les franchises municipales de cette ville. Il se dirigea ensuite sur Marseille. A son approche, les Marseillais les plus compromis perdirent toute leur assurance et ne pensèrent qu'à leur sûreté. La fuite était difficile; car des vaisseaux partis de Toulon bloquaient le port, et des troupes françaises occupaient les routes. Nioselles se cacha dans un souterrain du couvent des capucins.

Le conseil municipal, afin de détourner l'orage qui menaçait la ville, envoya auprès du roi l'évêque Etienne de Puget pour solliciter la grâce des Marseillais. Louis XIV resta sourd à toutes les prières. Le duc de Mercœur se rendit à l'Hôtel-de-Ville, où siégeait le conseil municipal et où s'étaient assemblés les consuls. Tous les membres consternés attendaient avec anxiété de connaître leur sort.

« Messieurs, leur dit le duc, je vous crois plus malheureux que coupables ; mais vous êtes tombés dans la disgrâce du roi. Sa Majesté ne veut plus que vous soyez consuls, ni qu'à l'avenir il y ait à Marseille des magistrats de ce nom. Elle a résolu de changer la forme du gouvernement de la ville; elle m'a commandé de vous déposer et de remettre votre autorité entre les mains de M. de Piles, qui commandera aux habitants et aux gens de guerre jusqu'à ce que Sa Majesté ait réglé la forme du gouvernement politique. » Puis le gouverneur ordonna aux consuls de quitter leurs chaperons, qu'il envoya au cardinal de Mazarin.

On fit publier au son de trompette dans tous les carrefours l'ordonnance du roi qui déclarait Nioselles et ses adhérents criminels de lèse majesté. Défense fut faite de les recevoir sous peine de mort, avec promesse de la somme de 6,000 livres pour ceux qui les livreraient. Tous les habitants furent désarmés ; on les obligea de se retirer dans leurs maisons avant huit heures du soir, et on les soumit au logement des gens de guerre, contrairement aux privilèges de la commune. Le gouverneur frappa Marseille d'une contribution militaire de 8,000 livres au profit de la ville d'Aix, qui avait à sa charge la résidence de la cour. Une chambre de justice fut organisée pour juger les auteurs des derniers troubles. Nioselles et ses quatre complices, qui l'avaient suivi dans sa retraite, furent condamnés à mort par contumace, avec confiscation de leurs biens. La maison de Nioselles fut rasée, et l'on éleva à sa place une pyramide infamante pour transmettre à la postérité son crime et son châtiment. Mais ses partisans la considérèrent au contraire comme un monument de patriotisme et d'honneur. Comme le roi tenait beaucoup à la prise de Nioselles, on fit par ses ordres les recherches les plus sévères pour le découvrir. Elles furent inutiles. L'asile de Nioselles était cependant connu de beaucoup de personnes ; mais aucune d'elles ne se laissa tenter par l'appât des 6,000 livres promises. Les cinq proscrits restèrent cachés dans le souterrain plus de trois mois. Le 25 avril, un de leurs amis facilita leur embarquement ; ils se réfugièrent à Barcelone. Quelques années après, Nioselles obtint la permission de se retirer dans une de ses terres ; mais il ne put rentrer à Marseille qu'en 1714. Il y mourut la même année, âgé de quatre-vingt-quatorze ans. La pyramide fut alors détruite. Ses biens avaient été restitués à sa mère.

Louis XIV, après avoir organisé le gouvernement de Marseille, partit de cette ville le 8 mars. Il y laissa une garnison suffisante pour maintenir la tranquillité. Il revint à Aix, alla passer quelques jours à Avignon et se rendit ensuite à Orange, dont il fit abattre les fortifications, ne voulant pas qu'une ville enclavée dans la Provence, le Languedoc, le Dauphiné et le comtat Venaissin, restât fortifiée.

Une querelle survenue à Avignon entre les soldats français et les troupes pontificales entraîna de la part du roi une demande de réparation. Comme elle se faisait attendre, Louis XIV fit examiner les droits que les rois de France avaient sur ce comté et prétendit que ceux des souverains pontifes pouvaient être facilement contestés. Il en conclut qu'on pouvait s'emparer de ce pays. Et par un arrêt du 23 juillet 1663, le parlement d'Aix décréta que « la ville d'Avignon et le comtat Venaissin n'avaient pu être aliénés de l'ancien domaine des comtes de Provence, et en conséquence ordonna qu'ils y seraient réunis, et que Sa Majesté en serait remise en possession par des commissaires qui se transporteraient sur les lieux. » La force des armes ne fut pas nécessaire pour cette prise de possession ; les commissaires l'opérèrent officiellement au nom de Louis XIV. D'Avignon ils se rendirent à Carpentras, capitale du comtat Venaissin, pour y procéder à la même formalité. Le pape fit des réclamations contre ce qu'il appelait une usurpation ; cependant il finit par entrer en accommodement avec le roi de France et reprit possession de ses domaines au mois d'août 1664. Mais le parlement d'Aix n'enregistra l'édit de restitution que sous la clause qu'il ne pourrait nuire à l'inaliénabilité des droits du roi et de la couronne.

Le duc de Mercœur, toujours gouverneur de la Provence, obtint en 1667 le chapeau de cardinal ; ce qui ne l'empêcha pas d'exercer ses fonctions civiles. On vit réunis dans la même personne un des plus importants commandements politiques et une des premières dignités de l'Eglise. Le duc fut tout à la fois chef militaire et membre du sacré collége. Mais il ne jouit pas longtemps de cette accumulation d'honneurs, il mourut en 1669. Les grands et le peuple, tous les Provençaux répandirent des larmes sur sa tombe.

Malgré l'esprit turbulent et ambitieux des magistrats, la tranquillité s'était rétablie et la paix était devenue générale en France. La mort de Charles II, roi d'Espagne, vint la troubler en 1700. La *guerre de succession* éclata. Toute l'Europe se souleva contre Louis XIV, et les puissances coalisées décidèrent l'envahissement de la Provence. Le duc de Savoie et le prince Eugène, à la tête d'une armée, se dirigèrent sur Toulon. Le lieutenant général Castellane-Adhémar, comte de Grignan, gendre de Mme de Sévigné, commandait alors en Provence, en l'absence du duc de Vendôme, gouverneur titulaire. Il était âgé de soixante-quinze ans ; mais la vieillesse ne lui enlevait rien de son étonnante activité. A la vue du péril qui menaçait la Provence, il sentit renaître toute l'ardeur de sa jeunesse. Il accourut à Toulon, communiqua à la noblesse, à la bourgeoisie, son généreux enthousiasme, et réveilla le courage du patriotisme. Il se créa des ressources inattendues, et comme par enchantement la ville se trouva transformée en un camp de travailleurs. Hommes, femmes, enfants, tous mirent la main à l'œuvre. Toulonnais, gens de la banlieue, ouvriers de l'arsenal, soldats de la marine, rivalisèrent de zèle, et la gaîté provençale sembla même se jouer du danger menaçant. De Grignan les encouragea de la voix et du geste; présent partout, il prit ses repas et donna ses audiences au milieu des fortifications. L'argent vint à manquer; car la cour n'en envoyait point; les ressources de la municipalité étaient épuisées. Que faire dans une situation si critique ?

Le comte de Grignan se rend à Marseille, envoie à l'hôtel des Monnaies toute sa vaisselle, sans épargner même celle de sa femme. Toute l'argenterie aux armes des Grignan et des Sévigné est convertie en monnaie qui va circuler dans les mains des ouvriers. Lebret, intendant de la Provence, imite ce désintéressement. Le parlement d'Aix, le commerce de Marseille, la ville d'Arles, les habitants de la Provence entière, envoient des offrandes en numéraire, en vêtements, en denrées. L'élan de l'enthousiasme était général. L'horreur de la domination étrangère soulevait tous les cœurs; et Toulon, qui au commencement de juillet était hors d'état de soutenir un siége de trois jours, se voyait déjà vers le 15 dans une situation imposante. Aussi était-il facile de prévoir que le duc de Savoie serait vigoureusement accueilli, et que son expédition serait chimérique.

Victor-Amédée, accompagné du prince Eugène, franchit le Var dans la nuit du 10 au 11 juillet, et établit son quartier général à Fréjus. Il était temps de s'opposer à sa marche. La cour envoya au secours des Toulonnais le général Goesbriand, à la tête de quatorze bataillons qui arrivèrent le 22 juillet à Toulon. L'attitude des Provençaux était imposante; aussi l'ennemi, ne voulant pas risquer le résultat de l'expédition dans une bataille, dirigea toutes ses attaques contre le poste qui gardait la hauteur de Sainte-Catherine. Le duc de Savoie voulait à tout prix s'emparer de ce plateau qui lui était nécessaire pour diriger ses manœuvres. La garnison française se défendit avec courage; mais, forcée de céder au nombre, elle se retira en bon ordre. Ce premier succès coûta aux ennemis beaucoup de morts. Ils s'établirent à Sainte-Catherine, s'y retranchèrent et entreprirent alors de réduire Toulon par un bombardement régulier.

Le comte de Grignan, voyant le péril, résolut immédiatement de prendre l'offensive, d'enlever à l'ennemi la forte position de Sainte Catherine, et de raser tous ses ouvrages. Le projet était hardi; il n'en fut pas moins exécuté. Le 15 août, le général Goesbriand, à la tête du mouvement, renversa tout ce qui se trouvait devant lui, parvint sur la hauteur au milieu d'une grêle de balles et se rendit maître de la chapelle. Le prince de Saxe-Gotha, qui la défendait, y périt, et tous ceux qui combattaient avec lui furent tués, pris ou blessés. Le duc de Savoie et le prince Eugène, étourdis d'une pareille défaite qui leur avait fait perdre le fruit de tant de travaux, songèrent à la venger. Victor-Amédée ordonna le bombardement de Toulon; il commença le 17 août et ne discontinua pas jusqu'au 21. Six cents maisons furent endommagées par ce feu continuel, par cette pluie horrible de boulets et de bombes; néanmoins les habitants de Toulon, encouragés par leurs consuls, rivalisèrent de zèle, de dévouement et de courage. Les ressources des alliés s'épuisèrent enfin. Leur armée, abattue par la chaleur, affaiblie par les maladies et les pertes, manquait de vivres et était découragée par la résistance de la place. Victor-Amédée, désespérant du succès de son entreprise, se décida à lever le siége. Il embarqua les blessés et les malades avec une partie de son matériel, fit sauter le fort Sainte-Marguerite et donna le signal de la retraite. Son armée se mit en marche le 22 août, et prit la route qu'elle avait suivie pour venir à Toulon. Les troupes, dans leur retraite, brûlaient les fourrages, détruisaient les provisions, corrompaient les eaux, et rançonnaient les villes et les villages qui se trouvaient sur leur passage. Les paysans exaspérés tombaient sur ces fuyards et se livraient à de cruelles représailles. Le 27, Victor-Amédée repassa le Var; et là se termina cette invasion qui s'était montrée si menaçante.

La guerre de la succession se continua encore plusieurs années en Espagne, en Allemagne et dans les Pays-Bas, jusqu'à ce que les puissances belligérantes, fatiguées et épuisées de sacrifices, signèrent enfin le traité d'Utrecht, le 11 avril 1713.

CHAPITRE XXIII.

—

La Peste en Provence.

Marseille, ouvrant ses ports aux vaisseaux de toutes les nations et entretenant de grandes relations commerciales, surtout avec les échelles du Levant, était exposée par là à recevoir les mauvaises influences des maladies contagieuses si fréquentes en Orient. La peste l'avait déjà ravagée plusieurs fois ; mais en 1720, ce fléau s'appesantit sur elle d'une manière encore plus terrible. Un vaisseau, nommé *le Grand-Saint-Antoine*, arriva à Marseille le 25 mai 1720. Parti de Leyde, il s'était arrêté à Tripoli, où il avait pris des marchandises et quelques Turcs. Ceux-ci étaient morts presque subitement, ainsi que plusieurs matelots qui les avaient approchés et le médecin qui les avait soignés. Le capitaine, effrayé, eut soin, en arrivant à Marseille, de prévenir les intendants de la santé de ces accidents ; il ne leur cacha point que, selon toute probabilité, les matelots étaient morts de la fièvre maligne. Dès lors la prudence imposait le devoir de prendre des précautions rigoureuses. Malheureusement, les négociants les plus considérables de la ville étaient intéressés dans la riche cargaison du *Grand-Saint-Antoine* ; et comme la foire de Beaucaire approchait, ils tenaient à ce que leurs marchandises leur fussent livrées promptement. L'intérêt personnel l'emporta sur l'intérêt général. Equipage, passagers, ballots, furent reçus dans les infirmeries avec une aveugle et coupable confiance.

Trois autres navires, venant également du Levant, abordèrent à Marseille peu de jours après; et, comme le *Grand-Saint-Antoine*, ils obtinrent une entrée libre. Plusieurs personnes employées au débarquement moururent presque subitement.

Gayrard, premier chirurgien de l'intendance, persista à déclarer qu'il ne reconnaissait aucune trace d'un mal contagieux. On supposa plus tard qu'il avait été gagné par les négociants intéressés au débarquement des marchandises. D'autres chirurgiens furent appelés. Plus expérimentés et plus consciencieux que Gayrard, ils reconnurent les signes manifestes du venin pestilentiel. On prit alors des mesures sévères; mais il était trop tard : les ballots portés dans la ville y avaient déjà répandu la peste, qui se déclara immédiatement et fit de tels progrès, qu'à la fin de juillet, la ville présentait l'affreux spectacle de toutes les douleurs et de toutes les misères. Partout ce n'était que des cris de désespoir et des scènes déchirantes. Les rues étaient encombrées de malades et de mourants qui s'efforçaient d'arriver à l'hôpital et se traînaient auprès des ruisseaux pour y puiser quelques gouttes d'eau; souvent ils expiraient en faisant ce dernier effort. On voyait des malheureux pestiférés couchés au milieu des cadavres, respirant des émanations corrompues qui leur faisaient éprouver des souffrances plus cruelles que la mort qu'ils appelaient à grands cris. La mortalité était si rapide et si générale, que l'on ne pouvait plus donner la sépulture aux victimes; elles étaient jetées par les fenêtres et amoncelées sur les places publiques ou devant le portail des églises. Ces membres épars, ces chairs corrompues répandaient une infection affreuse. Le terrible fléau n'épargnait personne; le riche comme l'indigent, le fort comme le faible, le vieillard comme l'enfant, en étaient également atteints. L'effroi que causaient les premiers symptômes du mal contagieux étouffait la voix du sang et de l'humanité. On voyait des pères et des mères traîner impitoyablement leurs enfants dans les rues, les y abandonnant à leur triste sort; de même des enfants refusaient tout secours à leurs parents.

Cette affreuse calamité produisit d'horribles excès, des actes de barbarie la plus inhumaine, et enfin de violents désespoirs. Elle entraîna aussi, comme cela arrive toujours dans ces tristes circonstances, un débordement audacieux de désordres de tous genres. Les magistrats furent obligés de faire placer des potences en permanence pour intimider les vagabonds et les misérables qui ne respectaient rien. Les galériens employés à l'enlèvement des cadavres s'acquittaient de cette périlleuse charge de manière à n'inspirer que le dégoût et l'horreur. La plupart d'entre eux montraient une avidité révoltante, une cruauté railleuse ou une insouciance infernale. Ils tuaient des malades pour les voler; et pour aller plus vite dans leur besogne, ils jetaient dans les tombereaux, au milieu des corps en pourriture, des malheureux qui respiraient encore. Des fonctionnaires abandonnaient lâchement leur poste; des médecins frappés de terreur prenaient la fuite.

Mais à côté de cet égoïsme révoltant, on vit le dévouement s'élever jusqu'au sublime. Il y eut des âmes nobles qui méritèrent l'estime et la reconnaissance des peuples et de la postérité. Des prêtres, des confesseurs, des religieux de différents ordres, vinrent des provinces les plus reculées du royaume, se réunirent aux membres du clergé marseillais qui remplissaient dignement leurs devoirs, et tous ensemble se sacrifièrent, avec une résignation sublime, aux fonctions dangereuses de leur saint ministère.

A leur tête était l'évêque de Marseille, le cardinal de Belsunce, dont le nom, entouré d'une auréole de gloire impérissable, exprime ce qu'il y a de plus élevé dans l'amour de l'humanité et de plus pur dans les vertus chrétiennes. Rien n'abattait son courage, rien ne ralentissait son zèle apostolique, rien n'éteignait en lui le feu de sa divine charité. Lui donner le poste le plus périlleux, c'était réjouir son cœur. Si grande que fût l'infortune publique, plus grand encore était le caractère du vertueux prélat. La nuit comme le jour, il entrait dans les hôpitaux et dans la demeure des malades. Il s'approchait des moribonds couchés dans les rues, ne craignait point leur souffle empoisonné, implorait pour eux les bénédictions du ciel; et plus il s'exposait aux coups de la mort, plus il semblait invulnérable. Il ordonna des processions, fit des prières expiatoires, marcha lui-même les pieds nus et la corde au cou, au milieu d'un peuple éperdu que sa vue ranimait cependant encore. Son argenterie, ses meubles devinrent le patrimoine des pauvres. Tel, au XIII° siècle, durant la peste de Milan, s'était montré saint Charles Borromée.

Belsunce était assisté dans ses pénibles fonctions par le chef d'escadre Langeron, qui avait reçu le commandement de Marseille avec des pouvoirs illimités, vu les circonstances, et qui travailla avec une ardeur infatigable au soulagement des pestiférés et à l'assainissement de la ville. Ils étaient secondés par un grand nombre de fonctionnaires, de médecins, de chanoines, et par deux jésuites : tous montrèrent un zèle et un dévouement sans bornes.

Ces nobles vertus, souvent laissées dans l'ombre, sont cependant bien au-dessus de la valeur militaire. Tout entraîne un soldat sur le champ de bataille. La gloire lui sourit, l'espoir d'un avancement l'anime. La voix des chefs, le bruit des armes, la fumée, la vue même du sang, tout l'étourdit, l'exalte. La mort n'a rien d'effrayant pour lui. Mais au milieu d'une contagion dévorante, l'homme qui se dévoue au salut de ses semblables a besoin d'une âme plus forte, d'un cœur plus généreux. Il lui faut un sang-froid plus difficile à obtenir que l'exaltation, et son courage est un courage de tous les instants. Aussi les noms de ces dignes magistrats, de ces intrépides ministres de la religion, de ces soutiens de l'humanité souffrante, seront conservés dans l'histoire et passeront à la postérité. Celui de Belsunce sera grand parmi les plus grands noms. La poésie française a payé un juste tribut d'hommage à l'héroïque prélat. Millevoie, dans le poëme de *Belsunce, ou la peste de Marseille*, a célébré le plus sublime des dévouements de la charité chrétienne.

Le pape Clément XI montra une sollicitude toute paternelle pour cette malheureuse cité et lui vint généreusement en aide. Il envoya deux navires chargés de grains et de fortes sommes d'argent, que l'évêque distribua aux pauvres. Le gouvernement français ne suivit pas un si bel exemple ; il ne fit rien pour soulager la détresse d'une ville qui était devenue toute française. Le régent ne voyait pas cependant avec indifférence une si grande calamité ; mais dans ce moment, la chute du *système de Law* le mettait dans une vraie pénurie, et l'empêchait de faire ce qu'il aurait sans doute fait dans d'autres circonstances.

La présence de la peste à Marseille n'ayant pas été constatée aussitôt son apparition, il en résulta qu'on ne prit aucune précaution pour l'empêcher de se communiquer dans les autres villes de Provence ; aussi étendit-elle promptement ses ravages. Aix fut la première atteinte. Le fléau s'y déclara au commencement d'août 1720 ; il y fut apporté par des marchandises de contrebande. Là, comme à Marseille, les mêmes calamités affligèrent l'humanité souffrante ; les actes de dévouement se multiplièrent, mais furent impuissants pour remédier à une si grande détresse. La contrebande qui avait fait un si funeste présent à Aix porta ensuite la contagion à Toulon. Au mois de décembre 1720, quelques morts rapides et successives jetèrent l'alarme au milieu de la population. Au commencement de janvier 1721, la maladie devint terrible ; et au mois d'avril, la mortalité était telle, qu'on eût dit que la ville avait cessé d'être habitée. L'herbe croissait dans les rues ; les habitants épargnés par la mort se voyaient souvent réduits à de cruelles extrémités par la prolongation d'une quarantaine sévère qui les condamnait à rester séquestrés dans leurs maisons. La contagion ne cessa que vers le milieu du mois d'août. Des mesures sages et rigoureuses avaient été prises à Arles pour garantir la ville du fléau. Néanmoins, elle ne fut pas épargnée ; la peste s'y déclara à la fin d'avril 1721 et exerça ses ravages jusque vers le milieu de septembre. Ceux qui avaient été épargnés remercièrent la Providence par des processions et de solennelles actions de grâces ; d'autres, et c'était le plus grand nombre, pleuraient sur les victimes enlevées à leur famille. Ce ne fut qu'au mois d'octobre de 1721 que disparurent à Marseille les dernières traces de la maladie ; il y avait seize mois qu'elle y exerçait ses cruels ravages. On ouvrit les églises avec solennité, et l'on porta dans une procession générale les reliques de saint Roch. Le fléau avait tour à tour frappé plus de soixante communes provençales. Environ cent mille victimes étaient tombées sous ses coups.

La sécurité et la paix étaient rentrées dans tous les cœurs, et l'on commençait à oublier les jours néfastes, lorsqu'au mois de mai 1722 mourut subitement à Marseille un homme atteint du mal contagieux. Plusieurs morts se succédèrent et jetèrent l'alarme dans toute la ville. Le commandant Langeron, dont la belle conduite en 1720 inspirait la plus vive confiance, revint à Marseille ; grâce aux mesures préservatrices qu'il prit immédiatement, la peste ne s'étendit pas ; elle cessa tout à fait après avoir enlevé quelques centaines de personnes. Cependant, ce ne fut qu'en 1723 que l'on permit l'importation des marchandises. L'activité naturelle des Marseillais répara assez promptement les pertes immenses qu'on venait d'éprouver, et la population, qui de quatre-vingt-dix mille habitants était descendue à cinquante mille, atteignit en peu d'années son premier chiffre.

La guerre de la succession d'Autriche, qui souleva en 1740 toute l'Europe, porta un contre-coup à la Provence. La France prit une part active à cette guerre ; elle n'éprouva d'abord que revers, puis quelques succès relevèrent ses espérances. Les Autrichiens, battus en Flandre, mais victorieux dans les Alpes, se préparèrent à envahir la Provence. Une armée autrichienne, à laquelle s'étaient réunies des troupes piémontaises, passa le Var en 1746, et s'approcha d'Antibes. Les ennemis, secondés par les Anglais, commencèrent à bombarder cette ville le 19 décembre. C'eût été sans doute un beau triomphe pour la marine anglaise ,si elle eût pu s'emparer de Marseille et de Toulon. Mais Louis XV, qui voulait à tout prix sauver cette belle partie de son royaume de l'invasion étrangère, envoya le maréchal de Belle-Isle pour la défendre. En arrivant à Aix, celui-ci trouva les habitants découragés; les miliciens étaient effrayés; il n'existait que quelques débris de régiments sans discipline qui s'arrachaient le foin et la paille. Les chevaux mouraient faute de nourriture. Les ennemis avaient tout enlevé et tout détruit depuis le Var jusqu'à la Durance.

Le maréchal de Belle-Isle n'était pas un grand capitaine, mais il était actif et zélé. Ses soins paternels rendirent le courage aux troupes accablées de honte, de misère et de lassitude. Il parvint à subvenir aux besoins les plus urgents; et au commencement de janvier 1747 tout était préparé en Provence pour punir l'ennemi de sa téméraire entreprise. Le maréchal fit lever le siége d'Antibes, que l'on bombardait depuis vingt-neuf jours, reprit l'île Sainte-Marguerite, et mit les Impériaux dans une telle déroute au combat de Castellane, que l'armée autrichienne repassa le Var en avril 1747, et tourna ses armes d'un autre côté. La paix d'Aix-la-Chapelle, signée au mois d'octobre 1748, rendit le repos à l'Europe.

Il fut de nouveau troublé par l'ambition de l'Angleterre, qui voulait s'étendre sur le Canada, colonie française. Alors éclata, en 1755, la guerre dite de Sept-Ans, qui, pendant cet espace, mit sur pied une partie de l'Europe. Les Provençaux, dans cette circonstance, payèrent leur tribut de dévouement à la couronne. Les ports de Marseille et de Toulon s'animèrent de nouveau; le génie de la guerre y déploya une activité incroyable. Les négociants marseillais rivalisèrent de patriotisme et s'imposèrent de grands sacrifices pour tâcher d'assurer le succès des armes françaises. Néanmoins, la France ne put terminer cette guerre ruineuse qu'en acceptant, en 1763, une paix désavantageuse, mais qui était devenue nécessaire.

CHAPITRE XXIV.

—

La Provence perd sa nationalité.

Un nouveau sujet de discorde surgit en Provence. La querelle des jansénistes avec les jésuites fut épousée avec chaleur par les Provençaux; la plupart se prononcèrent pour le jansénisme. Le digne évêque de Marseille, Belsunce, aussi fidèle champion de la foi que soutien infatigable de l'humanité souffrante, s'éleva au contraire contre les pères de l'Oratoire, rebelles envers l'autorité divine. Cette fermeté de conscience irrita ses adversaires; oubliant tout l'héroïsme de leur pasteur pendant les jours d'affliction publique, ils ne rougirent pas de le traiter de *vieillard opiniâtre*, et de l'accuser de troubler la paix du sanctuaire.

La question de la suppression des jésuites fut débattue avec une violence inouïe dans les assemblées provençales. Plusieurs membres soulevèrent contre cet ordre des accusations aussi absurdes que calomnieuses, et le parlement d'Aix prononça au mois de janvier 1763 sa suppression définitive. Les grands corps judiciaires firent un malheureux abus de la victoire. En s'acharnant à la poursuite des proscrits, ils prouvèrent que la passion, et non la justice, avait dicté leurs sentences. On n'épargna aucune persécution à des hommes qui s'étaient consacrés avec succès à l'enseignement public, à des vieillards respectables par leurs travaux littéraires et scientifiques. On leur défendit de vivre en commun, et l'on se réserva d'accorder à chacun d'eux de faibles secours alimentaires, en leur imposant la tyrannique obligation de déclarer, sous la foi du serment, qu'ils abjuraient, comme abominable, un institut qu'ils avaient embrassé en le croyant saint. Louis XV mit un terme à cette torture de la conscience; son édit du 26 novembre 1764 confirma la dissolution de la Société de Jésus en France; mais il permit néanmoins à ceux qui la composaient d'y vivre en particuliers, sous l'autorité des lois civiles.

Le pape Clément XIII se déclara le défenseur de la cause des jésuites. Le duc de Choiseul, trouvant que c'était un outrage envers l'autorité royale, engagea Louis XV à le venger, en se saisissant d'Avignon et du comtat Venaissin. L'aliénation d'un domaine de la couronne avait toujours été considérée par tous les parlements comme contraire aux lois fondamentales du royaume; et lorsque les rois de France reprenaient les terres papales, c'était en vertu d'un arrêt du parlement de Provence. Le cabinet de Versailles fit valoir le dernier arrêt de ce parlement, qui réunit en 1688 Avignon et le comtat Venaissin à la couronne. Cet arrêt n'avait point ensuite été spécialement révoqué; on le fit prévaloir, comme subsistant dans toute sa force. Le parlement nomma des commissaires pour le mettre à exécution. Le comte de Rochechouart, suivi de ces commissaires et de quelques troupes, se présenta, de la part du roi, devant la ville d'Avignon, alla droit au vice-légat qui gouvernait au nom du pape, et lui dit, selon l'ancien protocole usité sous Louis XIV : « Monsieur, le roi m'ordonne de remettre Avignon en sa main, et vous êtes prié de vous retirer. » Les commissaires du parlement de Provence firent publier l'arrêt de réunion. En même temps, toutes les cloches sonnèrent; le peuple fit des feux de joie. On commença dès ce jour à insérer dans tous les actes publics : « Régnant souverain prince Louis, par la grâce de Dieu, quinzième du nom, roi de France et de Navarre, comte de Provence, de la ville d'Avignon et du comtat Venaissin. »

Le roi, presque effrayé de ce qu'il avait osé faire, chercha l'occasion de donner quelque satisfaction au saint-siége sans nuire à sa politique et sans compromettre son honneur. Cette occasion se présenta bientôt. Clément XIII mourut. Son successeur, Clément XIV, crut pouvoir se prêter aux volontés du roi de France. Le ministère lui offrit la restitution d'Avignon et du comtat

Venaissin, moyennant un bref qui supprimerait l'institut des jésuites. Clément XIV rendit le bref le 10 juillet 1773, et la cour de Versailles tint sa promesse. Ce fut un triomphe pour les philosophes, ennemis jurés d'un ordre qui combattait avec tant d'avantages leurs funestes doctrines.

L'influence du duc de Choiseul eut son terme; il tomba en disgrâce; le parlement perdit en lui son plus ferme appui. Le roi, fatigué de l'opposition qu'il rencontrait toujours dans cette assemblée, adopta le projet qui lui fut présenté par le chancelier Maupeou de changer l'administration judiciaire dans le royaume. En 1771, les parlements des provinces furent supprimés et remplacés par de nouvelles réunions sous le titre de *conseils supérieurs*, qu'on surnomma les parlements *Maupeou*. Le comte de Rochechouart, commandant en Provence, fit mettre à exécution l'édit royal, et les anciens magistrats furent exilés. Cet exil ne fut pas long. Louis XV mourut le 10 mai 1774, et Louis XVI, suivant l'avis du comte de Maurepas, rétablit les parlements vers la fin de la même année. Les membres de l'ancienne assemblée de Provence rentrèrent dans la ville d'Aix aux acclamations du peuple; car le peuple s'était pris de haine pour le parlement *Maupeou*.

La Provence croyait avoir recouvré tous ses priviléges. Trois siècles s'étaient écoulés depuis sa réunion à la monarchie française; cependant elle se regardait encore comme indépendante et distincte du reste de la France; elle conservait l'attitude d'un pays libre. L'idiome français était bien le seul langage officiel, le seul qu'on pût employer dans les tribunaux et dans les actes civils; mais, hors de là, il n'avait qu'une existence insignifiante et était à peu près inconnu dans les bourgs et les campagnes. La langue provençale dominait sans partage au sein de la famille et était sans concurrence dans tous les rapports de la vie sociale. Elle se maintenait comme pour attester l'existence d'une nationalité qui s'affaiblissait et allait bientôt s'éteindre entièrement. La Provence se montrait cependant de jour en jour plus puissante et plus riche, par la prospérité de ses cités. La plupart des villes prenaient de plus en plus une physionomie élégante et animée. Leur enceinte s'agrandissait; les anciennes rues étroites, tortueuses, sales, étaient remplacées par des rues larges et alignées, des édifices réguliers, des constructions salubres et commodes. On voyait partout des embellissements nombreux et des améliorations de toutes sortes. Marseille surtout, fière de sa richesse commerciale, apparaissait comme une reine parmi toutes les cités de France. En 1781, elle acquit du gouvernement, au prix de 10 millions, l'arsenal, qui était devenu inutile au service de la marine royale; et sur son emplacement, on construisit une partie de ces nouveaux quartiers qui font l'admiration des étrangers.

A mesure que l'aspect topographique de la Provence s'améliorait et s'embellissait, de grands changements s'opéraient dans les mœurs et dans les goûts. La disposition des esprits annonçait l'inévitable et prochaine arrivée d'un nouvel ordre de choses, ordre vague, indéfinissable, parce qu'on ne pouvait s'entendre pour le formuler, au milieu de tant d'opinions qui sacrifiaient aux passions ou cédaient à l'enthousiasme. Tout le monde était d'accord lorsqu'il s'agissait de l'extinction de certains privilèges ou abus, mais l'on ne s'entendait point sur la manière d'effectuer cette réforme. C'était un bruit confus, étrange, qui troublait les têtes et causait des vertiges. Les avantages de la naissance n'inspiraient plus aucun respect; l'unité des croyances était brisée; le génie du siècle analysait, décomposait et jugeait froidement tout ce qu'on avait cru jusque-là. On avait foi dans la perfectibilité absolue de l'homme; on n'assignait aucune borne aux progrès des sciences, fières de leurs conquêtes. On accueillait tous les rêves de liberté, de bonheur public, et l'on croyait que la philosophie allait s'asseoir triomphante sur les ruines de ces temples où siégeaient, *disait-on*, l'erreur et des idoles trop longtemps encensées par la crédulité. Le mouvement des intelligences s'annonçait ennemi de tout sentiment religieux; cependant, ces hommes qui affichaient l'indifférence ou le scepticisme, ces prétendus esprits forts qui déversaient la raillerie sur le christianisme, comme sur une vieille institution passée de mode, avaient reçu dans leur enfance une éducation toute chrétienne. Mais les premières impressions de leur jeunesse ne pouvaient résister à l'empire de ces idées qui allaient bouleverser le monde. Ces hommes se pressaient au sein des loges maçonniques où retentissait un langage hardi de philanthropie. Là, s'exerçaient aux luttes de la parole ces déclamateurs passionnés, ardents, qui devaient figurer bientôt à la tribune des assemblées politiques et prendre part à de sanglants débats. Cependant, on ne semblait manifester que des projets honorables et des vœux légitimes. On voulait confier à la royauté la garde des droits populaires, et allier le pouvoir et la liberté. Mais ces volontés engagées sur une pente rapide ne devaient pas tarder à rouler au fond de l'abîme. C'est ainsi que se préparait la révolution qui allait porter la terreur dans toute la France. Mais on peut dire qu'elle éclata sur le sol de la Provence avant d'éclater définitivement à Versailles.

L'assemblée des états provinciaux ayant été convoquée à Aix de 1787 à 1788, les ordres s'y livrèrent aux plus tumultueuses discussions et à des interpellations réciproques qui dégénérèrent presque en injures. Le clergé y était représenté par les évêques, les abbés et le commandeur de Malte; la noblesse, par cent vingt-huit seigneurs possesseurs de fiefs; le tiers-état, par cinquante-six députés des communautés et vigueries. Les trois ordres ne furent d'accord que pour voter une subvention gratuite de 700,000 livres demandées par la cour; car ce n'était pas encore la royauté qui était l'objet de la haine et des attaques, mais seulement les deux ordres privilégiés. Une seconde session des états de Provence eut lieu au commencement de l'année 1789 et montra les mêmes intentions hostiles. On vit apparaître dans cette assemblée un orateur audacieux qui devait être la gloire de la tribune nationale et ébranler tous les vieux fondements de la monarchie française. C'était le comte de Mirabeau, qui, dans ce temps d'exaltation, fut un dieu pour les uns et un génie malfaisant pour les autres. Déjà il s'était fait connaître par les excès d'une jeunesse orageuse, par la fougue de son caractère, par ses nombreux écrits, enfin par ses plaidoiries contre sa propre famille, qui furent portées devant le tribunal d'Aix. Repoussé par la noblesse au milieu de laquelle il était né ; irrité de bonne heure par le ressentiment de son père et par la sévérité des tribunaux qui avaient condamné tous ses désordres, il nourrissait des sentiments de vengeance contre le pouvoir. Cet homme, le premier orateur de son temps, présentait dans sa personne le contraste des passions les plus généreuses et des goûts les plus dépravés. Tantôt bizarre et exalté, tantôt naturel et profond, on voyait souvent en lui les brusques emportements d'un tribun dominateur et quelquefois la dignité d'un homme d'Etat. Son éloquence était pénétrante, mais allait chercher ses inspirations et ses élans dans la région des orages; ce qui imprimait quelquefois une tache à l'exposition de ses pensées. La nature lui avait donné en partage la toute-puissance de l'entraînement; aussi ses amis lui pardonnaient-ils ses nombreux écarts; et lorsqu'il parut pour la première fois à l'assemblée des états provinciaux, il y fut accueilli avec le plus grand enthousiasme, et devint l'idole du tiers-état, dont il était l'ardent défenseur. Il fut un des premiers à provoquer la convocation des états généraux du royaume.

L'ouverture de ces états généraux étant fixée au 5 mai 1789, la Provence procéda à l'élection des députés qu'elle voulait envoyer. Mirabeau fut élu le premier à Aix et à Marseille; obligé d'opter entre ces deux villes, il se décida pour Aix. Mais pour remercier les Marseillais de l'avoir choisi, il se rendit au milieu d'eux et fut entouré d'ovations magnifiques. On ne ménagea ni honneurs, ni fêtes, ni couronnes; et lorsque le célèbre orateur sortit de la ville, trois cents voitures le suivaient, et cinq cents jeunes gens à cheval le précédaient. Il en vint autant d'Aix à sa rencontre; et le soir, tout ce cortége entra dans la ville à la lueur des flambeaux, aux sons de la musique et au bruit de la mousqueterie.

Cette fièvre d'enthousiasme se changea bientôt en fièvre d'émeutes. Les doctrines démocratiques faisaient des progrès rapides; l'animosité contre les prêtres et les nobles était extrême, et la haute influence de Mirabeau lui-même allait se trouver trop faible pour arrêter le déchaînement de tant de passions surexcitées.

Le 23 mars 1789, une violente émeute éclata à Marseille. Les ouvriers s'assemblèrent et se plaignirent de la cherté du pain et de la viande; ils accusèrent le fermier Rebufel d'entretenir cette cherté pour s'enrichir et pillèrent sa maison, tandis que la multitude, pour les appuyer, cassait les vitres de l'Hôtel-de-Ville. Des jeunes gens animés de sentiments honorables prirent spontanément les armes pour disperser les perturbateurs. Cette garde improvisée en garde citoyenne parvint pour le moment à rendre quelque tranquillité à la ville.

Le même jour, Toulon fut le théâtre d'une émeute plus grave; elle entraîna les plus grands excès et les plus cruelles violences. Le mouvement s'étendit à Aix, où de la Fare, premier consul, courut les plus grands dangers, et n'échappa qu'avec peine à la fureur du peuple.

La Provence était donc déjà en insurrection lorsque s'ouvrirent à Paris, le 5 mai, les états généraux du royaume. Le comte de Mirabeau exerça une grande influence dans cette assemblée, dont les travaux allaient bouleverser l'ordre politique et social. On connaît les événements mémorables de cette époque de destruction et d'innovations; événements qui minèrent peu à peu le trône et l'Etat, et qui finiront par tout engloutir dans le sang et l'anarchie. Dans la nuit du 4 août 1789, l'Assemblée nationale anéantit tout ce qui restait du régime féodal, et décréta l'égalité des droits de l'homme. Les membres du clergé et de la noblesse renoncèrent à leurs prérogatives, et les députés des communes vinrent à leur tour faire leurs offrandes. Comme ils ne pouvaient immoler des priviléges personnels, ils sacrifièrent ceux des provinces et des villes, disant qu'ils ne voulaient plus aucune distinction parmi les membres de la grande famille française, et que toutes les constitutions particulières devaient se fondre dans la constitution générale du royaume. En ce moment solennel, les députés provençaux s'avancèrent au milieu de la salle et répudièrent toutes les franchises de leur province. Ce fut la chute des derniers débris de l'ancienne constitution provençale. Fondée sur le droit féodal et sur des principes exceptionnels, elle devait s'anéantir devant l'empire du droit commun et d'une législation uniforme.

La Provence elle-même cessa bientôt d'exister. Le 26 février 1790, un décret de l'Assemblée nationale, sanctionné par le roi, divisa la France en quatre-vingt-trois départements. Par ce décret, la Provence, comme toutes les autres provinces, perdit son nom, son unité territoriale et sa nationalité. Son rôle particulier dans l'histoire était terminé.

CHAPITRE XXV.

Marseille moderne.

Après la nouvelle division du territoire français, la Provence forma trois départements : les Bouches-du-Rhône, le Var et les Basses-Alpes. Aix, l'ancienne capitale, fut d'abord désignée comme chef-lieu du département des Bouches-du-Rhône; mais Marseille lui enleva ce titre l'an VIII. Ville de la noblesse et des parlementaires, Aix devait, dans la tourmente révolutionnaire, être déchue de cette suprématie, de cette activité qu'elle avait possédée au temps où la noblesse faisait la Fronde, et où les parlements faisaient de l'opposition. Mais elle est restée archevêché métropolitain; elle a une Faculté de lettres, une Ecole de droit, une Ecole d'arts et métiers, un Musée de tableaux et d'antiquités, un Cabinet d'histoire naturelle et une Bibliothèque publique très-riche. Son établissement d'eaux thermales est renommé et attire chaque année un grand nombre d'étrangers. Elle renferme plusieurs édifices intéressants sous le rapport de la sculpture et de l'architecture. La cathédrale et le baptistère construit avec les débris d'un temple romain sont d'un très-bel effet. La tour de l'Horloge, la fontaine de la place de l'Hôtel-de-Ville, celle de la place des Prêcheurs, la magnifique promenade du Cours, complètent les curiosités de la ville. Aix est divisée en quatre quartiers. L'aspect assez laid de la vieille ville est racheté par la beauté de la ville neuve, où l'on voit un grand nombre de beaux hôtels habités par l'aristocratie. Ses environs offrent la belle et riche culture que l'on retrouve dans presque toute la Provence.

Cette ville a donné le jour à beaucoup d'hommes illustres : l'érudit Peiresc, le poëte comique Brueys, le peintre J.-B. Vanloo, le célèbre botaniste Tournefort, Vauvenargues, l'auteur des *Maximes*; de nos jours, Granet le peintre, Portalis, et Mignet, l'auteur de la *Révolution française*.

Arles, moins favorisée qu'Aix, a perdu son archevêché; sa population a beaucoup diminué; mais elle montre avec orgueil ses belles ruines, ses statues antiques et ses débris d'architecture grecque et romaine. Son amphithéâtre est encore debout en grande partie, et son musée est très-curieux. La cathédrale, dédiée d'abord à saint Etienne, plus tard à saint Trophime, est ornée d'un portail gothique assez riche. L'église de Mont-Majeur, hors d'Arles, avec sa belle tour; l'hôtel de ville, construit sur les dessins d'un architecte arlésien, et corrigé ensuite par Mansard, sont des monuments dignes d'être visités. Arles a eu aussi des hommes distingués : d'abord l'empereur Constantin le Jeune; Hugues de Saint-Césaire, auteur de la *Vie des Troubadours*; au XVIIe siècle, les graveurs Roullet et Balechou; et de nos jours, M. Amédée Pichot, auteur d'un intéressant *Essai historique sur Arles*. Les Arlésiennes ont conservé le type de cette beauté fière et digne que l'on ne rencontre dans aucune autre province de France.

Mais si Aix et Arles ont perdu de leur ancienne splendeur, Marseille a perpétué le souvenir de la grandeur provençale. Cette cité, que l'on a vue croître si rapidement en puissance et en richesses, et résister à tous les pouvoirs pour conserver son indépendance, ne pouvait manquer de suivre avec ardeur le mouvement révolutionnaire; ses habitants se laissèrent entraîner à tous les excès d'une démocratie sans frein, et elle offrit plus qu'aucune ville de Provence le triste spectacle des passions déchaînées. L'agitation populaire avait pour centre le club de l'*Assemblée patriotique des Amis de la Constitution*. La prise de la Bastille eut son écho dans le Midi. Marseille voulut aussi renverser les murailles des forts qui la maintenaient dans une certaine soumission. Un complot se forma, et dans la nuit du 19 au 20 avril 1790, les conjurés s'emparèrent du fort de Notre-Dame de la Garde et y plantèrent le drapeau national.

Ils attaquèrent ensuite les forts Saint-Jean et Saint-Nicolas, malgré les bombes lancées sur eux par la garnison. L'Assemblée nationale fut obligée de faire évacuer ces forts, qui furent démolis. L'exaspération allait toujours croissant. Marseille était devenue le rendez-vous des démocrates les plus ardents du Midi. Les Marseillais formèrent un corps de volontaires qui se portèrent sur Aix, où ils désarmèrent la garnison suisse, puis ils se jetèrent sur Arles, dont ils démolirent les murs. Le représentant marseillais Barbaroux demanda à sa ville un bataillon et deux pièces de canon pour concourir à former le camp de vingt mille hommes que les révolutionnaires avaient résolu de réunir sous Paris. Ce bataillon fut composé de cinq cents hommes, sous le commandement de Moisson. Dans un banquet patriotique qui précéda de quelques jours son départ, un député du club de Montpellier fit entendre pour la première fois à Marseille le chant alors tout nouveau de Rouget de Lisle. Le lendemain, les paroles en furent insérées dans un journal de la localité, et les Marseillais partirent en chantant cet hymne tant de fois répété et qui a pris leur nom. La journée du 10 août trouva les Provençaux au nombre des plus acharnés destructeurs de la royauté.

Cependant, ce premier élan se calma un peu; ce fut la minorité de la population marseillaise qui continua à suivre le torrent révolutionnaire. Les sections de la ville se prononcèrent contre la Convention; les esprits rentrèrent un peu dans l'ordre. Les conséquences de l'expédition de l'Egypte et les guerres de l'Empire furent fatales à Marseille et nuisirent beaucoup à son commerce. Dès lors, on ne doit pas s'étonner qu'elle ait salué avec enthousiasme la paix de 1815. Instruite par l'expérience du passé, elle s'est à peine agitée lors des événements de 1830 et de 1848. Elle a concentré toute son activité et son intelligence sur les opérations de son commerce étendu; aussi sa prospérité, un moment arrêtée par les événements politiques, a repris son cours ordinaire, et la conquête de l'Algérie est venue lui offrir de nouveaux moyens d'extension. Le commerce marseillais, prévoyant les grands avantages qu'il retirerait de cette expédition, y contribua très-largement, et fournit à la marine royale des approvisionnements et des navires.

Le mouvement du port de Marseille fait des progrès si rapides, qu'on a été obligé à plusieurs reprises d'étendre les quais. Dans ce moment, des travaux considérables sont entrepris; et quand ils seront achevés, ces quais formeront presque une nouvelle ville. Marseille est aujourd'hui, par son importance et sa richesse, la troisième ville de France, et la première au point de vue commercial. Ses relations avec les échelles du Levant et la côte septentrionale d'Afrique sont immenses. Sa population s'accroît de jour en jour considérablement. Heureusement située sur le penchant d'une colline, le long d'une baie, Marseille offre un coup d'œil magnifique, que ne présente aucun autre port de France. Son large port, qui n'est cependant pas assez profond pour recevoir des vaisseaux de guerre, peut contenir jusqu'à neuf cents batiments de commerce.

La ville est divisée en deux quartiers. L'ancien, ou la vieille ville, est dans la partie la plus élevée ; ses rues étroites et tortueuses sont habitées principalement par les mariniers. Le nouveau quartier, dans la partie basse, est d'une construction moderne et régulière. La Cannebière, premier boulevard des Marseillais, est le centre de toutes les affaires. D'autres rues plantées d'arbres traversent la ville dans plusieurs sens. La promenade du Prado est le rendez-vous ordinaire des équipages.

La plupart des églises font peu d'honneur aux Marseillais ; on voit qu'ils sont plus occupés de leurs intérêts matériels que des choses du culte. La cathédrale est un édifice presque en ruine, qui ressemble plutôt à une triste église de campagne qu'à un temple de grande ville. Mais une nouvelle cathédrale est en construction ; celle-ci sera digne de son importance. Saint-Joseph est une église neuve assez belle, mais simple. Saint-Victor rappelle de glorieux souvenirs du christianisme.

Plusieurs édifices méritent d'être mentionnés : l'Hôtel-de-Ville, la nouvelle Bourse, le Grand-Théâtre, qui rappelle l'Odéon de Paris, et la Halle. La Cannebière est bordée de riches magasins ; les allées de Meillan, les rues d'Aix et de Rome sont très-belles comme disposition. Plusieurs fragments d'antiquités, de statues et de monnaies, recueillis depuis longtemps dans la ville et aux environs, sont aujourd'hui rassemblés dans un musée.

Les établissements les plus importants sont : le Collége, les Ecoles de navigation, de musique, d'industrie et de commerce, l'Athénée nouvellement formé, l'Ecole spéciale des langues orientales, l'Académie royale, l'Observatoire de la marine, et la Bibliothèque de la ville, riche de cinquante mille volumes. Le jardin d'acclimatation de plantes et d'animaux, qui est nouvellement créé, est agréablement situé.

Marseille, qui a vu naître des hommes célèbres dans l'antiquité et au moyen-âge, en a également produit dans les temps modernes. Au XVIIe siècle, on voit le grand statuaire Puget, le célèbre prédicateur Mascaron, le généalogiste Pierre d'Hosier, le botaniste Plumier; au XVIIIe siècle, l'abbé Barthélemy, auteur du *Voyage d'Anacharsis*. Elle a donné aux Assemblées de la Révolution Barbaroux, le marquis de Pastoret. Notre siècle lui doit enfin MM. Thiers, Louis Reybaud et Méry.

En parcourant la ville, on comprend vite l'esprit qui anime les Marseillais; c'est celui des spéculations commerciales. D'un côté la mer couverte de navires, de l'autre des magasins remplis de marchandises, voilà ce qui frappe la vue dans cette importante cité. Un goût inné pour les affaires, secondé par une grande activité, absorbe toutes les facultés de ce peuple industrieux. Les lettres et les arts ne sont cultivés que comme un délassement à des travaux plus utiles; les sciences y sont appréciées toutes les fois qu'elles s'appliquent à étendre et à perfectionner l'industrie. Les plaisirs eux-mêmes ne viennent qu'à la suite des travaux et des fatigues. Aussi la ville de Marseille peut être considérée comme une vaste Bourse où l'on ne cesse de s'occuper de trafic et de négociations. Le peuple suit l'exemple et l'impulsion de la classe plus élevée et plus riche; il est laborieux, et le travail ne lui manque jamais.

Les environs de la ville, quoique secs et peu fertiles, sont cependant très-bien cultivés en certains endroits, et couverts de jardins et de maisons de campagne appelées *bastides*; le nombre ne s'en élève pas à moins de cinq mille. Celui qui peut se procurer une bastide croit avoir atteint le plus haut degré du bonheur. Les dimanches, dans la belle saison, la ville est déserte; toute la population se porte à la campagne pour s'y livrer en toute liberté à une joie bruyante. Ce goût n'est pas seulement celui du peuple, mais aussi celui des classes supérieures, qui entretiennent avec le plus grand luxe leurs maisons de campagne.

Le peuple marseillais est vif, impétueux, naturellement porté à l'enthousiasme. Entraîné par la sensation du moment, il s'exprime quelquefois avec trop peu de retenue; mais le premier mouvement passé, il entend facilement raison, et jamais il ne méconnaît les lois de l'honneur et de la probité. Il est d'ailleurs brave et résolu, et c'est à son patriotisme que la France a dû plus d'une fois de conserver la troisième de ses cités, qui est la première par son antiquité.

Marseille n'a pas, à proprement parler, de fortifications qui l'étreignent de leurs murs et l'isolent de la campagne, comme la plupart de nos places de guerre. Elle est cependant protégée, ainsi que sa rade, par six forts.

Le fort de Notre-Dame de la Garde est le plus ancien ; il a été construit sous le règne de François Ier, en 1525, sur un emplacement où existait déjà une tour qui servait de vedette et où se tenait une garde. C'est de là que lui vient le nom de la *Garde*. On voit encore sur les écussons, au-dessus de l'ancienne porte de ce fort, la salamandre que François Ier portait dans ses armes. Ce fort n'est qu'à la distance de six cents mètres environ des murs de la ville, sur une colline qui la domine. On y a établi des signaux qui font correspondre les navires en rade avec le port.

Près du fort est la chapelle de Notre-Dame de la Garde, bâtie en 1214 par un moine nommé Pierre, auquel Guillaume, abbé de Saint-Victor, céda la colline où elle s'élève. Elle est en grande vénération parmi le peuple marseillais. C'est un lieu de pèlerinage ; durant les fêtes de la Pentecôte, les habitants de Marseille et des environs viennent en foule déposer leurs offrandes aux pieds de Notre-Dame de la Garde, invoquée surtout par les marins ; aussi cette chapelle est-elle tapissée et enrichie d'objets précieux et d'*ex-voto*. Chaque année, à la Fête-Dieu, la statue de Notre-Dame est descendue et promenée processionnellement dans la ville en grande solennité. Aujourd'hui il n'y a plus qu'un sanctuaire provisoire ; il attend l'achèvement d'une église qui sera plus en rapport avec les vœux de tous les pèlerins et la dévotion si généralement répandue envers Notre-Dame de la Garde.

Les forts Saint-Jean et Saint-Nicolas défendent parfaitement l'entrée du port. Le premier, qui est fort ancien, doit son nom à ce qu'il fut habité par le commandant de l'ordre de Malte. La construction du second a été ordonnée par Louis XIV. Le duc de Mercœur en a posé la première pierre en 1660. Une chapelle bâtie précédemment, en 1500, sous le titre de Notre-Dame de Bon-Port et de Saint-Nicolas, au même endroit où se trouve maintenant la chapelle du fort, a donné son nom à la citadelle.

Le château d'If a été construit par François Ier en 1529, mais les fortifications n'ont été terminées qu'en 1598. Ce n'était autrefois qu'une petite esplanade plantée d'ifs ; aujourd'hui c'est un donjon de forme carrée, flanqué de quatre tours. L'accès en est presque impraticable ; car la mer vient se briser avec fracas à ses pieds. Ce château fut longtemps une redoutable prison d'Etat, puis il servit de maison de correction paternelle. Plusieurs prisonniers célèbres y ont été renfermés ; le dernier dont il soit question est Mirabeau, qui y fut détenu par l'ordre de son père. La garnison du château se composait, avant la Révolution, de quelques soldats invalides, ainsi que le témoigne Lefranc de Pompignan dans ces vers :

>Nous fûmes donc au château d'If.
>C'est un lieu peu récréatif,
>Défendu par le fer oisif
>De plus d'un soldat maladif
>Qui, de guerrier jadis actif,
>Est devenu garde passif.
>Sur ce roc taillé dans le vif,
>Par bon ordre on retient captif
>Dans l'enceinte d'un mur massif
>Esprit libertin, cœur rétif
>Au salutaire correctif
>D'un parent peu persuasif.

Le château de Ratoneau s'élève au milieu de la petite île de ce nom. Il se compose d'une tour pompeusement décorée du nom de *donjon*, à laquelle sont appuyés quelques bâtiments d'habitation, protégés par un mur d'enceinte. C'est là que, vers l'année 1765, un caporal nommé Francœur se déclara *roi de Ratoneau*. Déjà il avait donné quelques marques de démence, mais on le croyait entièrement guéri, et ses camarades vivaient avec lui sans défiance. Un jour qu'il était de garde à la porte de la forteresse, les militaires sortirent pour aller chercher les provisions qu'une barque apportait chaque jour de la ville. Aussitôt qu'ils eurent passé le pont-levis, Francœur l'abaissa, chargea les canons et commença par tirer sur ses compagnons. Ceux-ci se hâtèrent de s'embarquer et de prendre le large. Maître de l'île, Francœur se persuada facilement qu'il en était le maître absolu. N'ayant aucune ressource pour se procurer du pain et du vin, son imagination lui en fournit une assurée : ce fut de rançonner les navires qui passaient à la hauteur de Ratoneau. Francœur remplissait seul toutes les fonctions militaires de son gouvernement. Il était à la fois gouverneur, officier, soldat, artilleur. La nuit, un fanal à la main, il allait reconnaître ses postes imaginaires.

L'alarme fut grande à Marseille lorsqu'on entendit pour la première fois le canon de Ratoneau et que l'on vit la petite garnison du fort faisant force de rames pour gagner le port. On crut d'abord à quelque surprise des Anglais et des Espagnols ; on battit la générale dans toutes les rues ; on courut aux armes, et le gouverneur se disposait même à expédier courrier sur courrier au roi Louis XV et aux garnisons les plus voisines, lorsqu'on apprit le véritable motif de tout ce bruit et le burlesque avénement au trône de Francœur Ier, roi de Ratoneau. On dépêcha vers le conquérant quelques canots armés, mais ils furent reçus à coups de canon. On ne jugea pas sage d'engager une lutte dans laquelle on exposerait la vie de braves soldats contre celle d'un fou. On se retira, et plusieurs jours se passèrent ainsi.

Mais du château d'If et de celui de Pomègue, qui est voisin de celui de Ratoneau, on s'aperçut que le roi Francœur, plein de sécurité depuis sa dernière victoire, commençait à faire de fréquentes sorties. Cette circonstance détermina le gouverneur à donner l'ordre à une compagnie d'aller le prendre. Les soldats partirent dans la nuit du 3 au 4 novembre et parvinrent à se glisser sous les remparts. Francœur, voulant faire sa ronde ordinaire, abattit le pont-levis; à peine fut-il dehors, qu'on l'entoura. « Braves gens, s'écria-t-il, c'est bien, ce sont les droits du combat. Le roi de France est plus puissant que moi et a de bonnes troupes; je me rends, mais avec les honneurs de la guerre; je demande seulement mon havre-sac et ma pipe. » Le lendemain Francœur traversait Marseille en véritable triomphateur. On lui assigna pour palais l'hôpital des fous, un infirmier pour garde, 220 livres pour liste civile. Plus tard il fut envoyé aux Invalides.

Aujourd'hui les îles de Ratoneau et de Pomègue sont réunies par une chaussée qui forme avec elles le port de la quarantaine où sont retenus les vaisseaux venant d'Asie et d'Afrique. Le Lazaret, qui y est établi depuis la terrible peste de 1720, est un des plus beaux de l'Europe.

Enfin la ville de Marseille, telle qu'elle est aujourd'hui, inspire le plus grand intérêt aux étrangers qui viennent la visiter avec empressement. On vient voir sa prospérité toujours croissante, son activité, les mille ressources qu'elle s'est créées. Mais le touriste amateur du beau s'empresse de monter à Notre-Dame de la Garde; et là, il jouit sans obstacles de la vue de cette belle mer si brillante et si bleue, et de ce ciel qui fait quelquefois pressentir le beau ciel d'Italie.

FIN.

TABLE.

LANGUEDOC.

	PAGES.
CHAPITRE Ier. — Temps primitifs. — La Narbonnaise.	7
CHAP. II. — Jules César.	14
CHAP. III. — La Narbonnaise sous les Empereurs.	21
CHAP. IV. — Le Christianisme.	30
CHAP. V. — Les Wisigoths. — Septimanie.	38
CHAP. VI. — Les Rois francs de la première race. — Rois wisigoths.	47
CHAP. VII. — Royaume de Toulouse. — Duché d'Aquitaine.	57
CHAP. VIII. — Guerres d'Aquitaine. — Royaume d'Aquitaine. — Réunion à la couronne.	68
CHAP. IX. — Comtes de Toulouse. — Guillaume Taillefer. — Pons. — Guillaume IV.	77
CHAP. X. — Raymond de Saint-Gilles.	86
CHAP. XI. — Mort de Raymond en Palestine.	95
CHAP. XII. — Bertrand. — Alphonse-Jourdain.	103
CHAP. XIII. — Raymond V.	112
CHAP. XIV. — Littérature provençale.	121
CHAP. XV. — Les Troubadours.	127
CHAP. XVI. — Raymond VI.	136

	PAGES.
CHAP. XVII. — Hérésies et Missions.	139
CHAP. XVIII. — Croisade contre les Albigeois.	149
CHAP. XIX. — Simon de Montfort.	156
CHAP. XX. — Pierre d'Aragon. — Muret.	163
CHAP. XXI. — Le Comté de Toulouse donné à Simon de Montfort.	169
CHAP. XXII. — Mort de Simon de Montfort. — Amaury. — Louis de France. — Mort de Raymond VI.	176
CHAP. XXIII. — Raymond VII.	183
CHAP. XXIV. — Le Comté de Toulouse passe à la France.	191
CHAP. XXV. — Saint Dominique.	197
CHAP. XXVI. — Alphonse et Jeanne.	204
CHAP. XXVII. — Réunion du Languedoc à la couronne de France.	211
CHAP. XXVIII. — Toulouse.	215

PROVENCE.

CHAPITRE Ier. — Les Ligures.	227
CHAP. II. — Marseille. — Aix.	232
CHAP. III. — Siége de Marseille.	236
CHAP. IV. — État de la Province sous les Romains.	240
CHAP. V. — Les Apôtres de la Provence.	244
CHAP. VI. — Invasion des Barbares.	252
CHAP. VII. — La Provence sous les Rois francs de la première et de la deuxième race.	256
CHAP. VIII. — Premier Royaume de Provence.	262
— Deuxième Royaume de Provence.	263
CHAP. IX. — Royaume d'Arles.	268
CHAP. X. — Comté de Provence. — Dynastie des Bosons.	271
— Maison de Barcelone.	273
CHAP. XI. — Béatrix et Charles Ier d'Anjou.	279
CHAP. XII. — Charles II. — Robert.	286
CHAP. XIII. — Jeanne Ire.	293
CHAP. XIV. — Louis de Duras.	301
CHAP. XV. — Deuxième Maison d'Anjou.	310
CHAP. XVI. — René d'Anjou, dit le Bon.	317
CHAP. XVII. — Charles III. — Réunion de la Provence à la couronne de France.	328

TABLE.

	PAGES.
Chap. XVIII. — La Provence sous les Rois de France.	330
Chap. XIX. — Troubles religieux.	338
Chap. XX. — La Ligue.	347
Chap. XXI. — Les Cascaveous.	356
Chap. XXII. — Siége de Toulon.	366
Chap. XXIII. — La Peste en Provence.	375
Chap. XXIV. — La Provence perd sa nationalité.	381
Chap. XXV. — Marseille moderne.	388

FIN DE LA TABLE.

Rouen. — Imp. MÉGARD et Cie, rue Saint-Hilaire, 136.

www.ingramcontent.com/pod-product-compliance
Lightning Source LLC
Chambersburg PA
CBHW071902230426
43671CB00010B/1443